LIVROS DE BOLSO INFANTIS EM PLENA DITADURA MILITAR

LEONARDO NAHOUM

a insuperável Coleção Mister Olho (1973-1979) em números, perfis e análises

Copyright© 2022 Leonardo Nahoum Pache de Faria

Nenhuma parte desta publicação poderá ser reproduzida, seja por meios mecânicos, eletrônicos ou em cópia reprográfica, sem a autorização prévia do autor.

Editor: Artur Vecchi
Projeto Gráfico e Diagramação: Vitor Coelho
Design de Capa: Vitor Coelho
Ilustração de Capa: Manoel Magalhães
Revisão: L.N. Pache de Faria

1ª edição, 2022

Impresso no Brasil/ Printed in Brazil

Dados Internacionais de catalogação na Publicação (CIP)
(Câmara Brasileira do Livro, SP, Brasil)

N 154

    Nahoum, Leonardo

    Livros de bolso infantis em plena ditadura militar: a insuperável Coleção *Mister Olho* (1973-1979) em números, perfis e análises / Leonardo Nahoum Pache de Faria; ilustração de capa de Manoel Magalhães.
    Porto Alegre : AVEC Editora, 2022.

    ISBN 978-85-5447-085-2

    1. Literatura infantojuvenil - Brasil - História e crítica
    2. Coleção M*ister Olho* (1973 – 1979)
    I. Título

CDD 809

Índice para catálogo sistemático: 1.Literatura infantojuvenil : Brasil : História e crítica 809
Ficha catalográfica elaborada por Ana Lucia Merege – 4667/CRB7

Caixa Postal 7501
CEP 90430-970 – Porto Alegre – RS
  contato@aveceditora.com.br
  www.aveceditora.com.br
  @aveceditora

LEONARDO NAHOUM

LIVROS DE BOLSO INFANTIS EM PLENA DITADURA MILITAR

A insuperável Coleção *Mister Olho* (1973-1979) em números, perfis e análises

DEDICATÓRIA

Dedico este trabalho a meus filhos Henrique, Jônatas e Pedro, porque as horas que roubei e os dinheiros que não ganhei para completá-lo eram todos e todas, por direito, deles.

A meus pais e irmãos, que (bendito o sangue...) ainda acreditam que eu uma hora "tomo jeito".

A Ana Roza, pela vida juntos; pelos propósitos e despropósitos também.

A Carlos Figueiredo, Ganymédes José, Hélio do Soveral e todos os escritores que, como eles, ousaram estar próximos, em tema e forma, da alma e da vida do seu leitor.

AGRADECIMENTOS

Sou eternamente grato à minha família por terem caminhado comigo ao longo dos quatro anos deste trabalho, sofrendo as negligências que a todos eles impus para que estas páginas, dados e reflexões emergissem como humilde contribuição aos Estudos Literários brasileiros.

Quero agradecer à minha orientadora de doutorado, profª. Carla Portilho, por ter me ajudado a conduzir o barco em tempos de muito ou de pouco vento; e por ter sido conselheira firme quando era necessário mais ouvir que falar.

Tenho enorme dívida, também, para com um grande número de pessoas (e instituições) que ajudaram a fazer deste livro uma realidade para além dos projetos. A todos vocês, que listo a seguir, meu muito obrigado. Aos que esqueci de nomear, perdão, desde já, pela memória falha, pela desorganização injusta, por esse erro humano de quem espera, ao menos, errar humanamente:

Will Plooster, Sara Brandellero, Durval Gabrig, Athos Eichler Cardoso, Marcelo Ronzani, Nikelen Witter, Elizabeth Chaves de Mello, Alex Martoni, Giselle Biaco (Gazeta do Rio Pardo), Meike Uhrig (Universität Tübingen), Jennifer Crow (Arne Nixon Center for the Study of Children's Literature), Raphael Cássio, Carlito Salvatore, Eliana Galvani, Renato Garcia Baptista, Sérgio Araújo, Pascoal Farinnacio, André Cardoso, André Moura, Octávio Aragão, Vanessa Cianconi, Renata Flávia da Silva, Úrsula Couto & Saul Brito (Ediouro), Michelle Tito (EBC), Alberto Santos (EBC), Artur Vecchi (AVEC Editora), Ivanilde Moreira, Murilo Giordan, Eliel Vieira, Luis Renato Thadeu Lima, Peter O'Sagae, Maria Lúcia Lima Costa, Paulo Ernesto Schapke, Bebel Noguchi, Liza Noguchi, Carlos Figueiredo, Pierre André, Sérgio Scacabarrozzi, Skandar Mussi, Casa Publicadora Brasileira, Empresa Brasil de Comunicação, Editora Tecnoprint, Biblioteca Nacional, Lisandro Gaertner, Felipe Docek, Marta Ferreira, Bruna Damiana Heinsfeld, Vanessa & Anabeli Trigo, Fábio Golfetti, Rubens F. Lucchetti, Gabriela Erbetta, Elmiza Maria da Silva, Lélia Romano, Eliana Negrini, Eliana Inocêncio, Luz Marina de Andrade, Marco César Aga, Marlon Callegari (Hemeroteca de São José do Rio Pardo), Rodrigo Stumpf González, Ranieri Andrade, Dagomir Marquezi, Nelson Raphaldini Jr. (*in memoriam*).

Illusions are like mistresses. You can enjoy any number of them without tying yourself down to responsibility. But truth insists on marriage. Once you embrace her, you´re chained to life. (...) Gone are the bypaths and the crossroads, gone is the excitement of the gamble, the enchantment of uncertainty.

Howard Koch
"Invasion from inner space"
In: *Star Science Fiction Stories nº 6* **(1959)**

Os livros estão cheios de palavras dos sábios, de exemplos dos antigos, dos costumes, das leis, da religião. Vivem, discorrem, falam conosco, nos ensinam, nos aconselham, nos consolam, nos apresentam, colocando sob nossos olhos coisas muito distantes da nossa memória. Tão imensa é sua dignidade, sua majestade e, por fim, a sua santidade, que se não fossem os livros nós todos seríamos rudes e ignorantes, sem nenhuma lembrança do passado, sem nenhum exemplo; não teríamos nenhum conhecimento das coisas humanas e divinas; a mesma urna que acolhe os corpos apagaria também a memória dos homens.

Cardeal Bessarione
"Carta ao doge Cristoforo Moro" (1468)
In: *A utilidade do inútil* **(2016)**

SUMÁRIO

INTRODUÇÃO **21**

Sobre *corpora* desprezados: livros *pulp* e literatura de gênero para crianças 21

A editora Ediouro e a Era Dourada da *pulp fiction* para crianças no Brasil: aspectos mercadológicos e educação não-formal 24

Contextualizando o Brasil dos anos 1970: aspectos editoriais, censórios e políticos de uma ditadura 27

Coda (alvos pretendidos e intenções) 30

PARTE I **33**

Nomes, números, cores, tempos, temas e formatos: a materialidade (e os conceitos em torno) do maior *corpus* da literatura infantojuvenil brasileira 33

CAPÍTULO 1 .... **35**

Desvendando os segredos da *Mister Olho* – primeira parte: cronologias, genealogias, conceitos e temas 36

Publicações seriadas no Brasil: alguns antecedentes para a coleção da Ediouro 37

Arremedo de cronologia: tentando reconstruir os primeiros meses da *Mister Olho* 48

Estratégias mercadológicas e de aproximação com o universo escolar: "jornais, professor, sem compromisso!" 57

Temáticas e (relativa) liberdade autoral/editorial: conflitos na fronteira entre o entretenimento e a (anti) doutrinação 66

O Caso do Rei da Casa Preta: a Inspetora (e a *Mister Olho*) censurada 96

Coda 104

CAPÍTULO 2 .... **105**

Desvendando os segredos da *Mister Olho* – segunda parte: autores, tiragens, desenhistas, contratos, edições e títulos 105

Tiragens, distribuição, projeto gráfico e formatos: a materialidade da Coleção *Mister Olho* 106

Autores e séries originais em língua portuguesa: o gigantismo inescapável da coleção nascida em Bonsucesso 117

Hélio do Soveral 123

• A Turma do Posto 4 131

• Os Seis 152

• Missão Perigosa 163

• Chereta 174

• Bira e Calunga 185

Ganymédes José 193

• A Inspetora 194

• Goiabinha 213

Gladis N. Stumpf González ... 218

- Gisela e Prisco ... 223
- O Clube do Falcão Dourado ... 232
- Chico e Faísca ... 240

Carlos Heitor Cony ... 246

- Toquinho ... 253
- Márcia ... 261

Carlos Figueiredo ... 267

- Dico e Alice ... 268

Vera Lúcia de Oliveira Sarmento ... 276

- Diana ... 278

Autores e séries estrangeiras traduzidos: o que a Ediouro decidiu importar ... 286

Rolf Ulrici ... 292

- Monitor ... 293
- Capitão Lula ... 296

Gertrude Chandler Warner ... 300

- Os Aldenis ... 301

Jens K. Holm ... 309

- Quim ... 309

Knud Meister & Carlo Andersen ... 314

- Jonas ... 315

Pierre Lamblin ... 320

- Jacques Rogy ... 321

Série "Fora de Série" ... 329

Ilustradores, capistas e tradutores: os outros criadores da Coleção *Mister Olho* ... 335

As cores e traços da Coleção: o eterno (e prolífico) Noguchi e seus colegas ... 335

- Noguchi ... 337
- Teixeira Mendes ... 345
- Baron ... 347
- L.C. Cidade ... 349
- Eliardo França ... 350
- Jorge Ivan ... 352
- Arnaldo Sinatti ... 355
- J. Bezerra ... 357
- Lee ... 359

Aventuras em alemão, espanhol, francês e inglês: eu traduzo, ele reescreve,
nós adaptamos ... 361

Coda ... 364

PARTE II **369**

Contracultura e resistência, legalismo e (aparente) complacência: aspectos da narratividade e da autoria na literatura infantojuvenil de José M. Lemos e Luiz de Santiago.................. 369

CAPÍTULO 3 ....**371**

Duas cabeças (as dos autores), duas coroas (a da editora e a do leitor), duas moedas ficcionais multifacetadas: uma leitura comparativa de Carlos Figueiredo e Hélio do Soveral... 371

Carlos Figueiredo e a série *Dico e Alice*: aventuras fantásticas como disfarce para uma agenda *beatnik*..371

Denúncia ambientalista 374

Contracultura: educação familiar, ioga, alimentação natural... 375

Críticas à Cultura de Massa e à globalização 376

A questão indígena brasileira e os males da civilização 377

Alienação e Ativismo 378

Revoluções e Democracia... 380

Autoritarismo, liberdade de expressão, regimes de exceção.. 381

Considerações finais I.. 383

Hélio do Soveral, o escritor dos (mais de) 19 pseudônimos e heterônimos, e a série *A Turma do Posto Quatro*: a autoria disfarçada a serviço da ficção.................................. 383

Aventuras detetivescas "destinadas a concorrer para o bem-estar e a segurança da comunidade" em plenos Anos de Chumbo 388

Bom-mocismo "chapa-branca"... 391

Educação moral e cívica e não só 392

Leis, polícia, autoridade e caranguejos: o justiçamento sem fronteiras e limites da Turma do Posto Quatro 393

Tradição, Família e Propriedade: modelos hegemônicos em um tripé com bem mais que apenas três pilares 396

Mente sã, corpo são: não ao álcool, ao tabaco e às drogas... 398

Nem bichos-preguiças nem macacos guaribas: o valor do trabalho e de uma vida útil à sociedade 399

Religiosidade e alguma (in)tolerância 400

Estereótipos de gênero, racismo e homofobia 403

Identificação e empatia do cortejo 407

Ensaios de ambientalismo 410

Ufanismo e Brasil grande 411

Índios, eis a questão 414

Democracia, liberdade e dissidência... 418

Críticas à injustiça social e ao materialismo 420

Revanchismo e tortura, não?.. 423

Considerações finais II... 425

Coda 429

CONCLUSÃO **431**

Infância, experiências pessoais, (des) aprendizados, reiterações, pertinácia e pertinência: daqui para onde, José(zinho)? 433

Genus homo: o sim e o não da Coleção *Mister Olho* (e da vida) e um último aparte sobre gêneros (e elos) literários 437

Coda 441

REFERÊNCIAS **444**

LISTA DE ILUSTRAÇÕES

Figura 1 - Logo em preto e branco da Coleção *Mister Olho* 36

Figura 2 - *Suplemento Policial* (1937), um dos muitos publicados por Adolfo Aizen 42

Figura 3 - Capa da edição em volume de *As Aventuras de Cherloquinho* (1917) 43

Figura 4 - Primeira página do episódio inaugural das *Aventuras de Cherloquinho* (1917) 44

Figura 5 - Anúncio na página 6 do jornal *A Noite*, de 25 de novembro de 1920 45

Figura 6 - O romance-cinema de Irineu Marinho no *A Noite* de 8 de março de 1916, p. 1 46

Figura 7 - Anúncio do filme *A Quadrilha do Esqueleto* (1917) 46

Figura 8 - Trecho de artigo no *Correio da Lavoura* com registro da autoria de *Aventuras de Cherloquinho* 47

Figura 9 - Ficha de capa de *"Desligado" e o cavalo fantasma* (1973), de 21 de setembro de 1972 49

Figura 10 - Documento mais antigo referente à Coleção *Mister Olho*: ficha de produção de *Gil no Cosmos* (1973), datada de junho de 1972 50

Figura 11 - Ficha de produção de *Rebeliões em Kabul* (1973), provável livro de estreia da *Mister Olho* 51

Figura 12 - Página 1 (de 2) do contrato de *Operação Fusca Envenenado* (1973), datado de 27 de novembro de 1972 52

Figura 13 - Anúncio na páginal final de *"Desligado" e o cavalo fantasma* (1973) 53

Figura 14 - Primeira logo da Ediouro na *Mister Olho* 55

Figura 15 - Segunda logo da Ediouro na *Mister Olho* 55

Figura 16 - Terceira logo da Ediouro na *Mister Olho* 55

Figura 17 - Lista ao final de *Os Piratas de Bornéu* (1973), com primeira divisão da *Mister Olho* por séries 56

Figura 18 - Capa de jornal do *Clube do Elefante Júnior* (1975) usada para decorar caixa de originais de Ganymédes José 60

Figura 19 - Capa do jornal do *Clube da Baleia Bacana* (1974) 61

Figura 20 - Página 2 do jornal do *Clube da Baleia Bacana*, com anúncio de vários títulos da *Mister Olho* 62

Figura 21 - Contracapa do jornal do *Clube da Baleia Bacana*, com talão de pedido de livros 63

Figura 22 - Anúncio do lançamento da "campanha de incentivo à leitura" do *Clube da Baleia Bacana*, das Edições de Ouro 65

Figura 23 - *Der brasilianische Kriminalroman* (2004), de Hubert Pöppel 70

Figura 24 - Ficha de produção de *Rebeliões em Kabul* 75

Figura 25 - Detalhe com tiragem e data da impressão da capa de *...Kabul* 76

Figura 26 - Nota de Eunice ordenando a destruição do estoque de *Rebeliões em Kabul* 77

Figura 27 - Folha interna de *...Kabul* com indicações de alteração 78

Figura 28 - Detalhe com tiragem e data de impressão da capa de *Nelly no fim do mundo* 78

Figura 29 - Capa de *Nelly no fim do mundo* 79

Figura 30 - Capa de *Rebeliões em Kabul* 79

Figura 31 - Detalhe de ficha sobre o livro *A bomba* (1977) 79

Figura 32 - Memorando interno de J. Passos sobre o arquivamento do livro
(traduzido) *A bomba* 80

Figura 33 - Ficha de entrada do livro *A bomba* (1977) 80

Figura 34 - Jornal argentino *La Nación*, 15 de setembro de 1976 86

Figura 35 - Selo de aprovação do *Comics Code* norte-americano 91

Figura 36 - Revista *Eureka* (1974), da Vecchi, com conteúdo
autocensurado pela editora 94

Figura 37 - Anúncio de livro de Hélio do Soveral autocensurado pela
editora Monterrey no início dos anos 1970 95

Figura 38 - Detalhe de página da peça *O vendedor de gasolina* (1943), de Hélio do Soveral,
com cortes feitos pela censura oficial estadonovista 96

Figura 39 - Detalhe de página da peça *O vendedor de gasolina* 96

Figura 40 - Originais e ilustração de capa de *O Caso do Rei da Casa Preta* 97

Figura 41 - Arte-final da capa de *O Caso do Rei da Casa Preta* 98

Figura 42 - Ficha de produção de *O Caso do Rei da Casa Preta* 99

Figura 43 - Cláusula de cessão de direitos autorais do contrato da obra
Operação Mar Ouriçado (1973), de Hélio do Soveral 105

Figura 44 - Verso de *Operação Macaco Velho* (1973), com logo da revista *Coquetel*
e menção à venda em bancas 106

Figura 45 - Verso de *Náufragos no Ártico* (1974), com todas as versões coloridas
da logo da *Mister Olho* 108

Figura 46 - Verso de capa adotado pela *Mister Olho* entre 1974 e 1975 109

Figura 47 - Título com letras em maiúsculas e arte com logo da
Mister Olho ao centro 111

Figura 48 - Título com letras em caixa alta e caixa baixa e arte com
logo da série ao centro 111

Figura 49 - Anúncio da publicação de *As Aventuras de Cherloquinho* como livro na edição
de 30 de janeiro de 1917 do jornal carioca *A Noite* 119

Figura 50 - Carta de Soveral à José Olympio Editora (e à Editora Vecchi) com oferta de
várias séries de livros de bolso 125

Figura 51 - Primeira ideia registrada de Soveral para uma série infantojuvenil: *Calunga,
um herói brasileiro* (1969) 126

Figura 52 - Notas manuscritas sobre a série *Calunga*, com menção a "militares" e a
"exploradores do povo" 127

Figura 53 - Nota manuscrita com títulos para a série *O Mistério de...* 128

Figura 54 - Sinopse datilografada da série *O Mistério de...* 129

Figura 55 - Anotações manuscritas com entrecho de dois livros planejados para
a série *O Mistério de...* 130

Figura 56 - Plano de Soveral para a série *Histórias do Pindorama* 131

Figura 57 - Sinopse para a série *Histórias do Patropi* 132

Figura 58 - Resumo da série não desenvolvida *O branco e o vermelho* 133

Figura 59 - Desenho de Soveral, de autoria de Manoel Magalhães, não aproveitado no livro *O Segredo de Ahk-Manethon* 134

Figura 60 - Página final do contrato para o livro *Operação Fusca Envenenado* (1973)...... 135

Figura 61 - *Operação Escravos de Jó* (1974) 135

Figura 62 - *O Segredo de Ahk-Manethon* (2018) 136

Figura 63 - Prova de capa de *Operação Mar Ouriçado* (1973) com informação de data e tiragem 137

Figura 64 - Todas as quatro edições e formatos de *Operação Macaco Velho* (1973) 138

Figura 65 - Pasta de Soveral com anotações e recortes para a série *Turma do Posto Quatro* 138

Figura 66 - Anotação de Soveral para *Operação Velho Chico*, projeto de livro não realizado 139

Figura 67 - Anotação de Soveral com título de livro não desenvolvido 139

Figura 68 - Sinopse não desenvolvida para livro da série *Turma do Posto Quatro: Operação Caçador Caçado* 141

Figura 69 - Sinopse A de Soveral não desenvolvida para livro da série *Turma do Posto Quatro: Operação Ovo de Colombo* 142

Figura 70 - Sinopse B de Soveral não desenvolvida para livro da série *Turma do Posto Quatro: Operação Ovo de Colombo* 143

Figura 71 - Desenho de Soveral para sinopse não desenvolvida de livro da série *Turma do Posto Quatro: Operação Ovo de Colombo* 144

Figura 72 - Desenho não aproveitado no livro *Operação Ilha do Besouro* (1974) 144

Figura 73 - Livro de estreia da série *Os Seis* 152

Figura 74 - Arte para emblema dos *Seis* 153

Figura 75 - Ficha de produção com anotações de tiragem para *Os Seis e o Tesouro Escondido* (1975) 154

Figura 76 - Título mais raro da série, com tiragem de apenas 2.000 exemplares 155

Figura 77 - Sinopse original de Hélio do Soveral para a série *Os Seis* (página 1) 156

Figura 78 - Sinopse original de Hélio do Soveral para a série *Os Seis* (página 2) 157

Figura 79 - Sinopse original de Hélio do Soveral para a série *Os Seis* (página 3) 158

Figura 80 - *Missão Perigosa em Paris* (1975) 163

Figura 81 - Página inicial da sinopse original da série *Missão Perigosa* 164

Figura 82 - Página 2 da sinopse de *Missão Perigosa* 165

Figura 83 - Página final da sinopse de *Missão Perigosa* 166

Figura 84 - Ficha de produção de *Missão Perigosa em Paris*, com dados de tiragem 168

Figura 85 - Reedições de *Missão Perigosa em Tóquio* 168

Figura 86 - Prova de capa de *Missão Perigosa em Madri* (1977), com informações de data e tiragem 169

Figura 87 - Recibo de Soveral para *Missão Perigosa em Chicago* datado de 13 de dezembro de 1978 170

Figura 88 - Arte original de Noguchi para *Missão Perigosa no Zaire* (1976) 170

Figura 89 - *O Mistério do Navio Abandonado* (1974) 174

Figura 90 - Prova de capa de *Chereta e os Crocodilos do Som* (1977) com informações de tiragem 177

Figura 91 - Ficha de entrada de originais, com ordem para não publicação de *Chereta Enfrenta os Clóvis* 178

Figura 92 - Desenho original (inédito) de Soveral para *Chereta e o Carrossel Eletrônico* (1977) 179

Figura 93 - Ficha técnica de *Chereta Enfrenta os Clóvis* (1978) preenchida por Hélio do Soveral 180

Figura 94 - Arte-final de capa de *Chereta Enfrenta os Clóvis* (1978) 181

Figura 95 - Arte de capa inédita de Noguchi para *Chereta Enfrenta os Clóvis* (1978) 181

Figura 96 - *Bira e Calunga na Floresta de Cimento* (1973) 185

Figura 97 - Nota da diretoria da Ediouro sobre cancelamento da série 185

Figura 98 - Prova de capa de *Bira e Calunga na Ilha dos Cabeludos* (1975), com informações de data e tiragem 186

Figura 99 - Edição original e reimpressão de *No Corredor dos Zumbis*, com o título alterado e novo logo (e nome) da série 187

Figura 100 - Última página do datiloscrito de *Bira e Calunga na Selva do Sacarrão* (1975) 189

Figura 101 - Lista ao final de *Brita doma o Prateado* (1976) com menção ao inédito *A Astronave de Vegetotrix* 194

Figura 102 - Os três formatos da série *Inspetora* 195

Figura 103 - Data de finalização da primeira versão da *Inspetora* 196

Figura 104 - Trecho com primeira menção à personagem Bortolina 198

Figura 105 - Trecho manuscrito onde aparece pela primeira vez a alcunha "Inspetora" .. 200

Figura 106 - Decisão editorial sobre a mudança de categoria da série *Inspetora* 203

Figura 107 - Arte original de Noguchi para *O Caso do Fantasma Dançarino* 204

Figura 108 - Detalhe do datiloscrito de *A Inspetora e o Roubo das Joias*, com título original destacado 205

Figura 109 - *Goiabinha e o Frade sem Cabeça* (1977) 213

Figura 110 - Edição de 1983 de *Goiabinha e os Ladrões da Cooperativa*, com nova capa de Lee 214

Figura 111 - Arte de Noguchi para *Goiabinha e os Doze Profetas de Pedra* (1975) 215

Figura 112 - Arte não aproveitada de Baron para emblema da série *Goiabinha* 215

Figura 113 - Ficha de produção de *O Segredo do Moinho Holandês* (1977), da série *O Clube do Falcão Dourado* 221

Figura 114 - *Mestre Gato e outros bichos* (1976), livro de estreia de Gladis na Ediouro 223

Figura 115 - *Gisela e o Enigma do Sétimo Degrau* (1977) 224

Figura 116 - *Gisela e a Estatueta da Sorte* (1976) em suas três edições 225

Figura 117 - Anotações em livro de arquivo da Ediouro com informações
de datas e tiragens 225

Figura 118 - Detalhe da arte de Noguchi com título original de
Gisela e o Enigma da Feiticeira (1977) 226

Figura 119 - Arte original de Noguchi para *Gisela e o Segredo de Família* (1978),
onde se pode ler o título original do datiloscrito 227

Figura 120 - *O Segredo do Torreão* (1976) 232

Figura 121 - Prova de capa de *O Segredo do Navio Encalhado*,
com informações de data e tiragem 232

Figura 122 - Arte inédita de Teixeira Mendes para *O Segredo do Berilo Azul* (1978) 233

Figura 123 - Nota da diretoria sobre cancelamento da série 233

Figura 124 - Anúncio do livro inédito *O Segredo do Berilo Azul* (1978) 234

Figura 125 - Arte de capa inédita de Noguchi para *O Segredo do Berilo Azul* (1978) 234

Figura 126 - Detalhe da página inicial do datiloscrito de
O Segredo do Berilo Azul (1978) 235

Figura 127 - Arte-final da capa de *O Segredo do Berilo Azul* (1978) 235

Figura 128 - Folha de rosto de *O Segredo da Caravana sem Rumo* (1978) 236

Figura 129 - Arte-final de *O Segredo da Caravana sem Rumo* (1978) 236

Figura 130 - Prova de capa da reedição de *O Caso das Doze Badaladas
da Meia-Noite* (1978), com tiragem e data 240

Figura 131 - *O Caso da Pista Escarlate* (1977) 241

Figura 132 - Folha de rosto do datiloscrito inédito *O Caso do Velho Trovador* (1978),
oitava aventura, com nota da editora sobre descarte 241

Figura 133 - Primeira página do nono episódio inédito
O Caso do Amigo Dedicado (1979) 242

Figura 134 - Edição original de *Um presente para Cláudia* (1978),
com uso do nome de Cony como autor 249

Figura 135 - Apresentação constante na folha de rosto de
Um presente para Cláudia (1978) 250

Figura 136 - Reprodução de crédito de abertura da telenovela *Marina, Marina* (1980) ... 250

Figura 137 - Verso de edição dos anos 1980 de *Um presente para Cláudia*, com autoria
reconhecida de Sulema Mendes 251

Figura 138 - Capa de *Um presente para Cláudia*, com crédito para Sulema Mendes 251

Figura 139 - Edição de *Marina, Marina* com crédito para Sulema Mendes 251

Figura 140 - *Toquinho ataca na televisão* (1973) 252

Figura 141 - Edições de *As rapaduras são eternas* fora da Coleção *Mister Olho* 255

Figura 142 - Arte original de capa de *Toquinho Contra o Monstro da Lagoa de Abaeté*
(1977), única originalmente creditada a Noguchi 255

Figura 143 - *O crime mais que perfeito* (2003), nova versão de
Toquinho banca o detetive (1973) 256

Figura 144 - Nova versão (2007) do livro original de 1974 256

Figura 145 - Três versões para *Márcia e o Mistério da Coroa Imperial* 262

Figura 146 - Arte original de Noguchi para *Márcia e o Mistério das Joias Coloniais* (1975) 262

Figura 147 - Ficha com informações de tiragem de *Márcia e o Mistério das Aranhas Verdes* 261

Figura 148 - *O Mistério das Aranhas Verdes* 263

Figura 149 - *O Mistério da Moto de Cristal* (2004) 263

Figura 150 - *Dico e Alice e os Fenícios do Piauí* 273

Figura 151 - Ficha de produção do livro inédito *Dico e Alice e o Rei do Mundo* 269

Figura 152 - Pasta de originais do inédito *Dico e Alice e a Floresta Petrificada* 270

Figura 153 - Detalhe de capa com dados de tiragem para *Dico e Alice no Triângulo das Bahamas* 271

Figura 154 - Anúncio sobre a série *Dico e Alice* que inclui os 10 volumes nunca editados 271

Figura 155 - Arte original de Noguchi para *Dico e Alice e o Cérebro de Pedra* 272

Figura 156 - Arte original para logo da série (talvez de Noguchi?) 276

Figura 157 - Contrato do livro *Diana e o Mistério do Disco Voador* 278

Figura 158 - *Diana contra o Máscara Negra* 276

Figura 159 - Ilustração de Teixeira Mendes para reedição de *Diana Caça os Fantasmas* .. 277

Figura 160 - Ficha de produção de *Diana e o Mistério do Pantanal* 279

Figura 161 - *Diana no Circo do Medo* (edições pós-*Mister Olho*) 281

Figura 162 - Arte original de L.C. Cidade para *Diana na Garganta do Diabo* 282

Figura 163 - Terceiro livro da série *Os Hardy Boys* (1972) 287

Figura 164 - Primeiro livro da série *Turma dos Sete* (1972) 288

Figura 165 - Selo de "Obra premiada" em *Jacques Rogy Solta os Cachorros* 289

Figura 166 - Recibo de Noguchi com menção a estudo para a série *Biggles* 289

Figura 167 - Provável capa de Noguchi 290

Figura 168 - Capa de *Monitor: Rumo Desconhecido* 292

Figura 169 - Anotações (com informações sobre tiragens e formatos) em cópia de arquivo da Ediouro da reedição de 1983 do livro *A Estação Espacial Monitor* 293

Figura 170 - Capa de *O Capitão Lula na Zona dos Submarinos* 296

Figura 171 - Nota sobre cancelamento da série *Capitão Lula* 296

Figura 172 - Roteiro de produção para capa de *S.O.S. do Capitão Lula* 297

Figura 173 - Prova de capa com data e tiragem de *S.O.S. do Capitão Lula* 297

Figura 174 - Capa de *Os Aldenis e o Mistério da Baía Azul*, primeiro com logo e nome da série 300

Figura 175 - Nota da diretoria sobre cancelamento dos *Aldenis* 301

Figura 176 - As três encarnações editoriais de *O Mistério da Casa Amarela* 303

Figura 177 - *Quim Enfrenta os Malandros* 309

Figura 178 - Ficha de produção de *Quim, o Detetive, e Sua Turma* 310

Figura 179 - Prova de capa de *Quim Salva o Delegado* 311

Figura 180 - *Jonas e o Dinheiro Falso* 314

Figura 181 - Prova de capa de *Jonas em Perigo*, com data e tiragem 316

Figura 182 - Nota da Ediouro sobre cancelamento de *Jonas* 317

Figura 183 - Versões de *Jacques Rogy* na *Mister Olho* e fora da Coleção (reimpressão) 320

Figura 184 - Último episódio da série publicado pela Ediouro, já fora da
Coleção *Mister Olho* 321

Figura 185 - Prova de capa com novo *design* para ...*Encontra Um Osso.* 322

Figura 186 - Prova de capa de *Jacques Rogy e os Sinais Misteriosos* com data e tiragem ... 322

Figura 187 - Ilustração de capa inédita de Noguchi para
O Repórter Jaques Socorre os Intocáveis 323

Figura 188 - Prova de capa para o inédito (em português) *O Repórter Jaques
Levanta o Véu* 323

Figura 189 - Arte-final do episódio não publicado *O Repórter Jaques na Boca do Lobo* ... 323

Figura 190 - Página inicial da história em quadrinhos baseada no romance
Veille au Grain, da série *Jacques Rogy* 324

Figura 191 - Lista da *Fora de Série* ao fim de livro da *Mister Olho* 329

Figura 192 - Capa de *"Desligado" e as Pistolas de Duelo* 329

Figura 193 - Ficha com registro de tiragens para *Dois Olhos Dentro da Noite* 330

Figura 194 - Arte original (de Noguchi?) de *A Inspetora e o Enigma do Faraó* (1988) 339

Figura 195 - Arte original de Noguchi para *Goiabinha e a Dança da Guerra* 340

Figura 196 - Arte original de Noguchi para *Operação Falsa Baiana* 341

Figura 197 - Ficha de capa de *Missão Perigosa em Chicago* (1984), com crédito para
Noguchi 342

Figura 198 - Anotação à margem da arte de *Missão Perigosa em Chicago* orienta
para que não se credite o capista 343

Figura 199 - Ficha de produção de *Operação Tesouro Submarino* (1983), com nome
de Noguchi riscado e substituído pelo de Lee 344

Figura 200 - Anotação na arte de *Os Seis e o Galeão Espanhol* para
"não colocar crédito do capista" 344

Figura 201 - Recibo de Teixeira Mendes para ilustrações da *Mister Olho* 345

Figura 202 - Ilustração inédita de Teixeira Mendes para o também inédito
O Segredo do Berilo Azul, da série *O Clube do Falcão Dourado* 346

Figura 203 - Detalhe dc recibo de Baron para ilustrações de
Chereta e o Monstro Marinho 347

Figura 204 - Capa de Baron 347

Figura 205 - Tira de Baron de 1973 348

Figura 206 - Arte de Baron para a capa do livro *Goiabinha e os Ladrões da Cooperativa* . 348

Figura 207 - Capa de *O Judoka* #7 (1969), com desenhos de Baron 348

Figura 208 - Recibo de L.C. Cidade para ilustrações de *Os Seis e o Mistério
dos Penhascos* 349

Figura 209 - Arte de L.C. Cidade para a capa do livro *Diana no Circo do Medo* (1976),
primeiro da série fora da Coleção *Mister Olho* 349

Figura 210 - Prova de capa de *O Mistério das Marionetes*, com ilustração de Eliardo França...350

Figura 211 - *O Rei de Quase-Tudo* (1974)...351

Figura 212 - Detalhe da arte de *Operação A Vaca vai pro Brejo* com assinatura de Jorge Ivan...352

Figura 213 - Capa inédita de Jorge Ivan para projeto de livro de Hélio do Soveral...........353

Figura 214 - Arte original de Jorge Ivan para *Operação Macaco Velho*.............................354

Figura 215 - Capa de Sinatti (1964)...355

Figura 216 - Capa de Sinatti...355

Figura 217 - Arte original de Arnaldo Sinatti para *Diana e o Mistério do Pantanal*..........356

Figura 218 - Único trabalho de J. Bezerra na *Mister Olho*..357

Figura 219 - Ilustração de capa inédita de J. Bezerra para *Diana e o Mistério do Pantanal* (1975)...358

Figura 220 - Nova capa de Lee para *Goiabinha e os Meninos da Casa Vermelha*...............359

Figura 221 - Capa de Lee para a nova edição de *Operação Macaco Velho*, primeira obra nacional da *Mister Olho*...360

Figura 222 - Ficha de produção para *Jonas e as Pérolas Falsas* preenchida por Paulo Silveira...362

Figura 223 - Créditos da versão alemã de *Quim, o Detetive, e Sua Turma*........................363

Figura 224 - Manuscrito inédito de Soveral sobre o uso de pseudônimos (pasta *Pensamentos*)...427

Figura 225 - Manuscrito inédito de Soveral sobre o medo de lhe roubarem a autoria da obra (pasta *Pensamentos*)...428

LISTA DE TABELAS

Tabela 1 - Coleção *Mister Olho*: títulos por série, ano a ano, e tiragens totais 115

Tabela 2 - Séries surgidas na Coleção *Mister Olho* com títulos originais e reedições em outras coleções: ocorrências ano a ano (apenas dos trabalhos novos) e tiragens totais (incluindo as reimpressões) 116

Tabela 3 - Autores e pseudônimos, séries e títulos (Coleção *Mister Olho*)......................... 121

Tabela 4 - Série *A Turma do Posto Quatro*. 145

Tabela 4B - Série *A Turma do Posto Quatro* (capas *Mister Olho* e demais originais)........ 149

Tabela 5 - Série *Os Seis*... 159

Tabela 5B - Série *Os Seis* (capas *Mister Olho* e demais originais)..................................... 161

Tabela 6 - Série *Missão Perigosa* 171

Tabela 6B - Série *Missão Perigosa* (capas *Mister Olho* e demais originais) 173

Tabela 7 - Série *Chereta* 182

Tabela 7B - Série *Chereta* (capas *Mister Olho*)... 184

Tabela 8 - Série *Bira e Calunga* 191

Tabela 8B - Série *Bira e Calunga* (capas *Mister Olho*)... 192

Tabela 9 - Série *Inspetora*.. 206

Tabela 9B - Série *Inspetora* (capas *Mister Olho* e demais originais).................................. 210

Tabela 10 - Série *Goiabinha*... 216

Tabela 10B - Série *Goiabinha* (capas *Mister Olho*).. 217

Tabela 11 - Série *Gisela e Prisco*.. 228

Tabela 11B - Série *Gisela e Prisco* (capas *Mister Olho*) 230

Tabela 12 - Série *O Clube do Falcão Dourado*... 238

Tabela 12B - Série *O Clube do Falcão Dourado* (capas *Mister Olho*) 239

Tabela 13 - Série *Chico e Faísca* 244

Tabela 13B - Série *Chico e Faísca* (capas *Mister Olho*)... 245

Tabela 14 - Série *Toquinho, o detetive* 259

Tabela 14B - Série *Toquinho, o detetive* (capas *Mister Olho* e demais originais) 260

Tabela 15 - Série *Márcia* 265

Tabela 15B - Série *Márcia* (capas *Mister Olho* e demais originais) 266

Tabela 16 - Série *Dico e Alice*.. 274

Tabela 16B - Série *Dico e Alice* (capas *Mister Olho*).. 275

Tabela 17 - Série *Diana*.. 283

Tabela 17B - Série *Diana* (capas *Mister Olho* e demais originais)..................................... 285

Tabela 18 - Série *Monitor*... 294

Tabela 18B - Série *Monitor* (capas *Mister Olho*) 295

Tabela 19 - Série *Capitão Lula* 298

Tabela 19B - Série *Capitão Lula* (capas *Mister Olho*)... 299

Tabela 20 - Série *Os Aldenis* 305

Tabela 20B - Série *Os Aldenis* (capas *Mister Olho*).. 307

Tabela 21 - Série *Quim, o detetive*..................312
Tabela 21B - Série *Quim, o detetive* (capas *Mister Olho*)..................313
Tabela 22 - Série *Jonas*..................318
Tabela 22B - Série *Jonas* (capas *Mister Olho*)..................319
Tabela 23 - Série *Jacques Rogy / O Repórter Jaques*..................325
Tabela 23B - Série *Jacques Rogy / O Repórter Jaques*
(capas *Mister Olho* e demais riginais)..................327
Tabela 24 - Série *Fora de Série*..................331
Tabela 24B - Série *Fora de Série* (capas *Mister Olho*)..................333

LISTA DE GRÁFICOS

Gráfico 1 - Distribuição dos lançamentos da *Mister Olho* (originais e traduções) entre 1973 e 1979..................116
Gráfico 2 - Títulos originais nacionais publicados entre 1973 e 1979 (apenas Coleção *Mister Olho*)..................122
Gráfico 3 - Tiragens dos autores da *Mister Olho* (séries somadas) apenas para o recorte do *corpus*..................122
Gráfico 4 - Distribuição dos livros traduzidos da *Mister Olho* por nacionalidade..................290
Gráfico 5 - Livros da *Mister Olho* (traduções) entre 1973 e 1977..................291

INTRODUÇÃO

Sobre *corpora* desprezados: livros *pulp* e literatura de gênero para crianças

A cultura popular é um esqueleto em nossos armários acadêmicos.[12]

(HOLQUIST, 1974, p. 135)

Quase meio século depois de emitida a constatação acima, pensar-se-ia que a literatura de massa como fenômeno cultural digno de estudo, com suas lógicas próprias tanto de produção quanto de consumo, já não precisa mais de ardorosos e vigilantes defensores. No Brasil, porém, esse domínio ainda se ressente da ausência de maiores "investigações sérias pela persistência de um preconceito generalizado para com as ditas formas de literatura popular" (PACHE DE FARIA, 2017, p. 13). Basta partirmos do nome virtualmente desprezado do próprio Hélio do Soveral, talvez o maior escritor *pop* que o país já teve, em produção e criatividade, que escreveu centenas de livros de bolso para o público adulto antes mesmo de seu sucesso no mercado dos livros infantojuvenis. Ainda que muitas vezes suas obras, vendidas em bancas de jornal sem qualquer indicação de seu autor ou pseudônimo, como era o caso dos livros de espionagem do personagem *K.O. Durban*, tivessem tiragens de mais de 70.000 exemplares – e isso na década de 1960 –, nada parece ser capaz de retirar Soveral do imerecido limbo em que caiu. Explicações: o ainda persistente preconceito (tão antigo quanto os gregos) com as formas literárias de cunho mais popular? A repulsa a escritores que, ao fazerem pouco caso de suas próprias instâncias autorais, empurram o fazer literário de volta a tempos pré-medievais, nos quais o conceito de autoria era outro e, por que não dizer, menos importante? Afinal, como bem coloca Foucault, ao se referir à contemporaneidade, "o anonimato literário não nos é suportável" (FOUCAULT, 2002, p. 50).

Um bom exemplo do descaso por que ainda hoje passam a literatura "de entretenimento" e seus autores foi-nos oferecido recentemente por nada menos que um prêmio Nobel de Literatura. Mario Vargas Llosa, agraciado pela Academia Sueca

---

1 Salvo indicação em contrário, todas as traduções são de nossa autoria.

2 Popular culture is a skeleton in our academic closets (HOLQUIST, 1974, p. 135).

em 2010, afirmou em entrevista ao *The Telegraph* (22 de março de 2015) que *"agora os romances são puro entretenimento* – bem feitos e acabados, dotados de uma técnica eficientíssima – mas *não são literatura, apenas entretenimento"*[3] (LLOSA, 2015. Grifos nossos). Ele queria com isso, obviamente, se referir à oposição ateniense entre culturas "alta" e "baixa", referência que acaba por negar todo e qualquer valor literário (se algum...) às produções não canônicas.

Em nossa dissertação de mestrado, tratamos disso ao citar o ensaísta Álvaro Lins, que deixa muito claro esse arcano (porém atualíssimo...) mundo das oposições:

> Álvaro Lins, em seu pioneiro *No mundo do romance policial*, resgata a separação de gêneros e estilos que havia na literatura clássica de gregos e romanos – "uns [gêneros] para a expressão de situações nobres e elevadas, outros para a expressão de situações baixas e feias" (Lins, 1953, p. 6) – para explicar essa dicotomia que perdura até hoje [(e até mesmo, como vimos, na mente de um ganhador do prêmio Nobel...)] entre a forma literária "alta", aristocrática, de elite, e a forma literária "baixa", plebeia, popular. O romance, mesmo em suas manifestações pontuais ao longo da história (como o *Satíricon*, de Petrônio), bem antes de sua ascensão e consolidação como gênero literário dominante no séc. XIX, sempre deu voz a temas mais mundanos e comuns: a vida em seu real, em seu cru cotidiano plebeu. Quando, porém, passa a ser considerado uma forma literária legítima e mesmo preferível às demais, como a poesia, o romance, agora associado ao mais elevado fazer artístico, vê-se no outro lado da gangorra: malditas agora são outras formas de romance, a maioria delas nascendo ao mesmo tempo – e pelos mesmos motivos – em que o romance fincava suas raízes na cultura ocidental: o romance gótico, o romance científico, o romance de aventura, o romance policial, o romance infantojuvenil. (PACHE DE FARIA, 2015, p. 4)

Também Regina Zilberman, em seu texto de abertura para o volume de ensaios *Os preferidos do público*, de 1987, organizado para a editora Vozes, nos oferece uma análise bastante elucidativa sobre a problemática da literatura de massa em geral como objeto de estudo (PACHE DE FARIA, 2017, p. 14):

> Numa sociedade em que (...) as pessoas leem pouco, a literatura de massa parece ser, simultaneamente, a causa e a solução do problema. (...) Atraindo o leitor para um tipo de obra considerada menor, impede-o de voltar-se àqueles livros efetivamente relevantes para sua formação cultural e, ao mesmo tempo, convidativos ao prazer superior oferecido pela grande arte literária. (...) Pela mesma razão, paradoxalmente, ela é julgada uma saída positiva: cria o hábito de ler, atrai novos adeptos para o livro, ajuda a crescer a indústria livreira e propicia uma infraestrutura de circulação para as obras sem a qual uma literatura nacional de país subdesenvolvido, como é o Brasil, não seria possível. *Converte-se num mal menor, tolerável diante da hipótese de que pior seria sem ela e qualquer tipo de leitura.* (ZILBERMAN, 1987, Grifo nosso, *apud* PACHE DE FARIA, 2015, p. 5)

---

3 Now the novels that are read are purely entertainment – well done, very polished, with a very effective technique – but not literature, just entertainment (LLOSA, 2015).

Essa breve reflexão sobre os desafios que surgem da escolha da literatura de massa como *corpus* é um bom ponto de partida para se entender por que os livros de Carlos Figueiredo, Hélio do Soveral e todos os outros da Coleção *Mister Olho* têm sido completamente ignorados no Brasil pela Academia. Podemos ir além e incluir nesse balaio a própria editora da coleção, a Ediouro, como outra vítima desse limbo teórico. Em se tratando de uma casa editorial da relevância da Ediouro/ Tecnoprint, com sua liderança de décadas no mercado de livros populares e/ou acessíveis, surpreende, realmente, como indica Labanca (2009), que quase todos os trabalhos sobre o mercado editorial e sua história, no Brasil, sequer cheguem a citar a editora da *Mister Olho* ou, quando o façam, não lhe dediquem mais que poucas linhas (caso de *O livro no Brasil*, do inglês Hallewell, publicado em 1982). O mesmo se dá, diga-se de passagem, com a Monterrey, casa editorial que abrigou Soveral na década de 1960 e que se tornou um império da "ficção ligeira popular" (expressão usada pelo já citado Hallewell).

No caso específico de livros para crianças, vale ainda uma ponderação adicional: por terem um caráter híbrido (uma mistura de literatura de gênero e literatura para crianças), a amnésia crítica e editorial que os ameaça pode muito bem residir no mecanismo teórico que (com um viés negativo) "vê a criança como uma miniatura, como um pequeno adulto que deve ter, como tantas outras dimensões de sua vida, uma literatura pautada pelos modelos do *mundo de gente grande*" (PACHE DE FARIA, 2015, p. 122). Em nossa dissertação de mestrado, citávamos o escritor Dyonelio Machado para ilustrar justamente essa associação entre literatura infantojuvenil adaptada e o que ela traria (trairia...) em si de falseamento, de não-arte.

> A indústria de brinquedos é hoje tão importante como qualquer indústria. Há de tudo: aeroplanos, máquinas de escrever, cinematógrafos, ampolas de Crooks!! Tudo o que o homem inventa para o seu desfastio ou a sua necessidade encontra logo um contrafactor, um redutor, um miniaturista, que o replica para a necessidade ou o desfastio da criança! De tal modo que existem, paralelamente, dois mundos, cada qual mais cruel, embora mais aparente cada qual... (MACHADO, 1995, *apud* PACHE DE FARIA, 2015, p. 122)

A ponte lançada por Dyonelio Machado é deveras feliz e certeira: a literatura infantojuvenil *miniaturizada*, enquanto adaptadora de gêneros que a indústria cultural teria inventado para o "desfastio" do homem (ou sua necessidade...), como a ficção científica e o romance policial, seria obra falsa, inautêntica, fruto de um "contrafactor", de um não-artista. Por conta dessa relação extremamente negativa, séries infantojuvenis de gênero como as da *Mister Olho* cairiam num entre-lugar, num vácuo de rótulo/prateleira que depõe enormemente contra sua legitimidade, o que faz com que o estudo da literatura infantojuvenil mais *séria* provavelmente as desconsidere como objeto (PACHE DE FARIA, 2015, p. 123).

Talvez mais importante e radical ainda seja o alerta de Roger Chartier, para quem "a oposição macroscópica entre cultura 'popular' e cultura 'de elite' deixou de ser pertinente" (CHARTIER, 2001, p. 231), uma vez que "já não parece mais possível persistir na tentativa de estabelecer correspondências estritas entre dicotomias culturais e hierarquias sociais" (CHARTIER, 2001, p. 230). Uma "definição redutiva do social" (CHARTIER, 2001, p. 231) e de suas práticas culturais discursivas tanto no eixo de produção quanto no de consumo só servirá para manter no escuro as "comunidades interpretativas" (FISH, 1980, p. 167-173 *apud* CHARTIER, 2001, p. 216) – e as atmosferas em torno delas – associadas a escritores como Hélio do Soveral.

É de se supor que centenas de milhares, talvez mesmo milhões de crianças e adolescentes brasileiros, durante as décadas de 1970, 1980 e 1990, consolidaram sua relação com a leitura graças à literatura de massa das histórias policiais e de ficção científica da Coleção *Mister Olho*, fossem elas as odisseias campestres da Patota da Coruja de Papelão, de Ganymédes José, fossem elas as aventuras praieiras da Turma do Posto Quatro, de Hélio do Soveral, ou as explorações fantásticas de Dico e Alice, os gêmeos criados por Carlos Figueiredo. Cabe a nós, acadêmicos e aficcionados, colocar estes textos à prova de seus temas, época e contexto, compará-los entre si, internamente, e com seus pares mais canônicos e talvez menos cerceados em suas estratégias de narrar e de "estimular a leitura".

A editora Ediouro e a Era Dourada da *pulp fiction* para crianças no Brasil: aspectos mercadológicos e educação não-formal

> Venha se unir à turma, na luta contra o mal, resolvendo com eles os casos de roubos, sequestros, lutas, etc.
>
> Os jovens heróis estão sempre envoltos em casos de mistério, suspense e aventura. (EDIOURO, 1973. Texto promocional da contracapa dos primeiros volumes da Coleção *Mister Olho*)

No começo da década de 1970, mais precisamente em 1973, o Brasil viu nascerem duas de suas mais emblemáticas coleções infantojuvenis: a coleção *Vagalume*, iniciativa da editora paulista Ática e sucesso absoluto dos anos 1980 e 1990, deixaria como contribuição aos anos 1970 um total de 11 obras editadas, das quais 3 delas inéditas (as demais sendo reedições de livros da década de 1940, 1950 e 1960); já no Rio de Janeiro, das prensas da Ediouro, a coleção *Mister Olho* (de *Mistério* e *Olho*, como explicava a editora), literalmente o maior apanhado de literatura de massa para crianças e jovens de nossa história, deixaria, em pouco mais de meia década de existência (1973 a 1979), um legado de mais de uma centena e meia de livros originais publicados (164, sem contar os títulos que eram traduções ou adaptações) e milhões de exemplares de tiragem, num fenômeno editorial que a história do livro em nosso país mal começou a arranhar. Para citarmos um dado concreto que ajuda a ilustrar seu gigantismo e alcance, apenas a série *Inspetora*, que tivemos a oportunidade de estudar em nossa dissertação de mestrado, teve mais de quinhentos mil livros impressos, somando-se todas as tiragens dos 38 volumes publicados, considerado o intervalo entre 1974 e 1991.

Mas de onde veio a Ediouro? Líder absoluta no mercado de livros de bolso populares, graças a uma combinação de altas tiragens, preços baixos e esquemas alternativos de distribuição (a exemplo das pioneiras ações de Monteiro Lobato no começo do século XX), que aliavam vendas por reembolso postal, distribuição em bancas e uma rede própria de livrarias dedicadas apenas aos seus próprios títulos, a Ediouro crescera junto à mesma onda que vira surgir um novo público leitor urbano nas décadas de 1950 e 1960, ávido por uma literatura de cunho mais pragmático que atendesse, por exemplo, às suas necessidades cotidianas e/ou de qualificação profissional mais imediatas: livros de receitas, manuais de corte e costura, cursos de línguas e datilografia e todo tipo de *faça-você-mesmo* possível de se imaginar. No final dos anos 1960, porém, detectando a diminuição desse mesmo mercado, perdido para a cada vez mais popular televisão, a Ediouro muda de foco, deixando de lado parcialmente os livros de bolso populares que a fizeram um gigante editorial e buscando sua sobrevivência em novas frentes, uma delas a de livros infanto-juvenis que, por meio de coleções como a *Mister Olho*, a Ediouro não só explorou como ajudou a modelar (PACHE DE FARIA, 2017, p. 91).

A Turma do Posto 4, de Luiz de Santiago; *Bira e Calunga*, de Gedeão Madureira;*Toquinho, o Detetive*, de Lino Fortuna; *Márcia*, de Altair Boaventura; *Goiabinha*, de Ganymédes José; *Os Seis*, de Irani de Castro; *Missão Perigosa*, de Yago Avenir dos Santos; *Chereta*, de Maruí Martins; *A Inspetora*, de Santos de Oliveira; *Gisela e Prisco, Chico e Faísca e O Clube do Falcão Dourado*, de Gladis; *Dico e Alice*, de José M. Lemos – todas essas séries, para citar apenas as de autores nacionais na Coleção *Mister Olho*, alcançaram um vasto público na década de 1970 graças às pequenas brochuras da Ediouro, em seu formato 10,5cm por 16cm, de lombada quadrada, vistosa capa colorida com (na maioria das vezes) um chamativo desenho de Noguchi e um miolo de páginas cuja cola não resistia a muitas leituras. Conforme o sucesso e a demanda, os autores eram estimulados a produzir mais textos, em ritmo semelhante à pena de Alexandre Dumas e sua *fábrica* de folhetins oitocentistas: Ganymédes José, por exemplo, escreveu alguns episódios da *Inspetora* em períodos de cinco dias, conforme pudemos constatar em originais que localizamos no Arquivo Municipal de Casa Branca, sua cidade natal (PACHE DE FARIA, 2017, p. 15). Com isso, algumas das séries passaram da marca impressionante dos trinta episódios, como a própria *Inspetora* e a *Turma do Posto 4*.

Os livros da Coleção *Mister Olho* visavam um público infantil tido como tábua de salvação por um mercado editorial amadurecido, mas que, como mencionamos, se via já ameaçado de morte pelo avanço dos meios de comunicação de massa, em particular a televisão. As vendas de livros entre o público adulto diminuíam na medida em que as telas traziam novas realidades culturais e de entretenimento para dentro dos lares de milhares, depois milhões, de brasileiros. Muitas editoras, então, como é o caso da Ediouro, procuraram o esteio das políticas educacionais públicas da época que, principalmente a partir da Lei de Diretrizes e Bases da Educação Nacional (Lei nº 4.024 de 20/12/1961), traziam para o centro das discussões a leitura como prática pedagógica básica, como ponto de partida e referência para o desenvolvimento de várias competências da criança, e isso não só no que diz respeito ao ensino da língua materna; a leitura passava a ser instrumento fundamental para lastrear o ensino de disciplinas como História, Geografia, Ciências, etc., e para "desenvolver" a criança social, ideológica e politicamente (PACHE DE FARIA, 2017, p. 91-92).

Nessa época em que a televisão aparecia, para muitos, como inimiga incontestável da literatura, as editoras não se lançaram desprevenidas nesta cruzada pela criação de um novo mercado mirim consumidor: buscaram, antes, a legitimação da escola e de suas estruturas, reforçando, por assim dizer, as relações (e amarrações) que já existiam entre literatura infantil e ambiente escolar. Marisa Lajolo ilustra bem essa questão ao destacar, comentando o avanço do mercado editorial em meados da década de 1960, que

> Estas novas condições, que afetam diretamente a produção literária, afetam em particular a produção literária infantil. Se, desde seu nascimento, a destinação escolar dos livros fazia com que a literatura para crianças se apoiasse, para legitimar sua existência e arregimentar seus leitores, nas instituições vizinhas da escola (quando não da própria), o já apontado desenvolvimento de uma infraestrutura cultural nos anos 60 e 70 só vai aprofundar esta relação de dependência. Com muito mais desenvoltura que a não-infantil, a literatura para crianças, fiel a suas origens, presta-se bem à mediação institucional. (LAJOLO, 1986, p. 174)

É por isso, por essa busca de uma relação *carnal* com a educação formal, escolarizada, que muito da produção infantojuvenil da Ediouro/Tecnoprint trazia encartes pedagógicos e didáticos para auxiliar professores e escolas em seu aproveitamento em sala de aula: no próprio livro, o aluno encontrava propostas de atividades, perguntas para avaliar sua compreensão do texto lido, vocabulários e glossários simplificados, etc. Mas a Coleção *Mister Olho*, que é nosso caso de interesse, merece ser entendida levando-se em conta certas nuanças; persegue-se, ainda, a relação legitimadora com a leitura de cunho formador, civilizador, mas de uma maneira menos institucionalizada. Busca-se produzir, nos livros de leitura rápida e atraente da Coleção *Mister Olho*, um produto/literatura que atenda às necessidades da chamada educação não--formal que, "apesar de dissociada da sistematização própria dos ambientes formais de educação, como a escola" (PAIVA; BLUM; YAMANOE, 2010), tem ainda toda uma intencionalidade, um subtexto doutrinário, moralizador, perpetuador de *status*, ordem e hierarquias de dominação. Vale aqui examinarmos brevemente o conceito de Gohn (2005) para a educação não-formal, de maneira a percebermos como coleções como a *Mister Olho*, mais que mero entretenimento, funcionavam como elementos de formação do indivíduo, fora das molduras mais óbvias dos currículos e das listas de leituras recomendadas, mas ainda atreladas a uma agenda de consolidação e manutenção de pontos de vista e de vida.

A educação não-formal designa um processo com várias dimensões tais como: a aprendizagem política dos direitos dos indivíduos enquanto cidadãos; a capacitação dos indivíduos para o trabalho, por meio da aprendizagem de habilidades (...); a aprendizagem e exercício de práticas que capacitam os indivíduos a se organizarem com objetivos comunitários (...); *a aprendizagem de conteúdos que possibilitem aos indivíduos fazerem uma leitura do mundo do ponto de vista de compreensão do que se passa ao seu redor.* (GOHN *apud* PAIVA; BLUM; YAMANOE, 2010, p. 7. Grifo nosso.)

Valores considerados socialmente desejáveis, portanto (como a lealdade e honestidade, o trabalho em equipe, os valores da cultura letrada, ou ainda a prevalência de um difuso *Bem-contra-o-Mal* e do caráter negativo de quaisquer tipos de crimes ou desafios à ordem vigente, comuns a muito da filosofia do romance policial, principalmente o de enigma), ganhavam veículo em uma literatura infantil que, se dizia querer entreter com o objetivo de implantar o hábito da leitura, caso explícito da *Mister Olho*, não deixava de trazer em seu ventre toda uma carga ideológica que merece exame.

Também de grande interesse para nossa análise é o período em que a coleção surge, haja vista estarmos aqui nos últimos dos Anos de Chumbo do regime militar, em meio a um cenário que curiosamente conjugava duas forças aparentemente antagônicas: 1) o estímulo à leitura e à produção de literatura infantojuvenil com temas nacionais patrocinado pelo próprio governo, conforme orientações explícitas do MEC, que sugeria que a educação infantil procurasse implantar desde cedo o "hábito da leitura"; 2) e a atmosfera de opressão emanada pelo regime que, se sacava a tesoura de censor muito mais frequentemente nas redações das revistas semanais e dos jornais diários, era mesmo assim responsável por um enorme cerceamento de ideias e expressão muitas vezes autoinfligido seja por autores ou por casas editoriais.

Contextualizando o Brasil dos anos 1970: aspectos editoriais, censórios e políticos de uma ditadura

1973... distribuídas em bancas de jornal por todo o país, são colocadas à venda as primeiras brochuras da Coleção *Mister Olho*. Em pleno regime militar, às vésperas do décimo aniversário do golpe de 1964 e cinco anos depois do AI-5, a sociedade brasileira vivia tempos de censura cultural, intelectual e política. Embora tal ambiente opressivo fosse percebido

> mais no âmbito das redações de jornais e periódicos, como diz Antônio Callado, do que no dia a dia dos escritores (Callado, 2006, p. 28), havia um autopoliciamento silencioso e implícito nas atividades criativas e editoriais por meio do qual evitava-se desagradar o regime: com isso, escritores deixavam de escrever obras perigosas e passíveis de sanção e editoras evitavam publicá-las (Reimão, 2011, p. 57). (PACHE DE FARIA, 2017, p. 109)

Pelo trabalho de autores como Deonísio da Silva, podemos afirmar que, dentre os aproximadamente 500 livros censurados pela ditadura militar nas décadas de 1960, 1970 e 1980 (SILVA, 1989), não se incluíam títulos infantis ou infantojuvenis. Mas há registro de livros que experimentaram dificuldades para serem publicados, como é o caso de *Raul da Ferrugem Azul* (MACHADO, 1979), que teria sido rejeitado por nove editoras por ser visto como provocação clara ao regime (PAIVA *et al*, 2014). E há ainda o emblemático livro *O Caso do Rei da Casa Preta* (PACHE DE FARIA, 2015), descoberto por nós durante nossa pesquisa de mestrado: um livro infantojuvenil da Coleção *Mister Olho* cuja publicação foi cancelada pela própria editora, no que entendemos ser o primeiro episódio documentado de autocensura no âmbito da literatura infantil brasileira durante a última ditadura militar.

Os dois exemplos acima servem para entendermos que mesmo que os livros em geral sofressem à época menos censura direta que os jornais, como bem apontou o escritor João Antônio em entrevista de meados dos anos 1970, por conta, dizia ele, do "número de tiragem de cada um" (ANTÔNIO, 2012, p. 167, *apud* PACHE DE FARIA, 2017, 109), ainda assim teriam tido sua livre produção gravemente cerceada, mesmo em áreas tão insuspeitas quanto a dos livros de bolso infantojuvenis como os da Coleção *Mister Olho*.

Além disso, no que diz respeito ao nosso *corpus*, encontramos evidências de que a Ediouro realizava uma análise *sensível* (para usar um termo a que voltaremos mais adiante) e cautelosa do texto das obras antes que fossem publicadas. A editora ainda guarda em seus arquivos pareceres internos para vários títulos da *Mister Olho* nos quais

> um leitor crítico faz comentários sobre a qualidade da narrativa, sobre problemas de estilo e linguagem do autor, sobre a adequação ou não da história em questão para o público alvo indicado e outras questões [de conotação inclusive política]. (PACHE DE FARIA, 2015, p. 90)

Com relação ao tema da censura no Brasil durante os anos 1970, e para melhor desenhar a ambiência que então vigia, pode ser conspicuamente esclarecedor o exame de alguns testemunhos da época. O primeiro exemplo que citaremos foi retirado de um seminário apresentado pelo jornalista e escritor Antonio Callado, personagem dos mais (comb)ativos durante o regime militar:

> Como jornalista, e também na condição de escritor — embora menos como escritor —, sinto o tempo todo o jugo da censura. (...) Depois de dez anos de ditadura militar, a censura é hoje tacitamente exercida na maior parte dos jornais. Os responsáveis pela censura frequentemente telefonam para as redações para informar que estão proibidos editoriais e notícias sobre determinado assunto[, assunto muitas vezes ainda ignorado pelos jornais]. (...) [Estes] sabem, por telefone, que é melhor nem tentar descobrir. Num certo sentido, a notícia é assassinada antes de ter nascido. (CALLADO, 2006, p. 28.)

O segundo excerto que oferecemos vem um artigo recente do jornalista Elio Gaspari, autor de um monumental trabalho de mais de 1.200 páginas sobre a era de Médici e companhia. Aqui vemos o quão surreal pode ser o controle estatal sobre os veículos de comunicação (ou qualquer forma de expressão):

> Em qualquer época, o Planalto tem horror a essa palavra ["recessão"]. Em 1974, a censura baixou uma ordem tornando "terminantemente proibidas" quaisquer referências "relativas a recessão econômica, ainda que hipotéticas". (GASPARI, 2015)

Finalmente, é também relevante ressaltar que os anos de 1973 e 1974 (quando surge a *Mister Olho*), de acordo com os relatórios do projeto *Brasil: Nunca Mais*, são justamente aqueles nos quais se registram o maior número de desaparecimentos políticos no Brasil (ARNS, 1985, p. 291-293).

Em face a tudo isso, uma pergunta na linha *advogado-do-diabo* se impõe: será que cabe investigar as possíveis influências (diretas ou indiretas) da vigência da censura em uma literatura que se autodeclarava "de entretenimento", o que, por si só, costuma diluir bastante quaisquer pretensões contestatórias ou questionadoras que se possa querer buscar em seus textos? Na "camisa de força" da estrutura do folhetim de mistério, do romance de enigma, da aventura pela aventura, da própria ideologia (dominante) subjacente ao "combate ao crime e aos criminosos", não se teria eliminado nesses livros infantojuvenis da Coleção *Mister Olho*, já de antemão, toda oportunidade de maior reflexão crítica ou de combate ao cerceamento da liberdade artística e do pensamento que então vigorava?

Embora pertinente, a indagação não merece ser descartada sem maiores explorações e leituras. Sim, porque, mesmo com todas essas aparentes amarras, Santos de Oliveira, nas páginas da série *Inspetora*, não poupava críticas à classe dominante e aos políticos como um todo, atacando inúmeras vezes a figura do prefeito da cidade onde se passavam as histórias de seus investigadores mirins. E há, claro, a questão muito mais emblemática do já citado volume *O Caso do Rei da Casa Preta*, da mesma série, que, como vimos, teve sua publicação abortada muito provavelmente devido ao seu texto, verdadeiro protesto (intencional ou não...) silenciado contra o regime militar, com suas alusões a prisões arbitrárias, negação de direitos básicos, desaparecimentos e até mesmo tortura.

Por muito que já se tenha estudado e dito que a literatura infantojuvenil quase sempre se viu limitada em seus voos de criação e temas, por conta de sua proximidade com os interesses da escola – enquanto instituição responsável pela educação formal (e não-formal) necessária a economias de mercado como a nossa –, ainda assim ela, ao menos desde o *Reinações de Narizinho* de Lobato, em 1921 (COELHO, 1991), também se permitiu trazer em si germes de emancipação; sementes de debate sobre as desigualdades do país, sobre a injustiça de certas práticas sociais (como a censura). À frente, então, de lupa em punho, procurar esses micróbios do mal ou do bem nas páginas e penas da Coleção *Mister Olho*.

Coda (alvos pretendidos e intenções)

Buscamos, ao longo da pesquisa realizada para este livro e ao final de sua redação, com licenças feitas a eventuais ajustes de rumo proporcionados pelo material documental descoberto, alcançar os seguintes objetivos:

1 Traçar um abrangente perfil editorial da coleção de livros infantojuvenis *Mister Olho*, buscando pela primeira vez mapear as diversas séries que a compuseram, identificando autores, títulos, datas de publicação, variações de formato e (re)prensagens, procurando relacionar as obras, tematicamente, ao seu período histórico de nascimento e vigência, isto é, a ditadura militar brasileira entre 1973 e 1979. Para isso, com base em pesquisas de gabinete, visitas à editora e depoimentos de autores ainda vivos e de seus herdeiros, coligimos dados e fatos que trazem à tona a coleção como um objeto cultural orgânico que engloba não só seu texto como também suas formas de produção, circulação e promoção, incluídos aí os contratos entre escritores e editora (via de regra, de cessão definitiva), a análise da publicidade cruzada entre os livros, a assumida efemeridade artística dos trabalhos e todos os aspectos relacionados à sua materialidade, tão importantes para sua recepção junto aos leitores quanto os próprios textos, como muito bem coloca Roger Chartier quando diz que

> Os autores não escrevem livros: não, eles escrevem textos que se tornam objetos escritos, manuscritos, gravados, impressos e, hoje, informatizados. Essa clivagem, espaço onde, aliás, constrói-se um sentido, foi, durante muito tempo, esquecida. A história literária clássica percebia a obra como um texto abstrato cujas formas tipográficas não importavam. O mesmo ocorreu com a "estética da recepção", que postula (...) uma relação pura e imediata entre os "sinais" emitidos pelo texto (...) e o "horizonte de expectativa" do público ao qual é dirigido. Numa tal perspectiva, o "efeito produzido" não depende, em absoluto, das formas materiais que o texto suporta. *Estas, todavia, contribuem largamente para modelar as expectativas do leitor*, além de convidar à participação de outros públicos e incitar novos usos. (CHARTIER, 1994, p.17-18. Grifo nosso.)

É pela análise completa desse objeto escrito, impresso, exposto, vendido, criticado, rotulado, apreciado, desprezado ou até ignorado, que pertence não só a seu tempo, tema e autores/leitores, mas também à gramatura do papel que o moldou, às estratégias escolhidas para sua comercialização e promoção, às cores de suas capas e mesmo a quão rápido seu miolo de páginas mal coladas ia se esfacelando (*pulp fiction*[4] que era); é com base em tudo isso que tentamos lançar um pouco de luz sobre a coleção *Mister Olho*, esse capítulo inexplorado da história da literatura infantojuvenil brasileira.

---

4 Convencionou-se chamar de *pulp fiction* a literatura produzida nos Estados Unidos, no final do século XIX e começo do século XX, que era impressa em papel barato (da "polpa" das árvores), com encadernação malcuidada (e redação, via de regra, idem) e dirigida a um público ávido pelas narrativas que caracterizaram a explosão editorial surgida na Europa acompanhando, principalmente, o capitalismo industrial inglês: as novelas sentimentais, os romances de aventura e ficção científica, entre outros gêneros, e, claro, o romance policial (PACHE DE FARIA, 2017, p. 113).

2 Oferccer uma leitura e análise crítica e comparativa de duas (de um total de catorze) das séries brasileiras da coleção *Mister Olho* (*Dico e Alice*, de Carlos Figueiredo, e *A Turma do Posto 4*, de Hélio do Soveral): buscamos no Capítulo 3, portanto, semelhanças e coesão temática entre as séries escolhidas que confirmassem (ou negassem ou mesmo relativizassem) a hipótese de uma agenda cultural e artística "chapa branca", na qual a ordem seria produzir livros sem nenhum cunho subversivo ou desafiador (seja por características inerentes ao gênero policial, seja pelas cautelas e interesses econômicos de uma editora pressionada pela busca de novos mercados e leitores em um ambiente política e intelectualmente controlado), sempre tendo em vista o contexto histórico e o tênue equilíbrio da dinâmica entre engajamento, liberdade artística e aparatos de repressão.

3 Contribuir para um maior entendimento sobre como agiam as formas de cerceamento artístico e ideológico diretas e indiretas durante a ditadura militar, no âmbito específico da literatura infantojuvenil, seja junto a autores, seja junto a editores, tomando como base para tais casos de (auto)censura as obras *Beloca e Xalinó*, *A Astronave de Vegetotrix* e *O Caso do Rei da Casa Preta* (todas de Ganymédes José, mas apenas a última pertencente à Coleção *Mister Olho*) e outros episódios registrados na literatura, como livros cuja publicação tenha sido dificultada ou adiada – por exemplo, o já citado *Raul da Ferrugem Azul* (1977), de Ana Maria Machado –, ou políticas editoriais censórias (caso da Ebal, da Vecchi e do *Comics Code* norte-americano).

Muitos outros livros e objetos culturais para além de nossa amostra também devem ter sido assassinados antes de terem nascido, pelo temor de seus autores ou pela prudência de suas editoras. Seria aquilo que Sandra Reimão descreve como sendo a autocensura de "artistas e intelectuais (...) conscientes do rigor da atividade censória (...) durante o governo Médici (1969-1974), evitando produzir obras que pudessem ser censuradas" (REIMÃO, 2011, p. 57 *apud* PACHE DE FARIA, 2017, p. 19), embora houvesse, claro, esforços de resistência e escritores que defendiam e declaravam, contundentes, que "a censura não pode ser usada para escudo de mediocridade, de picaretagem e omissão" (ANTÔNIO, 2012, p.167).

A todos aqueles que procuraram não compactuar com o silêncio ou com a melifluência destes tempos onde até mesmo os livros infantis estiveram sob escrutínio, sob jugo, sob o peso dos coturnos da repressão, entendemos ser esta obra uma devida homenagem, uma "justiçagem" tardia, mas vitalmente necessária. Porque houve prejuízo e lesão ao país não só na censura direta, como também na atmosfera de terror e medo que ela inspirou. Como colocou exemplarmente João Antônio em entrevista publicada na revista *Crítica*, em setembro de 1975, meros meses depois de os editores da coleção *Mister Olho* terem privado seus leitores do texto do *...Rei da Casa Preta,*

> Eu acredito que esses critérios de censura são sempre critérios muito burros. *Censura é uma burrice.* É muito difícil estabelecer qual o critério de justiça da censura. Eu acredito que sobre o livro a censura tenha agido com menos violência do que sobre os jornais. Basta olhar o número de tiragem de cada

um. Então o livro é de certa forma tido e havido como um elemento menos perigoso. Mas ainda assim o grande problema do escritor é que ele, tanto ou mais que o jornalista, é *um indivíduo que não pode pensar em censura na hora de produzir*. Se existe um recado a dar é esse. O sujeito tem que transmitir sua mensagem, seja qual for, sem olhos na censura, porque *a censura é a castração de qualquer tipo de criação*. (ANTÔNIO, 2012, p. 167. Grifos nossos.)

4 Apresentar uma leitura e análise do volume inédito da série *A Inspetora*, o já citado *O Caso do Rei da Casa Preta*. Apesar dos impressionantes 38 títulos publicados, pudemos confirmar que a série em questão teve pelo menos mais esse original escrito pelo autor, cujo lançamento aparecia previsto nas edições originais dos primeiros volumes. Com base nas artes finais resgatadas por nós nos arquivos da editora, onde o texto de Ganymédes José permaneceu engavetado por mais de quarenta anos, complementadas pelo datiloscrito encontrado no acervo do escritor, procuramos argumentar que esta lacuna na Coleção *Mister Olho*, este livro escrito, imaginado, mas nunca publicado, é prova inequívoca, concreta, documentada (e talvez única até este momento na história acadêmica brasileira), dada a sua temática, de como os mecanismos da censura militar, também no âmbito da ficção infantojuvenil, podaram textos, abortaram obras, silenciaram vozes; mesmo que apenas pela ameaça indireta de sua sombra, sem que houvesse necessidade de proibições declaradas, ou de dedos em negativa deste ou daquele censor.

Esses foram os desafios que nos colocamos. Esperamos, de coração, que as longas horas dedicadas a eles, refletidas nas páginas a seguir, tenham respondido a algumas perguntas e, mais importante, despertado no leitor, ao final, muitas outras delas.

PARTE I

Nomes, números, cores, tempos, temas e formatos: a materialidade (e os conceitos em torno) do maior *corpus* da literatura infantojuvenil brasileira

O estudo das obras não deve nunca ignorar a "materialidade do texto", entendida como a relação, visível na página impressa ou através da *performance* teatral, entre dispositivos formais e categorias discursivas.

Roger Chartier
"O Romance: da redação à leitura". In:
Do palco à página: publicar teatro e ler romances na época moderna (séculos XVI-XVIII) **(2002)**

CAPÍTULO 1.

Desvendando os segredos da *Mister Olho* – primeira parte: cronologias, genealogias, conceitos e temas

A criação da Fundação Nacional do Livro Infantil e Juvenil, para o estudo, fomento e acompanhamento da produção brasileira no gênero, acontece em pleno ano de 1968, ano do maior dos golpes dentro do golpe; ano do Ato Institucional nº 5. Um dos maiores marcos resultantes da atividade da entidade foi, sem dúvida, a publicação dos dois volumes intitulados *Bibliografia Analítica da Literatura Infantil e Juvenil publicada no Brasil*. O primeiro deles, de 1977, cobrindo o que aqui se lançou para esse público entre 1965 e 1974, tinha como objetivo, como diz o texto de sua introdução, oferecer e "constituir uma permanente contribuição à memória nacional no que tange aos que se dedicam a criar, produzir e promover livros para crianças e jovens em nosso País" (FNLIJ, 1977, p. 8). É isso o que em parte pretendemos com esse trabalho: deixar em papel, de forma perene, um registro e um olhar sobre essa enorme coleção de literatura infantojuvenil de massa, a *Mister Olho*, ainda invisível para a Academia. A FNLIJ cita (reportando-se ao *Boletim Informativo* do Sindicato Nacional dos Editores de Livros) um total de 424 títulos como sendo a produção brasileira no gênero infantil e juvenil para o ano de 1974 (FNLIJ, 1984, p. 12), o segundo da existência da *Mister Olho*. Desses, nada menos que 28 (aproximadamente 6,60%) são obras de nosso *corpus*, proporção que seguramente foi ainda mais relevante no ano anterior e que tomaria ainda mais volume caso fizéssemos uma comparação de dados considerando apenas as faixas etárias pertinentes.

Quem escreveu estas obras? Do que tratavam seus enredos? Quem as ilustrou? Quem as traduziu? A que público (e missão) se destinavam? Em que quantidades foram produzidas? Como mudaram, graficamente, e por quê? Até que ponto foram trabalhos e expressões culturais artisticamente livres? Se, na investigação dessas perguntas, não podemos prometer alcançar sempre, neste livro (e nem é essa a nossa intenção), "o pensamento crítico mais apurado, exercido com plena isenção de condicionamentos pessoais" (FNLIJ, 1977, p. 8), parâmetro citado pela FNLIJ como o norte adotado por seus consultores e leitores ao resenharem cerca de 1.200

títulos daquele recorte, podemos por outro lado garantir que privilegiamos ao máximo uma abordagem objetiva e científica de nosso *corpus*; tanto nos copiosos dados coligidos nas páginas a seguir, que erguem pequenos casebres biográficos onde havia apenas desertos ou raquíticas fundações e fazem nascer uma pequena história editorial com títulos, autores revelados por detrás de pseudônimos que resistiram mais de quatro décadas, tiragens e projetos abandonados, além de algumas penumbras (caso de certos livros não publicados) indicando sombras maiores (as da censura e da atmosfera geral de repressão).

Em nossa visão de irmos além dos meros textos, deixando de lado o chapéu do acadêmico de gabinete, do leitor crítico dos livros enquanto edifícios artísticos autossuficientes, para por vezes vestir a boina de detetive-jornalista-historiador e fazer com que esta obra se impregne da poeira dos arquivos, da incerteza subjetiva (e humana) dos depoimentos, das contradições dos seus autores e, finalmente, da materialidade[5] dos objetos nada abstratos que compõem o *corpus* da Coleção *Mister Olho* (Figura 1) – criações coletivas de papel, tinta, traço, plástico, cola, texto, edição –, sabemos que por vezes atropelamos a objetividade (fria?) a que aludimos no parágrafo anterior. Mas estas páginas são fruto do trabalho de um observador não isento; são fruto de alguém que, como leitor e pessoa, foi parcialmente formado pelo consumo, pela leitura, pela fruição e recepção dos trabalhos aqui abordados. A quaisquer excessos impressionistas ou de detalhe e minúcia em que porventura tenhamos incorrido no *mapa mundi* da Coleção *Mister Olho* que se segue, pedimos o perdão concedido, desde sempre, a todos os apaixonados.

Figura 1 - Logo em preto e branco
da Coleção *Mister Olho*

---

[5] Nisso, sentimos estar igualmente alinhados ao espírito da FNLIJ, que, na mesma introdução já citada, explica que "a análise dos livros foi feita (...) [por método] em que se levou em conta os seguintes indicadores: *aspectos gráficos, temas, texto e ilustração*" (FNLIJ, 1977, p. 8. Grifos nossos.).

Publicações seriadas no Brasil: alguns antecedentes para a coleção da Ediouro

Dificilmente conseguimos falar de nossas próprias tradições e produção intelectual e artística acumulada sem voltarmos os olhares sobre os ombros, à procura de olhos d'água onde esteja a origem do manancial de documentos que compõe uma dada literatura, ou quaisquer de seus subconjuntos. Ao procurarmos exercitar, em nossas pesquisas, "o necessário entrecruzamento entre crítica textual e história cultural" (CHARTIER, 2002, p. 97), parece impossível escapar dessa busca por pioneiros, por iniciativas desbravadoras que possam ser capturadas, em nossas lentes de pensamento, como marcos inaugurais de uma forma de pensar ou de escrever; de uma maneira novidadeira de produzir cultura e ser por ela moldado que até então não existia.

No primeiro volume de sua história das revistas de ficção científica (*The History of the Science Fiction Magazine: 1926-1935*), o escritor inglês Michael Ashley volta quase quatrocentos anos no tempo para localizar o começo das publicações seriadas no *Le Journal des Savans*, editado por Denis De Sallo (1626-1669) com o objetivo de reunir artigos de cientistas e homens da elite europeia. A primeira fase da revista, lançada em janeiro de 1665, contava com apenas 13 números antes dela ser fechada pela censura francesa (ASHLEY, 1976, p. 11).

Falar de antecedentes para uma coleção *seriada* e *infantojuvenil* como a Coleção *Mister Olho* significa nem tanto voltar (um bocado menos que Ashley...) ao séc. XIX e ao formato com que ela mais tem em comum, o folhetim, mas sim às primeiras décadas do séc. XX, quando, para autores como Werneck Sodré, as condições de desenvolvimento social e econômico tornavam-se propícias ao surgimento de formas literárias verdadeiramente brasileiras (SODRÉ, 1976, p. 522-523), o que incluía suas manifestações mais populares (para adultos e crianças), como os fascículos, as revistas de emoção e publicações decididamente infantis como a *Tico-Tico* (lançada em 11 de outubro de 1905 e tida como a primeira a publicar histórias em quadrinhos no Brasil).

> Se afirmam, então, as componentes que poderiam caracterizar o sentido brasileiro das criações; os elementos coloniais começam a ser vivamente combatidos, a economia transforma-se rapidamente e a sociedade modifica-se. (...) A acumulação capitalista derivada da expansão da lavoura do café, não só proporcionara o crescimento acentuado do mercado interno, servindo-o, além do mais, com uma rede de transportes que possibilitava a distribuição, como influíra decisivamente no surto industrial. O isolamento acarretado pelo primeiro grande conflito militar do século dera grande impulso ao parque que cobria as necessidades em bens de consumo, suprindo a falta das importações. (SODRÉ, 1976, p. 522-523)

Se não é necessário voltarmos as lupas ao século XIX para repassar a genealogia do folhetim, trabalho hercúleo já levado a cabo de forma brilhante por Marlyse

Meyer em seu *Folhetim: uma história* (1996), não nos fará mal, porém, examinar as características que o fazem estar próximo da forma e estrutura dos livros da *Mister Olho*.

> Os romances-folhetins, enquanto produto do e para o jornal, possuíam inúmeras características exploradas tanto pelos autores quanto pelos editores, dentre as quais destacamos: títulos atraentes para seduzir o leitor, abundâncias de diálogos, intrigas envolventes, cortes com ganchos nos finais de segmentos, (...) herói e heroína dos romances com traços exagerados e simplificados, técnicas de teatro, (...), entre outras circunstâncias que tornam o texto apelativo (SANTOS, 2011, p. 15).

O ritmo de produção das obras da *Mister Olho* é outro ponto de aproximação com a dinâmica folhetinesca: Ganymédes José, um de seus autores, escrevia alguns episódios da *Inspetora*, como já apontamos, em menos de semana; Hélio do Soveral, outra das figuras mais importantes do corpo de escritores de nossa coleção, preparava seus próprios trabalhos na base de dois por mês. Jean-Yves Mollier comenta o momento francês de amadurecimento (e aceleração e industrialização) do folhetim descrevendo o surgimento de uma figura que era mais do que um escritor profissional; era o escritor-marca, o escritor-franquia. A literatura (sua criação) como *commodity*.

> O romancista em moda não é mais apenas um escritor prolífico, como foi Balzac, mas um chefe de empresa, um comandante ou chefe de orquestra de um exército de músicos que trabalham sob sua direção, lhe preparam a tarefa e estão constantemente à sua disposição para lhe fornecer a cópia que ele não cansa de reclamar. (MOLLIER, 2008, p. 88)

Difícil não relacionar tal imagem, novamente, aos dois citados expoentes de nosso *corpus*, Ganymédes José e Soveral, que davam a impressão, tamanha era sua produção, de terem à disposição uma legião de *ghost writers*! Não era esse o caso, porém, absolutamente, para nenhum deles (e isso apesar dos inúmeros pseudônimos de Soveral, dentro e fora da Ediouro).

O menor *status* e prestígio que o folhetim possuía, quando comparado com qualquer texto em forma de livro, também parece contaminar as pequenas brochuras da Ediouro com a mesma dificuldade e pelo mesmo viés. Tanto seu conteúdo e tema como seu suporte material (as brochuras frágeis, de cola efêmera e tamanho diminuto) não favorecem sua exibição social ou mesmo escolar: seu conceito não sobrevive às iniciativas (gráfica e pedagogicamente) mais sofisticadas que surgirão com a década de 1980 (como as edições da concorrente Coleção *Vagalume*).

> O folhetim nunca chegará a ter o estatuto cultural do livro; uma vez que não fica de pé, não dispõe de uma bela encadernação, sua materialidade não poderá ser exibida como expoente cultural; pelo contrário, uma vez lido, o folhetim passará a ser mero papel disponível para outros misteres da vida. (MARTÍN-BARBERO, 2003, p. 188)

Uma outra relação que vale a pena examinar entre os folhetins e os precursores de nosso *corpus* tem a ver com o mesmo momento a que se referia Werneck Sodré: a consolidação de um (maior) mercado interno consumidor, de um público leitor ampliado, a quem a literatura popular apetecia. A onipresença de tais formas literárias nada canônicas, e isso em todas as esferas da vida pública e privada e estratos sociais, não tirava delas a pecha de malditas ou no máximo *suportadas*. Os adjetivos que Marlyse Meyer utiliza para descrever a ascensão do folhetim deixam claro como este subgênero despertava paixões e críticas.

> Brotou assim, de puras necessidades jornalísticas, uma nova forma de ficção, um gênero novo de romance: o indigitado, nefando, perigoso, muito amado, indispensável folhetim "folhetinesco" de Eugène Sue, Alexandre Dumas pai, Soulié, Paul Féval, Ponson du Terrail, Montépin etc. etc. (MEYER, 1996, p. 59)

No Brasil, é notório e já bastante estudado o impacto que os folhetins tiveram (a exemplo do que houve na França) no aumento da circulação dos jornais. Esse número maior de vendas significava uma expansão do público leitor para outras searas onde ainda não se consolidara uma cultura letrada consistente. E incorporar o elemento de fruição popular aos componentes dos periódicos teve um papel fundamental na transformação da maneira como eram recebidos.

> Os romances-folhetins, ou de folhetim, como passariam a ser chamados a partir da década de 1840, vinham representar no Brasil — repetindo o que acontecera na França — uma abertura dos jornais no sentido da conquista de novas camadas de público, *principalmente feminino*, pois o tom da imprensa diária tinha sido, até então, o do comentário e doutrinação política, o que evidentemente só interessava a homens da área do governo, do capital, do comércio e da elite intelectual dos profissionais liberais. (TINHORÃO, 1994, p. 13. Grifo nosso.)

Essa é uma constatação importante e que implica outras reflexões. A chegada da mulher às fileiras dos leitores *em concreto* e *em potencial* estava associada tanto ao aumento da importância dos ambientes urbanos e ao surgimento de uma imprensa mais industrial quanto a um projeto pedagógico que a tomasse como sujeito.

> Só a partir do século XIX, após a separação de Portugal, quando a independência motivou um projeto educacional para a nova nação, dentro do qual se incluía, ainda que marginalmente, a instrução da mulher, é que entre nós, como já ocorrera na Europa, a presença feminina teve efeitos no âmbito da produção e circulação das obras dos escritores brasileiros. (ZILBERMAN & LAJOLO, 1998, p. 240)

Não é de se estranhar que a literatura infantil e juvenil (parte dessas "obras dos escritores brasileiros"), por aqui, comece a receber semelhantes impulsos mais ou menos à mesma altura, uma vez que cabia tradicionalmente à figura feminina a efetiva promoção e transmissão, junto à criança, do saber social e cultural (fosse no universo da escola ou do lar).

PARTE I • Capítulo 1 – Cronologias, genealogias, conceitos e temas

O pesquisador Athos Eichler Cardoso, entusiasta da literatura popular brasileira, procura demonstrar, em artigos sobre o período (as primeiras décadas do século passado) e também em sua dissertação de mestrado de 1992 (*O Fascículo de Literatura de Massa: mercado cultural no Brasil – 1910-1940*) que houve um pujante mercado para este tipo de escrita folhetinesca em nosso país, mas já fora dos rodapés dos jornais. Cardoso se refere a estes periódicos vendidos em bancas como *revistas de emoção*.

> A emoção, na forma de curiosidade, alegria, ternura, medo, raiva, excitação, prazer e outros sentimentos fortes, só podia fluir de uma história muito excitante. Era preciso envolver o espírito do leitor na narrativa de aventura e ação que enfatizasse o herói. Na trama de crime e mistério, onde haveria um investigador para desvendá-lo, ou no relacionamento humano em que [d]a presença feminina eclodiria a paixão e o romance. A mistura desses ingredientes ficcionais, ou parte deles, era comum para colher todo o tipo de leitor numa rede de emoções. Manipulada para aparecer logo no início da leitura, a emoção deveria fisgar o leitor e mantê-lo preso até à última página. (CARDOSO, 2009, p. 2)

O autor, de certa forma, usa o termo como um sinônimo de *pulp magazine*, como se pode ver no trecho em que fala sobre a *Argosy* para buscar o começo de tais publicações no Brasil.

> Os historiadores da cultura popular nos Estados Unidos sabem de cor a origem das revistas de emoção em seu país. Em 1886, o editor Frank Munsey, acreditando que a história era mais importante que o papel em que era impressa, transformou a revista infantil *Galeão Dourado* (*Golden Argosy*), criada em 1882 com apenas 8 páginas, em *O Galeão* (*The Argosy*), com 120 páginas de papel grosseiro mal aparadas, medindo aproximadamente 17,5cmx25cm, totalmente de contos de ficção, dirigida aos jovens e adultos. Com isso conseguiu preço de tarifa postal de segunda classe, economizando na remessa para cidades distantes. *The Argosy*, a mais bem sucedida das primeiras revistas de emoção, vendeu meio milhão de exemplares por número em 1910. Assim surgiu o primeiro *pulp* que durou até inícios da década de 50.
>
> No Brasil, a história dessas revistas é relatada com mais dificuldade porque não foi repentina como o surgimento da *The Argosy*. Aconteceu que as primeiras revistas brasileiras de fatos diversos, sofisticadas, de papel cuchê desde o início de sua publicação, como *Leitura Para Todos* (1905), *A Ilustração Brasileira* (1910) e *Eu Sei Tudo* (1917), apresentaram contos populares de emoção. *A Ilustração*, por exemplo, publicou um suplemento com Arsène Lupin. *Eu Sei Tudo*, novelas famosas de aventuras em série como *Benita*, de H. Rider Haggard, e *O Mundo Perdido*, de H.G. Wells. (CARDOSO, 2009, p. 4)

Nessa mesma época, ficam muito populares também os fascículos, que eram basicamente histórias seriadas *de emoção* vendidas em pequenas brochuras de 16, 32 páginas, a um preço bem acessível. O formato não era novo e já fora experimentado para veicular material semelhante no século XIX, com o nome de *cadernetas* (é como circulam, por exemplo, *Os Mysterios do Rio de Janeiro*, de 1874).

Foi na década de [19]20, ainda, que apareceram fascículos com as aventuras de Nick Carter, Rafles e Buffalo Bill. Não eram estórias em quadrinhos e sim fascículos, algumas vezes ilustrados, contendo uma estória inteira, pessimamente apresentada. (MEDEIROS E ALBUQUERQUE, 1979, p. 312)

De grande importância também para o estabelecimento desta tradição voltada às séries é o aparecimento, na década de 1930, das primeiras coleções dedicadas à literatura popular (principalmente, títulos policiais e de aventura) e dos famosos *suplementos* (inicialmente, encartados nos jornais; depois, vendidos separadamente). Dentre as coleções, as mais importantes são (todas da Companhia Editora Nacional, de Monteiro Lobato) a *Série Negra*, a *Paratodos*, a *Terramarear*, a *Biblioteca das Moças*, e também a *Coleção Universo* e a *Coleção Amarela*, da Editora Globo (MEDEIROS E ALBUQUERQUE, 1979, p. 313).

Já os suplementos (com tema infantil, policial, feminino, de humor, etc.) têm seu início no Brasil em 1928, com a *Gazetinha* (encarte infantil do jornal paulista *A Gazeta*), e já eram moda nos Estados Unidos desde o século anterior.

> Em 1895, o jornal nova-iorquino *The New York World*, recém-adquirido pelo empresário William Randolph Hearst, lançou um suplemento dominical ilustrado principalmente com painéis coloridos. Intitulados *Hogan's Alley*, esses desenhos eram feitos por Richard Felton Outcault (que deixou o *World* junto com outros profissionais) e tinham como destaque um garoto chinês, apelidado pelo público *The Yellow Kid*, em cuja camisola amarela eram inseridos os textos de sua fala. (...)
>
> O suplemento de quadrinhos encartado na edição dominical logo seria um formato adotado por outros jornais dos Estados Unidos, no início do século XX, consolidando um espaço novo até então para as histórias em quadrinhos, como o *The Chicago Sunday Tribune*. (SANTOS & VERGUEIRO, 2016, p. 106)

Os suplementos viram realmente uma febre a partir de 1934, quando o empresário e editor Adolfo Aizen dá início aos seus títulos, a princípio encartados no jornal carioca *A Nação*, começando o que para muitos seria a Era de Ouro dos quadrinhos no Brasil. Sobre tal tema, já escreveram os autores Diamantino da Silva, com seu *Quadrinhos dourados: história dos suplementos no Brasil* (2003, Opera Graphica), depoimento emocionado e pessoal, mas riquíssimo em informações, e Gonçalo da Silva Júnior, cujo *A Guerra dos Gibis: a Formação do Mercado Editorial Brasileiro e a Censura aos Quadrinhos, 1933-1964 (Companhia* das Letras, 2004) é leitura obrigatória para a compreensão de boa parte do desenvolvimento de certa cultura de massa (não só a da HQ) em nosso país.

É nos suplementos de Aizen (onde se editavam também contos e algumas histórias seriadas, além de quadrinhos) que Hélio do Soveral, figura maior da Coleção *Mister Olho*, publica suas primeiras histórias (Figura 2). O carro-chefe da editora, o *Suplemento Juvenil*, circulou por 10 anos e chegou a ter tiragens de 70.000 exemplares (AIZEN, 1972).

PARTE I • Capítulo 1 – Cronologias, genealogias, conceitos e temas

As décadas seguintes só fariam aumentar o número de publicações e editores, consolidando tanto o mercado das revistas de emoção de Athos Eichler Cardoso quando o das revistas em quadrinhos popularizadas pela iniciativa de Adolfo Aizen. O mercado do livro infantil e juvenil acompanharia essa tendência, embora as séries fossem raras (mesmo havendo o modelo – e sucesso – de Lobato, com sua recorrência de personagens e ambientes, a supostamente inspirar seu uso por outros autores).

Figura 2 - *Suplemento Policial* (1937), um dos muitos publicados por Adolfo Aizen

O conhecido *boom* infantojuvenil do qual a *Mister Olho* faz parte – "é na década de 1970 que ocorre um aumento significativo de novos autores e ilustradores nacionais" (FNLIJ, 1984, p. 12) –, que tem como uma de suas "principais causas (...) a lei da reforma de ensino de 1971 que recomenda a leitura, em sala de aula, de textos de autor nacional" (FNLIJ, 1984, p. 12), revela também, em retrospectiva, que "a ligação da literatura infantil com a escola, que nunca deixou de existir, aparece novamente como dado fundamental" (FNLIJ, 1984, p. 12) da pujança do avanço no números de títulos e impressões. Apesar de, portanto, não prescindir do ambiente de vendas escolares (e seu entorno) e das compras governamentais direcionadas às bibliotecas dos grupos (nem Lobato, em 1921, desperdiçaria tais oportunidades...), preferimos alinhar a *Mister Olho* a um perfil mercadológico que procurava manter essa dependência em xeque. Sua infiltração nas salas de aula pretendia se firmar menos pela obrigatoriedade e pelo compromisso didático e mais pelo caráter casual do lúdico e do voluntário divertimento.

Figura 3 - Capa da edição em volume de *Aventuras de Cherloquinho* (1917)

É por isso que, ao examinarmos essa produção infantojuvenil incipiente do começo do século XX, escolhemos como antecessor por excelência da Coleção *Mister Olho* não a *Tico-Tico*, pioneira dos periódicos para crianças, ou os suplementos-encartes em jornal, ambos decisivos para o firmar de pé da narrativa gráfica entre nós; e também não as revistas de emoção citadas por Cardoso ou as coleções de literatura de gênero (*Série Negra, Terramaear*, etc.) capitaneadas pelo próprio Lobato e catalogadas à exaustão por Medeiros e Albuquerque. O avô da *Mister Olho*, embrião de seu modelo de seis décadas depois (!) **e talvez mesmo um possível novo marco**

de início para a autêntica literatura infantojuvenil nacional, está nas páginas dos fascículos *Aventuras de Cherloquinho* (Figuras 3 e 4), publicação de 1916 da Empresa de Romances Populares fundada por Irineu Marinho para aproveitar o momento de efervecência desse tipo de literatura e também, claro, a gráfica onde já rodava o jornal *A Noite*.

Figura 4 - Primeira página do episódio inaugural das *Aventuras de Cherloquinho* (1917)

Amplamente anunciado nas páginas do citado jornal durante as semanas anteriores à estreia, *Cherloquinho* teve dez episódios lançados entre 5 de setembro e 14 de novembro de 1916. São eles (mantida a ortografia original):

1 – "A estréa de um pequeno polícia amador" (05/09/1916)

2 – "O collar de perolas" (12/09/1916)

3 – "O galinheiro mysterioso" (19/09/1916)

4 – "Ladrões no collegio" (26/09/1916)

5 – "O fantasma de Cascadura" (03/10/1916)

6 – "O segredo do judeu" (10/10/1916)

7 – "O thesouro da Ilha da Trindade" (17/10/1916)

8 – "O afogado de Icarahy" (24/10/1916)

9 – "O segredo da casa verde" (31/10/1916)

Figura 5 - Anúncio na página 6 do jornal *A Noite*, de 25 de novembro de 1920

10 – "O desapparecimento do estudante" (14/11/1916; há anúncio na semana anterior avisando de atraso na edição que seria para o dia 07/11)

Publicados de forma anônima, os dez fascículos seriam reunidos em livro e disponibilizados ao público em fins de janeiro de 1917. Conseguimos, porém, determinar a autoria desse incrível artefato. Em matéria de 15 de dezembro de 1940, o jornal *Correio da Lavoura*, de Nova Iguaçu, RJ, ao discorrer sobre os feitos do editor, caricaturista e ilustrador português Vasco Lima (responsável pelos desenhos de *Contos* Pátrios, de Olavo Bilac e Coelho Neto), registra os nomes da equipe criadora das histórias e do personagem (Figura 8): o citado Vasco Lima (é dele também o livro *Histórias de João Ratão*, de 1920, da mesma editora; ver Figura 5), o escritor Eduardo Vitorino e ninguém menos que o dono da editora, futuro fundador do jornal *O Globo*, Irineu Marinho.

Sobre Marinho, antes de prosseguirmos em nossa arqueologia da *Mister Olho*, cumpre destacar a percepção com que já então divisava a quebra de barreiras entre gêneros (uma das características, aliás, do Romantismo no qual se consolida o romance e suas divisões) e mídias (!), reconhecível tanto em *Cherloquinho* quanto na aposta no filme *A quadrilha do esqueleto*, de 1917 (Figura 7).

> Empreendedor, Irineu Marinho vislumbrou já naquela época a ideia do *conglomerado de mídia*. De vida curta, sua Veritas Film deixou como maior herança o sucesso popular de 1917 "A Quadrilha do Esqueleto", filme com emocionantes cenas de luta no bondinho do Pão de Açúcar que lançou a carreira cinematográfica do ator Procópio Ferreira. (SANTOS, 2012. Grifo nosso.)

Interessantíssima também é a experiência que promove, em 1916, ao coordenar a publicação do folhetim *Os Mysterios de Nova York*, no *A Noite*, com a exibição, semana a semana, dos respectivos episódios/atos em filme, no cinema carioca *Pathé* (Figura 6).

À leitura e análise de *Cherloquinho*, voltaremos no futuro, em momento oportuno onde seu exame possa ter o destaque que merece sem causar demoras e transtornos a outros objetivos mais prementes e em tela (como, justamente, o estudo de sua "neta", a *Mister Olho*, e seus autores).

Registremos, finalmente, que a Ediouro já vinha experimentando com séries infantojuvenis na Coleção *Calouro* ainda na década de 1970, antes de conceber a *Mister Olho* (essa, inclusive, parece começar de sopetão, de improviso, a julgar por seu provável primeiro lançamento, *O Mistério do Vagão*, cujo texto de apresentação – assinado pelos "editores" – **cita a Coleção *Calouro*** como casa da série de Gertrude Chandler, e não a *Mister Olho* que inaugura). Esse é o caso dos livros com

Figura 6 - O romance-cinema de Irineu Marinho no *A Noite* de 8 de março de 1916, p. 1

Figura 7 - Anúncio do filme *A Quadrilha do Esqueleto* (1917)

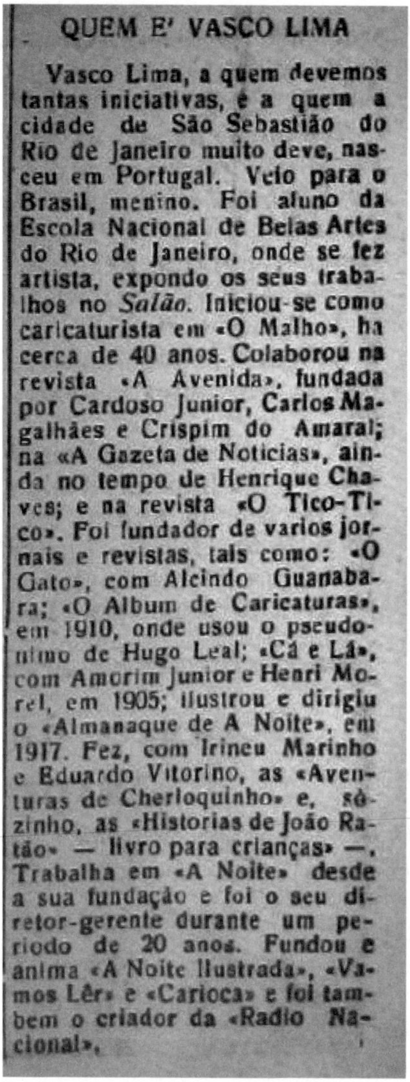

QUEM E' VASCO LIMA

Vasco Lima, a quem devemos tantas iniciativas, é a quem a cidade de São Sebastião do Rio de Janeiro muito deve, nasceu em Portugal. Veio para o Brasil, menino. Foi aluno da Escola Nacional de Belas Artes do Rio de Janeiro, onde se fez artista, expondo os seus trabalhos no *Salão*. Iniciou-se como caricaturista em «O Malho», há cerca de 40 anos. Colaborou na revista «A Avenida», fundada por Cardoso Junior, Carlos Magalhães e Crispim do Amaral; na «A Gazeta de Noticias», ainda no tempo de Henrique Chaves; e na revista «O Tico-Tico». Foi fundador de varios jornais e revistas, tais como: «O Gato», com Alcindo Guanabara; «O Album de Caricaturas», em 1910, onde usou o pseudonimo de Hugo Leal; «Cá e Lá», com Amorim Junior e Henri Morel, em 1905; ilustrou e dirigiu o «Almanaque de A Noite», em 1917. Fez, com Irineu Marinho e Eduardo Vitorino, as «Aventuras de Cherloquinho» e, sòzinho, as «Historias de João Ratão» — livro para crianças» —. Trabalha em «A Noite» desde a sua fundação e foi o seu diretor-gerente durante um periodo de 20 anos. Fundou e anima «A Noite Ilustrada», «Vamos Lêr» e «Carioca» e foi tambem o criador da «Radio Nacional».

Figura 8 - Trecho de artigo no *Correio da Lavoura* com
registro da autoria de *Aventuras de Cherloquinho*

o personagem Johnny[6], de Anthony Buckeridge, cujos primeiros títulos (embora sem data de *copyright*) seguramente precedem nosso *corpus* em alguns anos, já que não seguem as alterações introduzidas pela Reforma Ortográfica de 1971 (dada pela Lei Federal nº 5.765, de 18 de dezembro de 1971).

---

6 Títulos da série pela *Calouro: Nosso amigo Johnny* (197?), *Johnny naturalista* (197?), *Johnny no colégio* (197?), *Johnny e Édison* (197?), *Johnny e sua cabana* (197?), *Johnny banca detetive* (197?), *Graças a Johnny* (197?), *Johnny na era espacial* (197?), *O diário de Johnny* (197?).

Outras séries ou pequenas sequências de interesse (quase todas traduzidas) publicadas pela Ediouro para o mesmo público são a de Paul Berna para seu Comissário Sinet[7], as trilogias de Herbest Best com as histórias de Edmundo, o cachorro detetive[8], e de Astrid Lindgren para seu detetive Bill Bergson[9], e, por fim, as sagas das personagens Brita[10], de Elisabete Pahnke, e Ana Selva[11], da brasileira Virginia Lefèvre.

Arremedo de cronologia: tentando reconstruir os primeiros meses da *Mister Olho*

> "Nos jornais, nas esquinas, no aconchego das casas, o assunto é um só: o que vai acontecer com o ensino em 1972?", questionava o *Jornal do Brasil* em fevereiro, às vésperas do início das aulas. (REFORMA, 2017)

Se é verdade que, em fevereiro de 1972, pais, mestres e estudantes viviam a ansiedade do desconhecimento dos efeitos práticos da Lei nº 5.692 de 11 de agosto de 1971, que, entre outras coisas, criara dois níveis de ensino, o 1º e o 2º graus, além de extinguir o exame de admissibilidade para o que antes era chamado "ginásio" e tornar obrigatório o ensino profissionalizante (projeto que esbarrou nas inconveniências da realidade, como cursos de datilografia nos quais, por falta de máquinas de escrever, "os alunos (...) treinavam em uma cartela com teclas desenhadas (...), [ou] escola[s que] não tinha[m] nem mesmo tubos de ensaio, mas oferecia[m] curso de laboratorista em análises clínicas" (BELTRÃO, 2017), também parece certo que, nas salas de reunião de certa editora de Bonsucesso, todos os olhos estavam fixos em um trecho da mesma lei: aquele onde, no parágrafo segundo do artigo quarto, se lê que "no ensino (...), dar-se-á especial relevo ao estudo da língua nacional, como instrumento de comunicação e como *expressão da cultura brasileira*" (BRASIL, 1971. Grifo nosso.). A Reforma de 1971 chegava ao Congresso, em julho daquele ano, embalada pela mensagem do então ministro da Educação, Jarbas

---

7 Títulos da série pela *Calouro*: *O Comissário Sinet e o Mistério dos Peixes Vermelhos* (1974), *O Comissário Sinet e o Mistério da Rodovia Sul* (1974).

8 Títulos da série pela *Calouro*: *Edmundo, o cachorro detetive* (1973), *Edmundo, o cachorro detetive, e o fantasma* (1973), *Edmundo, o cachorro detetive, e Sexta-Feira* (1973).

9 Títulos da série pela *Calouro*: *Bill Bergson, o às dos detetives* (1974), *Bill Bergson e o resgate da rosa* branca (1974), *Bill Bergson vive perigosamente* (1974).

10 Títulos da série pela *Calouro*: *Brita, uma menina a cavalo* (1975), *Brita e Prateado* (1975), *Brita doma o Prateado* (1976), *Brita e a grande chance de Prateado* (1976), *Brita e a hora de saltar* (1976), *O novo cavalo de Brita* (1976), *Brita, Prateado e a potrinha* (1976), *Brita, Prateado e Billy* (1976), *Brita e a cavalgada de inverno* (1977), *Brita e Prateado na Escola de Equitação* (1976), *Uma vitória para Brita e Prateado* (197?).

11 Títulos da série pela *Calouro*: *Ana Selva* (1973), *Ana Selva na cabana de índio velho* (1974), *Ana Selva em perigo* (1974), *Ana Selva contra a doença* (1975), *Ana Selva, a rebelde em sociedade* (1975), *Ana Selva e a pescaria* (1975).

Passarinho, que dizia que com ela o país iria "abandonar o ensino verbalístico e academizante para partir, vigorosamente, para um sistema educativo de 1º e 2º grau voltado às necessidades do desenvolvimento" (PASSARINHO, 1971, *apud* BELTRÃO, 2017).

Para a Ediouro, parece ter sido a senha para investir em uma nova coleção de livros de bolso voltada ao público infantojuvenil (já havia nessa altura a *Calouro*), de perfil, portanto, menos "academizante" e que privilegiasse a "cultura brasileira". Enquanto a população pátria se preocupava com as mudanças no universo escolar e se perguntava sobre aquele estranho começo de ano letivo, no Rio, começava a ser gestada a Coleção *Mister Olho*.

Estando nós em posse de tantos registros fotográficos relacionados à sua fabricação, colhidos durante nossas visitas à editora, pareceu-nos impossível não tentar recriar (em nossa mente e nestas páginas) uma pequena ilusão cronológica de recuperação do passado e do entorno fabril destes verdadeiros artefatos culturais: sua seleção, tradução, contratação, escritura, diagramação, preparação para prensas, *marketização*. Em que ponto tudo terá começado? A que altura já haveria livros em produção, autores contratados, acordos assinados, conceitos definidos?

Do pouco que restou de toda essa história cotidiana, o vestígio mais antigo data de junho de 1972: é o que se pode ler no alto da ficha de capa para o livro *Gil no Cosmos*, em anotação manuscrita parcialmente obstruída por fita adesiva (Figura 10). Outros títulos (estrangeiros) para os quais também temos prova de já estarem em andamento neste meio de ano são *Rebeliões em Kabul*, graças à sua ficha datada de 27 de julho (Figura 11), e os dois primeiros da série de Boileau-Narcejac: *"Desligado" e o Cavalo Fantasma* (ficha datada de 21 de setembro; Figura 9) e *"Desligado" e o Homem da Adaga* (ficha de produção de 29 do mesmo mês). *Cosmonautas contra Diplodocos* é um dos últimos a entrar em execução antes do ano de estreia da coleção, com ficha de 28 de novembro. Com relação à produção nacional, o primeiro dos documentos, em antiguidade, é o contrato (Figura 12) entre Hélio do Soveral e a Ediouro para o terceiro livro da série *A Turma do Posto Quatro*, *Operação Fusca Envenenado*, datado de 27 de novembro, o que prova que o autor já estava trabalhando para nosso *corpus* pelo menos desde outubro. Se essa arqueo-

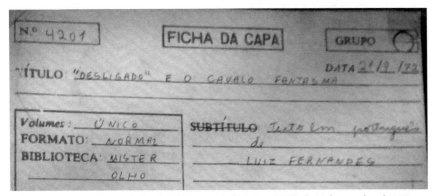

Figura 9 - Ficha de capa de *"Desligado" e o cavalo fantasma* (1973), de 21 de setembro de 1972

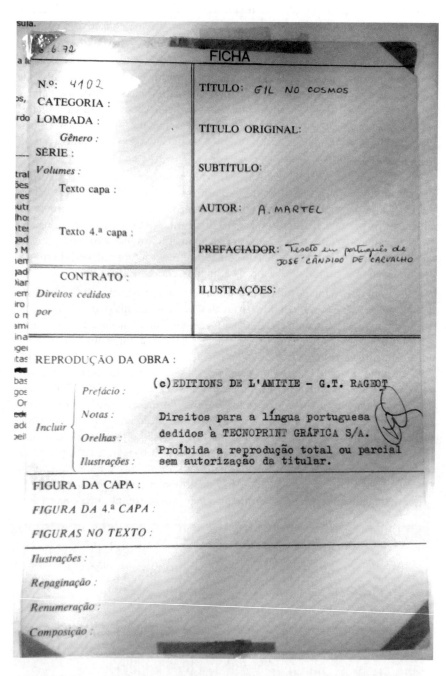

Figura 10 - Documento mais antigo referente à Coleção *Mister Olho*: ficha de produção de *Gil no Cosmos* (1973), datada de junho de 1972

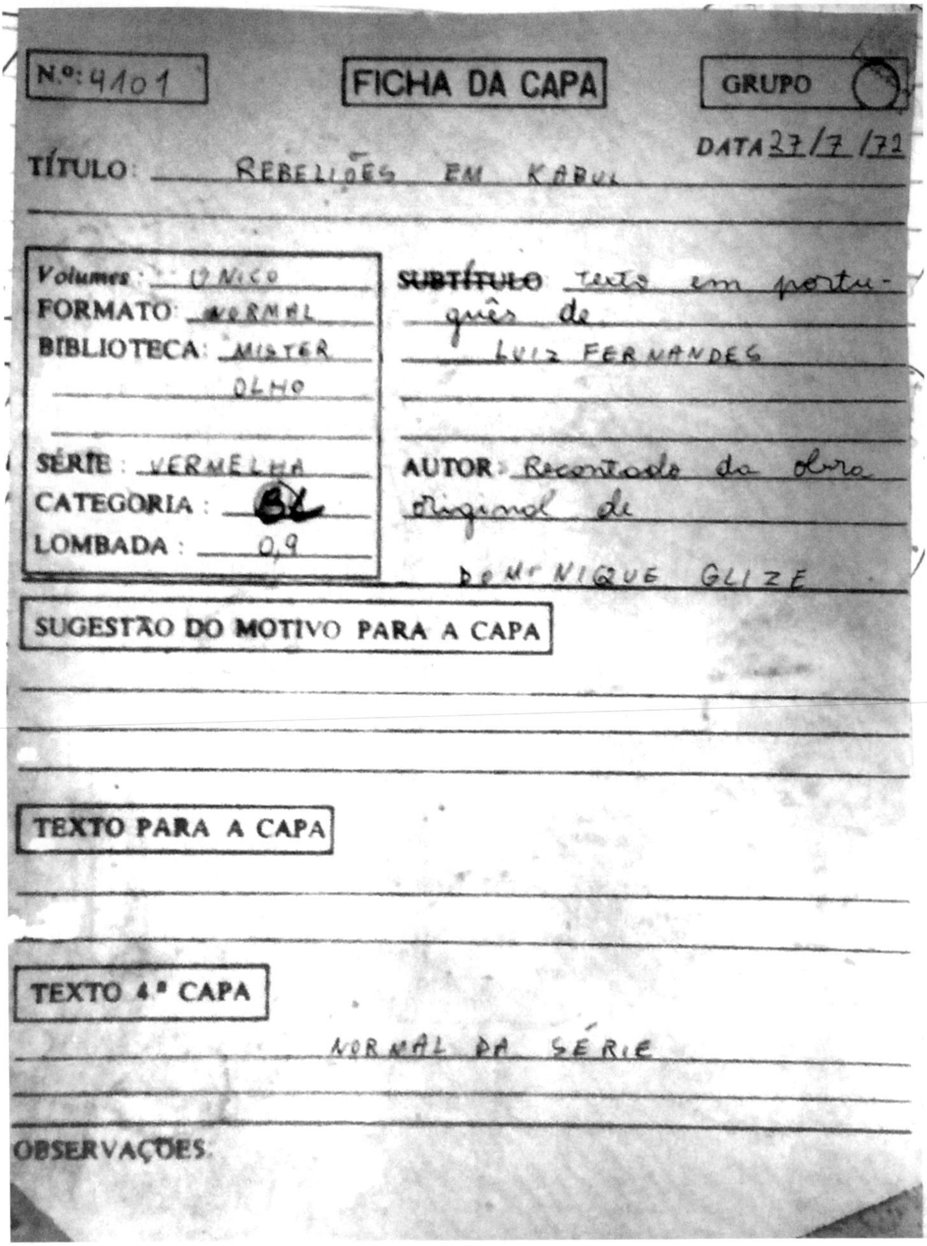
N.º: 4101

FICHA DA CAPA

GRUPO

DATA 27/7/72

TÍTULO: REBELIÕES EM KABUL

Volumes: ÚNICO
FORMATO: NORMAL
BIBLIOTECA: MISTER OLHO

SÉRIE: VERMELHA
CATEGORIA: BL
LOMBADA: 0,9

SUBTÍTULO texto em português de LUIZ FERNANDES

AUTOR: Recontado da obra original de DOMINIQUE GLIZE

SUGESTÃO DO MOTIVO PARA A CAPA

TEXTO PARA A CAPA

TEXTO 4.ª CAPA

NORMAL DA SÉRIE

OBSERVAÇÕES:

Figura 11 - Ficha de produção de *Rebeliões em Kabul* (1973), provável livro de estreia da *Mister Olho*

CONTRATO DE DIREITOS AUTORAIS

TECNOPRINT GRÁFICA S.A., inscrita no CGC-MF sob o nº 33.464.520/001, com sede à rua Nova Jerusalém, 345, nesta Cidade , ora chamada simplesmente EDITORA, encomenda a HELIO DO SOVERAL RO-DRIGUES DE OLIVEIRA TRIGO, brasileiro, casado, inscrição CPF - MF nº149499207, residente à rua Dias da Rocha, 26 ap. 205, ora chamado simplesmente AUTOR, a execução de uma obra que se denominará - "OPERAÇÃO FUSCA ENVENENADO", (título provisório), terceira de uma série a ser intitulada "A TURMA DO POSTO QUATRO" ou outro título - livremente escolhido pela EDITORA, mediante as seguintes condições:

1) A EDITORA pagará ao AUTOR, neste ato, de uma só vez, a quantia de 4.000,00 (Quatro mil cruzeiros) de que o mesmo dá plena e raza quitação. IRF-8% -320,00

2) O AUTOR cede e transfere, desde já, à EDITORA todos os di reitos para exploração comercial da referida obra em qualquer forma, meio ou idioma, podendo a EDITORA livremente ceder ou transferir, a terceiros, total ou parcialmente, os mencionados direitos, nada mais tendo o AUTOR a reclamar, uma vez recebida a importância mencionada na cláusula anterior.

3) A EDITORA fica autorizada a, no uso dos direitos ora trans feridos, alterar livremente a qualquer tempo o texto da obra, inclu-sive modificar o seu título, o título da série e o nome dos personagens, bem como agir judicial ou extrajudicialmente contra qualquer pessoa que violar os direitos objeto deste ajuste.

4) A idéia geral da série, seu título e o nome dos personagens pertencem à EDITORA, que poderá, se assim desejar, publicar no vas obras da referida série, contratando para tal o AUTOR, ou outros escritores livremente escolhidos pela EDITORA.

5) A obra poderá ser publicada sob o nome do AUTOR ou sob um pseudônimo livremente escolhido pela EDITORA e que passará a perten cer a esta última, que poderá continuar a utilizá-la para toda a sé rie, ou em outras séries, mesmo nas obras que não forem escritas pe lo AUTOR.//

continua......

Figura 12 - Página 1 (de 2) do contrato de *Operação Fusca Envenenado* (1973), datado de 27 de novembro de 1972

logia possibilita saber que desde metade de 1972 a *Mister Olho* já estava *no forno*, um exame preliminar dos livros oferece pistas para que tentemos organizar uma sequência para os primeiros lançamentos. Que volume teria chegado primeiro nas bancas? E quais se seguiram a ele, respeitando a ideia de colocar na rua uma nova brochura por semana?

Os primeiros títulos parecem ter sido, nesta ordem, *O Mistério do Vagão*, *Rebeliões em Kabul*, *"Desligado" e o cavalo fantasma* e *Operação Macaco Velho*. Por quê? Bem, eles são praticamente os únicos da Coleção que não incluem a providencial lista de "obras da coleção", nas páginas iniciais ou ao final. Além disso, nesses quatro títulos (e nos dois seguintes) encontramos na última página uma propaganda do lançamento da semana seguinte (Figura 13). Assim, *O Mistério do Vagão* anuncia *Kabul*, que por sua vez anuncia *"Desligado"*..., em cuja página final aparece a chamada de *Macaco Velho*. Este, primeira obra original em língua portuguesa da *Mister Olho*, traz ao final a capa de *O Mistério da Ilha*, último a registrar tal cronologia de lançamentos semanais, dizendo ao leitor que "na próxima semana tamos aí" com *Gil no Cosmos*, de A. Martel.

É em *O Mistério da Ilha* que aparece a primeiríssima lista de "obras da Coleção MISTER OLHO". Além das seis já citadas, a Ediouro relaciona outras nove:

- *Uma outra Terra*
- *O Caso Mister John*
- *O Homem da Capa Preta*
- *Gil regressa à Terra*
- *"Desligado" contra o Homem da Adaga*
- *O Veleiro Maldito*
- *O Mistério da Casa Amarela*
- *Cosmonautas contra Diplodocos*
- *Operação Torre de Babel*

Figura 13 - Anúncio na páginal final de *"Desligado" e o cavalo fantasma* (1973)

Gil no Cosmos, sexto título da coleção (anunciado em *O Mistério da Ilha*), já não traz mais a foto do lançamento da próxima semana. Mas nele aparecem duas listas de livros: no início do volume, a mesma presente em *Ilha*; e, ao final, uma segunda, com 24 itens, sendo que 11 já informados na primeira relação. *Gil no Cosmos*, portanto, amplia a coleção informada em 13 novos títulos:

- *O Mistério da Fazenda*
- *Operação Fusca Envenenado*
- *Operação A Vaca vai pro Brejo*
- *O Mistério do Chapéu Azul*
- *Operação Mar Ouriçado*
- *Os Dentes Brancos da Fome*
- *Dois Olhos dentro da Noite*
- *Os Piratas de Bornéu*
- *O Testamento e o Quadro Roubado*
- *Um certo Curtis Rhodes*
- *O Navio Mal-Assombrado*
- *Os Barbas Ruivas do Rio Amarelo*
- *Sabotagem no Planeta Vermelho*

Outro indício que parece confirmar a primeira sequência de seis livros é que eles são os únicos (os últimos) nos quais figura a logo (Figura 14) que as Edições de Ouro traziam dos anos 1960. A *Mister Olho*, a partir daí, passa a ostentar a nova marca da editora, um *E* estilizado (Figura 16) que seria em pouco tempo suprimido e substituído pelo mais duradouro símbolo do jovem casal de leitores sentados (perceba-se ainda, na Figura 15, que eles trajam uniformes escolares...).

Visitar as listas publicadas nos outros livros vai aumentando, obviamente, a relação de títulos publicados na coleção, mas de maneira desarticulada e difícil (ou mesmo impossível) de acompanhar cronologicamente. De mais relevante, e digno de registro, é o fato de que, pela primeira vez, em *Os Piratas de Bornéu*, a lista incluída das "obras da Coleção" aparece separada por suas séries (Figura 17): *A Turma do Posto 4* (já com seis títulos), *Bira e Calunga* (a segunda de Soveral para a *Mister Olho*), *Jacques Rogy* (com nada menos que oito títulos lançados), *Toquinho, o Detetive* (a primeira de Cony), *Mistério* (reunindo os cinco volumes iniciais dos *Aldenis*) e *Fora de Série* (agrupando todos os livros avulsos, como *Gil no Cosmos, Rebeliões em Kabul* etc.).

Com relação à série *Fora de Série*, os títulos mais tardios são *Um certo Curtis Rhodes, O Segredo de Saturno, Os Suspeitos da Praia Grande* e *"Desligado" e as pistolas de duelo*. Como evidência (além dos *copyrights* datados de 1974 em todos), a indicação de faixa etária nas capas, que passa a ser incluída só em meados para final de 1974 (alteração que se aplica à reedição de *Os dentes brancos da fome*, conforme indicado na Tabela 24 do Capítulo 2).

Por outro lado, os registros existentes (fichas de produção, provas de capa com datas, entre outros) contam uma história um pouco diferente. *Rebeliões em Kabul* é o livro que fica pronto antes de todos os outros, com cópia nos arquivos datada de 15 de fevereiro de 1973. Anotações semelhantes colocam *Operação Macaco Velho* como impresso e acabado pouco depois, em março. Já *O Mistério do Vagão*, pri-

Figura 14 - Primeira logo da Ediouro na *Mister Olho*

Figura 15 - Segunda logo da Ediouro na *Mister Olho*

Figura 16 - Terceira logo da Ediouro na *Mister Olho*

meiro da sequência a que aludimos no início deste item, sai da gráfica da editora apenas em 11 de abril. E, para ficarmos apenas no que é possível levantar para o primeiro semestre daquele ano (para a maioria dos demais livros, não sobreviveram anotações que pudessem precisar suas épocas de produção), temos ainda as seguintes datas de finalização: *O Mistério da Casa Amarela* (11/06/73), *O Mistério da Fazenda* (28/06/73), *Gil no Cosmos* (?/06/73), *Gil regressa à Terra* (?/06/73), *Uma outra Terra* (?/06/73) e *"Desligado" contra o homem da adaga* (28/06/73).

É provável que tal discrepância signifique apenas que a Ediouro esperou ter certa quantidade de títulos prontos em estoque antes de iniciar seu lançamento e distribuição em bancas. Para testarmos tal hipótese, seria necessário o acesso a informações específicas sobre a vendagem, em departamentos outros que não o do arquivo editorial da empresa, o que não foi possível realizar durante esta presente investigação.

(Continuação do início do volume)

TOQUINHO, O DETETIVE
uma série com o jovem detetive carioca Toquinho e sua namorada Tita
BL — 4206 TOQUINHO BANCA O DETETIVE
BL — 4208 TOQUINHO CONTRA O BANDIDO DA LUZ VERMELHA

SÉRIE "MISTÉRIO"
de Gertrude C. Warner, com textos em português de Herberto Sales
BL — 4001 O MISTÉRIO DO VAGÃO
BL — 4002 O MISTÉRIO DA ILHA
BL — 4003 O MISTÉRIO DA CASA AMARELA
BL — 4004 O MISTÉRIO DA FAZENDA
BL — 4005 O MISTÉRIO DO CHAPÉU AZUL

SÉRIE "FORA DE SÉRIE"
BL — 4007 O CONTRABANDISTA INTOCÁVEL
BL — 4101 REBELIÕES EM KABUL
BL — 4102 GIL NO COSMOS
BL — 4103 GIL REGRESSA À TERRA
BL — 4104 UMA OUTRA TERRA
BL — 4105 COSMONAUTAS CONTRA DIPLODOCOS ·
BL — 4106 DOIS OLHOS DENTRO DA NOITE
BL — 4107 OS DENTES BRANCOS DA FOME
BL — 4201 "DESLIGADO" E O CAVALO FANTASMA
BL — 4202 O CASO MISTER JOHN
BL — 4203 O HOMEM DA CAPA PRETA
BL — 4204 "DESLIGADO" CONTRA O HOMEM DA ADAGA
BL — 4205 CASO DIANA — ESTRITAMENTE CONFIDENCIAL
BL — 4207 O HOMEM DA GRAVATA AMARELA
BL — 4304 O VELEIRO MALDITO
BL — 4306 O NAVIO MAL-ASSOMBRADO
BL — 4401 O TESTAMENTO E O QUADRO ROUBADO
BL — 4402 A MENINA E AS ÁGUIAS
BL — 4403 SABOTAGEM NO PLANETA VERMELHO
BL — 4404 OS PIRATAS DE BORNÉU
BL — 4405 UM CERTO CURTIS RHODES
BL — 4406 OS BARBAS RUIVAS DO RIO AMARELO
BL — 4407 NÁUFRAGOS NO ÁRTICO

Figura 17 - Lista ao final de *Os Piratas de Bornéu* (1973), com primeira divisão da *Mister Olho* por séries

Estratégias mercadológicas e de aproximação com o universo escolar: "jornais, professor, sem compromisso!"

> De 1818 é *Leitura para meninos*, que conteria "uma coleção de histórias morais relativas aos defeitos ordinários às idades tenras e um diálogo sobre a geografia, cronologia, história de Portugal e história natural" (Cabral, 1881). (ZILBERMAN, 2014, p. 225)

O livro citado por Zilberman é, segundo a autora e suas referências, o primeiro infantil (ou dos primeiros) a circular em terras brasileiras. Chama a atenção seu caráter formativo e moralizante, embora não se trate de nenhuma surpresa – demoraria muito para que tivéssemos, entre nós, uma prevalência de literatura verdadeiramente ficcional e fruitiva, que não remetesse mais diretamente à tarefa de moldar homens a partir de suas miniaturas.

Saltando pouco mais de 150 anos adiante, vimos que a Ediouro, com a *Mister Olho*, mirava um público diferente do escolar, ou pelo menos procurava alcançá-lo por um outro canal, as ruas e as bancas de jornal. Essa parece ter sido a maior novidade do projeto, já que a editora vinha de larga experiência na publicação de literatura de gênero em formatações mais baratas.

> Fundada em 1939 pelos irmãos Jorge e Antônio Gertum Carneiro e o alemão Frederico Mannheimer como uma pequena importadora de livros de nome Publicações Pan-Americanas, pode-se dizer que a vocação (ou visão) da futura Ediouro para o domínio do mercado de livros populares já se desenharia no começo de sua história. Embora Hallewell informe que o primeiro livro de bolso da editora, *Fala e escreve corretamente tua língua*, de Luiz A.P. Victoria, tenha sido também sua primeira publicação, ainda no ano de sua fundação, 1939 (Hallewell, 2005, p. 742), Labanca nos parece oferecer um levantamento mais acurado ao listar a obra como a 40ª do catálogo da editora (e isso em 1949), que então respondia pelo nome Editora Gertum Carneiro S.A. (Labanca, 2009, p. 60). De qualquer forma, a pequena brochura marcaria um ponto de virada na estratégia do grupo que, a partir daí, e após experiências bem-sucedidas com revistas, decide "concentrar-se no campo quase virgem no Brasil dos livros de bolso, com a marca Edições de Ouro, começando com uma coleção tipo 'aprenda sozinho', denominada *Sem Mestre*. Acrescentaram-lhe *Coquetel de Palavras Cruzadas* [...] e alguma ficção ligeira" (Hallewell, 2005, p. 742). (PACHE DE FARIA, 2017, p. 91)

Se a *Mister Olho* fazia parte de um momento cultural que "aponta[va] para um desejo de libertação de padrões, desnudando valores novos e problemas nacionais [onde] a produção artística procura ultrapassar a esfera das elites na tentativa de *alcançar as camadas populares*" (PONDÉ, 1984, p. 7. Grifo nosso), em algum ponto de 1975 a editora decide não mais prescindir do potencial e poderoso mercado institucional escolar para seus livros. Dados da FNLIJ mostram que a concorrência aumentava para a Ediouro: naquele ano, seriam 919 os títulos lançados (mais que o dobro da oferta no período anterior, com a *Mister Olho* respondendo por 6,3% desse total (58 livros) (FNLIJ, 1984, p. 12).

Não que a Ediouro, mesmo nos primeiros anos da Coleção, 1973 e 1974, tenha desconsiderado em sua concepção o universo da escola ao contratar, traduzir, ilustrar e imprimir os seus bolsilivros infantis de entretenimento.

> Livros de 'ficção ligeira', como diz Hallewell, ou de 'leitura amena sem preocupações didáticas' (finalidade da coleção *Mister Olho*, segundo Hélio do Soveral em ficha datilografada encontrada nos arquivos da Ediouro para o manuscrito inédito *Chereta enfrenta os Clóvis*), apesar de dissociados "da sistematização própria dos ambientes formais de educação, como a escola" (Paiva; Blum; Yamanoe, 2010), ainda assim fazem parte do processo formador, formatador e doutrinário por que passam todos os indivíduos desde a tenra infância. Trata-se da chamada "educação não formal", que compreende várias dimensões e processos de aprendizagem que não necessariamente precisam estar relacionados com o espaço da sala de aula. (...) (Gohn, 2005 *apud* Paiva; Blum; Yamanoe, 2010, p. 7). Mas não estar nos currículos oficiais não significa, porém, que essa literatura infantojuvenil 'amena' possa prescindir da aprovação e da 'aura' escolar. (PACHE DE FARIA, 2017, p. 92-93)

Essa preocupação é claríssima nos *blurbs* e paratextos editoriais de vários livros da Coleção *Calouro*, como este que, na quarta capa de *Ana Selva, a Rebelde em Sociedade* (1975), diz que

> Os livros da Coleção *Calouro* são preparados especialmente para uso em Colégios, desde sua redação simplificada até a ficha de interpretação. E faz parte de um Clube de Leitura Programada, que funciona através dos professores e Colégios. (EDIOURO, 1975a, p. 178)

No interior do mesmo livro, na página 176, a proposta era ligeiramente mais detalhada e fundamentada.

> Procure conhecer também os "Clubes de Leitura das Edições de Ouro", nos quais todos os livros da editora se acham classificados pelo nível escolar, desde o primeiro grau até o vestibular, e podem ser adquiridos através dos professores. São livros de preço acessível, destinados tanto ao estudo como à formação do "hábito da leitura", de acordo com a orientação do MEC. (EDIOURO, 1975a, p. 176)

Já fizemos referência a estes clubes de leitura em nossa dissertação de mestrado, e é importante destacar que uma boa parte dos livros da *Mister Olho* deve sua existência a eles: a escritora Gladis, como veremos, chega à editora após sua experiência promovendo os títulos da *Calouro* (ou mesmo da *Mister Olho*) junto aos alunos de escolas onde atuou como psicóloga e professora. Os clubes, portanto, eram uma das estratégias para tornar os produtos da editora mais escancaradamente "adotáveis" pela escola.

Havia ainda uma promoção intensa junto às turmas e aos professores por meio de encartes incluídos nos livros que procuravam seduzir esses consumidores potenciais com uma suposta liberdade de escolha: era o aluno quem diria o que gostaria de ler. Jornaizinhos com as principais novidades literárias (da editora, claro) eram oferecidos gratuitamente, com a vantagem de serem direcionados (e diferenciados) às séries específicas (jornal do Clube do Fantasminha Pluft, para a 1ª e 2ª séries, jornal do Clube da Baleia Bacana, para a 3ª, 4ª e 5ª séries[, jornal do Clube do Elefante Júnior, para a 6ª, 7ª e 8ª séries − ver Figura 18 − e jornal do Clube do Corujão, para as 3 séries do 2º grau]). (PACHE DE FARIA, 2017, p. 94)

Nas Figuras 19 e 20, pode-se ver um exemplo de um desses periódicos publicitário-institucionais (inclusive com o anúncio de várias obras da *Mister Olho*), que encontramos em meio ao acervo de Ganymédes José. Interessante a chamada na capa que, após o destaque para os livros de Ganymédes e Virginia Lefèvre, sugere saber exatamente o que move o jovem leitor: "E mais: sequestradores, bandidos, feras, reis, príncipes, monstros − *tudo que interessa a você!*" (EDIOURO, 1974a, p. 2. Grifo nosso). Mais evidenciador ainda da estreita relação construída entre corpo docente/escola e editora é o texto do talonário de pedido de livros, na última página do jornalzinho (Figura 21), que diz ao aluno para juntar o dinheiro à lista de títulos desejados, mas não enviar nada pelo correio e sim centralizar tudo no professor, que funciona como uma espécie de promotor de vendas (a quem se ofereciam livros-brinde)!

Em outro panfleto igualmente encontrado em Casa Branca, nos arquivos do autor da *Inspetora* e de *Goiabinha*, a intenção e a estratégia da Ediouro ficam ainda mais às claras (Figura 22), bem como a inspiração importada. Dirigindo-se aos professores da 3ª à 6ª série do 1º grau, a editora anuncia que

> está lançando uma "campanha de leitura" nos moldes da "Scholastic's Book Service" dos Estados Unidos e Inglaterra, para os escolares de todo o Brasil, sob a forma de CLUBE DE LEITURA BALEIA BACANA.
>
> Trata-se de um Clube em que os alunos recebem, quatro vezes por ano, um catálogo de livros apropriado a formar o hábito da leitura.
>
> Não há qualquer compromisso, do aluno ou do professor, de comprar qualquer livro ou pagar qualquer taxa. Recebendo os catálogos, na época apropriada, o aluno leva-o para casa e, encomenda se quiser, o que quiser.
>
> Desejamos apenas a cooperação dos professores para a distribuição dos catálogos na classe. Se você acha esta campanha útil e está em condições de cooperar, temos certeza que ficará satisfeito vendo seus alunos encaminhados para uma leitura sadia, atraente, em bom português.
>
> Há também uma oferta de livros-brindes a escolher, para o professor. (EDIOURO, 1975b, p. 1)

Figura 18 - Capa de jornal do *Clube do Elefante Júnior* (1975)
usada para decorar caixa de originais de Ganymédes José

Figura 19 - Capa do jornal do *Clube da Baleia Bacana* (1974)

COLEÇÃO MISTER OLHO

Venha se unir à turma na luta contra o crime, resolvendo com eles os casos de sequestro, roubos, espionagem etc. Os jovens heróis estão sempre envolvidos em casos de mistério, suspense e aventura.

O MISTÉRIO DA ILHA

Continuação do livro "O Mistério do Vagão". Mais um punhado de aventuras das quatro crianças mais independentes do mundo! Dormem ao ar livre, brincam de comidinha (de verdade mesmo!), exploram uma ilha, vivem num mundo só deles. É claro que vovô Alden dá uma mãozinha, pra ajudar. Mas os seus netos sabem muito bem o que fazer!

BIRA E CALUNGA NA FLORESTA DE CIMENTO

Esta é a primeira aventura de Bira e seu cachorro Calunga. O menino órfão, solto nas ruas da cidade grande, enfrenta os perigos da "floresta de cimento", cujas feras são os homens ambiciosos. Mas Bira e Calunga também encontram gente boa, que os ajuda a descobrir o segredo das salsichas. Que espécie de carne moída estariam usando naquelas salsichas falsificadas? Só lendo!...

SABOTAGEM NO PLANETA VERMELHO

Que está acontecendo em Marte, o planeta vermelho?... É isso mesmo que Phil quis saber, quando descobriu uma nave espacial abandonada. E, a partir do momento em que assistiu aos violentos combates entre os habitantes desse planeta, não hesitou em lançar-se numa fantástica aventura para satisfazer sua curiosidade.

COSMONAUTAS CONTRA DIPLODOCOS

Diplodocos?... Que é isso?... Um gigantesco réptil desaparecido da Terra há milhares de anos e que os cosmonautas franceses vão capturar em Vênus — o único planeta que ainda conserva espécimes desses animais. Acontece que os americanos tiveram a mesma ideia, nos seus estudos arqueológicos... Uma eletrizante aventura da era espacial!

O CASO MISTER JOHN

Fred, Lady Ann, Mr. John, quem são esses personagens misteriosos? E a estranha mensagem: "o major feriu Fredy"?...Estão tramando contra "Jeanne das Cabras", cujas aventuras são conhecidas de todos. Chris Chevalier, com seus irmãos, perguntam, vigiam, investigam...

OPERAÇÃO TORRE DE BABEL

Há um crime de morte no próprio Edifício Mattews, onde se reúne a Turma do Posto 4, e onde moram suspeitos de todas as nacionalidades. Os garotos da patota são obrigados a bancar os detetives, até que decifram o mistério e caem nas mãos do perigoso assassino. O resto, só lendo.

OPERAÇÃO MACACO VELHO

Genial! Fugiu um macaco que fazia a alegria de uma menininha, e a Turma do Posto 4 vai caçar o animal na Floresta da Tijuca. Muita coisa acontece até que os pequenos detetives se vêem perseguidos por uma quadrilha de ladrões de verdade! Iii! E agora?

O NAVIO MAL-ASSOMBRADO

Quem viaja, sempre tem alguma coisa pra contar. Esse também é o caso de Jim, Roberta e Linda que estão a bordo do "Valentina", numa viagem da Inglaterra à Austrália. Acontecimentos e aparições misteriosas se sucedem.... Passageiros em polvorosa, uma porção de quebra-cabeças. Quem será o responsável? A bordo encontram-se 30 membros de uma associação espírita, um mágico profissional, uma suposta violinista e 4 cavalheiros. Todos com o mesmo sobrenome — Moreno — se bem que em línguas diferentes. E então, eis que certa noite, desaparece do cofre do funcionário-pagador uma valiosa jóia...

O TESTAMENTO E O QUADRO ROUBADO

Todas as providências foram tomadas a fim de que a memória do tio Eusébio fosse mantida viva entre seus sete sobrinhos e sobrinhas. Será que ele havia previsto, ou mesmo intencionado isso? Por ocasião da leitura do testamento, ouvem, estranhamente preocupados, a voz do tio numa fita gravada, e ainda por cima esse testamento tão incomum! Quais as intenções do tio Eusébio? A coisa toda gira em torno de uma valiosíssima pintura de Vermeer. Porém, quando o cofre do banco é aberto, encontram uma falsificação. Onde está o original?

O MISTÉRIO DO VAGÃO

Quatro crianças órfãs — Henry, Jessie, Violeta e Benny — saem da sua cidade à procura de um lugar para viver. No caminho, encontram um vagão de locomotiva abandonado e o transformam numa casa. Daí em diante passam a viver de frutos silvestres, caça, pesca, enquanto Henry, o mais velho, ganha algum dinheiro com pequenos serviços. Numa cidade próxima, é organizada uma grande corrida com um prêmio de 25 dólares para o vencedor. Quem ganhará a corrida?... Você! É só ler o livro!

AVENTURAS DO BARÃO DE MÜNCHHAUSEN

Quem é esse barão de Münchhausen? Um mentiroso de marca maior! Como não tem o que fazer, passa o dia inteiro contando cascata. Diz que é nobre, que participou de batalhas sangrentas ao lado dos soldados russos, que é valente — tudo mentira! Mas que mentiras engraçadas!

A NOITE DOS GRANDES PEDIDOS

Se ameaçassem vender ou matar seu animal de estimação, você teria coragem de salvá-lo?... Mesmo se fosse preciso aventurar-se na travessia dos Doze Reinos dos Números do Relógio Morto da Torre da Igreja das Três Cruzes!... Teria?... Olha que, pelo nome do lugar, você já viu que não deve ser muito fácil não! É isso que a menina Caneca tem que fazer para salvar seu burrinho de estimação.

EDMUNDO, O CACHORRO DETETIVE, E O FANTASMA

O inverno chegou. Gus resolveu usar Edmundo e seus amigos para puxar o trenó, mas parece que eles não gostaram nem um pouquinho da idéia! O cachorro detetive tem que entrar em ação outra vez! Assim é que Edmundo e Gus se viram frente ao mistério do cheiro de hotteli e o fantasma da casa mal-assombrada — uma aventura que começa com um passeio de trenó e termina com uma empolgante perseguição.

Figura 20 - Página 2 do jornal do *Clube da Baleia Bacana*, com anúncio de vários títulos da *Mister Olho*

Figura 21 - Contracapa do jornal do *Clube da Baleia Bacana*, com talão de pedido de livros

Afora os clubes e os jornais, a Ediouro lançava mão também de dizeres de autoridade, citando (como veremos melhor mais à frente) prêmios, publicações de prestígio e de referência para o gênero e tudo o que pudesse agregar *status* positivo às obras e aos autores em questão. Além disso,

> para consolidar esse relacionamento com a escola, (...) a Ediouro "armava" seus livros com fichas didáticas, glossários explicativos de vocabulário (desenvolvidos por equipes de professores de português e literatura), questionários ao final dos livros, com perguntas para testar o nível de compreensão dos leitores (...), e, não menos importante, dividia as obras por faixas etárias de público-alvo, facilitando ainda mais sua adoção pelo professorado. (PACHE DE FARIA, 2017, p. 93)

Finalmente, não se pode esquecer que todos os livros da *Calouro* e da *Mister Olho* eram local e ponto de venda e divulgação de outros títulos de suas coleções.

> Já nos seus primórdios, tanto os livros da série *Inspetora* quanto os das outras séries da *Mister Olho* valiam-se do poderoso recurso do que chamaremos "publicidade cruzada": cada volume serviria também de peça de propaganda para toda a coleção. Páginas promocionais ou meras listas acrescentadas no começo e no final das obras registravam a existência de outras personagens, outras sagas, outras mitologias e autores, outros universos de aventuras a descobrir e chamavam a atenção dos leitores para eles. (PACHE DE FARIA, 2017, p. 95)

Com todo esse aparato, a Ediouro procurava criar artificialmente um mercado organizado onde ele antes não existia, e, com isso (e a reboque e talvez inadvertidamente), construir a própria figura do escritor profissional de livros infantojuvenis, até então (exceções lobatianas à parte...) impensável de se conceber. Tal tipo de "escritor não existia enquanto *papel social definido*; vicejava como atividade marginal de outras, mais requeridas pela sociedade" (CANDIDO, 2000, p. 71) – pensemos no Ganymédes José professor e tabelião ou no Hélio do Soveral radialista. As reflexões de Antonio Candido sobre o autor literário e seu público, as relações de dependência entre um e outro, a maneira como se modelam e se definem, são extremamente úteis para se pensar esse momento em que a *Mister Olho* amadurece e procura maior afirmação. Se "o público nunca é um grupo social [específico], sendo sempre uma coleção inorgânica de indivíduos, cujo denominador comum é o interesse por um fato" (CANDIDO, 2000, p. 70), podemos dizer que a Ediouro tenta definir esse público e conquistá-lo assumindo que o tal fato seja o citado pendor por uma literatura povoada pelos "sequestradores, bandidos, feras, reis, príncipes [e] monstros" de seu panfleto, mas que não descuide daquela "conexão estreita com o nacionalismo" (CANDIDO, 2000, p. 73) que Antonio Candido apontava ao esboçar as características de nossa nascente identidade literária pátria. Concebida, como já vimos, em 1972, ano do sesquicentenário da Independência, a constituição, pela *Mister Olho*, do

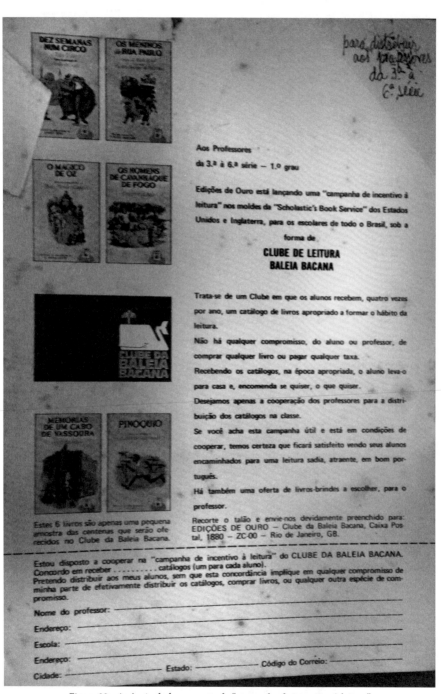

Figura 22 - Anúncio do lançamento da "campanha de incentivo à leitura" do *Clube da Baleia Bacana*, das Edições de Ouro

patriotismo como *pretexto*, e a consequente adoção pelo[s seus] escritor[es] do papel didático de quem contribui para a coletividade, deve ter favorecido a legibilidade das obras [e sua circulação e acolhimento escolar]. Tornar-se legível pelo conformismo aos padrões correntes; exprimir os anseios de todos; dar testemunho sobre o país; exprimir ou reproduzir a sua realidade. (CANDIDO, 2000, p. 78)

Interessante que a editora busque, nesse movimento e nessa aposta econômica, explorar certo produto cultural que sempre encontrou resistências à sua entrada no meio educacional, mas que autores como Chartier veem como um bom começo de caminho para o nascimento do verdadeiro leitor.

> É preciso utilizar aquilo que a norma escolar rejeita como suporte para dar acesso à leitura na sua plenitude, isto é, ao encontro de textos densos e mais capazes de transformar a visão do mundo, as maneiras de sentir e de pensar. (CHARTIER, 1998, p. 104. Grifo nosso).

Temáticas e (relativa) liberdade autoral/editorial: conflitos na frontreira entre o entretenimento e a (anti) doutrinação

> Com base em características muito peculiares, tem-se designado como *literatura infantil* um dos aspectos da literatura dentro as várias modalidades artísticas. Assim, pois, a estética literária aceitou, tacitamente, esta forma particular no quadro geral da literatura, para oferecer – ou assim se supor – uma personalidade própria e definida. Tê-la-á realmente? Existiria mesmo uma literatura propriamente infantil? Haverá livros, pois, que correspondam cabalmente à intimidade da criança? (SOSA, 1978, p. 14)

É com esse questionamento muito pertinente que Jesualdo Sosa começa o seu clássico *A Literatura Infantil*, ainda hoje referencial teórico relevante para os estudos no gênero. Sem pretender resumir suas mais de duzentas páginas de "resposta" a uma frase, Sosa inicia sugerindo de maneira algo impressionista que a essência desse tipo de literatura se reconheceria naquele

> livro ideal que todos entrevimos em nossa infância e que se nos revelou no amanhecer da existência como a borboleta azul da escola por sua aura de ilusão: o livro de contos mágicos, de versos luminosos, da pintura maravilhosa, da música deleitável; em suma, *o livro belo, sem outra utilidade além de sua beleza.* (JIMÉNEZ, 1938, *apud* SOSA, 1978, p. 15. Grifo nosso.)

Perceba-se que há uma ênfase em evitar o aspecto pragmático-educacional do livro para crianças, os chamados "pecados do didatismo e da doutrinação" (ZILBERMAN, 2014, p. 232), ao se circunscrever sua conceituação ao que ele tem de encanto e de belo, de atraente, imaginoso e sedutor, deixando de lado sua "utilidade". Se por um lado isso parece indicar que Sosa aplaudiria uma iniciativa como a da Ediouro, de criar do nada uma coleção de leitura atrativa, declaradamente sem objetivos didáticos ou conteudísticos (evidentes) atrelados a currículos ou eixos organizados de formação, vemos logo que não é esse o caso: refletindo um preconceito que permanece até nossos dias, o teórico não vê com bons olhos "essa literatura truculenta e malsã, de detetives e de ladrões, com os *Rafles*, os *Fantomas* e outros heróis da mesma ralé" (SOSA, p. 16). Embora relacione seu consumo e ascensão a um maior acesso a materiais impressos (antes caros, agora diversos e baratos) e registre que "em 1938 (...), 90% da população de Montevidéu, de todas as idades e classes sociais, se alimentava de literatura policial e de aventuras, em primeiro lugar" (SOSA, 1978, p. 27), citando o *Holmes* de Doyle, o *Rocambole* de Du Terrail e "as numerosas derivações posteriores [como] *Nick Carter, Lupin* [e] *Buffalo Bill*", Sosa é rapidíssimo em seu julgamento: "toda essa literatura de massa [também devorada pelas crianças] (...) *evidentemente* não é considerada literatura infantil" (SOSA, 1978, p. 28. Grifo nosso). Retirando-lhe o prestígio e a legitimidade, o autor, porém, não chega ao ponto de negar-lhe a relevância sócio-histórica, dizendo que, apesar de tudo,

> não podemos deixar [tais obras] de lado, [já que são,] (...) sem dúvida, produto de uma nova concepção social, de novas relações humanas, das quais resultam certos personagens – o ladrão, o policial, o *gangster*, etc. – que nelas adquiriram determinado relevo, devido ao desenvolvimento de um clima propício, o mundo do capitalismo: as finanças, a Bolsa, as indústrias, o comércio; a gana pelo dinheiro e o afã de enriquecer repentinamente, "da noite para o dia", que tomou os indivíduos; as lutas e concorrências no mercado da produção e no tráfico mercantil. (SOSA, 1978, p. 28)

Insistimos, porém, na questão do desprezo pela literatura de massa infantil, a nosso ver apriorística e em aparente contradição com o próprio Sosa. Se, como diz o autor a seguir, a literatura infantil ideal deve ter como foco a diversão do jovem leitor (como quer a *Mister Olho!*), por que negar à *Inspetora*, aos *Seis* ou à *Turma do Posto Quatro* um respeitoso lugar na história do gênero? Pergunta (e responde Jesualdo Sosa):

> Com que finalidade damos à criança esse alimento [do livro infantil]? Com a finalidade de instruí-la, educá-la, diverti-la, quando não as três coisas ao mesmo tempo. As obras literárias puramente instrutivas não a atraem, geralmente são repelidas e dificilmente alcançam seu fim; e, quando isso acontece, é sob forte pressão. Os livros educativos também costumam levar-nos facilmente ao equívoco, pois as crianças percebem de imediato, anota Cousinet, que as histórias neles contadas não têm nenhum cunho de realidade e são recomendadas por quem jamais as lê, pois são produzidas especialmente

para "educar". *Quais seriam, então, as leituras verdadeiramente proveitosas para as criança[s]? Sem dúvida, as de distração e prazer* e, embora as primeiras[, as de instrução,] devam ser mantidas, para a preparação das crianças, *as últimas são as que respondem verdadeiramente às necessidades infantis e exercem, ou podem exercer, uma influência muito saudável no desenvolvimento da psique infantil.* (SOSA, 1978, p. 29. Grifos nossos.)

Parte da questão relacionada à resistência (e desprezo) para com a literatura de massa como um todo estaria no seu suposto esquematismo, no respeito a fórmulas e sistemas internos de produção que, do ponto de vista canônico-acadêmico, diminuiria (ou eliminaria!) seu valor artístico e social. No entanto, estamos aqui mais a falar de Teoria do Gênero Literário do que obrigatoriamente de argumentos sobre qualidade ou valor. A defesa que Flávio Kothe faz às chamadas *narrativas triviais*, em seu livro de 1994, é um bálsamo para todo o pesquisador que pretende transitar pelo universo cultural das literaturas *truculentas e malsãs*.

O romance de aventuras, a novela de detetive, a novela policial, o thriller[, a ficção científica] e os demais gêneros da ficção de massa parecem caracterizar-se por sua trivialidade — a repetição e superficialidade de tipos, enredos, finais — em nível de estrutura profunda, com uma grande variação de estruturas de superfície. O fato de ter-se um esquema narrativo repetitivo caracteriza, no entanto, o gênero enquanto gênero e, nesse sentido, os gêneros considerados maiores desde Aristóteles — a tragédia e a epopeia — também são esquemáticos e restritos. Obras instituídas na tradição como sendo de arte elevada contêm muitas vezes aspectos bastante limitados, questionáveis, previsíveis; enquanto isso, narrativas triviais são capazes de apresentar momentos de grande criatividade. A questão é saber se, em gêneros marcados pela trivialidade e consumidos em massa, podem aflorar obras de arte. A narrativa trivial tem seu valor mensurado pelo artístico, porém não como mera oposição: há trivialidade na arte, como pode haver arte no trivial, sem que, no entanto, confundam-se um com o outro. (KOTHE, 1994, p. 13-14)

Um dos objetivos deste livro é justamente desnaturalizar a irrelevância a que obras como a *Mister Olho* são relegadas e demonstrar que o esforço artístico com que algumas de suas séries foram trazidas à vida faz com que transcendam sua suposta (ou mesmo assumida) trivialidade e sejam de interesse inclusive ao se procurar nelas elementos de fundo histórico, relacionados ao seu momento editorial de exceção (isto é, sua publicação durante os anos do regime militar).

Pouco ou quase nada, como já comentamos, se escreveu até hoje sobre as séries da Ediouro para o público infantojuvenil. Surpreendentemente, as menções metodologicamente mais consistentes sobre obras da *Mister Olho* estão no livro *Der brasilianische Kriminalroman – Kommunikation und Transkulturation* (2004), do alemão Hubert Pöppel (Figura 23), cujo terceiro capítulo, sobre o romance infantojuvenil brasileiro, registra que,

> nos anos setenta no Brasil, a enxurrada de séries reminiscentes de Enid Blyton com títulos seriados como *A Inspetora e ...*, *Os Seis e...*, *Toquinho, o detetive...*, *O mistério...* ou *A turma...* abarrotaram o mercado de livros[12] [local e que] (...) quase todas essas séries com até trinta títulos individuais apareceram como brochuras de pequeno formato nas Edições de Ouro da Editora Tecnoprint, no Rio de Janeiro.[13] (PÖPPEL, 2004, p. 144)

Embora ao menos dê inédita visibilidade a alguns dos livros, incluindo em um de seus anexos mini-resenhas para *Os Seis e a pérola maldita* (de Irani de Castro/ Soveral), *Toquinho banca o detetive* (de Lino Fortuna/Cony), *Diana contra os mercadores da morte* (de Juraci Coutinho/Sarmento), *Gisela e o enigma do talismã da felicidade* (de Gladis Stumpf González) e *Bira e Calunga e a cilada ao diabo* (de Gedeão Madureira/ Soveral), e tenha tido a inteligência de não desconsiderar o *corpus* infantojuvenil ao tratar do romance policial brasileiro, Pöppel falha (e repete tantos outros...) ao relegar (literalmente) ao rodapé, com este mero "abanar acadêmico de mãos" que citamos, toda essa literatura de massa da Ediouro que para ele, simplisticamente, seria reminiscente da inglesa Blyton e por demais afeita ao famigerado *esquema*: "os cinco ou seis amigos aventureiros que desvendam segredos"[14] (PÖPPEL, 2004, p. 144). Às criações de Ganymédes José, Cony e Soveral para a *Mister Olho* (e para a literatura de que são exemplo), Pöppel opõe os trabalhos de João Carlos Marinho (autor de *O gênio do crime*, *O caneco de prata*, entre outros), esse sim, em seu entender, inovador e rompedor das amarras das pejorativas fórmulas.

No Brasil, inexistem trabalhos de pós-graduação ou mesmo artigos falando especificamente da coleção da Ediouro ou de suas séries e autores, mas, coincidentemente, um texto de Edmir Perrotti, Mirna Pinsky, Márcia Cruz e Cecília Regiani Lopes, publicado na *Revista Brasileira de Biblioteconomia e Documentação* (MEC, 1979) e intitulado "Reprodução ideológica e livro infantojuvenil", acabou funcionando como um estudo de caso para a coleção e para a literatura infantil a que ela se afilia, já que, do universo de 21 livros abordados no recorte (e escolhidos aleatoriamente dentre a produção total disponível para o período[15]), 5[16] são de séries do nosso *corpus*. Para Perrotti e seus colegas, o exame das obras evidencia um

---

12 Als in den siebziger in Brasilien die Flut der an Enid Blyton erinnernden Serien mit Reihentiteln wie *A Inspetora e...*, *Os Seis e...*, *Toquinho, o detetive...*, *O mistério...* oder *A turma...* auf den Buchmarkt schwappte, hatte João Carlos Marinho mit *O gênio do crime* von 1969 und mit *O caneco de prata* von 1971 bereits ganz eigne Wege im Bereich der Kinder- und Jugendkriminalromane beschritten (PÖPPEL, 2004, p. 144).

13 Nahezu alle diese Reihen mit bis zu dreissig Einzeltiteln erschienen als kleinformatige Bändschen in den "Edições de Ouro" der Editora Tecnoprint, Rio de Janeiro. (PÖPPEL, 2004, p. 144)

14 "Fünf oder sechs Freunde bestehen Abenteuer und decken Geheimnisse auf" führten" (PÖPPEL, 2004, p. 144).

15 Segundo os autores, "a escolha da amostra foi feita através de sorteio que selecionou 21 obras dentre o total da produção em prosa de autores nacionais editados ou reeditados no período de outubro de 1976 a setembro de 1977, segundo o *Boletim Bibliográfico da Biblioteca Nacional* e destinada ao público infantojuvenil" (PERROTTI *et al*, 1979, p. 174).

16 São eles *Os Seis e o Teco-Teco Misterioso*, *Diana no Circo do Medo*, *Goiabinha e o Livro do Perigo*, *Operação Café Roubado* e *Missão Perigosa em Tóquio*.

Figura 23 - *Der brasilianische Kriminalroman* (2004), de Hubert Pöppel

processo específico de reprodução de ideologia que visaria, antes de mais nada, à conservação do mundo tal qual ele é, tentando levar os receptores — crianças — deste tipo de mensagens a assimilar passiva, porque não criticamente, as premissas do poder constituído. (PERROTTI *et al*, 1979, p. 168)

Os autores são particularmente críticos quanto à simplicidade moral revelada pelas histórias, que não estimularia o pensamento crítico infantil a tomadas de decisão e visões de mundo mais complexas.

O maniqueísmo funciona como suporte de uma estrutura rígida (ordem/desordem/volta à ordem inicial), identificada na produção analisada. Nesse aspecto, se as atualizações da ideologia expressas pelo maniqueísmo podem ser nuanceadas (*sic*), a estrutura em si não permite opções, constituindo-se em sistema fechado que não faculta alternativas na dialética Bem X Mal, o primeiro triunfando sempre, independentemente dos destinos da narrativa. O esquema harmonia/desarmonia/harmonia prevalece sobre a narrativa, sempre. E, para servi-lo, o autor lança mão de todos os recursos, desde os mágicos até o truncamento inesperado da narrativa. (PERROTTI *et al*, 1979, p. 168)

E o horror de Pöppel, Sosa e tantos outros ao *esquema*, às fórmulas e regras internas da literatura de massa (mesmas amarras e limites, como já mencionamos, de *todo e qualquer gênero literário*), aparece (e com fortes cores ideológicas e políticas, um tanto típicas da época) quando Perroti, Pinsky, Cruz e Lopes dizem que

é a nível da estrutura, sobretudo, que as histórias são absolutamente iguais e uniformes. Se a nível da ação o autor pode dar-lhes maior ou menor colorido, a nível estrutural elas são fechadas a qualquer possibilidade de inovação. Trata-se de uma estrutura dogmática, inflexível, tal qual Eco reconhece e julga em Fleming, afirmando que o criador de 007 não é reacionário por ser contra russos ou judeus, mas por proceder através de esquemas. (PERROTTI *et al*, 1979, p. 168-169)

Há muito pouco espaço em análises desse tipo para que se dê valor à dimensão *divertimento*, tão destacada por Sosa como necessária a uma literatura infantil que cumpra o seu papel enquanto arte e ferramenta pedagógico-social. É como se só pudéssemos (ou nos fosse permitido, como pesquisadores e analistas) enxergar pelo mundo os *dispositivos* de Giorgio Agamben, esta categoria difusa, absoluta e inescapável (porque infalivelmente abrangente) que nomeia "qualquer coisa que tenha de algum modo a capacidade de capturar, orientar, determinar, interceptar, modelar, controlar e assegurar os gestos, as condutas, as opiniões e os discursos dos seres viventes" (AGAMBEN, 2009, p. 40).

Por se revestir de grande intolerância quanto aos discursos próprios da indústria cultural, algo apenas na superfície anacrônico, visto que seguem como bandeira de muitos, dentro e fora do meio acadêmico, pedimos licença para reproduzir um trecho um pouco longo do artigo em questão (justo seu cerne argumentativo), pelo tanto que tem, a nosso ver, de paranoia hermenêutica (posição que acaba favorecendo certo *preconceito orientado ao objeto*) aplicada à literatura para crianças. Segundo os autores, no *corpus* estudado, composto em 23,80%, como vimos, de livros da *Mister Olho*,

> A opressão que se revela e exerce a nível textual pela imposição de modelos que confirmam o mundo tal qual a produção quer, encontra seu correspondente no contexto, o qual é endossado sem maiores preocupações. A gênese da opressão, nos dois casos, é a posse do mundo pelo adulto, posse que o conhecimento racional — estado superior do conhecimento permitiu.

> Assim, o conhecimento lógico-formal passa a ser o legitimador do poder que é exercido de forma vertical, de cima para baixo, objetivando a submissão dos desejos e instintos "bárbaros" aos padrões "elevados" que só a razão é capaz de conceber. A aprendizagem, ao visar tais fins, passa a ser um exercício de poder que privilegia o adulto, senhor e soberano por ser o dono da verdade que só a razão revelaria.

> A visão paternalista da criança é uma consequência desse estado de coisas. Inúmeras vezes encontramos a criança sendo tratada nas histórias com uma aura paternalista-sentimentalóide que se pretende poética. Trata-se de mostrar a beleza do estado infantil, mas beleza enquanto enquadrada nos padrões ideológicos da produção. A fantasia, componente forte do universo infantil, é tratada nas histórias como algo menor, pitoresco, "engraçadinho", "bonitinho", como se não fosse a verdade infantil, ou antes, como algo que cumpre ao adulto tolerar apenas. E domesticar. A seriedade é substituída pela permissividade jocosa. O respeito, pela "agressão branca". Os "anos mágicos" transformam-se em título de comédia, na qual os atores em geral desempenham magistralmente seus papéis, segundo a marcação rígida do diretor da companhia.

> A relação de poder vertical adulto/criança coloca o primeiro como elemento ativo nos processos de decisão, o segundo como passivo. É o adulto quem controla as decisões. À criança caberá tão somente absorver as

informações sem mais discussões, podendo agir livremente e de preferência com entusiasmo nos limites "a priori" fixados pelo adulto.

Dentro do quadro das ações permitidas pelo poder, as personagens agem e, às vezes, até em excesso. Mas agem a fim de aprender/apreender o mundo que o adulto lhes apresenta, isto é, o mundo do poder. A atividade é dirigida em função da assimilação das premissas deste último; o prazer resultante da liberação da energia infantil transforma-se em prazer controlado e calculado. A ação não liberta, mas oprime, ainda que sorrateiramente, reforçando o poder adulto, de um lado, e a dependência infantil, de outro, sem traumas. A estrutura de poder nunca é rompida pela ação, e qualquer tentativa nesse sentido é punida.

Não só a tentativa de ruptura das relações de poder são desestimuladas e mostradas como improváveis. Duvidar do poder também é proibido. O mundo das histórias, ainda que borbulhante, não apresenta tensões, menos ainda tensões extremas que colocariam as personagens em dúvida quanto aos valores estabelecidos. As personagens são vacinadas contra a ambiguidade, as contradições inerentes à condição humana. Isso, é claro, é natural, do ponto de vista do poder; a dúvida poderia criar condições desfavoráveis a seu exercício ou, pior, poderia criar condições para o desencadeamento de ações que o desestruturariam. Mais conveniente, portanto, delimitar a certeza, oferecendo-a pronta. (PERROTTI *et al*, 1979, p. 169-170)

O preconceito se torna escancarado quando o *corpus* é comparado à narrativa folhetinesca (o ponto mais baixo da produção ficcional do Ocidente, segundo o artigo) e tanto seus autores quanto suas obras desmerecem os próprios nomes: são antes *fazedores* de produtos culturais a que se deve acrescentar o prefixo *sub*.

Obra de "realizadores", conceito [que] Wiebe utiliza para diferenciar produções desse tipo da produção artística em geral, essas histórias se aproximam do que de pior a ficção ocidental nos outorgou: o folhetim. Pelo universo fechado que encerram, percebe-se claramente a afinidade entre essas histórias e os sub-produtos literários do século XIX francês. (PERROTTI *et al*, 1979, p. 170)

Depois de outros parágrafos criticando a estrutura repetida do folhetim (e das obras infantis em tela), Perrotti resume o incômodo ante esta (sub)literatura que parece (em sua visão) servir só a mecanismos de opressão.

A intenção é, antes de mais nada, confirmar valores vigentes, afirmar o mundo tal qual ele é, tal qual na produção que estudamos. O discurso em ambos os casos serve à ideologia dominante, ao poder constituído. E a utilização do discurso como forma de controle social não é invenção do folhetim, evidentemente. Este é, ao que parece, continuador, adotado às novas formas de difusão, da "Bibliothèque Bleue", literatura popular que, perdurando na França do começo do século XVII até a segunda metade do XIX, "é portadora de uma tradição moral que é o conformismo" (2, p.140), como diz Geneviève Bollême no estudo do fenômeno. A opressão se perpetua, ainda que refinando seus métodos. (PERROTTI *et al*, 1979, p. 170)

Para o autor e seus colegas, a única literatura infantil de qualidade, "caso se queira oferecer à criança brasileira narrativas bem elaboradas" (PERROTTI *et al*, 1979, p. 170), seria apenas a que escapa aos esquematismos compostos e construídos dentro do próprio gênero, em um equivocado pensamento que parece aproximar esse *threshold* de qualidade mínima ao que na verdade é a *obra-prima* em sua definição! Recordemos Tzvetan Todorov, ao dizer que "a obra-prima da literatura de massa é precisamente o livro que melhor se inscreve no seu gênero" (TODOROV, 2003, p. 95). Já "a obra-prima habitual não entra em nenhum gênero senão o seu próprio" (TODOROV, 2003, p. 95), ou seja, as realizações máximas no âmbito de uma espécie literária (que não as de massa)

> cria[m], de certo modo, um novo gênero, e ao mesmo tempo transgride[m] as regras até então aceitas. [...] Todo grande livro [, então,] estabelece a existência de dois gêneros, a realidade de duas normas; a do gênero que ele transgride, que dominava a literatura precedente; a do gênero que ele cria (TODOROV, 2003, p. 94 e 95, *apud* PACHE DE FARIA, 2017, p. 55-56).

Perroti sugere uma espécie de *reserva cultural*, campo reservado pela indústria cultural à experimentação que permitiria a sobrevivência da literatura infantojuvenil aceitável e de qualidade.

> Essa reserva constitui-se a partir de obras que a indústria cultural edita a fim de testar a capacidade de absorção do mercado consumidor a elementos novos e, às vezes, também para obter prestígio. Esses elementos novos são necessários para o estabelecimento de novos modelos — a peça única —, propiciadores de novos lucros, pois, caso sejam aprovados pelo mercado, servirão para iniciar um novo ciclo que terá como referência a "peça única". O ciclo se prolongará até a exaustão, quando nova tendência deverá surgir. Mais uma vez a "peça única" deve surgir, então, para reiniciar o ciclo renovação/mesmice. A repetição do esquema aprovado na obra original garante o lucro, na medida em que o mercado já se habituou ao novo padrão, consumindo com facilidade o produto. *A Vaca Invisível*, uma das obras que compõem nossa amostra, representa essa opção, a reserva oferecida pela indústria cultural, ainda que não passe totalmente imune a uma leitura mais severa. É claro que a obra teve que pagar o peso da tradição. (PERROTTI *et al*, 1979, p. 172-173)

O fato inconteste é que a maioria da literatura consumida por crianças e adolescentes recai não na *reserva* de Perrotti, mas nos detetives e sherlocks, nas feras e monstros, nos sequestradores e bandidos, nas naves espaciais e explorações. Parte da *Mister Olho*, é verdade, veste bem a carapuça estridentemente alardeada por Perrotti e seus colegas:

> Reproduzindo o contexto, o texto [do *corpus* analisado] expressa o desequilíbrio de poder reforçando-o. O discurso, abraçando a causa do poder, passa a constituir-se em novo aliado da opressão, tenham ou não consciência disso seus promotores ou, pior, seus destinatários. E, no nosso caso, são crianças. (PERROTTI *et al*, 1979, p. 173)

Mas, por muito redutora tal estridência, ela deixa de considerar uma enormidade de aspectos presentes nas pequenas brochuras da Ediouro, inclusive aqueles onde se descobre engajamento anti-regime, militância pelo despertar de uma consciência crítica, qualidade e *verdadeira ourivesaria artística* pura e simples, e isso a despeito de se deixar de observar regras literárias-mercadológicas de produção, ou seja, sem se renegar a identidade de ser literatura de massa. Demonizar de todo o encontro entre indústria e cultura não parece, a nosso ver, ser o melhor dos caminhos. E faz parecer que se esquece (no caso da literatura para jovens) o exemplo do mais modelar de seus autores: "admirador das manifestações da cultura de massa e consciente de que seria infrutífero confrontá-las, Lobato prefere combater as figuras tradicionais dos contos de fadas" (ZILBERMAN, 2014, p. 231) e incorporar a seus livros os tais ingredientes supostamente insalubres da cultura-produto. Como nos lembra Zilberman,

> as personagens que habitam o (...) [Sítio do Picapau Amarelo] mostram-se plenas de iniciativas e ideias novas. Além disso, *estão afinadas com a modernidade dos anos 1920, representada pelo cinema e traduzida, no livro, pela presença de Tom Mix em meio às aventuras de Narizinho*. Mais adiante, em *O gato Félix*, de 1928, é o *herói de popular história em quadrinhos* que interage com os moradores do sítio. (ZILBERMAN, 2014, p. 231. Grifos nossos.)

Todas essas considerações nos levam à segunda parte deste item de nosso Capítulo 1: apesar dos possíveis exageros, restando desnaturalizadas as suas narrativas como mera diversão de onde não se poderia inferir importantes quadros de referência de valores e de poder seja da sociedade em que se inscrevem, seja de seus autores (e essa noção ficará mais assentada conforme formos avançando em nossa exposição do *corpus*, nos próximos capítulos, mas neste também), por que funil editorial/ideologizante, "formatatório" ou mesmo censório passariam as publicações da *Mister Olho*? Levando-se em conta que os livros de suas diversas séries são lançados em um momento no qual a censura nas redações de jornais ainda grassa, a liberdade de expressão encontra-se fortemente cerceada e a repressão política e de opinião segue violenta, seria possível encontrar evidências concretas de interferências em seu processo de produção? Ou mesmo de censura que, no Brasil, minimamente desde Vargas, "funcionava [também] como instrumento moralizador colaborando para a construção de uma imagem positiva do Estado" (CARNEIRO, 1997, p. 26)? Repetindo a pergunta e as considerações que fizemos quando de nossa dissertação:

> Em que grau seriam alterados ou editados pela Ediouro estes livros da (...) coleção *Mister Olho*, seja por razões de mero apuro estilístico ou por outras de caráter mais complexo, como a adequação ao público-alvo ou a supressão de expressões consideradas inoportunas ante o regime político vigente? Podemos afirmar que, ao serem recebidos, os originais passavam por uma primeira leitura crítica e copidesque que não só emitia juízo sobre trama, estilo e linguagem como também fazia alterações, simplificava períodos considerados longos, substituía "terminologia pouco adequada aos leitores da faixa etária a que se dirige" (Passos, 1977, p. 1), entre outras considerações. (PACHE DE FARIA, 2017, p. 100)

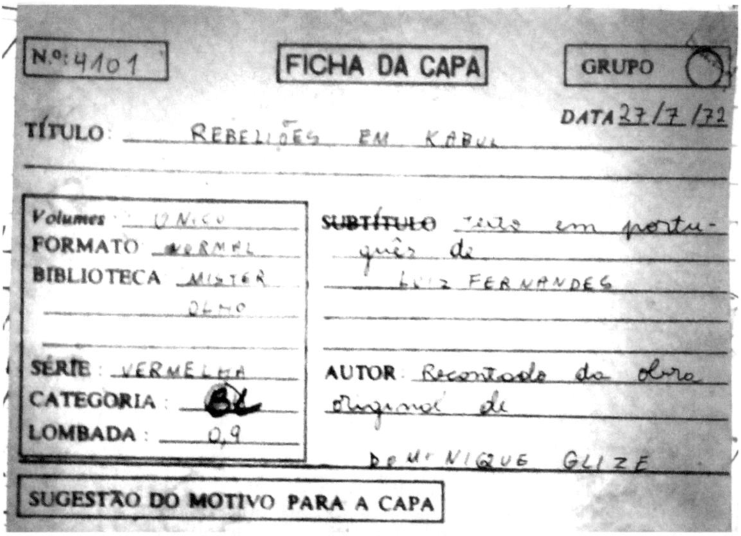

N.º: 4101

FICHA DA CAPA

GRUPO

DATA 27/7/72

TÍTULO: REBELIÕES EM KABUL

Volumes: ÚNICO

FORMATO: NORMAL

BIBLIOTECA: MISTER OLHO

SUBTÍTULO: texto em português de LUIZ FERNANDES

SÉRIE: VERMELHA

CATEGORIA: B2

LOMBADA: 0,9

AUTOR: Recontado da obra original de DOMINIQUE GLIZE

SUGESTÃO DO MOTIVO PARA A CAPA

Figura 24 - Ficha de produção de *Rebeliões em Kabul*

Pelas comparações por nós realizadas, entre livros impressos e originais datilografados, "a prosa de Ganymédes José parecia não receber muitas emendas nestas etapas entre máquina de escrever e impressoras." (PACHE DE FARIA, 2017, p. 102). Da mesma forma, os trabalhos de Gladis tinham seus textos respeitados (conforme veremos em depoimento de seu filho), o mesmo se dando com os de Carlos Figueiredo. Hélio do Soveral era outro que também não sofria com a edição, conforme registra em carta a Rubens Francisco Lucchetti de 28 de novembro de 1989.

> Na Monterrey, o José Alberto Gueiros gostava de mexer nos meus originais, acrescentando-lhes uma ou outra tolice (agora, ao preparar a 2ª edição de alguns desses trabalhos, estou eliminando essas "colaborações") mas, como se tratava de livrinhos de bolso, sem compromissos literários, eu não protestava. Já na Tecnoprint (Ediouro), todos os meus originais de novelas juvenis foram escrupulosamente respeitados. Mais ainda: o revisor consertava delicadamente os meus erros gramaticais. (SOVERAL, 1989, p. 1)

Por que, então, falar em censura e possíveis cerceamentos, ao tratarmos do *corpus* da *Mister Olho*? O episódio central a nos chamar a atenção para a interseção entre o que parece ser uma liberdade artística considerável e uma previdente política editorial foi a descoberta do livro *O Caso do Rei da Casa Preta*, da série *A Inspetora*, a que já nos referimos em nossa introdução e que examinaremos mais detalhadamente no final deste capítulo. No livro *Histórias de Detetives para Crianças*, destacávamos que o enredo da obra não publicada provavelmente teria sido interpretado pela editora como um libelo do autor contra a luta política no país e contra práticas violentas do regime militar, tais como prisões injustificadas, desaparecimento de opositores, falta de liberdade de expressão e até mesmo a prática da tortura. Se um mergulho mais aprofundado na realidade complexa da trajetória literária de Ganymédes José e no cotidiano de sua vida no interior de São Paulo nos demoveram da impressão inicial de que seu livro fosse uma denúncia da ditadura quase tão escrachada quanto o é o livro *Dico e Alice no Triângulo das Bahamas*, de Carlos Figueiredo (Ganymédes, na verdade, escrevia mais a respeito das disputas políticas de sua pequena cidade de Casa Branca), continuamos firmes na crença de que foi assim que a Ediouro viu o livro! E como entendeu que o livro poderia ser visto...

Isso porque novas descobertas que fizemos no acervo da Ediouro reforçam o meticuloso cuidado editorial ao qual já nos referimos quando revelamos o parecer técnico interno para a obra inédita *Dico e Alice e a Ecoexplosão*, também da Coleção *Mister Olho* (PACHE DE FARIA, 2017, p. 110), e a percepção de que "havia, por parte da Ediouro, uma leitura crítica e atenta ao conteúdo dos livros antes de sua publicação" (PACHE DE FARIA, 2017, p. 109).

> Num destes pareceres (...), J. Passos chama sutilmente a atenção para a crítica feita pelo autor Carlos Figueiredo à "refinaria estatal de Manguinhos" (PASSOS, 1976, apud PACHE DE FARIA, 2017, p. 110). Em nosso entender, uma prova contundente de que os livros da Ediouro, mesmo estes para crianças de "9 anos ou mais", cujo maior objetivo seria sua diversão sem conotações didáticas, eram sim esquadrinhados quanto a possíveis menções ofensivas ao regime dos generais e, dependendo do que se encontrasse, editados, suavizados ou, no extremo, absolutamente suprimidos (como aconteceu com *O Caso do Rei da Casa Preta*[, *Beloca e Xalinó* e *A Astronave de Vegetotrix*, de Ganymédes José]). (PACHE DE FARIA, 2017, p. 110)

A caixa-arquivo da Ediouro para o livro *Rebeliões em Kabul* (1973), tradução/adaptação de Luiz Fernandes para a novela juvenil *Émeutes a Kaboul* (1958), de Dominique Glize (pseudônimo da escritora francesa Louise Noëlle Lavolle), nos revela que tal edição brasileira, uma das obras inaugurais da Coleção *Mister Olho*, a julgar por sua ficha de produção datada de 27 de julho de 1972 (Figura 24) e pela prova de capa feita em 15 de fevereiro de 1973 (Figura 25), teve seu estoque *destruído* pela própria editora em 1976 no que parece ter sido uma tentativa de expurgar de seu catálogo um título no qual figurasse a incômoda palavra "rebeliões". Não se trata aqui de salto ou gracejo hermenêutico, mas de uma mais-do-que-*educated-guess*, a julgar pelo que se segue à eliminação dos provavelmente não poucos volumes restantes da fantástica tiragem (a maior registrada para a *Mister Olho*) de 50.000 exemplares: a versão de Fernandes para as *Émeutes* é reaproveitada, com novo título, capa e referência, conforme a orientação de Eunice, datada de 19 de janeiro de 1976 (Figura 26), e a Coleção *Mister Olho* perde sabe-se lá quantos mi-

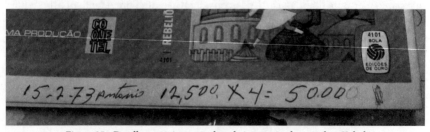

Figura 25 - Detalhe com tiragem e data da impressão da capa de ...*Kabul*

lhares de *Rebeliões em Kabul* e a Coleção *Calouro* ganha 8.000 cópias de *Nelly no fim do mundo* (Figuras 27 e 28).

Poderíamos ficar apenas na dimensão semântica da mudança dos títulos que, aliada ao contexto autopoliciador da época, já configuraria evidência suficiente do *zelo lexical* da Ediouro ao menos no âmbito da Coleção *Mister Olho*. Mas as diferenças entre as capas também têm o que dizer (Figuras 29 e 30). Os tons mais fechados e algo ameaçadores da de *Rebeliões*, as cores lembrando chamas não vistas, o estrangeiro belicoso, a arma em punho, contrastam flagrantemente com o *design* mais limpo de *Nelly*, cheio de áreas brancas e traços e temas mais reconhecidamente infantojuvenis; uma capa "doce", enfim, conforme ironizou a arquivista da Ediouro, Úrsula Couto, quando lhe mostramos os dois exemplares para comparação.

Os indícios encontrados na Ediouro a testemunhar sobre o ambiente policialesco que cercava a produção de sua literatura de massa (adulta ou infantil) não param por aí: há os outros dois livros de Ganymédes José, comprados e engavetados pela editora, como *O Caso do Rei da Casa Preta* (*A Astronave de Vegetotrix e Beloca e Xalinó*), e mesmo uma tradução abortada para a Coleção *Infinitus*, em 1977, cujos título (*A bomba*) e tema (atentados terroristas, exércitos de libertação e artefatos nucleares) já sugerem fortemente o porquê de sua supressão (Figuras 31, 32 e 33).

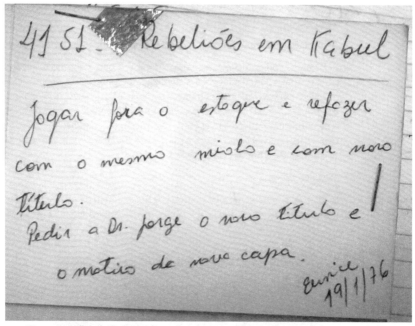

Figura 26 - Nota de Eunice ordenando a destruição do estoque de *Rebeliões em Kabul*

Figura 27 - Folha interna de ...*Kabul* com indicações de alteração

Na *Inspetora*, aliás, esse tipo de interferência editorial cautelosa aparece de forma evidente (não estamos falando ainda do episódio suprimido) já no começo da série. Ao compararmos uma página datiloscrita de versão quase final de *O Caso da Terça-Feira na Capoeira do Tatu-Bola* encontrada no acervo de Ganymedes José com aquela finalmente editada pela Ediouro em 1974, saltam aos olhos certas alterações de cunho *eufemizante* (para usarmos também um eufemismo quanto às práticas da editora carioca...). Originalmente, ao explicar a Malu quais corujas e quais cores (verde, azul, amarelo, branco) estão associadas a qual cargo respectivo na Patota, e que significa cada cargo quanto a tarefas, Eloísa usa termos, verbos e construções frasais que o leitor crítico da Ediouro parece ter entendido melhor evitar. E perceba-se que aqui, nessa instância preliminar da obra, as corujas são de metal amarelo, com fitas coloridas presas (já havia uma Patota e uma Coruja, mas ainda não de Papelão).

A Inspetora apanhou uma *coruja de metal amarelo* e que tinha uma fita verde.

— Este é o código do meu serviço — toda vez que tenho de resolver um caso, devo usar um distintivo. Os sherifes usam estrelas; eu escolhi a coruja porque é uma ave que presta muita atenção às coisas. *A fita verde quer dizer o máximo*. Lógico, há outras corujas, com outras fitas. Você gostaria de receber uma coruja e ser minha ajudante? (...) Se você me ajudar, não precisará quebrar a cabeça. *Eu quebro a cabeça, esta é a função do Inspetor*. Você ganharia a fita amarela, que é a fita da Secretária.

— O que faz uma secretária?

— Ela ajuda diretamente a Inspetora. É o braço direito da Inspetora. E tem a vantagem de não precisar fundir a cuca, quando o negócio ficar preto.

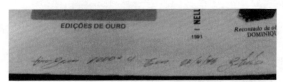

Figura 28 - Detalhe com tiragem e data de impressão da capa de *Nelly no fim do mundo*

Figura 30 - Capa de *Rebeliões em Kabul*   Figura 29 - Capa de *Nelly no fim do mundo*

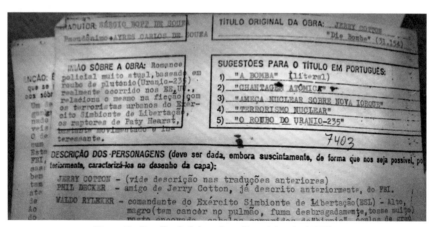

Figura 31 - Detalhe de ficha sobre o livro *A bomba* (1977)

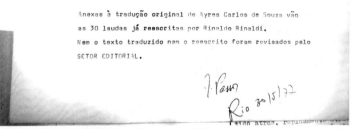

Figura 32 - Memorando interno de J. Passos sobre o arquivamento do livro (traduzido) *A bomba*

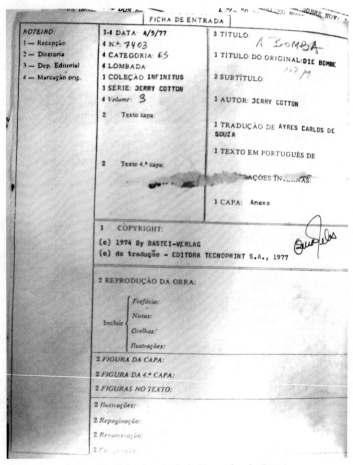

Figura 33 - Ficha de entrada do livro *A bomba* (1977)

— E as outras corujas?

— A de fita azul é a do Oficial.

— *Qual a obrigação do oficial?*

— *Executar. O Oficial deve ser um sujeito que tenha força e execute.* Afinal, uma Inspetora ou uma Secretária não pode, vamos dizer, fazer a parte braçal, ou seja, "pegar no batente".

— Então, podíamos dar essa coruja para o Orelhão. (OLIVEIRA, 1974a, p. ?. Grifos nossos.)

Pelo que se depreende pela leitura do trecho a seguir, não pareceu de bom tom à Ediouro dizer a seus leitores mirim que um Oficial *executa* (melhor dizer que "cumpre ordens"). Ou que a função de um Inspetor é *quebrar cabeças* (a alteração no modo e tempo verbal, de "Eu quebro a cabeça" para "Deixe que eu quebre a cabeça", faz com que a expressão ao menos admita mais facilmente uma reflexividade metafórica e conotativa afastadora de ambiguidades por demais denotativas e literais...). A truculência repressiva do regime militar, que seguia a todo vapor neste mesmo ano de 1974, inclusive com uma política de assassinatos (execuções...) de opositores políticos referendada tanto por Geisel quanto por seu antecessor (Médici) e sucessor (Figueiredo), conforme revelado recentemente pelo memorando norte-americano trazido a público pelo pesquisador Matias Spektor (LEITÃO, 2018), parecia inspirar (e justificar, em certa medida) tais furores autocensórios por parte da Ediouro e de seus leitores críticos e editores. E curiosa também é a inserção explícita ("Como sou patriota") de um patriotismo que, no texto, inicialmente não estava lá, ainda que o simbolismo já fosse algo óbvio: "as cores dos distintivos usados pelas crianças, [mesmo ainda na versão metálica e de fitas] (...), são justamente as cores da bandeira nacional" (PACHE DE FARIA, 2017, p. 16).

A Inspetora apanhou uma coruja de cartão verde.

— Este é o emblema do meu serviço: toda vez que tenho de resolver um caso, ponho meu distintivo. Os xerifes usam estrelas. Eu escolhi a coruja porque é uma ave que presta atenção às coisas. *Como sou patriota*, o verde é a cor máxima. Lógico, há outras corujas com outras cores. Você gostaria de receber uma coruja e ser minha ajudante pessoal? (...) Se você topar, não será preciso quebrar a cabeça. *Deixe que eu quebre a cabeça pois, afinal, essa é a função do Inspetor.* Você recebería a coruja amarela que corresponde ao cargo de secretária.

— E o que faz uma secretária?

— É o braço-direito da Inspetora, ajudando diretamente e nas emergências. Tem a vantagem de não precisar fundir a cuca quando o negócio ficar preto.

— E as outras corujas?

— A azul é para oficial.

PARTE I • Capítulo 1 – Cronologias, genealogias, conceitos e temas

– Qual a obrigação de um oficial?

– Cumprir ordens. O oficial precisa ter mais força do que inteligência. Deve cumprir o que se pede.

– Então, a gente podia dar uma coruja dessas ao Orelhão! (OLIVEIRA, 1974b, p. 49-50. Grifos nossos.)

O estudo da censura no Brasil tem caminhado a passos largos, principalmente quando se trata de examinar, analisar e expor as práticas institucionalizadas, postas em regras, padrões, práticas, portarias e leis que deixam rastros de documentos e papel. Os trabalhos de Sandra Reimão, Flamarion Maués, Creuza Berg, Paulo César de Araújo e muitos outros vêm levantando inúmeros tapetes para onde haviam sido varridas tantas discussões acerca da (falta de) liberdade de expressão e dos mecanismos de tutela governamental sobre as atividades brasileiras de pensamento e cultura durante o último período de governo militar.

Especificamente no que se refere ao controle sobre a produção de livros, o dado é que a época de publicação da *Mister Olho* é justamente aquela em que recrudescem a censura e as proibições.

> A censura a livros durante a ditadura militar (...) teve uma atuação mais forte não nos chamados Anos de Chumbo (1968-1972), mas sim durante o governo Geisel (março de 1974 a março de 1979), e especialmente no final desse governo. Sendo o governo Geisel, apesar dos momentos de retrocessos, aquele em que se iniciou o processo de abertura política lenta e gradual. A censura a livros por parte do DCDP foi maior quando a maioria dos jornais e revistas estava sendo liberada da presença da censura prévia nas redações. (REIMÃO, 2014, p. 85)

Tentando explicar essa estranha mudança (os livros até então raramente eram alvo da tesoura), Reimão sugere que

> (...) durante os anos de chumbo (1968-1972) artistas e intelectuais exerciam a autocensura pois estavam conscientes do rigor da atividade censória que, durante o governo Médici (1969-1974), "ficou prioritariamente em mãos dos militares da 'linha dura'" (Aquino, 2002, p. 530), evitando produzir obras que pudessem ser censuradas. Como observou Bernardo Kucinski (2002, p. 536), a existência de uma censura rigorosa "induz ao exercício generalizado da autocensura". A autocensura explicaria o índice proporcionalmente menor – em relação ao total dos examinados – de livros, peças de teatro e filmes censurados durante os anos de chumbo. (REIMÃO, 2014, p. 87)

Flora Süssekind, em seu *Literatura e Vida Literária* (1985), registra igualmente que, "no que se refere aos livros", (...) foi sobretudo a partir de 1975 que as restrições se tornaram mais rigorosas" (SÜSSEKIND, 1985, p. 20) e oferece uma outra hipótese para o aumento da perseguição. Além de citar um crescimento do mercado editorial no país – "ampliando-se o interesse pela literatura, amplia-se também a ação da censura" (SÜSSEKIND, 1985, p. 20) –, a autora registra que a diminuição dos cortes e vetos a obras de cinema e televisão (autocensurados e controlados pelas próprias empresas, já que a ordem de grandeza dos valores investidos exigia que não corressem riscos) provavelmente fez com os livros voltassem à mira dos censores.

> Percebia-se, então, uma mudança de tendência nos cortes, com mais livros censurados do que filmes. Dos mil trezentos e treze filmes submetidos à censura, apenas dez foram vetados à época. Enquanto isso, quarenta e nove livros eram proibidos. (SÜSSEKIND, 1985, p. 21)

Süssekind cita um artigo de 25 de julho de 1975, do jornal *Opinião*, para tentar entender o mecanismo por trás de tais censuras indiretas, que combinavam a atmosfera de falta de liberdade com o medo de falências por asfixia econômica e prejuízos.

> Os gastos na importação de um filme (...) pressupõem um investimento muito maior do que a tradução e a tiragem de um livro. (...) E como a censura se preocupava mais com os filmes, as próprias companhias de cinema acabavam fazendo uma seleção prévia do que deveria ser importado ou não. (OPINIÃO, 1975 *apud* SÜSSEKIND, 1985, p. 20)

Tratava-se, portanto, de um autocerceamento mais rígido por parte das indústrias de maior porte, cujos produtos tinham alcance de massa (SÜSSEKIND, 1985, p. 21) e, portanto, suscitavam prioritária preocupação governamental, mas que acabou implicando

> uma resposta mais violenta [sobre os livros] da parte dos mecanismos de censura principalmente a partir de [19]75, quando os *media* já exerciam uma autocensura forte a ponto de liberar a atenção dos censores em direção a outras áreas. (SÜSSEKIND, 1985, p. 21)

Para falarmos sobre o caso específico da Coleção *Mister Olho*, da Ediouro, é preciso então levarmos em consideração algumas questões adicionais:

1 No ano de seu surgimento, 1973, estava em vigor (e pouco se fala sobre isso) a *censura prévia* a quaisquer livros a serem publicados no Brasil.

> Após o AI-5 e suas consequências políticas restritivas, foi em janeiro de 1970 que o setor livreiro sentiu mais de perto os efeitos do fechamento político, com a edição, no dia 26 daquele mês, do Decreto-lei n° 1.077, que estendia a censura prévia aos livros. Ainda que o decreto fizesse menção a que a censura deveria se limitar a temas referentes a sexo, moralidade pública e bons costumes (Hallewell, 1985), as leis de exceção a que o país estava submetido alargaram sobremaneira o entendimento do que poderia ser considerado, para o poder ditatorial, adequado em relação a esses temas. Dessa forma, os livros, que desde o golpe de 1964 já vinham sendo objeto com certa rotina de confiscos e recolhimentos por autoridades policiais, passavam agora a poder ser censurados previamente. Efetivamente, poucos livros o foram, pois na maioria dos casos a censura ocorria após a publicação da obra, o que acarretava prejuízos ainda maiores aos editores e autores. (MAUÉS, 2006, p. 31)

Tal mecanismo, porém, comportou-se como uma das tantas "leis que não pegam", repetindo o que já se havia visto com a Lei da Reforma do Ensino de 1971, a que já nos referimos neste capítulo (os cursos de datilografia sem máquinas de escrever ou os de técnicas laboratoriais sem material de laboratório...). As demandas da legislação simplesmente não tinham correspondente na realidade e nos recursos (humanos e materiais) disponíveis.

> A censura prévia, regulamentada pelo Decreto 1.077/70 (...) revelou-se, na prática, algo inexequível. (...) O conjunto de pessoas atuando como censores federais passou de 16 funcionários em 1967 para 240 ao final do Regime Militar – mas mesmo com este inchaço, a censura prévia de todo o mercado editorial brasileiro era algo, na prática, não executável. Assim sendo, a maioria da atividade de censura em relação a livros dava-se (...) por denúncias. (REIMÃO, 2005, p. 9-10).

Ainda assim, não se pode desconsiderar o fato de que todo livro publicado e não submetido previamente ao crivo dos censores era, em si mesmo, uma ação de resistência ou no mínimo de não conformidade e submissão excessiva. Como diz Ignácio de Loyola Brandão, padrinho literário de Ganymédes José,

> Existia a lei [de censura prévia] também para o livro, só que era descumprida. A lei determinava que os editores enviassem os originais para Brasília, antes da publicação. No entanto, num gesto bonito e ousado (porque a editora poderia ser punida com o fechamento, dependendo do caso), numa resistência automática, quase unânime e não planejada, os editores ignoraram esta obrigação. (...) Corria-se o risco, após a publicação, de uma proibição, seguida das sanções normais previstas pela lei. Mesmo assim, os editores mantiveram-se firmes. (BRANDÃO, 1994, p. 177)

A Ediouro não era, de forma alguma, o tipo de editora combativa e de enfrentamento ao regime como aquelas estudadas por Flamarion Maués em seu *Livros contra a ditadura – Editoras de oposição no Brasil*, 1974-1984 (2013), como a Codecri, a Vozes e a Civilização Brasileira (MAUÉS, 2013, p. 13), preferindo o *safe harbour* da menos visada literatura de entretenimento não erótica (essa, sim, um alvo frequente dos censores e das denúncias) e dos livros clássicos e de pensamento com muito pouco de contemporâneo (autores gregos e latinos de séculos atrás, por exemplo). Mas pelo menos parece também não ter se curvado à censura prévia, ainda que provavelmente porque a demora em tais trâmites inviabilizaria seu modelo de negócio de publicação rápida e com faro atento às oportunidades de momento.

2 Os estudos de Deonísio da Silva, continuados por Sandra Reimão e outros autores, excluem, até a presente data, a literatura infantojuvenil como alvo de ações censórias oficiais durante o regime militar de 1964-1985. A criação da própria Fundação do Livro Infantil e Juvenil no simbólico ano de 1968 parece indicar que não se via grande potencial lesivo nos escritos orientados às crianças. Pode parecer que tal despreocupação se deva ao "adiantado-da-hora" do século, já em sua segunda metade, mas tratou-se, na verdade, de uma particularidade da configuração social, do mercado, e do poder político brasileiros, que ainda precisa ser melhor entendida e investigada. Porque a literatura infantojuvenil não escapou incólume às ditaduras militares do mesmo período na América Latina. "Quando um livro sacode seus leitores", diz Gabriela Pesclevi na introdução de seu *Libros que muerden – Literatura infantil y juvenil censurada durante la última dictadura cívico-militar, 1974-1983* (2014), "é porque acredita que eles estão vivos e passíveis de questionamento"[17] (PESCLEVI, 2014, p. 14). Na Argentina, portanto, os colegas de nossos presidentes generais estavam bem mais atentos a esta "literatura irreverente, que promove diversos sentidos, que sugere e desestabiliza, que ziguezagueia"[18] (PESCLEVI, 2014, p. 15). Foram dezenas de obras infantis oficialmente censuradas e perseguidas por lá: proibidas, recolhidas, insultadas. Obras com dentes, que poderiam morder de volta o regime opressor que, por sua vez, reconhecia neles algum (ou todo) perigo. Sobre o próprio ofício, a autora Laura Devetach declara, ao se recordar do veto imposto pelo regime ao seu livro *La torre de cubos* (1976): "A fantasia é perigosa, a fantasia está sob suspeita: nisso parecem estar todos de acordo. E podemos dizer mais: a fantasia é perigosa porque está fora de controle, nunca se sabe bem aonde ela nos leva"[19] (DEVETACH *apud* PESCLEVI, 2014, p. 15). De fato, seu trabalho teria sido proibido por "objetivos não adequados ao fato estético, [por] *ilimitada fantasia* [e por] carência de estímulos espirituais e transcendentes", conforme registra a Resolução nº 480 do Ministério da Cultura e Educação de Córdoba, de 7 de junho de 1979 (PESCLEVI, 2014, p. 15. Grifo nosso.). Em muitos casos, porém, não se tratava de uma disputa pelo *Controle do Imaginário* infantil à la Luiz Costa Lima, mas de um enfrentamento ideológico puro e simples (na visão do censor). É o que se percebe na nota do *La Nación* de 15 de setembro de 1976 (Figura 34), que noticia a censura e apreensão dos livros *La ultrabomba* (1975), de Augusto Bianco, e *El pueblo que no quería ser gris* (1975), de Beatriz Doumerc: "Trata-se de histórias destinadas ao público infantil, com um propósito de doutrinação que é preparatório para a tarefa de recrutamento ideológico própria da ação subversiva"[20] (LA NACIÓN *apud* PESCLEVI, 2014, p. 134).

Isso não significa que a história da censura no Brasil esteja livre de episódios envolvendo a literatura para crianças e jovens. O próprio Monteiro Lobato (não falamos das investidas recentes contra sua obra, datadas do século XXI) foi alvo de ataques, como lembra Regina Zilberman:

---

17 Cuando un libro sacude a sus lectores, es porque los cree vivos y con posibilidad de cuestionamiento (PESCLEVI, 2014, p. 14).

18 (...) una literatura irreverente, que promueve diversos sentidos, que sugiere y destabiliza, que zigzaguea (PESCLEVI, 2014, p. 15).

19 La fantasía es peligrosa, la fantasía está bajo sospecha: en eso parecen coincidir todos. Y podríamos agregar: la fantasía es peligrosa porque está fuera de control, nunca se sabe bien adónde lleva (DEVETACH *apud* PESCLEVI, 2014, p. 15).

20 Se añade que se trata de cuentos destinados al público infantil, con una finalidad de adoctrinamiento que resulta preparatória a la tarea de captación ideológica propia del accionar subversivo (LA NACIÓN *apud* PESCLEVI, 2014, p. 134).

Lobato (...) propunha a rebeldia, o questionamento das ideias prontas, o compromisso com o progresso social e econômico. Preferia tomar partido de crianças e jovens, em vez de afagar os adultos, e não poucas vezes, em suas narrativas, as personagens que corporificam a mocidade desautorizam os mais velhos, representados inicialmente por Dona Benta e Tia Nastácia, depois por instituições como o Estado e o poder.

Escolher a ótica de seus jovens leitores, e mesmo assim não falar em nome deles, custou caro para Lobato. Enquanto ele viveu, seus livros (exceto o primeiro) não foram adquiridos por órgãos públicos; a *História do mundo para crianças*, de 1933, foi censurada no Brasil e proibida no Portugal salazarista. Nos anos 1950, o escritor, já falecido, foi acusado de fomentar o comunismo, e os livros foram proscritos de muitas escolas católicas. (ZILBERMAN, 2014, p. 232)

O episódio a que Zilberman se refere, de meados do século passado, começa na verdade bem antes, no início da década de 1940, com Lobato ainda vivo, e envolve várias de suas obras (entre elas o citado *História do Mundo para Crianças*), com destaque especial para *Peter Pan*. Esta verdadeira caça às obras infantis de Monteiro Lobato, descrita com detalhes por Maria Luiza Tucci Carneiro em seu *Livros Proibidos, Ideias Malditas* (1997), constitui-se, na opinião da autora, num "dos casos mais curiosos e fantásticos de censura" (CARNEIRO, 1997, p. 73) em terras brasileiras. Relata ela que o livro *Peter Pan* (em sua edição de 1938 e cujo subtítulo era *A história do menino que não queria crescer, contada por Dona Benta*)

foi procurado nos anos [19]40 por todo o Estado de São Paulo a pedido do Tribunal de Segurança Nacional. Através da queixa de nº 4.180, o procurador Dr. Clóvis Kruel de Morais emitiu seu parecer sobre aquele livro infantil que, ao seu ver, não era nada inocente.

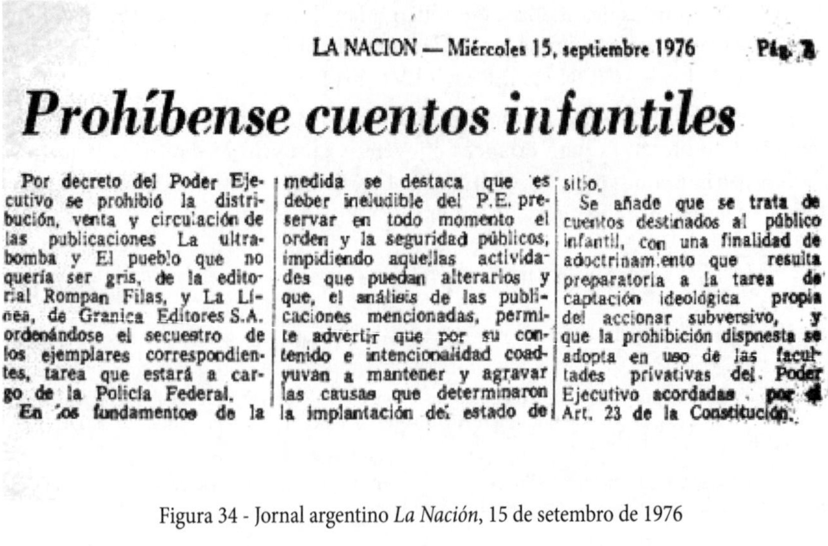

LA NACION — Miércoles 15, septiembre 1976   Pág. 3

Prohíbense cuentos infantiles

Por decreto del Poder Ejecutivo se prohibió la distribución, venta y circulación de las publicaciones La ultrabomba y El pueblo que no quería ser gris, de la editorial Rompan Filas, y La Línea, de Granica Editores S.A. ordenándose el secuestro de los ejemplares correspondientes, tarea que estará a cargo de la Policía Federal.

En los fundamentos de la medida se destaca que es deber ineludible del P.E. preservar en todo momento el orden y la seguridad públicas, impidiendo aquellas actividades que puedan alterarlos y que, el análisis de las publicaciones mencionadas, permite advertir que por su contenido e intencionalidad coadyuvan a mantener y agravar las causas que determinaron la implantación del estado de sitio.

Se añade que se trata de cuentos destinados al público infantil, con una finalidad de adoctrinamiento que resulta preparatoria a la tarea de captación ideológica propia del accionar subversivo, y que la prohibición dispuesta se adopta en uso de las facultades privativas del Poder Ejecutivo acordadas por el Art. 23 de la Constitución.

Figura 34 - Jornal argentino *La Nación*, 15 de setembro de 1976

Na sua promoção datada de 20 de junho de 1941, o Dr. Kruel argumentava junto ao Presidente do Tribunal de Segurança Nacional a razão de se levar adiante a "caça a Peter Pan". Na opinião do procurador, Monteiro Lobato alimentava nos espíritos infantis, "*injustificadamente*", um sentimento errôneo quanto ao governo do país. Citando páginas e fragmentos do referido livro, Kruel via um confronto premeditado na parte que se referia às diferenças de vida entre crianças da Inglaterra e as do Brasil. Considerava o texto perigoso, pois este incutia às crianças brasileiras "*a nossa inferioridade, desde o ambiente em que são colocadas até os mimos que se lhes dão*".

Na opinião de Kruel, Lobato agiu "*insidiosamente*" ao explicar o motivo daquela desigualdade. Como fez isso? Criticando o governo ao ministrar às crianças uma definição de como se arrecadavam os impostos do país e de como estes eram aplicados:

> Por causa dos impostos, meu filho. Há no Brasil uma peste chamada governo que vai botando impostos e selos em todas as coisas que vêm de fora, a torto e a direito, só pela ganância de arrancar dinheiro do povo para encher a barriga dos parasitas. (Lobato, 1938)

(...) A comparação da vida da criança brasileira com a da criança inglesa emerge na fala da boneca Emília, curiosa em saber (...) se havia "boi de xuxu" entre os brinquedos ingleses, diversão comum nas cidades do interior do Brasil onde as crianças são obrigadas a improvisar brinquedos. (...) Uma das frases que comprometia o escritor de Taubaté[, portanto,] foi [justamente] aquela que se referia ao "boi de xuxu" que, segundo Kruel, tecia críticas à economia nacional:

> ...boi de xuxu é brinquedo de meninos de roça e Londres é uma grande cidade, a maior do mundo. As crianças inglesas são muito mimadas e têm os brinquedos que querem, porque na Inglaterra os brinquedos não custam os olhos da cara, como aqui. E que bons e bonitos são! (Lobato, 1938)

O documento conclui sobre o grande mal causado às crianças expostas a essas "doutrinas perigosas e a práticas deformadoras do caráter". Exaltando a orientação patriótica do projeto político estadonovista, foi decretada a "caça" aos livros do homem do *Jeca-Tatu*, capazes de desvirtuar o programa de Educação, mostrando-se perigoso à nacionalidade brasileira.

O procurador, ao apontar para a essência do crime, conclui que todo o mal estava, justamente, na liberdade excessiva dada aos escritores, quando o livro era o mais forte veículo de comunicação. (...)

Com base na orientação dada pelo Tribunal de Segurança Nacional, o Deops paulista deu início à busca de *Peter Pan*. A partir de 1941 empreendeu-se um verdadeiro rastreamento por todo o Estado de São Paulo em busca de exemplares adotados em escolas e bibliotecas públicas e particulares. A acusação incidia sobre a evidência de que seu autor era comunista, além do conteúdo subversivo. (CARNEIRO, 1997, p. 73, 74, 76, 77)

De qualquer forma, não há como se escapar, portanto, desta constatação quanto ao nosso objeto e ao seu recorte e âncora temporal: não se pode falar de censura direta, oficial, ativa e documentada a livros infantis no Brasil durante a época da *Mister Olho*. Cumpre então falar de censura *indireta*, autocensura, atmosferas repressivas e dificuldades de publicação.

3 O estudo do cerceamento de expressão *self inflicted*, preventivo, por assim dizer, apresenta enormes dificuldades quando comparado às práticas censórias desbragadas, que deixam lastro documental. Se o pesquisador pode hoje ler sobre as ações e reações à censura na redação da revista *Veja* (no livro *Veja sob censura, 1968-1976*, de Maria Fernanda Lopes Almeida) ou na do semanário *Opinião* (registrada no volume *Opinião x Censura – momentos da luta de um jornal pela liberdade*, de J.A. Pinheiro Machado), ou consultar os arquivos do regime sobre as listas de proibição e os pareceres de seus agentes, como fizeram Sandra Reimão, Deonísio da Silva, Creuza Berg e muitos outros, que dizer deste campo onde a censura atua de maneira indireta, sugerida/imposta por uma atmosfera de medo, campo no qual as represálias são evitadas de antemão por políticas (autorais e editoriais) que simplesmente abortam os livros antes de sua criação ou, pior, no caminho para as prensas? Como dimensionar o impacto destas ações (ou não-ações!) decididas em reuniões de diretoria (como no caso da Ediouro) que sequer eram deitadas em atas passíveis de posterior averiguação? É evidente que autores e editores registrem, com orgulho e para a posteridade, suas atitudes corajosas ante regimes arbitrários e suas agendas repressivas, mas qual deles falará sobre os livros que não escreveu por medo, ou que não editou por se ter acovardado devido aos perigos reais de então? Há muito pouco lançado na literatura sobre essas violências difusas e disfarçadas, perdidas no emaranhado de um passado não registrado e não colhido, até porque ninguém parece dele se orgulhar.

Um estudo futuro sobre esse aspecto da atividade editorial brasileira, voltado à literatura para jovens e crianças, se impõe, a nosso ver, como absolutamente necessário, mas, quando feito, deverá se apoiar fortemente na coleta de depoimentos em meio aos agentes sobreviventes da época, já que a pesquisa de campo, em busca de documentos que melhorem o esboço do perfil do quadro, certamente não será tão rica quanto a da censura oficial e imposta. Um paralelo sobre o que o campo em questão vivia, e as dinâmicas envolvidas, está no que hoje conhecemos como a figura do *leitor sensível*, responsável por levantar bandeiras vermelhas de alerta, ao editor, sobre temas potencialmente perigosos (ou *sensíveis*, para ficarmos no mesmo eufemismo) por ofensivos a estratos sociais minoritários e/ou organizados. Trata-se, como se vê, do mesmo papel feito pelos pareceristas internos da Ediouro, a que nos referíamos páginas atrás (ainda que neste caso as ofensas potenciais tivessem a ver com a moralidade e os *calos* do regime militar). O escritor Carlos Orsi, em artigo de 2017, faz uma oportuna reflexão sobre esse mecanismo e sobre os perigos de que ele, ao se aproximar tanto de iniciativas clássicas da autocensura como o *Comics Code*, termine por se naturalizar, para prejuízo da atividade artística como um todo.

> (...) Esse tipo de trabalho, em que um texto é submetido, pré-publicação, a um leitor crítico identificado com um grupo social minoritário que ana-

lisará o conteúdo *vis-a-vis* as sensibilidades particulares do grupo, pode cumprir [a função de] (...) alertar o autor [e o editor] para o uso de palavras, expressões, situações, etc., consideradas ofensivas pelo grupo a que o "leitor sensível" pertence. (...)

A história está repleta de coisas que eram "livre opção" no papel e, uma vez normalizadas no mercado, viraram "obrigações" de fato. No mundo da cultura, há os exemplos clássicos do *Código Hays*[21] da produção cinematográfica, e do *Comics Code*, que pôs fim à explosão de criatividade dos quadrinhos americanos dos anos 50. O *Comics Code*, aliás, foi adotado com a melhor das intenções: proteger as criancinhas.

Ambos os códigos foram iniciativas "do mercado", adotadas por agentes livres, que estavam no pleno gozo de seus direitos, sem nenhuma, ou com um mínimo, de coação estatal. O que não nos impede de reconhecer que tiveram um impacto extremamente negativo na qualidade e na criatividade de duas importantes indústrias. E de, diante do exemplo histórico, ficarmos ressabiados ao ver que condições semelhantes começam a surgir: todo o movimento que desaguou no *Comics Code* teve início, exatamente, com preocupações de "sensibilidade" (no caso, dos pais) que afetavam o mercado.

Alguém pode apontar que as editoras sempre se valeram de pareceristas, pessoas que leem originais, opinam sobre se é oportuno, ou não, publicá-los e, eventualmente, sugerem modos de melhorar o texto. O "leitor sensível" surge como uma categoria especializada de parecerista. O problema é que seus critérios são, no limite, extraliterários, o que não deixa de ter um sabor de *Comics Code* ou, mesmo, de censura. (ORSI, 2017)

O *Comics Code*, aliás, merece(rá) destaque em qualquer abordagem sobre autocensura por sua relevância absoluta dentro do tema. Gonçalo Júnior, em seu livro *A Guerra dos Gibis*, trata do episódio com detalhes, reportando-se ao momento em que, nos Estados Unidos, a antipatia para com as histórias em quadrinhos (e tudo o mais que cabia sob o guarda-chuva conceitual genérico de "má literatura infantil" – não nos esqueçamos da literatura de massa repudiada e denunciada por Jesualdo Sosa) ganhava um ponto de inflexão poderoso: era publicado, em 1954, o famoso livro de Fredric Wertham, intitulado *Seduction of the innocent – the influence of "horror comics" on today´s youth*.

Wertham publicou um tratado implacável contra os *comics* com base em conclusões que teria tirado dos tratamentos feitos em sua clínica em crianças e adolescentes com distúrbios de comportamento. A obra denunciava, de modo contundente, que terríveis crimes praticados por crianças nos últimos dois anos foram estimulados pela leitura de *comics*. A principal alegação era de "culpa por associação", isto é, muitos menores acusados ou condenados liam quadrinhos. (JÚNIOR, 2004, p. 235)

---

21 O *Código Hays*, espécie de apelido para o *Motion Picture Production Code*, foi um conjunto de diretrizes morais seguidas pela indústria do cinema e aplicadas à execução de boa parte dos filmes lançados entre 1930 e 1968 pelos grandes estúdios norte-americanos.

O *timing* da publicação foi particularmente relevante para a poderosa reação que se seguiu, e que misturou o medo da deformação moral juvenil às perigosas ideologias *vermelhas*.

> O livro de Wertham chegou às livrarias num momento em que os Estados Unidos viviam, em pleno século XX, o macarthismo, um período de radicalização política e moral que lembrava os tempos da Inquisição. A ameaça do comunismo internacional difundida pela Guerra Fria coincidiu com a explosão do rádio e do cinema, a chegada da televisão e a modernização da imprensa. Todas essas novas formas de comunicação tiravam o sono de pais, educadores e padres, preocupados com a preservação dos valores morais cristãos. Logo esses novos meios de comunicação se tornaram suspeitos de ser campos férteis para a infiltração e a difusão de ideologias de esquerda – e a criança era vista como um alvo fácil para a cooptação vermelha na América. Para muitos críticos, além de se incentivar o crime, tentava-se cativar ideologicamente a garotada por meio da manipulação do conteúdo das histórias. O aumento das vendas dos *comics* nos últimos anos só atraía cada vez mais a atenção dos radicais e moralistas. (JÚNIOR, 2004, p. 236-237)

A onda que se seguiu foi tão devastadora e o efeito-dominó contra as histórias em quadrinhos nos EUA foi tão grande – artigos na imprensa, debates, adesões acaloradas, demonstrações públicas com queima, inclusive, de milhões de *comics* por crianças convertidas à crença de que se livravam de más literaturas (JÚNIOR, 2004, p. 239) – que o "Congresso americano decidiu adotar uma postura mais rígida sobre o assunto" (JÚNIOR, 2004, p. 239). Na prática, isso significou a instauração de comissões parlamentares de debate, discussão e coleta de depoimentos. Finalmente, em 5 de junho de 1954, o senador Robert C. Hendrickson anteciparia à imprensa o parecer dos grupos de trabalho criados.

> Na sua opinião, os *comics* deveriam ser responsabilizados pelo crescimento da criminalidade infantojuvenil nos últimos dez anos. Em vez de propor uma lei de censura contra as revistas, porém, os senadores optariam por caminho aparentemente mais brando. Sugeriram que fosse criada uma regulamentação do próprio mercado para conter os excessos. Assim, os próprios editores ficariam com a responsabilidade de "moralizar" suas revistas em quadrinhos, a partir da criação (...) de um código de ética para conter os excessos de seus artistas. (...)
>
> O relatório da subcomissão, divulgado alguns dias depois, oficializou a sugestão. Caberia às editoras fazer uma autocensura rigorosa das histórias, antes que "alguém" o fizesse por elas. (...)
>
> Em agosto de 1954, as principais editoras de quadrinhos, incluídas as de histórias infantis, fundaram a *Comics Magazine Association of America* – CMAA. (...) A entidade teria como função estabelecer urgentemente um "padrão de moral" para assegurar aos pais e aos leitores revistas em quadrinhos "de qualidade". Das seguidas reuniões da associação resultou a criação da *Comics Code Authority (CCA)*, que elaborou uma tábua de autorregulamentação com regras que censuravam o conteúdo das histórias. (JÚNIOR, 2004, p. 241-242)

O efeito da criação do *Comics Code* reverberaria por outros países do mundo, de maneira mais ou menos direta, inclusive no Brasil, onde os ataques às histórias em quadrinhos (que sofriam investidas ferozes e organizadas desde pelo menos a década de 1940) receberiam renovado impulso.

A guerra aos gibis no Brasil continuou tão intensa em 1954 quanto no ano anterior. A pressão sobre os editores aumentava consideravelmente. O lançamento do livro de Wertham, seguido da criação do código de ética dos editores americanos de quadrinhos, teve grande repercussão na imprensa brasileira. A

Figura 35 - Selo de aprovação do *Comics Code* norte-americano

ABI[, Associação Brasileira de Imprensa,] no começo do ano, criou a *Comissão de Defesa da Infância* (...) com a finalidade de debater "os diversos problemas relacionados com a formação moral da juventude brasileira".

O principal deles, óbvio, era a popularidade das histórias em quadrinhos entre crianças e adolescentes. Ao contrário dos críticos mais radicais, a comissão da *ABI* não pregou de forma direta a censura oficial aos gibis. Mas sugeriu uma "alternativa" no mínimo curiosa, influenciada sem dúvida pela associação dos desenhistas: que as publicações consideradas nocivas fossem "substituídas" por títulos produzidos no Brasil, para que se aproveitassem temas nacionais como as lendas indígenas, "nas quais a inteligência sempre vence a força bruta". (JÚNIOR, 2004, p. 247)

É interessante ver no trecho acima como a questão do conteúdo nacional é recorrente em nossa produção literária para crianças e como ela ganha seu clímax de expressão em nosso *corpus*, a Coleção *Mister Olho*. Não se tratou, portanto, de uma preocupação ufanista exclusivamente castrense, mas sim de um ideário que remonta minimamente à independência nacional. A observação a seguir, referente a período anterior ao *Comics Code* (Figura 35), retrata bem o esforço de adequação por parte dos editores nacionais de literatura de massa infantojuvenil (Adolpho Aizen, no caso) e os obstáculos colocados por alguns dos baluartes da "boa literatura para crianças" à sua aceitação (ninguém menos que Cecília Meireles).

Em 1949, Aizen lançou três novas revistas: *Aí, Mocinho, Mindinho* e *Álbum Gigante*. A última trazia adaptações de episódios da história do Brasil e universal. Era mais uma tentativa de mostrar aos críticos seu propósito de explorar os quadrinhos também como complemento educacional. Mas impressionar os críticos não era fácil. Em janeiro daquele ano, a Secretaria Municipal de Educação de Belo Horizonte convidou a escritora Cecília Meireles para fazer uma série de três palestras sobre literatura infantil para professores, durante o curso de férias para aperfeiçoamento profissional. A escritora era responsável pela seção de estudos do folclore infantil no jornal carioca *A Manhã* e falou para uma plateia atenta sobre os inúmeros problemas que afligiam a literatura para crianças, com ênfase para os perigos das histórias em quadrinhos. (JÚNIOR, 2004, p. 158)

A ótima descrição de Gonçalo Júnior sobre a autocensura no mercado editorial brasileiro (ainda que se referindo a apenas uma de suas casas publicadoras) decorrente deste maremoto norte-americano contra as HQs merece que façamos aqui sua reprodução (inclusive, como já argumentamos, pela raridade de tais registros, por muito intestinos que são).

No final de 1954, Aizen tomou uma medida eficiente para mostrar que sua editora estava preocupada em oferecer bons quadrinhos para as crianças. Poucas semanas depois da divulgação do código de ética americano, ele criou seu próprio regulamento, a ser cumprido por redatores, tradutores e artistas a partir daquele momento, tanto na produção nacional como nas adaptações das histórias estrangeiras. As 23 determinações do código de Aizen receberam o título de "Os mandamentos das histórias em quadrinhos". O código permitia que as histórias importadas, por exemplo, fossem mutiladas ao ser adaptadas para o português: o texto e os cenários tinham de ser alterados, para que o leitor identificasse elementos brasileiros. O código estabelecia, ainda, o uso de nomes brasileiros para os personagens e o de expressões nacionais em lugar das ditas em outros países. Devia ser evitado o abuso da linguagem floreada, de palavras e expressões que levassem a interpretações equívocas; alusões a ideologias ou partidos políticos, nacionais ou não, a religiões e outras doutrinas políticas, a questões sexuais etc. O mesmo valia para os desenhos. (...)

O código de ética americano foi uma referência importante para os mandamentos da Ebal. Aizen também decidiu estampar nas capas das revistas um alerta aos pais para que soubessem que o conteúdo de suas publicações era submetido a um código de ética. Em vez de usar um selo, como nos Estados Unidos, colocou no canto superior esquerda da capa de seus gibis uma classificação em cinco faixas etárias: "para crianças", "para maiores de treze anos", "para moças e rapazes", "para adultos" e "para todas as idades". (...)

A autocensura criada pela Ebal restringiu perceptivelmente a criatividade de seus colaboradores e interferiu até nos originais dos quadrinhos importados por Aizen — mesmo as histórias que já vinham submetidas ao código americano, a partir de 1954, passavam pelo crivo dos redatores que ajudaram Aizen a criar os mandamentos. Qualquer material era traduzido e "adaptado" com o máximo rigor moral. (...) Não havia nada de muito excitante na maior parte do que foi modificado, mas a Ebal, em nome dos bons costumes, mesmo assim não deixava passar. Escondia-se tudo o que pudesse ser questionado. (JÚNIOR, 2004, p. 257-258)

Um caso mais recente de autocensura, e contemporâneo do início da *Mister Olho*, é igualmente ilustrativo e merece ser comentado, antes de seguirmos adiante. Ele envolve o quadrinista e editor Ota (Otacílio Costa d'Assunção Barros) e seu primeiro trabalho (Figura 36) para a editora que, nos anos 1960, publicara os volumes de contos do *Inspetor Marques* de Hélio do Soveral. Interessante ver o envolvimento de Baron (ilustrador da *Mister Olho*) no começo da história.

> Depois que saí da Ebal meu emprego seguinte foi na Vecchi. Eu ainda cursava Jornalismo na UFRJ e estava pensando no que ia fazer, quando o telefone de casa tocou. Era o Eduardo Baron, que tinha conhecido na Ebal quando ele fazia o *Judoka*. Ele disse que tinha estado numa editora e sabia de algo que poderia me interessar e se dispôs a me apresentar ao dono, Lotário Vecchi.
>
> A tal editora era a Vecchi, que quase não publicava HQs. A única que eles estavam lançando naquele momento era o *cowboy* italiano *Tex*. Mas, no passado, a Vecchi tinha lançado revistas importantes como *Xuxá*, *Pequeno Xerife* e *Pecos Bill*, todas na década de 1950. (...)
>
> Aliás, a entrada da Vecchi nos quadrinhos se deu na década de 1920 com a efêmera *Mundo Infantil*, lançada em 1928[22], bem antes do *Suplemento Juvenil* de Adolfo Aizen. Por ironia a Vecchi foi pioneira na publicação de Quadrinhos no Brasil!
>
> A editora foi fundada em 1913, quando Arturo Vecchi veio da Itália para abrir uma filial da Vecchi italiana, criada por seu irmão Lotario Vecchi (não o que ia me entrevistar, mas um tio deste, homônimo). Lançou com sucesso os "folhetins", que eram romances populares publicados semanalmente em continuação, tipo uma novela no papel. Arturo Vecchi foi expandindo seu império, sempre voltado para publicações populares, lançando entre outros os livros de Arsène Lupin, de Maurice Leblanc. Na década de 1940 consolidou-se lançando *Grande Hotel* e os famosos álbuns de figurinhas, virando líder de mercado nesse segmento. (...)
>
> No dia primeiro de novembro de 1973, lá estava eu arregaçando as mangas no meu novo emprego. Nem sala eu tinha: ficava numa pequena mesa no corredor ao lado da sala do Lotário.
>
> Agora que eu era da casa, ele me mostrou os planos. Tinha adquirido uma penca de personagens e ia lançar um monte de revistas de uma vez. Pegou praticamente tudo o que estava disponível no mercado. (...)
>
> O primeiro lançamento seria *Eureka*, uma revista nos moldes das *Linus* e *Eureka* italianas, aproveitando tiras diárias e outras histórias estrangeiras. O formato já tinha sido testado no Brasil pela *Grilo* (da editora Espaço-Tempo) e mais tarde pela *Patota* (da editora Artenova), que fizeram certo sucesso publicando personagens considerados de vanguarda como Peanuts, Mago de Id e outras. (...)

---

22 Na verdade, o primeiro número da *Mundo Infantil* é de 25 de outubro de 1929.

Infelizmente, *Eureka* teve um problema atrás do outro. Primeiro descobriram que o título já estava registrado: era uma revista de palavras cruzadas lançada por uma pequena editora. Compraram o título do proprietário. Depois, houve um problema com as piadas de Feiffer da primeira edição. Como era a única coisa realmente de impacto, investi tudo no Feiffer. Sugeri ao Lotário fazer um pôster com uma das piadas, relativa ao caso *Watergate*, que estava despontando na época: Nixon era revistado por um policial e estava roubando até os talheres da Casa Branca – e jogava a culpa no vice Spiro Agnew. Se tivesse saído desse jeito talvez *Eureka* tivesse decolado. Mas, **quando o então diretor de publicidade da editora viu a amostra já impressa, foi apavorado na sala do Lotário dizendo que era muito arriscado publicar um material desses. Que os militares não iam gostar nada, porque aquilo era uma ofensa ao presidente de um país amigo, blá blá blá e o resultado foi que a tiragem toda nem saiu da gráfica. Virou apara de papel na mesma hora. As piadas de Feiffer e o poster foram substituídos às pressas e a tiragem inteira de 80 mil exemplares foi reimpressa.** (OTA, 2011. Grifo e negrito nossos.)

Há também, como exemplo final de autocensura da mesma época (antes de partirmos para a análise do *Caso do Rei da Casa Preta*), o livro *A fonte da felicidade,* anunciado pela Editora Monterrey ao final (Figura 37) do volume *Memórias do Campo 17,* segundo da Coleção *Monterrey,* da editora de mesmo nome, cuja publicação (provavelmente de 1970 ou 1971) foi substituída pela obra *Compulsão erótica,* de Paul Daniels. O livro nunca seria apresentado ao público, mas elementos de seu entrecho, que reconhecemos em um episódio da série *Turma do Posto Quatro* (mais sobre ele no Capítulo 3), nos fizeram desconfiar de que havia ali um original desconhecido de Hélio do Soveral, autor, afinal, de três dos quatro títulos da coleção, todos sob pseudônimo[23]. O exame do acervo do escritor nos fez chegar ao datiloscrito quase completo (publicado, com nossa organização, pela AVEC em 2020), cujo aproveitamento parece ter sido descartado

Figura 36 - Revista *Eureka* (1974), da Vecchi, com conteúdo autocensurado pela editora

---

[23] *Juventude amarga* (Clarence Mason), *Memórias do Campo 17* (Alexeya Slovenskaia Rubenitch) e *Laboratório do amor* (Sigmund Gunther).

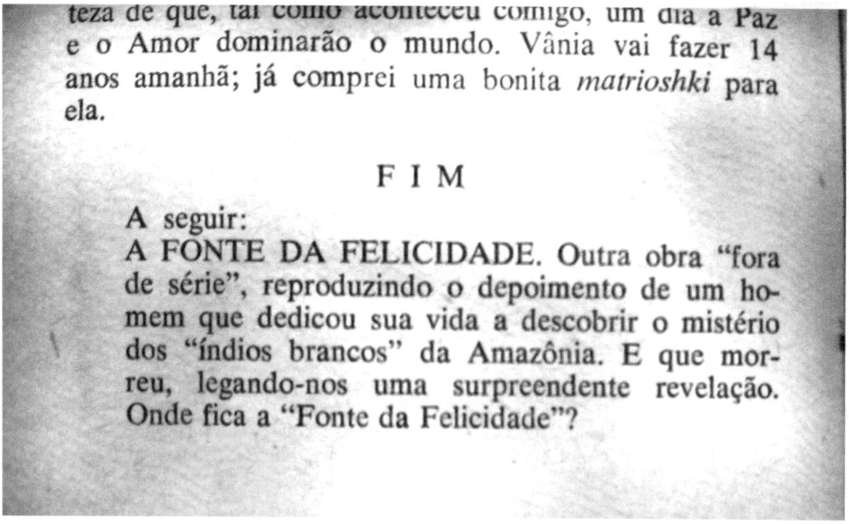

> teza de que, tal como aconteceu comigo, um dia a Paz
> e o Amor dominarão o mundo. Vânia vai fazer 14
> anos amanhã; já comprei uma bonita *matrioshki* para
> ela.
>
> ## F I M
>
> A seguir:
> A FONTE DA FELICIDADE. Outra obra "fora
> de série", reproduzindo o depoimento de um ho-
> mem que dedicou sua vida a descobrir o mistério
> dos "índios brancos" da Amazônia. E que mor-
> reu, legando-nos uma surpreendente revelação.
> Onde fica a "Fonte da Felicidade"?

Figura 37 - Anúncio de livro de Hélio do Soveral autocensurado
pela editora Monterrey no início dos anos 1970

pela Monterrey, entre outras coisas, pela perigosa (por nada ufanista) sugestão de um Brasil descoberto não por Cabral, mas por exploradores vikings pré-colombianos!

Soveral, aliás, curiosamente, afirmava jamais ter tido problemas com a censura, como se depreende do episódio narrado em seu depoimento de 1997 presente no livro *Rádio brasileiro - episódios e personagens* (2003).

> Eu nunca sofri censura [na rádio no período do Estado Novo], só uma vez uma senhora lá gorda da censura é que me chamou e estava lá com o meu capítulo de novela na mão com uns riscos vermelhos. Me chamou e disse assim: — Isso aqui! O senhor não pode escrever uma coisa dessas, uma cena familiar, está aqui, o marido fala na frente das crianças assim: Olha, são dez horas, vamos todos para a cama! Para ver a malícia do censor, a ignorância do censor. Fora disso, nunca fui chamado a atenção. (SOVERAL, 1997, *apud* CALABRE, 2003, p. 62)

Na verdade, um exame dos originais de suas peças teatrais submetidas à censura oficial prévia, na década de 1940, mostra que a coisa não era bem assim. Se as peças *As conquistas de Napoleão*, *O fantasma da família* e *Uma noite no paraíso* foram liberadas para encenação sem nenhum corte, esse já não foi o caso com *O vendedor de gasolina*[24] (1943). O censor Eloy Cordeiro vetou o uso de um personagem "comissário de polícia" (transformado no texto final em um "guarda"), proibiu uma menção à Alemanha (o Brasil já estava então em guerra com o país do eixo) e censurou a frase "Isto é um abuso de autoridade" (Figuras 38 e 39). Como se vê, passados mais de 50 anos do episódio, a lembrança da ação da censura naqueles tempos era, para Soveral, mais rósea e branda do que a documentada (e dura) realidade...

---

24 No acervo da Biblioteca Nacional, constam apenas estes quatro datiloscritos originais de peças do autor.

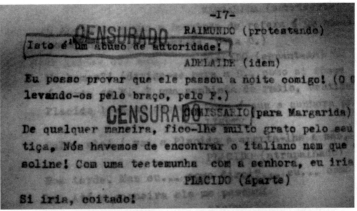

Figura 38 - Detalhe de página da peça *O vendedor de gasolina* (1943), de Hélio do Soveral, com cortes feitos pela censura oficial estadonovista

Figura 39 - Detalhe de página da peça *O vendedor de gasolina*, constante do acervo da SBAT, já com corte de trecho censurado

O Caso do Rei da Casa Preta: a *Inspetora* (e a *Mister Olho*) censurada

Ao final de nosso livro sobre a *Inspetora, Histórias de Detetive para crianças* (2017), dizíamos sobre Ganymédes José que "uma prova adicional de que sua obra pede uma leitura com novos olhos, atentos a um escritor que em suas narrativas, em tese despretensiosas, pode ter sido uma voz ácida e insuspeita contra o regime de exceção e censura" (PACHE DE FARIA, 2017, p. 148), estava no volume inédito *O Caso do Rei da Casa Preta*, da série *Inspetora*, e em seus companheiros de mordaça *Beloca e Xalinó* e *A Astronave de Vegetotrix*, todos comprados do autor pela Ediouro neste ano de 1974 e todos devidamente encostados. À época, limitações acadêmicas de tempo e recorte não permitiram um exame mais detido desta Santíssima Trindade Censória da literatura infantojuvenil brasileira para "dizer se os manuscritos reforçam a hipótese de Ganymédes José como um escritor vitimado pela autocensura editorial durante a ditadura militar" (PACHE DE FARIA, 2017, p. 148). Como contribuição a essa investigação tão necessária sobre os mecanismos da autocensura em nosso país durante a ditadura militar, em particular no que se refere ao universo infantojuvenil, passemos agora à leitura deste achado preciosíssimo da *Mister Olho* (para não fugirmos muito de nosso objeto maior de estudo, voltaremos a *Beloca e Xalinó* e *A Astronave de Vegetotrix*, as outras duas obras do autor também aparentemente autocensuradas pela editora, em um futuro trabalho).

***

O trio de censuras e silêncios imposta a Ganymédes José nesse biênio de 1974-1975, todos relacionados a livros escritos em 1974, começara com *O Caso do Rei da Casa Preta* (Figuras 40, 41 e 42), título da série *Inspetora* a que já nos referimos *en passant* em nossa dissertação de mestrado. Seu exame mais aprofundado oferece muitas outras evidências além da que já registramos em 2017, quando reproduzimos o diálogo que se dá logo após a Patota ser presa pelos Peões Pintores dos Reis das Pedras da Casa Branca (PACHE DE FARIA, 2017, p. 111):

— Vocês tomaram a fazenda ao lado? — perguntou a Inspetora.

— *Vocês são prisioneiros, e prisioneiros não têm o direito a exigir explicações* — respondeu o peão mal-humorado. — Vamos para a Casa Branca. (OLIVEIRA, 1974c, *apud* PACHE DE FARIA, 2017, p. 111. Grifo nosso)

Diante dos novos trechos identificados e colhidos, que veremos a seguir, aliados à leitura já feita de seus companheiros de poeira e gaveta (*Beloca e Xalinó* e *A Astronave de Vegetotrix*), pensamos agora ser praticamente certo

Figura 40 - Originais e ilustração de capa de *O Caso do Rei da Casa Preta*

que a diretoria da Ediouro, na época, tenha optado por silenciar aquela que seria a quinta aventura da Patota da Coruja de Papelão e não correr riscos com aquela história onírica, mistura de *Alice no país das maravilhas* e *A fantástica fábrica de chocolate*, na qual Bortolina e depois Eloísa, Orelhão e Malu se veem às voltas com facções rivais armadas (o Reino da Casa Branca e o Reino da Casa Preta) em disputa pelo território da fazenda, peças de xadrez de chocolate e diversas referências a prisões ilegais, exílio, falta de liberdade de expressão e outros direitos civis e até mesmo tortura. (PACHE DE FARIA, 2017, p. 111)

O entrecho deste que deveria ter sido o quinto livro da série *Inspetora* começa com as crianças detetives fazendo planos para o aniversário do pai de Eloísa, tio Clóvis, e com o anúncio da visita de tio Zico, seu irmão, que avisa estar trazendo de presente um raro tabuleiro de xadrez do Oriente, com mais de 500 anos de idade. Após decidirem fazer bombons para a festa surpresa, Malu e Eloísa convocam Bortolina para a produção às escondidas. Deixada sozinha com os ingredientes, Bortolina cai no sono depois de exagerar na prova dos próprios bombons de licor e, quando acorda, começa a viver uma aventura envolvendo peças gigantes de xadrez feitas de chocolate (habitantes do Reino da Casa Preta e do Reino da Casa Branca) que estão em guerra pelo controle, entre outras coisas, da fazenda da Patota da Coruja de Papelão. No sonho de Bortolina, ela descobre (e com ela, o leitor) que o tabuleiro possuía um encantamento que fez com que as peças de xadrez crescessem, ganhassem vida e começassem a cobrir toda a fazenda com padrões negros axadrezados.

Figura 41 - Arte-final da capa de *O Caso do Rei da Casa Preta*

Todas as referências a xadrez, incluindo a que fala que "...os campos, as casas, as árvores, os caminhos, tudo – tudo mesmo – estava axadrezado de preto. (OLIVEIRA, 1974c, p. 42)" podem muito bem ser (ou terem sido vistas pela Ediouro como) alusões ao *aprisionamento* da sociedade brasileira da época. Sem falar que a própria palavra "xadrez", em português, que dá nome ao jogo, também é ela mesma um termo técnico para "prisão". Finalmente, vale a lembrança de que o uso do termo "casa" (as casas brancas e pretas do tabuleiro) oferece uma ambiguidade relevante, já que serve para o autor se referir às Casas Reais (facções de poder...) que estão em confronto (na história e no Brasil...).

Em seu primeiro encontro com as estranhas peças de xadrez vivas, Bortolina vê à distância, balançando no alto da casa da fazenda vizinha, "estranhas bandeiras

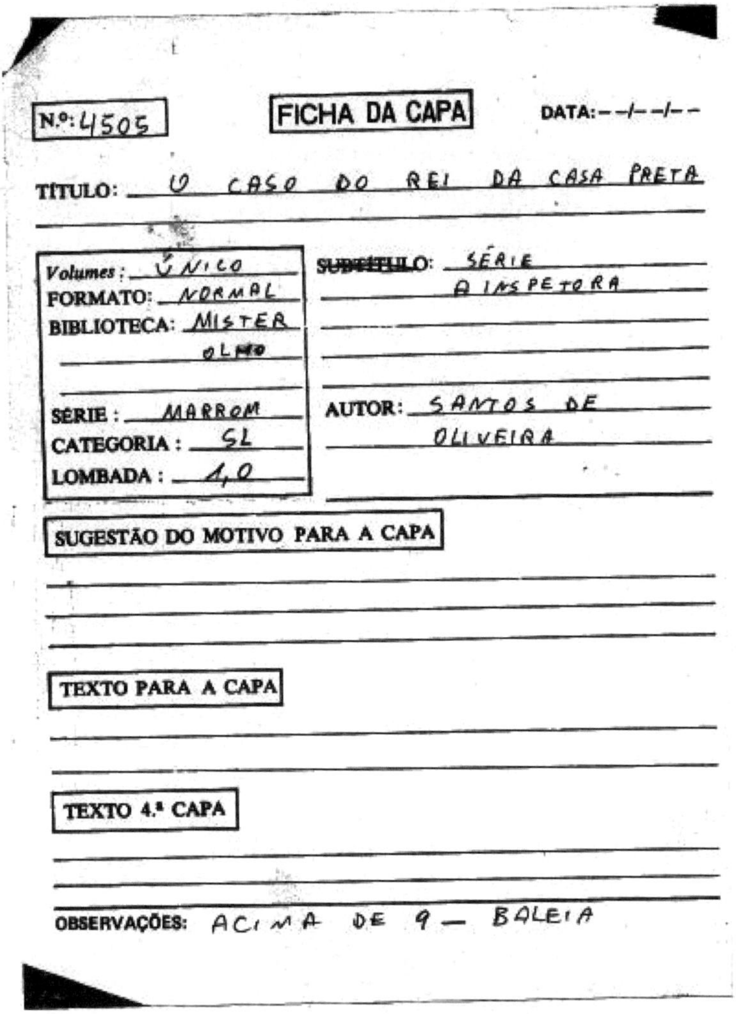

N.º: 4505

FICHA DA CAPA

DATA: --/--/--

TÍTULO: O CASO DO REI DA CASA PRETA

Volumes: ÚNICO
FORMATO: NORMAL
BIBLIOTECA: MISTER OLHO
SÉRIE: MARROM
CATEGORIA: SL
LOMBADA: 1,0

~~SUBTÍTULO~~: SÉRIE A INSPETORA

AUTOR: SANTOS DE OLIVEIRA

SUGESTÃO DO MOTIVO PARA A CAPA

TEXTO PARA A CAPA

TEXTO 4.ª CAPA

OBSERVAÇÕES: ACIMA DE 9 — BALEIA

Figura 42 - Ficha de produção de *O Caso do Rei da Casa Preta* vermelhas, esvoaçantes, compridas, sinistras" (OLIVEIRA, 1974c, p. 43), referência que pode ter sido uma sutil sugestão às facções esquerdistas brasileiras, naquela época em franco enfrentamento de guerrilha com o regime militar. Depois que Bortolina finalmente reencontra seus amigos detetives Eloísa, Malu e Zé Luís, a Patota da Coruja de Papelão, intrigada, começa a conversar sobre todos aqueles acontecimentos fantásticos e a debater sobre o que fazer a respeito.

> No fundo, Malu. Ao lado, a Inspetora agarrada à pasta preta onde estava o arquivo da patota. Orelhão acabava de sentar. Bortolina também sentou. (...)

> – O que está acontecendo? – perguntou com cara de tonta. (...)

> A Inspetora apertou a pasta preta e começou a narrar:

> – Está acontecendo uma coisa horrível, Bortolina: nossas terras foram invadidas pelos Reis das Pedras da Casa Preta!

> – Jesus, o que vem a ser isso?

> A Inspetora abriu os braços.

> – Quem é que sabe? É mesmo um enigma. O negócio começou mesmo com a chegada do tio Zico que trouxe, como presente de aniversário para o pápi, o tal jogo de xadrez asiático. Tio Zico contou que o mercador que lhe vendeu o jogo, disse que o jogo era diferente e enigmático e que, sobre ele, pesava um estranho encanto... (...) Pápi deu muita risada, apanhou a caixa e começou a desembrulhá-la. Assim que ele ergueu a tampa, começou a sair uma fumacinha verde, lá de dentro. Aí, o pápi atirou longe a tal caixa, com todas peças. No momento em que as peças tocaram no chão, elas começaram a aumentar de tamanho e... a TER VIDA!

> Bortolina nem piscava.

> – Aí, foi aquela confusão dentro de casa – concluiu a Inspetora. – Todo mundo fugiu, apavorado, por uma direção. (...) Tudo o que sabemos (...) é que pápi, mâmi, tio Zico, tia Marina e as crianças também desapareceram. (OLIVEIRA, 1974c, p. 48-50)

Soando quase como um líder estrategista guerrilheira, a Inspetora Eloísa diz que primeiro eles têm que descobrir o que está acontecendo. E que sua "primeira missão será reconhecer o terreno e descobrir dados. [Porque] sem sabermos direito quem são nossos inimigos, não poderemos lutar contra eles!" (OLIVEIRA, 1974c, p. 51).

As crianças logo percebem que a tinta usada pelos Peões Pintores é na verdade chocolate. E, quando se deparam com os oponentes dos Peões Pretos, peças brancas de xadrez gigantes, igualmente ocupadas em pintar campos, plantas e pedras de axadrezado, se dão conta de que estão bem no meio de uma disputa política já transformada em guerra aberta.

É nesse momento que as crianças são capturadas pelos Peões Brancos sem qualquer motivo (o que também remete às prisões ilegais do Brasil de então). Depois de ouvir que, por ser uma prisioneira, "não têm o direito a exigir explicações" (OLIVEIRA, 1974c, p. 58), Eloísa não se deixa abater e segue com seus protestos. A supressão dos devidos processos legais no Brasil do regime militar é novamente denunciada (intencionalmente ou não) na passagem em que Eloísa questiona o Rei Branco sobre o que estava acontecendo:

> – Quero saber tudo – ela confirmou. – (...) Fomos presos pelos peões de Vossa Majestade que, até agora, não nos disseram o motivo pelo qual fomos presos. Afinal, que acusação recai sobre nós? Não cometemos nenhum crime! (OLIVEIRA, 1974c, p. 67-68.)

O Rei das Pedras da Casa Branca oferece às crianças, então, uma longa história sobre as origens do jogo de xadrez na Índia, no século V, para concluir com a explicação sobre o motivo da guerra: se antes as peças brancas e pretas coexistiam em equilíbrio, agora este fora quebrado porque a coroa da Rainha Branca, símbolo de poder real/institucional, fora roubada.

> – Nós, reis, vivíamos eternamente disputando para ver qual de nós seria o vencedor. Ora era o Rei das Pedras da Casa Preta quem ganhava uma batalha... Ora éramos nós os vencedores. As coisas iam mais ou menos tranquilas nesse passo até que, um dia, por sabotagem do Rei das Pedras da Casa Preta, a coroa da Rainha das Pedras da Casa Branca foi *roubada*. A partir de então, começou entre nós uma luta interminável, porque precisávamos reconquistar o símbolo de nossa realeza! (OLIVEIRA, 1974c, p. 70-71. Grifo do autor.)

As referências aos famosos livros de Lewis Carroll e sua protagonista Alice, já bastante reconhecíveis a esse ponto da história (os cenários oníricos, os objetos antropomorfizados etc), ficam ainda mais patentes quando o Rei das Pedras da Casa Branca, durante um baile oficial, dá um prazo e um ultimato (com direito a punição em caso de fracasso) para que a Patota da Coruja de Papelão resolva o mistério. Ou alguém não se lembra da Rainha de Copas de Carroll e sua obsessão por cortar cabeças?

> – Devo preveni-los que, a partir do fim do baile, vocês terão apenas vinte e quatro horas para encontrar a coroa da rainha. Passadas as vinte e quatro horas...
>
> O rei encostou o indicador na própria garganta:
>
> – ...ZÁS! E vocês ficam sem cabeça!
>
> Os olhos da Bortolina quase saltaram das órbitas. (OLIVEIRA, 1974c, p. 85)

O enredo do *Caso do Rei da Casa Preta* segue acompanhando as crianças detetives, agora encarregadas da missão de recuperar a coroa roubada. Em meio a algumas reviravoltas, explorações, mais episódios sobre conspirações e uma nova captura (dessa vez pelo bispo preto), temos o uso de termos sugestivos como "Torre do Silêncio", para indicar o local onde os prisioneiros eram mantidos, e a ocorrência de várias outras cenas com possíveis subtextos. O autor parece estar, por exemplo, enviando um recado aos dirigentes brasileiros com a passagem na qual Eloísa confronta Jupô, o bispo preto que quer "mandar em todos" (e isso sem falar no uso da palavra "golpe" ao final do excerto...):

> — Como você pretende coroar-se?
>
> — Muito simples: *prendo todo mundo* e ponho a coroa em minha cabeça! (...)
>
> — Estou achando sua ideia bem ruinzinha. [– continuou a Inspetora. –] *Se você prender todo mundo, rei do que você será?* De um exército de chocolate?
>
> Jupô fez uma cara tão contrariada que até saiu fumaça pelos ouvidos.
>
> — Quem é você, menina palpiteira, para querer atrapalhar meus planos? Faz quinhentos anos que *estou arquitetando esse golpe*, e não vai ser uma menina burrinha quem vai querer me provar que eu estou errado! (OLIVEIRA, 1974c, p. 120-121. Grifos nossos.)

Outros trechos que incluem ameaças às crianças por parte das Peças Pretas merecem destaque, como o que une execução ao silenciamento (eterno) de opositores.

> — Se eu não tivesse dito uma coisa certa, Jupô, você não teria ficado tão nervoso! — insistiu a Inspetora.
>
> Com isso, Jupô perdeu a cabeça.
>
> — CHEGA! Não quero mais ouvir nenhuma palavra de vocês! Agora, vou dar um jeito de fazer vocês calarem a boca para *sempre!* (OLIVEIRA, 1974c, p. 121. Grifo do autor)

Uma passagem que também pode ter suscitado objeções é aquela em que Bortolina, por acidente, aciona uma alavanca "vermelha" e provoca uma onda de chocolate que culmina numa explosão extremamente destrutiva (mas que serve para libertar a ela e aos companheiros).

> Pulando de forma em forma, Bortolina desceu. (...) Procurando equilibrar-se, ela agarrou-se ao primeiro ponto fixo que encontrou — aquela alavanca vermelha. A alavanca foi descendo devagar até deixá-la no chão. Bortolina sorriu aliviada, mas não por muito tempo, pois, mal tocou o chão, começaram a ouvir uns ruídos que pareciam soluços de gigante. O próprio Jupô assustou-se e, dando um salto, afastou-se da briga. Olhos arregalados, pôs a boca no mundo:
>
> — Você abriu as comportas da caldeira! Vai inundar os porões de chocolate!
>
> Realmente, o chocolate grosso já começava a escapar como se fosse um vulcão soltando lava. (...) Com uma explosão, a caldeira arrebentou-se e, em um piscar de olhos, o chocolate tomou conta de todo porão. Pilhando-se de volta na Sala da Sabedoria, o Oficial Orelhão empurrou a tempa do alçapão, sepultando lá embaixo as bolhas quentes que haviam destruído tudo — tudo, completamente tudo. (OLIVEIRA, 1974c, p. 147, 149)

Mas a cena mais impressionante do livro (e talvez por isso a mais problemática), verdadeira última gota de um caldo pra lá de derramado que já empurrava a Ediouro para a supressão dos originais, tem a ver com o espinhoso tema da tortura. Capturada por Jupô e presa (manietada...) a uma cadeira, a menina Bortolina é silenciada com uma espécie de chupeta-alimentadora, que a obriga a engolir chocolate derretido sem parar.

> Dizendo aquelas palavras, puxou uma cadeira, fazendo Bortolina sentar-se. Depois, usando a arma, amarrou-lhe os pés e as mãos. Quando a Bortolina quis abrir a boca para reclamar, Jupô enfiou-lhe uma espécie de chupeta na boca. A chupeta prendia-se à extremidade de uma borracha comprida e que provinha da cadeira de alumínio. (...)

> – Gosta de chocolate, não gosta, [Bortolina]? (...) Pois (...) vai MAMAR CHOCOLATE ATÉ ARREBENTAR, SUA GULOSA! (...)

> Não adiantava Bortolina querer cuspir a chupeta, porque Jupô a tinha prendido a uma circunferência ao pescoço da Bortolina, como se fosse uma coleira. O único jeito era mesmo Bortolina ir engolindo mais e mais chocolate morno e quente... (OLIVEIRA, 1974c, p. 138-139)

Mesmo com tantas passagens no mínimo controversas e com um *gran finale* que envolve uma ação inadvertidamente violenta (a já citada destruição e explosão de uma caldeira que estava sendo usada para produzir um exército de robôs de chocolate), a verdadeira mensagem que o autor parece querer transmitir é de respeito mútuo e coexistência. Certa hora, ainda com o enredo a meio caminho, Eloísa diz a Orelhão que ela prefere ser presa a lutar porque "violência não nos ajudará em nada, em nada..." (OLIVEIRA, 1974c, p. 96). E, perto do final do livro, a paz está sendo louvada como "o único caminho que precisamos encontrar em conjunto, pra vivermos sempre um ao lado do outro..." (OLIVEIRA, 1974c, p. 154). "Afinal, o que temos feito senão brigar, discutir ou atacar nossos próprios irmãos?" (OLIVEIRA, 1974c, p. 155), resume a Rainha das Pedras da Casa Preta, feliz em constatar que o conflito com as Pedras da Casa Branca fora evitado – uma guerra civil muito parecida com a que dividia o Brasil naqueles dias em que Ganymédes José imaginou esta quinta aventura para a Patota da Coruja de Papelão.

Talvez se possa afirmar que a Ediouro tenha feito uma leitura alarmista deste *Caso do Rei da Casa Preta*. Aparente libelo contra a opressão do regime militar, com suas prisões imotivadas e suas Torres do Silêncio, com seus episódios de tortura e cerceamento de direitos, Ganymédes talvez não estivesse olhando tão longe ao datilografar suas páginas: talvez estivesse se referindo a seu alvo do momento, o prefeito e desafeto Ary Marcondes do Amaral, e toda a luta entre as Peças da Casa Branca e as Peças da Casa Preta fosse uma metáfora para as disputas políticas que grassavam em sua própria terra natal. E não esqueçamos que, com todo seu tom de denúncia e crítica, a mensagem maior em *O Caso do Rei da Casa Preta* é a de que se deve evitar o conflito, de que se deve buscar sempre a apaziguação e a síntese dos contrários.

PARTE I • Capítulo 1 – Cronologias, genealogias, conceitos e temas

Em todo caso, a autocensura a que foi submetido este trabalho de 1974, *O Caso do Rei da Casa Preta* (e não, não nos esqueçamos de *A Astronave de Vegetotrix* e *Beloca e Xalinó*), é prova inconteste e grave do ambiente no qual a Coleção *Mister Olho* era produzida, divulgada, consumida e recepcionada por seus leitores, e serve de indicador e inspiração para todo um novo olhar a se debruçar sobre a indústria do livro infantojuvenil e da literatura de massa no Brasil dos anos 1970. Até que ponto livre? Até que ponto vigiada? Até que ponto corajosa? Até que ponto acovardada? Cabe perguntar (e tentar responder).

Coda

É a episódios desse tipo (referimo-nos à autocensura ocorrida na Ebal, na Vecchi, na Monterrey e na Ediouro) que o pesquisador e o historiador da literatura infantojuvenil brasileira publicada entre 1964 e 1985 deverá se reportar para entender com que tipo de liberdade autoral e editorial se tratava na época para conceber, produzir, imprimir e fazer circular material de leitura destinado a crianças e adolescentes. Será preciso recorrer a arquivos vivos, de carne e osso, em busca de depoimentos como o de Ota, para tentar (re)construir um panorama desse passado de opressão não tão evidente: porque não deverá ser fácil encontrar muitos artefatos materiais, de papel, como *O Caso do Rei da Casa Preta* de Ganymédes José e seus outros livros autocensurados pela Ediouro, que sirvam de testemunho ainda persistente após mais de quatro décadas.

Falando nisso, partamos agora para o trabalho mais rigorosamente de arquivo e de provas materiais; para os números colhidos e recolhidos, resgatados e coligidos, para os levantamentos editoriais e biobibliográficos feitos sobre a coleção infantojuvenil da Ediouro (e seus autores), coleção inigualável em diversos aspectos e que ousou aparecer em pleno ano de 1973.

CAPÍTULO 2.

Desvendando os segredos da *Mister Olho* – segunda parte: autores, tiragens, desenhistas, contratos, edições e títulos

A expectativa do leitor, sua saciedade ou sua frustração, seu desgosto ou sua alegria, tudo isso é moldado e influenciado bem antes que se comece a ler a primeira página do material que for. Capa, ilustração, nome do autor, subtítulos, logos identificadoras, títulos padronizados... Boa parte desses elementos textuais e não textuais de natureza *não literária* (eles ainda não são a história que queremos ler) que guiam nossa apreensão inicial de uma obra ajudará a produzir sentido, a alterar nossa recepção e nossa experiência estética e sentimental. Os paratextos editoriais, portanto – e demais elementos que, imagéticos, se equiparem a eles –, não poderiam ficar de fora de nossa análise. Gerard Genette dá a medida certa da importância dessa dimensão do *objeto livro* ao dizer que ele só se torna o que é graças a ela. Diz ele que "o paratexto é aquilo por meio de que um texto se torna livro e se propõe como tal a seus leitores, e de maneira mais geral ao público" (GENETTE, 2009, p. 9).

Esse é mais um dos motivos de se buscar dados e fatos relevantes para além da unidade interna do texto; mais uma razão para não negligenciarmos o que a obra literária tem de material.

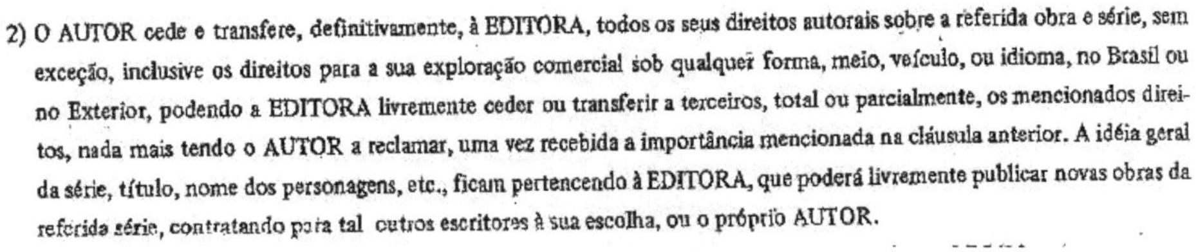

2) O AUTOR cede e transfere, definitivamente, à EDITORA, todos os seus direitos autorais sobre a referida obra e série, sem exceção, inclusive os direitos para a sua exploração comercial sob qualquer forma, meio, veículo, ou idioma, no Brasil ou no Exterior, podendo a EDITORA livremente ceder ou transferir a terceiros, total ou parcialmente, os mencionados direitos, nada mais tendo o AUTOR a reclamar, uma vez recebida a importância mencionada na cláusula anterior. A idéia geral da série, título, nome dos personagens, etc., ficam pertencendo à EDITORA, que poderá livremente publicar novas obras da referida série, contratando para tal outros escritores à sua escolha, ou o próprio AUTOR.

Figura 43 - Cláusula de cessão de direitos autorais do contrato da obra
Operação Mar Ouriçado (1973), de Hélio do Soveral

Figura 44 - Verso de *Operação Macaco Velho* (1973), com logo da revista *Coquetel* e menção à venda em bancas

Tiragens, distribuição, projeto gráfico e formatos: a materialidade da Coleção *Mister Olho*

Ao examinarmos a série *Inspetora* em nossa pesquisa de mestrado, cujo trabalho final publicamos pela Eduff em 2017 com o título *Histórias de Detetive para Crianças*, acabamos por já analisar, também, alguns dos aspectos da coleção em que ela se inseria, a *Mister Olho*. Aproveitaremos neste item, portanto, algumas daquelas observações já feitas, complementando-as ou adaptando-as, conforme for o caso, para assim evitar o desnecessário enfado de reescrever o já escrito e as tentações do autoplágio.

O ano de 1973 vê a coleção[, em sua estreia], abraçar o formato de livrinhos de bolso em tamanho 10,5cm x 16cm (que duraria mais de meia década sem alterações substanciais) com numerosas adaptações de obras infantojuvenis estrangeiras e duas séries nacionais creditadas, respectivamente, a Lino Fortuna e Luiz de Santiago: *Toquinho[, o] detetive* e *A turma do posto 4*. Os nomes dos autores, na verdade pseudônimos, referiam-se a Carlos Heitor Cony e a Hélio do Soveral, que nos anos seguintes produziriam outras séries para a mesma editora e coleção. O uso de pseudônimos para as séries da coleção *Mister Olho* (...) possivelmente decorria do fato de que os livros eram produzidos por encomenda e com cessão total e definitiva dos direitos autorais, conforme pudemos atestar tanto por entrevistas com Carlos Figueiredo, autor da série *misterolhense Dico e Alice*, quanto por declarações do próprio Ganymédes José, [autor da *Inspetora*,] que mais de uma vez fez referências (e queixas) aos livros que "deu para as Edições de Ouro". Teoricamente, com a cessão e os pseudônimos funcionando como *house names*, a editora poderia dar continuidade a quaisquer das séries à revelia de seus autores originais. A prática da cessão definitiva e da compra dos originais está registrada por Laurence Hallewell em *O livro no Brasil* (2005). (PACHE DE FARIA, 2017, p. 71)

Durante a pesquisa seguinte, de doutorado, pudemos confirmar estas que eram ainda conjecturas ao levantarmos algumas dezenas de contratos entre a editora e seus autores. A Figura 43 reproduz detalhe do acordo firmado entre Hélio do Soveral e a Ediouro para o livro *Operação Mar Ouriçado* (1973). Como se pode ver, a cessão era absoluta e previa mesmo as condições que sugerimos em 2017: as séries poderiam ser continuadas por outros escritores, a bel-prazer da editora e a despeito do que dissessem (ou objetassem) seus criadores iniciais, constituindo-se em "um patrimônio que poderia continuar rendendo frutos" (PACHE DE FARIA, 2017, p. 73) para seus exploradores.

Concebida como produto para venda em bancas de jornal, e não em livrarias (a princípio), a Coleção *Mister Olho* foi inicialmente associada à revista de palavras cruzadas *Coquetel*, um dos carros-chefes da Ediouro e (publicação pioneira no ramo) presente no mercado desde 1948, quando a empresa ainda se chamava Editora Gertum Carneiro. A vinculação foi, muito certamente, uma tentativa de atrair para a iniciativa dos livros infantis, por gravidade, o prestígio e a aceitação com que a *Coquetel* já contava junto ao público. Poucos meses depois, a logo da revista já não aparecia mais nos livros da *Mister Olho*.

É fácil identificar como o local de venda (a banca de jornal; ver Figura 44) se traduziu em diversas características do projeto gráfico inicial da coleção: aproximadamente metade do espaço da capa é tomado por uma ilustração colorida próxima do estilo das HQs e outros 25% são ocupados pelo título (de tamanho desproporcional para as pequenas dimensões da brochura), não por acaso composto todo em maiúsculas (Figura 47), para garantir sua visibilidade à distância.

Retomando o conceito de Gérard Genette, é possível identificar uma série de elementos paratextuais que, integrados ao projeto gráfico da *Mister Olho*, ajudam o leitor (ou, até mais, o adulto *comprador* do livro) a reconhecer, no universo das numerosas opções oferecidas pelo jornaleiro, a obra como parte de uma tradição, como objeto cultural (e de consumo) inscrito em uma certa espécie literária já conhecida de antemão: a da literatura de entretenimento, calcada em tramas fantásticas e de mistério, atraente e aderente à moral hegemônica, produzida de maneira a respeitar as sensibilidades e capacidades cognitivas e de compreensão de seu público-alvo.

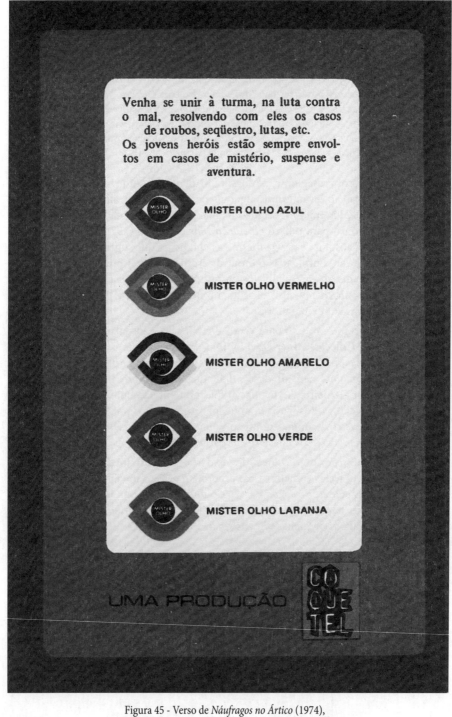

Figura 45 - Verso de *Náufragos no Ártico* (1974),
com todas as versões coloridas da logo da *Mister Olho*

Figura 46 - Verso de capa adotado pela *Mister Olho* entre 1974 e 1975

1 O logo da coleção, em destaque, já faz referência direta, com as duas palavras "Mister" e "Olho", ao tema de fundo da maioria dos entrechos e à atenção da figura do detetive para com os detalhes; as marcas das séries, da mesma forma, identificam os livros rapidamente para os respectivos fãs. Além disso, antes das séries, individualmente, ganharem a importância que ganharam, ele, o logo, foi usado também para instruir o público quanto aos subgêneros no interior do *corpus*. Como? Por meio de cores que, de início, seriam exclusivas desta ou daquela corrente literária, desta ou daquela série (Figura 45).

> Havia a *Mister Olho Azul* (aparentemente, separada para abrigar as histórias da Família Alden, ou Aldenis, adaptações brasileiras de populares mistérios infantis de Gertrude Chandler Warner), a *Mister Olho Vermelho* (indicando livros de aventura, e aqui aparecem, por exemplo, as histórias de Goiabinha, (...) de Ganymédes José Santos de Oliveira), a *Mister Olho Verde* (lar dos livros da *Turma do Posto 4* (...), a *Mister Olho Laranja* (que parece ter durado pouco tempo e por onde eram publicados livros avulsos, "fora-de-série", como *Náufragos no Ártico*, de Arthur Catherall, e *O segredo de Saturno*, de D. Wollheim) e, finalmente, a *Mister Olho Amarelo*, em que (...) figura tanto a série *Inspetora* quanto a série *Toquinho*, escrita por Carlos Heitor Cony sob o pseudônimo de Lino Fortuna. (PACHE DE FARIA, 2017, p. 65-66)

2 O uso deliberado (e privilegiado) de títulos padronizados, onde figuram quase sempre as palavras "Enigma", "Caso" ou "Mistério" (esta última um argumento de vendas tão poderoso quanto recorrente na literatura popular desde o sucesso do folhetim *Les Mystères de Paris*, de Eugène Sue, em 1842);

3 A inclusão (em boa parte dos lançamentos de 1974 e 1975), de uma ficha técnica (Figura 46) no verso dos livros (na quarta capa), na qual se deixa claro, para o comprador, qual o *assunto* da coleção, seu *objetivo*, de que tipo são os *personagens* e qual a *justificativa* por trás do projeto;

4 O nome do autor, embora quase sempre falso (veremos que poucas séries escapam à adoção de pseudônimos), é indiscutivelmente reconhecido como *brasileiro, nacional*. Quando se percebe risco de confusão, tal elemento é devidamente adaptado para sanar a ambiguidade (caso de Gladis, transformada nas capas em escritora sem sobrenome, e de Yago Avenir, um dos alter egos de Soveral, que ganha o sintagma "Dos Santos");

5 A adoção de um indicador de faixa etária, no canto superior direito das capas, que procurava direcionar de maneira segura as produções aos respectivos estratos infantis consumidores.

O ano de 1975, quando a Ediouro já havia colocado no mercado 17 de suas séries (nove nacionais e oito traduzidas),

Figura 48 - Título com letras em caixa alta e caixa baixa e arte com logo da série ao centro

Figura 47 - Título com letras em maiúsculas e arte com logo da *Mister Olho* ao centro

traz a segunda alteração no projeto e estratégia editorial da coleção *Mister Olho* como um todo (...): se a proposta dos livros sempre foi a de atrair seus jovens leitores potenciais com capas vistosas e coloridas, embelezadas por traços que aproximavam os livros da reconhecível linguagem dos quadrinhos (o desenhista Noguchi responderia por centenas dessas memoráveis capas da Ediouro), em algum momento de 1975 os livros passam a ganhar ilustrações internas de artistas como Teixeira Mendes e Baron. (PACHE DE FARIA, 2017, p. 75)

A primeira das alterações de projeto gráfico, no entanto, é ainda mais significativa, embora pudesse passar despercebida como mero detalhe.

Além da [citada] adoção de ilustrações internas em preto e branco, mudam também alguns elementos na capa da (...) coleção *Mister Olho* que dão a entender que a editora parecia reconhecer a força individual e a popularidade de suas personagens. (...) O emblema da *Inspetora*[, da *Turma do Posto Quatro*, de *Chereta*, de todas as séries, enfim,] muda de lugar e passa a ocupar o centro superior da capa, onde antes ficava a logo da *Mister Olho*. Além disso, (...) os títulos deixam de ser genéricos (o Caso disso, o Caso daquilo...) e incorporam o nome da [respectiva] série e de sua[/seu] protagonista, facilitando seu reconhecimento pelos leitores já conquistados e os a conquistar. Por fim, as contracapas param de apresentar fichas técnicas explicativas da coleção e tornam-se mais sedutoras, oferecendo pequenos textos sobre a trama do volume. (PACHE DE FARIA, 2017, p. 76)

Já perto do final de sua trajetória, em 1978, a *Mister Olho* recebe uma última alteração (algo tardia) em seus padrões, que provavelmente se deve ao fato de que seu maior canal de escoamento migrara para as lojas da rede própria da Ediouro – em 1976, a empresa anuncia, nos próprios livros, nada menos que 19 lojas em 7 cidades de 5 estados diferentes, número que, em 1979, é ainda mais impressionante: 25 endereços, no dobro de cidades e de estados (14 e 10), onde a *Mister Olho* podia ser adquirida. Aqui já não há mais a distância entre o transeunte apressado da calçada e os livros na banca; o leitor já está na loja, seduzido, e as capas e títulos não precisam mais gritar tão alto – podem se dar ao luxo da sutileza (e do bom gosto e aumento de prestígio) da composição em caixa alta e caixa baixa (Figura 48). É nessa altura também que se adotam os pequenos textos de chamada (normalmente de uma só frase), fazendo referência ao entrecho do respectivo episódio, nas próprias capas (o chamado *splash* ou *blurb)*.

Além do tamanho 10,5cm x 16cm, a *Mister Olho* adotou apenas um único outro formato, de 15,1cm x 20,9cm, o mesmo que adotaria, na década de 1980, para continuar (e reimprimir) a série *Inspetora* e para reeditar *Gisela e Prisco*.

Acompanhando um mercado em evolução que talvez começasse a ver naquele formatinho uma efemeridade e simplicidade difíceis de conciliar com qualidade (ainda que este tenha sido por décadas o *slogan* da Ediouro: "Livros de bolso de qualidade"), a editora da *Inspetora* (...) [faz algumas experiências em] suas linhas infantojuvenis e aumenta o corte dos livros para o que chamavam de Duplo em pé: uma brochura com arte muito semelhante à vigente [em toda a *Mister Olho*] (...), mas com o dobro do tamanho do livro dito Normal (ambos os termos foram colhidos entre fichas de produção da editora, quando de nossas visitas). (PACHE DE FARIA, 2017, p. 77-78)

Tratavam-se, provavelmente, de tentativas de conquistar outros mercados, mas que se limitaram a pouquíssimos títulos e edições, uma vez que o custo industrial de cada exemplar era justamente o dobro do formatinho já consagrado. Tais edições eram listadas como "Extra" ou "De Luxo" e antecediam em muitos meses o lançamento do mesmo título em sua versão pequena, em formato Normal. Foram publicados dessa forma, originalmente (e no mesmo ano), os seguintes livros da Coleção: *A Inspetora e o Caso dos Brincos* (1977), *Goiabinha na Bahia e o Licor Misterioso* (1977), *Dico e Alice e a Armadilha no Tempo* (1977), *O Segredo do Porto do Conde* (1977), *O Segredo do Moinho Holandês* (1977), *Gisela e o Talismã da Felicidade* (1977), *Gisela e o Enigma da Orquídea Negra* (1977) e *Os Aldenis e o Mistério da Casa na Árvore* (1977).

Com (...) o aumento físico dos livros, a Ediouro provavelmente procurava emprestar-lhes mais credibilidade e prestígio, além de afastá-los do estigma que acompanha a leitura da ficção "de bolso", seja a adulta ou a infantil. (PACHE DE FARIA, 2017, p. 79)

Tal qual o *phármakon* grego, a cuja ambiguidade de poder significar tanto "veneno" como "remédio" Sócrates se refere para alertar sobre os perigos da escrita, no diálogo *Fedro*, de Platão, também o caráter popular dos pequenos livros de bolso infantis da Ediouro, em vez atrair, poderia, dependendo das circunstâncias, funcionar como agente de repulsa e rejeição. Como diz Laurence Hallewell em *O livro no Brasil* (2005),

[...] talvez o próprio conceito de produto mais barato descartável ainda seja estranho ao consumidor brasileiro, extremamente conservador, sobretudo numa área de prestígio como a da "cultura". Citando Senna Madureira (*Jornal do Brasil*, 9 de junho de 1977), "a maioria dos leitores quer um livro bonito, e o livro de bolso, em princípio, é feio [...]". (HALLEWELL, 2005, p. 746, *apud* PACHE DE FARIA, 2017, p. 79)

A boa distribuição da Ediouro veio somar-se ao fato de que jogava praticamente sozinha, sem adversário, no mercado nacional para aquele gênero. Como já vimos, a *Vagalume*, nome que atualmente, no Brasil, se associa aprioristicamente ao conceito de *coleção infantojuvenil*, apesar de ter surgido no mesmo ano da *Mister Olho*, 1973, lançou pouco mais de meia dúzia de títulos nos anos 1970. Seu alcance e atividade se dá só na década seguinte, quando a coleção de nosso *corpus* já saíra de cena. Portanto, a presença em "boa parte do território nacional e as tiragens generosas, que ajudavam a reduzir os custos unitários dos livros comparativamente a outras editoras [(o preço de capa de Cr$ 3,00 equivalia ao valor de duas revistas *Recreio*, da Abril)]" (PACHE DE FARIA, 2017, p. 81), serve para explicar a popularidade da *Mister Olho*, sua difusão e a multiplicação dos lançamentos.

PARTE I • Capítulo 2 - Autores, tiragens, desenhistas, contratos, edições e títulos

> A distribuição era feita de várias maneiras: pelas livrarias (que, infelizmente, jamais demonstraram entusiasmo por qualquer tipo de publicação barata), pela rede de vinte e cinco lojas mantida pela própria empresa, em catorze das 82 maiores cidades do Brasil (lojas exclusivas das Edições de Ouro), pelas bancas de jornal e pelo reembolso postal. (HALLEWELL, 2005, p. 743 *apud* PACHE DE FARIA, 2017, p. 81-82)

Durante o mestrado, já chamávamos a atenção para a importância dessa cobertura múltipla ao reproduzir mensagem recebida de um livreiro a quem compráramos um exemplar da *Mister Olho*: "são livros muito raros hoje em dia. Lembro que na década de 80 eu gostava muito devido a serem vendidos nas bancas. *Na minha cidade não havia livraria!!!*" (GONÇALVES, 2014, p. 1, grifo nosso, *apud* PACHE DE FARIA, 2017, p. 82).

> Ou seja, graças a uma aguerrida e inovadora rede de distribuição que lembra muito as iniciativas de Monteiro Lobato no final da década de 1910 e início dos anos 1920, a Ediouro provavelmente garantiu que as histórias [infantojuvenis de gênero da *Mister Olho*] (...) conquistassem um público muito maior do que poderia prever (...) [qualquer de seus escritores]. Mas de que iniciativas lobatianas falamos? Ora, Lobato, ao abraçar o mundo dos negócios editoriais, teve à frente um país que, em 1919, não possuía mais que 35 livrarias (Andrade, 1978, p. 19 *apud* Labanca, 2009, p. 42). O escritor e editor paulista decidiu então criar seus próprios pontos de venda! (PACHE DE FARIA, 2017, p. 82)

> Para tanto, [Monteiro Lobato] remeteu cartas a diversos estabelecimentos comerciais espalhados pelo interior do país, na qual (*sic*) convidava os comerciantes a vender sob consignação "uma coisa chamada livro", um "artigo comercial como outro qualquer: batata, querosene ou bacalhau". Essa investida garantiu às suas edições quase dois mil pontos de venda em todo tipo de loja de varejo. (LABANCA, 2009, p. 42, *apud* PACHE DE FARIA, 2017, p. 82)

Já as tiragens acima do normal explicavam-se pelo fato de a Ediouro ser dona de um parque gráfico próprio, o que garantiu que os livros de bolso da coleção *Mister Olho* "não ficassem restritos à lógica que fazia do Brasil um país onde três mil exemplares vendidos transformavam um título em *best-seller*" (PACHE DE FARIA, 2017, p. 82).

Falamos aqui de, ao final das contas, uma montanha de livros que excedeu os dois milhões e meio de exemplares, espalhados por mais de duzentos e cinquenta títulos. É dessa ordem de grandeza que se tratou a Coleção *Mister Olho*, e que esmiuçaremos em mais detalhes conforme formos avançando por cada série e autor individualmente, ao longo deste capítulo.

Os números exatos do conjunto deste esforço editorial e criativo inigualado na história do livro brasileiro para crianças são estes que vêm agora a público pela primeira vez: **252 títulos inéditos no país** (sejam originais em vernáculo ou traduções), produzidos por **28 autores** (30, se considerarmos em separado os nomes das parcerias), com tiragem total **de 2.691.272 exemplares**. A Tabela 1 expõe sinteticamente estes dados, separando-os por patota ou personagem.

Como já mencionamos anteriormente, algumas das séries de nosso *corpus* tiveram livros publicados fora de nosso recorte, seja por deixarem de pertencer à coleção ainda nos anos 1970 ou porque o conceito da *Mister Olho* é abandonado com a chegada da década seguinte. Se considerarmos esses títulos e prensagens (sumarizados na Tabela 2), veremos que a quantidade de obras chega a quase trezentas e as tiragens a quase cinco milhões. Em números exatos: **291 livros** e **4.697.219** exemplares. Há que se registrar ainda os 21 datiloscritos inéditos (16 obras brasileiras e 5 traduções) que tiveram sua publicação cancelada e que teriam aumentado esses números ainda mais.

Série	1973	1974	1975	1976	1977	1978	1979	Tiragem Total
NACIONAIS								
A Turma do Posto Quatro	6	5	5	2	4	4	3	331.500
Os Seis			5	3	4			149.600
Missão Perigosa			4	2				54.000
Chereta		2	4	2	2	1		104.000
Bira e Calunga	3	3	4					217.000
A Inspetora		4	8	2	5	1	7	300.237
Goiabinha			6	2	2			72.000
Gisela e Prisco			2	6	4	3		122.298
O Clube do Falcão Dourado			1	5	4			76.000
Chico e Faísca				3	3	1		50.000
Toquinho, o detetive	4	1						100.000
Márcia			4					44.000
Dico e Alice				9	2			94.000
Diana			4	3				28.000
TRADUZIDAS								
Monitor	-	-	3	2	1	-	-	67.000
Capitão Lula	-	-	2	4	-	-	-	66.000
Os Aldenis	5	-	-	7	3	-	-	182.000
Quim	-	-	4	2	4	-	-	70.000
Jonas	-	-	-	6	4	-	-	68.000
Jacques Rogy	3	6	4	1	-	-	-	131.000
Fora de Série (livros avulsos)	19	7	1	-	-	-	-	364.637

Tabela 1 - Coleção *Mister Olho*: títulos por série, ano a ano, e tiragens totais

Série	1976	1977	1978	1979	1981	1982	1983	1984	1988	Tiragem Total
NACIONAIS										
A Turma do Posto Quatro							4	2		115.018
Os Seis							6	1		83.500
Missão Perigosa	3	1	2					1		108.003
Chereta										3.000
Bira e Calunga										4.000
A Inspetora					3	6		1	1	253.728
Goiabinha										29.000
Gisela e Prisco										67.000
Toquinho, o detetive				1						30.000
Márcia	1									32.000
Dico e Alice										36.000
Diana	3	2								83.000
TRADUZIDAS										
Monitor										17.000
Os Aldenis										19.130
Jacques Rogy	1									52.000
Fora de Série (livros avulsos)										116.931

Tabela 2 - Séries surgidas na Coleção *Mister Olho* com títulos originais e reedições em outras coleções: ocorrências ano a ano (apenas dos trabalhos novos) e tiragens totais (incluindo as reimpressões)

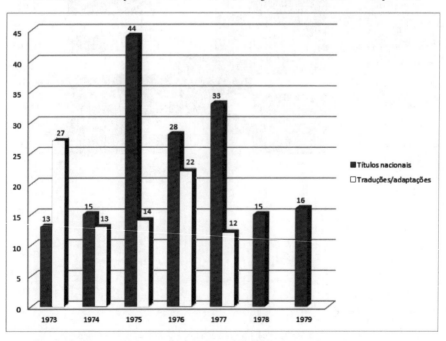

Gráfico 1 - Distribuição dos lançamentos da *Mister Olho* (originais e traduções) entre 1973 e 1979

O ápice produtivo da *Mister Olho* está no ano de 1975, com seus 58 títulos editados, mas os dois anos seguintes são quase igualmente prolíficos, com 50 e 45 cada, respectivamente. No Gráfico 1, apresentamos a evolução da coleção, desde 1973, quando as traduções eram ainda maioria (27 dos 40), até 1979, quando todos os 16 trabalhos publicados eram todos de autores nacionais (tendência que na verdade começa no ano anterior).

Autores e séries originais em língua portuguesa: o gigantismo inescapável da coleção nascida em Bonsucesso

Em 2008, economistas e investidores assistiam, atônitos, à quebra do banco norte-americano Lehman Brothers (estopim da crise daquele ano, que se espalharia por todo o planeta), considerado pelo mercado e pelos analistas, até então, dada sua antiquidade e seu tamanho, como "too big to fail": grande demais para (que o governo o deixasse) quebrar. Mas, como sabemos, tais expectativas dogmáticas não corresponderam ao que se tornou realidade.

Tomando a liberdade de usar o exemplo acima para uma analogia literária, o mesmo parece ter se passado (por longo tempo) com nosso *corpus*: diria o senso comum que a *Mister Olho* representou um esforço de criação "too big to ignore": grande demais para se ignorar (como objeto acadêmico). Mas a revisão empírica a que já aludimos páginas atrás nos provou que não; pouco, quase nada, se escreveu sobre a coleção e seus livros. Seu gigantismo, que veremos a partir de agora em detalhes, deveria ter feito dela material de estudo inescapável. Porém, de maneira organizada, que a tome como um todo, não há nenhum tratamento; este livro acende um humilde archote em meio ao vazio de registros.

Ao comentar, em seu *Dicionário Crítico*, as origens da autêntica literatura brasileira infantil, Nelly Novaes Coelho, localizando-as nos primeiros "*livros didáticos* adaptados à criança brasileira" (COELHO, 2006, p. 18), que vêm fazer companhia, no século XIX, às traduções ou trabalhos originais que vinham da matriz, dá uma medida da importância de tal marco (ao prescindir, a autora, mesmo do aspecto literário nessa busca de um início) para os estudos do gênero e para um melhor entendimento do nosso *ser* brasileiro. Se há, como diz Leonardo Arroyo, uma

> reação nacional ao enorme predomínio da literatura didática e literatura infantil que nos vinha de Portugal, em obras originais e traduzidas, (...) [ainda que ela se dê] de forma isolada em algumas regiões mais desenvolvidas culturalmente, (ARROYO, 1990, *apud* COELHO, 2006, p. 19)

é preciso que tal reação tenha o estofo de seus próprios autores, de suas próprias iniciativas, temas e tradições. Só poderemos, claro, falar em qualquer brasilidade dentro do gênero que for quando houver brasileiros deitando suas próprias criações, embaladas e inspiradas por seu particularíssimo cotidiano e universo, no branco do papel.

Nesse espírito, diz Regina Zilberman, ao se reportar a esse mesmo começo de trajetória, que

> O negócio dos livros para crianças, incipiente à época do *Tesouro dos meninos* e do *Livro de Leitura*, [ambos didáticos], prospera, ao final do oitocentos. *Contudo, faltavam autores e temas brasileiros*, e esses começam a se manifestar no começo do século seguinte, quando se publicam, em 1901, *Porque me ufano de meu país*, de Afonso Celso, em 1904, *Contos pátrios*, de Olavo Bilac e Coelho Neto, em 1907, *Histórias da nossa terra*, de Júlia Lopes de Almeida, e em 1910, *Através do Brasil*, de Olavo Bilac e Manuel Bonfim. Os títulos bastam para indicar a opção pelo nacionalismo, como se a literatura infantil só tivesse condições de se afirmar no país se, ao mesmo tempo, afirmasse o próprio país. (ZILBERMAN, 2014, p. 227)

A exemplo de críticos e historiadores de nossa literatura como Nelson Werneck Sodré, para quem só existe realmente uma literatura local do Modernismo em diante – o Brasil só seria realmente brasileiro passada a Independência e o período, que a ela se segue, de amadurecimento de uma identidade autônoma e nacional, que permite então a emergência da "autenticidade em nossas manifestações literárias" (SODRÉ, 1976, p. 522) –, Zilberman coloca como seus próprios padrões de exigência tanto a originalidade de criação (era preciso deixar para trás a fase das traduções e adaptações) quanto o rompimento com a simbiose paradidática na qual o livro infantil mantinha "seus vínculos com a escola, garantindo o resultado agora quase centenário: um público cativo, um mercado consumidor assegurado" (ZILBERMAN, 2014, p. 227). Lobato continua sendo, diz a autora, o primeiro a satisfazer ambos os critérios, mas haveria que se dar o crédito de pioneiro ao livro de um outro autor bem menos conhecido (e que seria o primeiro, para Zilberman, a se poder chamar *mesmo* de escritor de literatura infantil brasileira), publicado um ano antes de *A menina do narizinho arrebitado* (1920).

> Em 1919, Thales de Andrade publica *Saudade*. Destinado ao público infantojuvenil, o livro traz marcas que o distinguem do até então produzido: o relato, em primeira pessoa, é memorialista, recuperando os acontecimentos relativos à vida do protagonista no campo, depois na cidade e, por fim, outra vez no meio rural. Identifica-se uma visão nostálgica em relação ao universo agrícola em que se deu a formação da personagem, sentimento decorrente talvez da consciência de que aquela experiência, apesar de suas qualidades positivas, era irrecuperável. (...)
>
> O que confere a *Saudade* a condição de marco inaugural é o fato de a narrativa ser produto da imaginação do escritor, rompendo o ciclo das adaptações que, desde as *Aventuras pasmosas do célebre Barão de Munkausen*, passaram

depois pelas mãos de Figueiredo Pimentel, além de terem sido praticadas, antes, por Carlos Jansen, e, na sequência, por Arnaldo de Oliveira Barreto. (ZILBERMAN, 2014, p. 227-228)

Como se pode ver, mesmo uma acadêmica com décadas de carreira como Regina Zilberman não consegue resistir ao canto de sereia da incessante busca arqueológica das origens dos gêneros. Longe de ser um defeito, tal esforço apenas evidencia ainda mais a importância que sempre houve na construção de um *corpus* e de uma tradição literária infantojuvenil nacional. Só podemos tentar examinar as "*relações ocultas* que, desde sempre, existiram (e existem ainda) entre a literatura infantil/juvenil e as metas da sociedade" (COELHO, 2006, p. 19) se tivermos uma boa ideia de onde (paradoxalmente) começa esse *sempre* e se é de uma *sociedade* verdadeiramente brasileira que estamos a falar.

Figura 49 - Anúncio da publicação de *As Aventuras de Cherloquinho* como livro na edição de 30 de janeiro de 1917 do jornal carioca *A Noite*

Antes de prosseguirmos para o nosso *corpus*, gostaríamos de deixar uma sugestão (reiterá-la, aliás) para ocupar o pioneirismo de Thales de Andrade como autor infantojuvenil brasileiro: seria ele, em nosso entender, o escritor (então) anônimo de *As Aventuras de Cherloquinho*, a que já nos referimos no começo deste capítulo (na verdade, uma colaboração entre Vasco Lima, Eduardo Vitorino e Irineu Marinho). O livro, com histórias originais publicadas em fascículos em 1916 e em volume em janeiro de 1917 (há um único exemplar no acervo da Biblioteca Nacional), precede *Saudade* em dois anos e o livro de Lobato em três! Isso sem falar que sua circulação, voltada à venda em bancas de jornais (Figura 49), foi concebida para proporcionar uma capilaridade e abrangência ainda mais diversa que as revolucionárias práticas empresariais de distribuição do criador do Sítio do Picapau Amarelo e de sua editora. Afinal, se Lobato, por ser empresário, inaugura, quanto à circulação dos livros, segundo Zilberman, a consciência de que cabe convencer *um público anônimo*, aleatório e distante a comprar o objeto que ele oferece, e não outro, [e que isso] determina a adoção de estratégias específicas de vendas, para além da dependência ao governo e aos propósitos da educação, (ZILBERMAN, 2014, p. 229-230. Grifo nosso.)

que dizer do público de rua? Haverá público mais anônimo (e desconsiderado...) que aquele que consome sua literatura a partir das bancas de jornal? Bancas que, como vimos, foram o primeiro *stand* de venda, país afora, dos livros de bolso infantis da Ediouro?

A *Mister Olho*, **entre 1973 e 1979**, publicou **164 títulos originais brasileiros** (Gráfico 2), distribuídos pela editora em **14 séries diferentes**. Tal trabalho, que soma bem mais que 20.000 páginas, coube a **seis autores** que, durante muito tempo, pareceram aos leitores da editora serem o dobro disso: Hélio de Soveral usava cinco pseudônimos, Carlos Heitor Cony, dois, e Ganymédes José usava o nome composto para uma das séries e o sobrenome para a outra. Na Tabela 3, reunimos escritores a sua criações e alcunhas, para facilitar a referência e consulta.

A tiragem de todos esses livros assinados por um total de 6 autores locais somou, nesses sete anos, **1.742.635 exemplares** (Gráfico 3). Se somarmos a eles as tiragens dos **38 títulos originalmente editados já fora da *Mister Olho*** tanto na década de 1970 quanto na de 1980, mais suas reedições (anos 1970, 1980, 1990), atingimos a cifra de **2.586.884 brochuras**.

Por razões mercadológicas (a Ediouro flertava com um público mais juvenil...), algumas séries seriam sacadas da *Mister Olho*, ainda nos anos 1970, ganhando nova roupagem (*design* e estratégias de promoção), embora não se percebam, fora isso, modificações de estilo, tema ou conteúdo. Esse é o caso para *Diana, Toquinho, Márcia e Missão Perigosa*. Já com *A Inspetora, Os Seis e A Turma do Posto Quatro*, o que acontece é que as séries seguem, sem interrupção, anos 1980 adentro ou são retomadas no começo da década, com novos títulos originais, já em outros formatos e coleções. Tratam-se, portanto, de livros, a rigor, fora de nosso *corpus*, mas dos quais falaremos, ocasionalmente, seja mencionando trechos de interesse ou simplesmente citando dados editoriais (tiragens, artistas envolvidos, etc.).

Além dos 164 livros que publicou no recorte (e mais os outros 38 das mesmas séries, fora da *Mister Olho*), a Ediouro comprou (pelo menos) outros **16 originais**, que permaneceram **inéditos** por motivos variados: desinteresse econômico, desentendimento entre autor e editora e autocensura suscitada pelo regime da época e pelo cerceamento (direto e indireto) das liberdades de expressão. Dez deles são da série *Dico e Alice* (resgatamos oito; dois permanecem perdidos), dois são da série *O Clube do Falcão Dourado*, dois de *Chico e Faísca*, um da série *Chereta* e o último, da *Inspetora*. 14 originais, portanto, à espera de mais tempo e espaço para fazermos surgir novos trabalhos de pesquisa e análise.

Autor	Série	Pseudônimo (ou nome real)	Títulos (*Mister Olho*)	Títulos (fora da *Mister Olho*)
HÉLIO DO SOVERAL	*A Turma do Posto Quatro*	Luiz de Santiago	29	6
	Bira e Calunga	Gedeão Madureira	10	-
	Chereta	Maruí Martins	11	-
	Os Seis	Irani de Castro	12	7
	Missão Perigosa	Yago Avenir (dos Santos)	6	7
GLADIS N. STUMPF GONZÁLEZ	*Gisela e Prisco*	Gladis	15	-
	O Clube do Falcão Dourado	Gladis	10	-
	Chico e Faísca	Gladis	7	-
GANYMÉDES JOSÉ	*A Inspetora*	Santos de Oliveira	27	11
	Goiabinha	Ganymédes José	10	-
CARLOS HEITOR CONY	*Toquinho, o detetive*	Lino Fortuna	5	1
	Márcia	Altair Boaventura	4	1
CARLOS FIGUEIREDO	*Dico e Alice*	José M. Lemos	11	-
VERA LÚCIA DE OLIVEIRA SARMENTO	*Diana*	Juraci Coutinho	7	5

Tabela 3 - Autores e pseudônimos, séries e títulos (*Coleção Mister Olho*)

PARTE I • Capítulo 2 - Autores, tiragens, desenhistas, contratos, edições e títulos

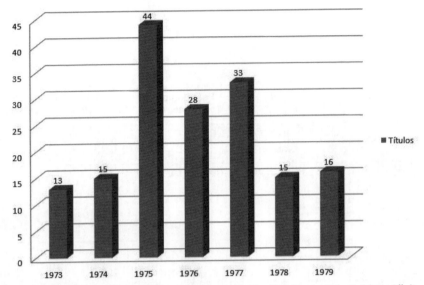

Gráfico 2 - Títulos originais nacionais publicados entre 1973 e 1979 (apenas Coleção *Mister Olho*)

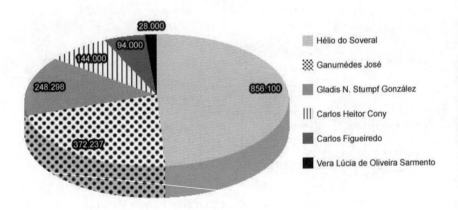

Gráfico 3 - Tiragens dos autores da *Mister Olho* (séries somadas) apenas para o recorte do *corpus*

Hélio do Soveral

> Hélio do Soveral (1918-2001) é o segredo mais bem guardado da cultura brasileira. Ele era multimídia muito antes desse termo existir. Romancista, contista, tradutor, roteirista de cinema, televisão, quadrinhos, rádio (seu Teatro de Mistério faz sucesso até hoje), tradutor de Edgar Allan Poe. Nascido em Portugal, escolheu o bairro de Copacabana como lar. Faleceu num acidente estúpido, completamente esquecido pelo país que o adotou. Mas nos deixou uma obra tão vasta que uma parte dela está aflorando aos poucos, para nossa alegria. (MARQUEZI, 2018)

É assim que Dagomir Marquezi começa a apresentar o autor português Hélio do Soveral na orelha do romance *O Segredo de Ahk-Manethon*. Um segredo infelizmente ainda pouco investigado cuja extensa produção pede mais estudiosos e leitores. Como dissemos em nossa introdução à mesma obra,

> A importância do legado de Hélio do Soveral, em diversas áreas da vida cultural brasileira, é (...) inegável, incontornável e digna de resgate e estudo. Se, no mundo do romance policial, [por exemplo,] Rubem Fonseca segue sendo o nome academicamente incensado por natureza, Soveral é de longe o mais prolífico. Basta ficar nos mais de mil roteiros escritos para rádios como Tupy e Nacional e nos seus detetives memoráveis: o Inspetor Marques, o norte-americano Lewis Durban e o brasileiro Walter Marcondes. (PACHE DE FARIA, 2018, p. 18)

Em nosso mapeamento da Coleção *Mister Olho*, para a qual Soveral escreveu nada menos que 89 livros (sendo um inédito) para cinco séries diferentes, com uma tiragem total de 856.100 exemplares ao longo de nosso recorte temporal, 1973-1979 (somam-se a eles outras 313.521 cópias, das edições fora da coleção), procuramos trazer alguma luz ao autor que, se ainda é lembrado por suas décadas como radialista (ator, produtor, redator de novelas), é praticamente desconhecido como um dos mais populares escritores infantojuvenis que o país jamais soube que teve!

Em primeiro lugar, precisamos dizer que é mais que provável que a Coleção *Mister Olho*, como *corpus* literário brasileiro, deva a sua existência ao autor baseado em Copacabana. Em entrevista de 16 de agosto de 1975 ao *Estado de S. Paulo*, Soveral, ao comentar a carreira de escritor de livros de bolso (ele então já escrevera dezenas para a Monterrey), dá a entender que dera uma de "entrão", conseguindo emplacar o conceito de que pagar a profissionais locais seria mais fácil e barato do que recorrer a traduções.

> Disse para o editor que, em vez de comprar os direitos dos péssimos livros policiais estrangeiros que publicavam lá, e ainda ter que pagar tradutor, era mais econômico para a editora e para o país pagar um escritor nacional mesmo. (...) [E, no caso dos infantojuvenis,] quando soube que

[uma outr]a editora ia comprar os direitos de uma autora estrangeira, dei o mesmo golpe dos romances policiais. Para que desperdiçar divisas, minha gente? Brasileiro sabe escrever tão bem ou melhor que os escritores do resto do mundo. Eles ouviram e foi confirmada uma profecia do próprio Lobato: crianças e adolescentes são o melhor e mais fiel mercado literário. (SOVERAL, 1975d, p. ?)

A outra editora a que Soveral se refere é, claro, a própria Ediouro. Não é possível saber como o português soube dos planos para a coleção em andamento, mas arriscamos uma hipótese: Soveral teria recebido a dica do ilustrador Jorge Ivan, que era quem assinava os desenhos de suas crônicas na seção *Drama & Comédia*, do jornal carioca *Última Hora*, onde escreveu exatos 469 textos entre 19 de agosto de 1971 e 3 de abril de 1973 (material para futuros trabalhos nossos...). Jorge Ivan, nesse período aproximado (não pudemos precisar quando), trabalhou como diretor de arte justamente na Edições de Ouro. Ele é autor, inclusive, das quatro primeiras capas de Soveral na *Mister Olho*, todas na *Turma do Posto Quatro*. Outro documento que corrobora a ideia de Soveral como abridor de caminhos para o escritor nacional junto às Edições de Ouro é que, em seu acervo, consta uma carta (Figura 50) endereçada à José Olympio Editora (mas com o nome da Vecchi rabiscado à caneta, como que preparando uma segunda tentativa), na qual ele oferece seus serviços como autor de livros de bolso: na missiva, datada de 26 de maio de 1969, Soveral lista vários planos de séries em todos os gêneros (*western*, policial, terror, erótico, ficção científica, etc.) e faz a defesa tanto do *produto* quanto do *produtor*:

> Prezado amigo, será ocioso encarecer o interesse que desperta, no grande público brasileiro das capitais e do interior, as séries de livros de bolso, repletas de mistérios, aventuras, sexo e violência. Esse tipo de literatura popular, importado principalmente dos Estados Unidos, também pode ser fabricado no Brasil, com melhor qualidade literária e o mesmo preço, o que resulta em nítida vantagem para o Editor. O fim desta é passar às mãos de V. Sa. algumas sugestões para o lançamento de duas séries mensais de livros de bolso, inéditos, exclusivos, escritos em português (embora seu autor use pseudônimos estrangeiros) e fadadas a pleno êxito. Já temos bastante experiência nesse gênero de trabalhos (escrevemos, atualmente, as séries "ZZ7 Azul" e "SPECTRE", da Editora Monterrey) e conhecemos suficientemente o gosto do público, para poder lhe oferecer aquilo que ele digere com mais entusiasmo. (SOVERAL, 1969, p. 1)

Na página quatro da mesma carta, podemos vislumbrar a sinopse (Figura 51) de Soveral para o que parece ser seu primeiro plano de trabalho infantojuvenil seriado: *Calunga, um herói brasileiro*.

> Série infantojuvenil, narrando as estripulias de um boneco (desenhado) que cria vida ao morrer o menino que o desenhou. Vivente e imortal, Calunga penetra nos livros célebres, retrocede no tempo e no espaço, e participa de grandes acontecimentos históricos, tirando, de cada aventura, conclusões morais e instrutivas. (SOVERAL, 1969, p. 4)

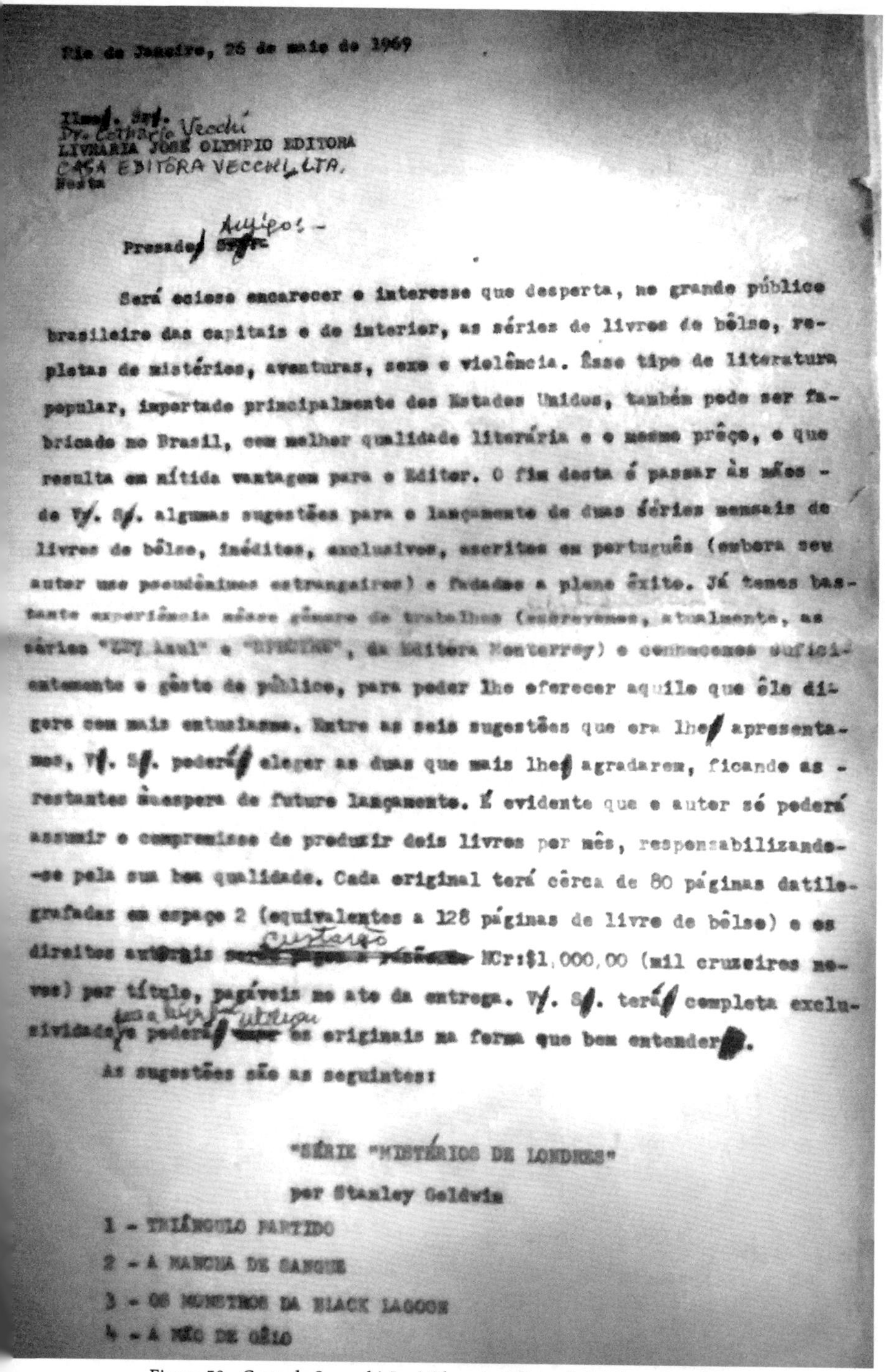

Rio de Janeiro, 26 de maio de 1969

Ilmo. Snr.
Dr. Cotrácio Vecchi
LIVRARIA JOSÉ OLYMPIO EDITORA
CASA EDITÔRA VECCHI, LTA.
Nesta

Prezado Amigos -

Será ocioso encarecer o interesse que desperta, no grande público brasileiro das capitais e do interior, as séries de livros de bôlso, repletas de mistérios, aventuras, sexo e violência. Êsse tipo de literatura popular, importado principalmente dos Estados Unidos, também pode ser fabricado no Brasil, com melhor qualidade literária e o mesmo prêço, o que resulta em nítida vantagem para o Editor. O fim desta é passar às mãos de V. S. algumas sugestões para o lançamento de duas séries mensais de livros de bôlso, inéditos, exclusivos, escritos em português (embora seu autor use pseudônimos estrangeiros) e fadadas a pleno êxito. Já temos bastante experiência nesse gênero de trabalho (escrevemos, atualmente, as séries "X-9 Azul" e "X-9...", da Editôra Monterrey) e conhecemos suficientemente o gôsto do público, para poder lhe oferecer aquilo que êle dirá com mais entusiasmo. Entre as seis sugestões que era lhe apresentamos, V. S. poderá eleger as duas que mais lhe agradarem, ficando as restantes à espera de futuro lançamento. É evidente que o autor só poderá assumir o compromisso de produzir dois livros por mês, responsabilizando-se pela sua boa qualidade. Cada original terá cêrca de 80 páginas datilografadas em espaço 2 (equivalentes a 128 páginas de livro de bôlso) e os direitos autorais custarão NCr:$1.000,00 (mil cruzeiros novos) por título, pagáveis no ato da entrega. V. S. terá completa exclusividade e poderá usar os originais na forma que bem entender.

As sugestões são as seguintes:

"SÉRIE "MISTÉRIOS DE LONDRES"
por Stanley Goldwin

1 - TRIÂNGULO PARTIDO
2 - A MANCHA DE SANGUE
3 - OS MONSTROS DA BLACK LAGOON
4 - A MÃO DE ÓDIO

Figura 50 - Carta de Soveral à José Olympio Editora (e à Editora Vecchi)
com oferta de várias séries de livros de bolso

Em algumas das notas manuscritas suas (Figura 52) sobre o projeto, que localizamos em seu acervo, Calunga é descrito como alguém que enfrentaria "os militares e os exploradores do povo" (SOVERAL, 196?, p. 1). Uma pena que a série *Calunga* tenha sobrevivido apenas como o nome do cão do menino Bira, um dos protagonistas dos livros *Bira e Calunga*. Em todo caso, é interessante ver como Hélio do Soveral já se preparava para tomar de assalto as impressoras da Ediouro e as fileiras da Coleção *Mister Olho*, poucos anos depois.

Além destes projetos anteriores, para editoras diferentes, o autor tentou emplacar também outros trabalhos junto à Ediouro, mais ou menos na mesma época de suas obras publicadas. Alguns planos sobreviventes mostram-nos o que poderiam ter sido outras séries infantojuvenis de Soveral e chamam atenção, em especial, pelo tanto de colorido e temática nacional que ele pretendia dar a elas. A mais antiga (contemporânea das sinopses de *Os Seis* e *Missão Perigosa*, que veremos em suas respectivas seções mais adiante) é a que bolou com o nome de *O Mistério de...* (Figura 53).

> A Família Travassos, moradora num subúrbio do Rio de Janeiro, tem um casal de filhos de 11 e 12 anos (Lucinha e Djair) que são uns meninos muito imaginativos e vivem encontrando mistérios terríveis nas coisas mais simples da vida. Mas o fato é que há sempre algo mais ou menos estranho naquilo que eles veem... A dupla tem uma gata angorá, chamada Sinhá (que pertence a Lucinha), um cãozinho caniche (*poodle*) chamado Bitruca (que pertence a Djair) e um papagaio cinzento, chamado Chiribita, que pertence aos dois. Cada vez que se metem em complicações (quase sempre durante as férias de junho ou de fim de ano), Lucinha e Djair chamam seus priminhos Dedé e Dadá para ajudá-los. Dedé e Dadá têm 13 anos e são gêmeos idênticos, mas um deles é corajoso e o outro é medroso às pampas. As aventuras dessa turminha legal, envolvida em perigos reais ou em "gaffes" monumentais, constituem os argumentos desta série infantojuvenil. (SOVERAL, 197?e, p. 1)

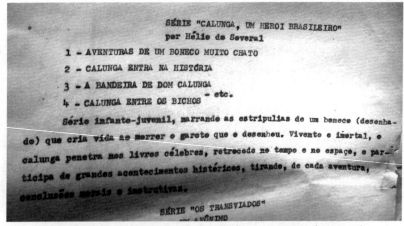

Figura 51 - Primeira ideia registrada de Soveral para uma série infantojuvenil: *Calunga, um herói brasileiro* (1969)

Em sua sinopse e em suas notas (Figuras 54 e 55), Soveral lista cerca de doze títulos para a série e descreve o argumento dos dois primeiros livros que, tanto quanto sabemos, nunca foram desenvolvidos pelo autor.

Outra destas séries apenas concebidas se chamaria *Histórias do Patropi* (Figura 57), com narrativas "infantis, ambientadas no sertão brasileiro, semelhantes às lendas dos nossos índios, (...) cheias de engenho e humor (mas sempre contendo

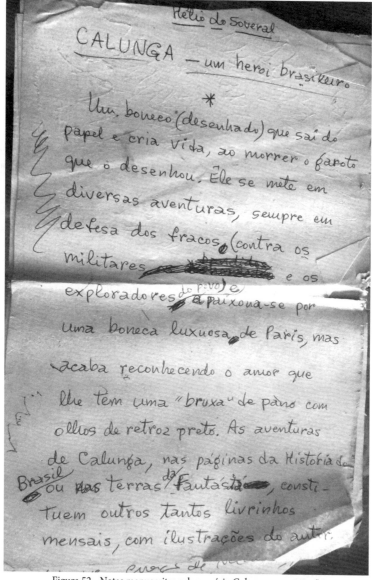

Figura 52 - Notas manuscritas sobre a série *Calunga*, com menção a "militares" e a "exploradores do povo"

um fundo moral), [nas quais] as aves, as feras e as plantas têm o dom da palavra" (SOVERAL, 197?f, p. 1). Soveral aproveitaria a mesma ideia para uma proposta ligeiramente diferente, de nome *Histórias do Pindorama* (Figura 56), mais ou menos na mesma época.

A última dessas sagas não realizadas (Figura 58), também imaginada na década de 1970, a julgar pelos valores pedidos como direitos autorais (embora o papel em melhores condições sugira uma data mais recente), se chamaria *O branco e o vermelho*. Nela, Soveral iria desenvolver um tema que parecia interessá-lo, a julgar por sua presença recorrente em livros de séries como *A Turma do Posto Quatro*: os índios e seus constantes conflitos com os posseiros.

> Série de novelas de ação, contando as aventuras de dois garotos — um louro, de 15 anos, e um índio, de 12 — que vivem na margem esquerda do Rio Araguaia, em plena floresta de Mato Grosso. Aí, eles enfrentam os perigos da selva e os bandidos internacionais que até ali vão, ora para invadir a reserva dos índios, ora para roubá-los, ora para escravizá-los e mandá-los para fazendas distantes. Zé Carlos, o menino louro, é filho de posseiros e Taquima, o curumim, filho de um cacique da tribo dos Carajás. A amizade entre os dois garotos é tão grande e sincera que um seria capaz de morrer em defesa do outro. (SOVERAL, 197?g, p. 1)

No Capítulo 3, examinaremos alguns volumes da série *Turma do Posto Quatro*, procurando entender o tanto que pode haver nas entrelinhas de suas páginas para além da mera proposta de leitura de diversão, sempre tendo em vista o contexto histórico e as particularidades biográficas do próprio Soveral (Figura 59), além de abrirmos espaço para uma análise do uso de pseudônimos pelo autor. Primeiro, contudo, cumpre-nos sobrevoar cada uma de suas criações para a Ediouro; cada uma de suas séries.

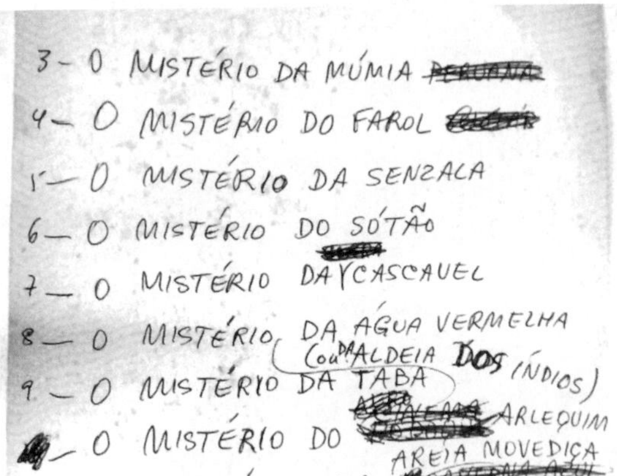

Figura 53 - Nota manuscrita com títulos para a série *O Mistério de...*

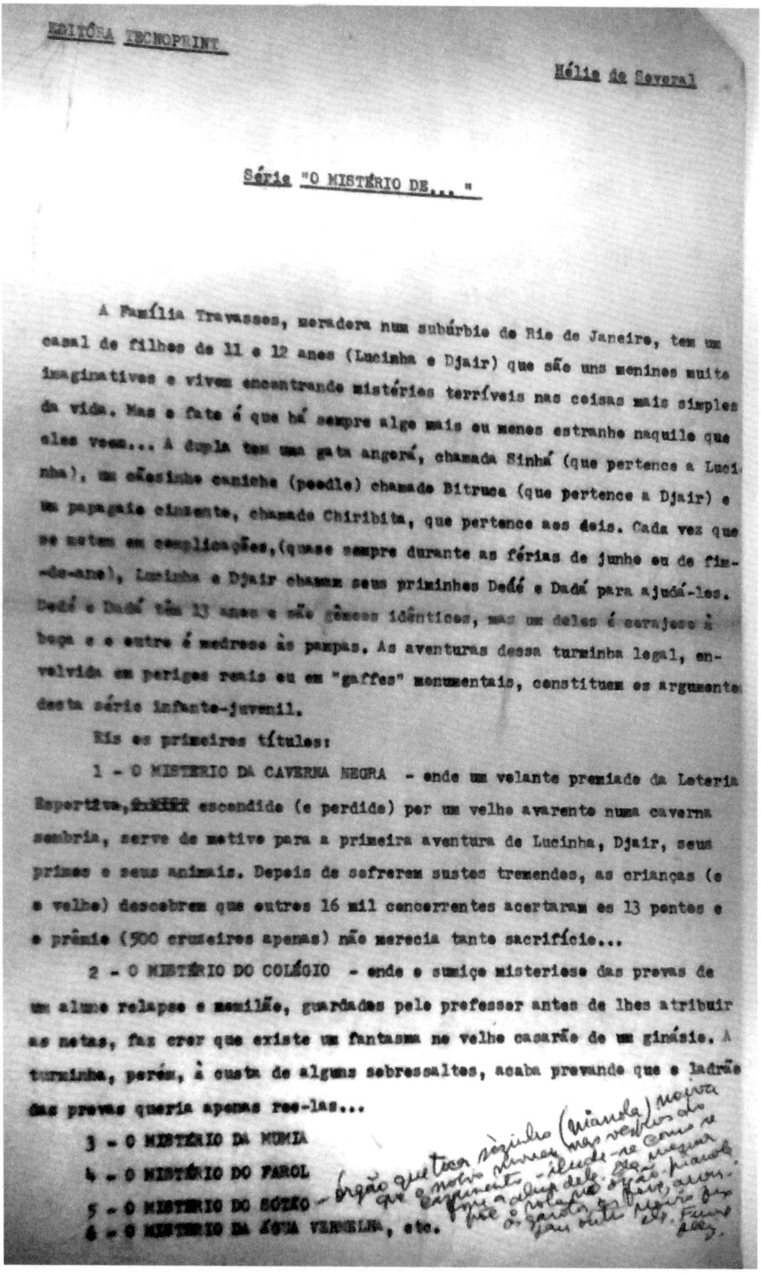

EDITÔRA TECNOPRINT

Hélio de Several

Série "O MISTÉRIO DE..."

A Família Travasses, moradora num subúrbio de Rio de Janeiro, tem um casal de filhos de 11 e 12 anos (Lucinha e Djair) que são uns meninos muito imaginativos e vivem encontrando mistérios terríveis nas coisas mais simples da vida. Mas o fato é que há sempre algo mais ou menos estranho naquilo que eles veem... A dupla tem uma gata angorá, chamada Sinhá (que pertence a Lucinha), um cãesinho caniche (poodle) chamado Bitruca (que pertence a Djair) e um papagaio cinzento, chamado Chiribita, que pertence aos dois. Cada vez que se metem em complicações, (quase sempre durante as férias de junho ou de fim-de-ano), Lucinha e Djair chamam seus priminhos Dedé e Dadá para ajudá-les. Dedé e Dadá têm 13 anos e são gêmeos idênticos, mas um deles é corajoso à beça e o outro é medroso às pampas. As aventuras dessa turminha legal, envolvida em perigos reais ou em "gaffes" monumentais, constituem os argumentos desta série infanto-juvenil.

Eis os primeiros títulos:

1 - O MISTÉRIO DA CAVERNA NEGRA - onde um volante premiado da Loteria Esportiva, ximix escondido (e perdido) por um velho avarento numa caverna sombria, serve de motivo para a primeira aventura de Lucinha, Djair, seus primos e seus animais. Depois de sofrerem sustos tremendos, as crianças (e o velho) descobrem que outros 16 mil concorrentes acertaram os 13 pontos e o prêmio (500 cruzeiros apenas) não merecia tanto sacrifício...

2 - O MISTÉRIO DO COLÉGIO - onde o sumiço misterioso das provas de um aluno relapso e remilão, guardadas pelo professor antes de lhes atribuir as notas, faz crer que existe um fantasma no velho casarão de um ginásio. A turminha, porém, à custa de alguns sobressaltos, acaba provando que o ladrão das provas queria apenas ree-las...

3 - O MISTÉRIO DA MÚMIA
4 - O MISTÉRIO DO FAROL
5 - O MISTÉRIO DO BÔZXO
6 - O MISTÉRIO DA JÓIA VERMELHA, etc.

Figura 54 - Sinopse datilografada da série O Mistério de...

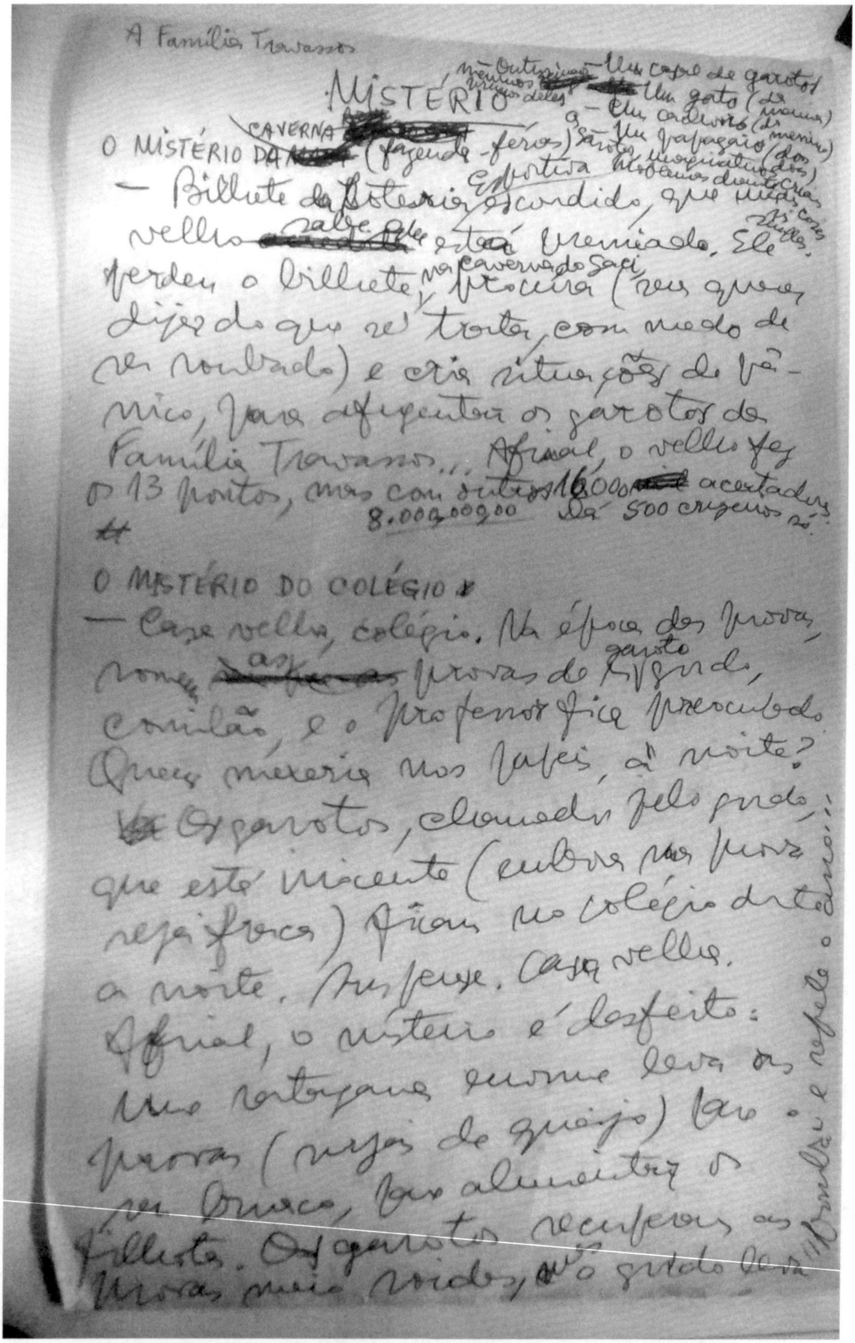

Figura 55 - Anotações manuscritas com entrecho de dois livros
planejados para a série *O Mistério de...*

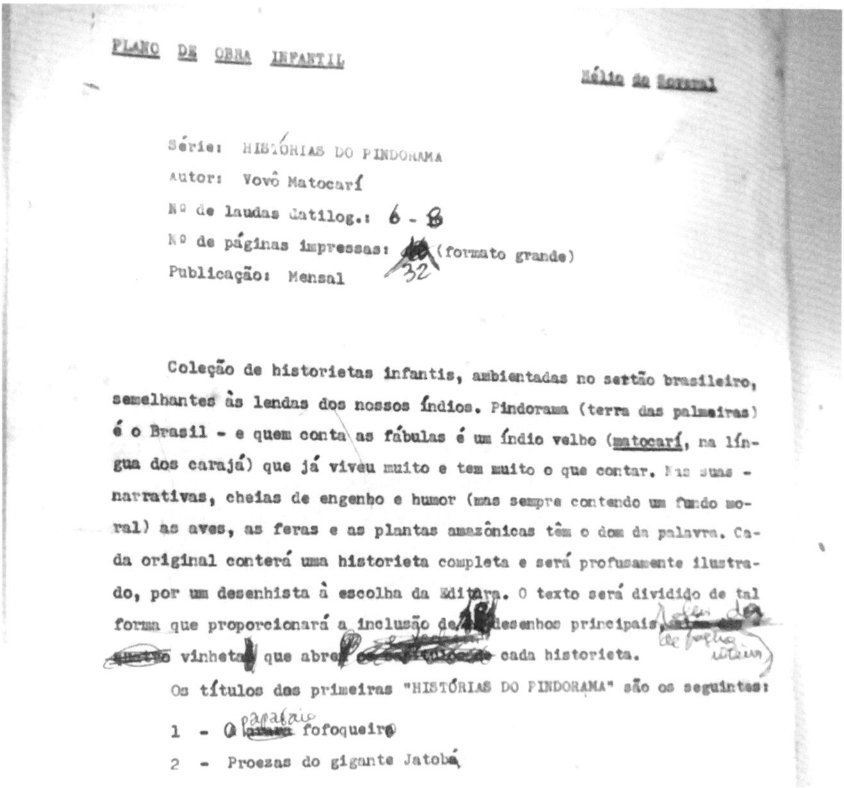

> PLANO DE OBRA INFANTIL
>
> Hélio de Soveral
>
> Série: HISTÓRIAS DO PINDORAMA
> Autor: Vovô Matocarí
> Nº de laudas datilog.: 6 - 8
> Nº de páginas impressas: (formato grande)
> Publicação: Mensal
>
> Coleção de historietas infantis, ambientadas no sertão brasileiro, semelhantes às lendas dos nossos índios. Pindorama (terra das palmeiras) é o Brasil - e quem conta as fábulas é um índio velho (matocarí, na língua dos carajá) que já viveu muito e tem muito o que contar. Nas suas narrativas, cheias de engenho e humor (mas sempre contendo um fundo moral) as aves, as feras e as plantas amazônicas têm o dom da palavra. Cada original conterá uma historieta completa e será profusamente ilustrado, por um desenhista à escolha da Editora. O texto será dividido de tal forma que proporcionará a inclusão de desenhos principais vinhetas que abrem cada historieta.
>
> Os títulos das primeiras "HISTÓRIAS DO PINDORAMA" são os seguintes:
>
> 1 - O papagaio fofoqueiro
>
> 2 - Proezas do gigante Jatobá

Figura 56 - Plano de Soveral para a série *Histórias do Pindorama*

• A Turma do Posto 4

Primeira criação não só de Soveral como de qualquer autor nacional para a *Mister Olho*, a série *Turma do Posto Quatro* praticamente inaugura nosso *corpus* (o contrato do episódio 3, *Operação Fusca Envenenado*, data de 27 de novembro de 1972; ver Figura 60*)*, chegando às bancas em março de 1973 (apenas *Rebeliões em Kabul*, de autor estrangeiro, parece vir antes, em fevereiro do mesmo ano). Ela é também a mais extensa do recorte, com 29 títulos lançados entre 1973 e 1979, e teve certa sobrevida mesmo nos anos 1980, com a publicação de reedições para todos os livros e nada menos que seis novos episódios, entre 1983 e 1984 (os datiloscritos de quatro deles, *...Vikings da Amazônia*, *...Tarzan do Piauí*, *...Tesouro Submarino* e *...Petróleo Verde*, porém, eram de 1979). Mais apreciada e mais bem realizada de todas as que escreveu para a Ediouro, rivalizando o posto de campeã de popularidade e sobrevivência no imaginário leitor apenas com a *Inspetora* de

PLANO DE OBRA INFANTIL

Hélio do Soveral

Série: Histórias do Patropi
Autor: Vovô Tupiniquim
Nº de laudas dat.: 20
Nº de páginas impressas: 80 (formato 20x25)
Publicação: Mensal

Série de histórias infantis, ambientadas no sertão brasileiro, semelhantes às lendas dos nossos índios. O Patropi (país tropical) é o Brasil - e quem conta as fábulas é um índio velho que viveu demais. Nas suas narrativas, cheias de engenho e humor (mas sempre contendo um fundo moral) as aves, as feras e as plantas têm o dom da palavra. Cada original conterá uma história completa e será profusamente ilustrado por Orestes de Oliveira Filho, jovem desenhista já com bastante prática em histórias em quadrinhos. O texto será dividido de tal forma que proporcionará a inclusão de 20 desenhos centrais, além das 4 ou 5 vinhetas que abrem os capítulos de cada história. Desta forma, a cada 2 páginas de livro haverá uma ilustração panorâmica.

Os títulos das primeiras "Histórias do Patropi" são os seguintes:

1 - O papagaio fofoqueiro

2 - Uirapuru, o astro da TV

3 - O "amigo" jacaré

4 - Dona Jararaca e seus maridinhos

5 - Proezas do gigante Buriti

6 - O caxinguelê Felicíssimo

etc.

Condições de pagamento da obra literária:

Cessão definitiva dos Direitos Autorais...... ₢ 4 000,00

OBS.: As condições de pagamento da obra artística (ilustrações) deverão ser combinadas com o desenhista.

Figura 57 - Sinopse para a série *Histórias do Patropi*

Ganymédes José, a turma de pequenos detetives adolescentes de Soveral criou escola, na própria *Mister Olho* e fora dela, como diz o protagonista e narrador Luiz de Santiago (não por acaso, o nome/pseudônimo adotado para assinar as obras), o Lula, ao registrar em *Operação Escravos de Jó* (Figura 61) que "já apareceram outras turmas parecidas com a nossa, em diversas partes do Brasil" (SOVERAL, 1974a, p. 13).

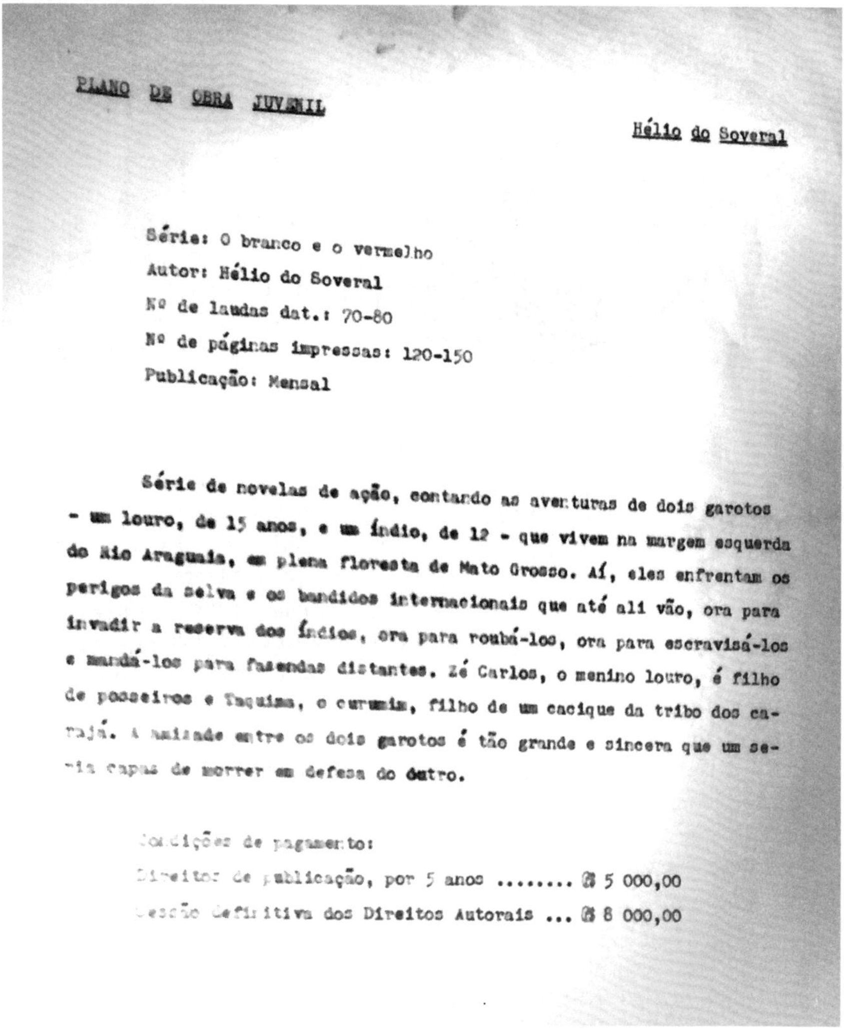

PLANO DE OBRA JUVENIL

Hélio do Soveral

Série: O branco e o vermelho
Autor: Hélio do Soveral
Nº de laudas dat.: 70-80
Nº de páginas impressas: 120-150
Publicação: Mensal

Série de novelas de ação, contando as aventuras de dois garotos - um louro, de 15 anos, e um índio, de 12 - que vivem na margem esquerda do Rio Araguaia, em plena floresta de Mato Grosso. Aí, eles enfrentam os perigos da selva e os bandidos internacionais que até ali vão, ora para invadir a reserva dos índios, ora para roubá-los, ora para escravisá-los e mandá-los para fasendas distantes. Zé Carlos, o menino louro, é filho de posseiros e Taquima, o curumim, filho de um cacique da tribo dos carajá. A amizade entre os dois garotos é tão grande e sincera que um seria capas de morrer em defesa do outro.

Condições de pagamento:
Direitos de publicação, por 5 anos .... ₢ 5 000,00
Cessão definitiva dos Direitos Autorais ... ₢ 8 000,00

Figura 58 - Resumo da série não desenvolvida *O branco e o vermelho*

Figura 59 - Desenho de Soveral, de autoria de Manoel Magalhães, não aproveitado no livro *O Segredo de Ahk-Manethon*

Como dedicamos o Capítulo 3 de nossa obra justamente à análise do perfil de Soveral e desta sua série, especificamente, tomando como base seis de seus livros (quatro dos anos 1970 e dois dos anos 1980), não nos demoraremos aqui em maiores detalhes sobre o material. Mas vale o registro de que o sucesso de suas histórias parece se explicar: 1) tanto pela linearidade das narrativas, que nem por isso eram simplórias – muito pelo contrário, Soveral aproveitava para despejar sobre o leitor toneladas de informações sobre as culturas e os locais visitados (a exemplo de seu *K.O. Durban* e da série *Missão Perigosa*) –, pela ação rápida, movimentada e incessante e pela caracterização de personagens mais densa que de costume (considerando-se a *Mister Olho* como um todo ou apenas as obras do autor); 2) quanto pelos seus aspectos moralizantes que, pregados pelas palavras do jovem Luiz de Santiago (personagem-autor com o qual o leitor podia se identificar com facilidade), excediam o quadro de referências costumeiramente esperado em histórias do gênero policial (respeito a figuras de autoridade, aos valores do bem, da lei e da ordem, o combate ao crime, a salvaguarda da propriedade privada, etc.) e transmitiam certo alinhamento para com a sociedade de então, incluído aí o regime político (militar) da época. Essa disposição, que no capítulo já citado chamaremos de "chapa-branca", se revela na própria definição de Lula para sua patota:

> Por onde a turma andou, graças a Deus, sempre resolveu os problemas da população local, levando o bem-estar, a segurança e a alegria à comunidade. Aliás, foi para sermos úteis à sociedade que criamos a Turma do Posto Quatro, *uma patota "barra-limpa", dedicada a respeitar e a fazer respeitar a lei e a ordem pública*. (SOVERAL, 1974a, p. 13. Grifo nosso.)

Para os resenhistas da *Bibliografia Analítica* (1977 e 1984) da Fundação Nacional do Livro Infantil e Juvenil, trata-se aqui de histórias policiais "com os habituais

6ª) O AUTOR obriga-se, ainda, a não escrever, salvo para a EDITORA, qualquer obra da referida série que possa provocar confusão com a mesma, sendo considerada contrafação qualquer obra publicada em violação a presente cláusula, salvo noutro gênero.

7) O presente ajuste é celebrado em caráter irrevogável e irretratável obrigando as partes, seus herdeiros e sucessores.//

Rio de Janeiro, 27 de novembro de 1972

Helio do Soveral Rodrigues de Oliveira Trigo

AUTOR-

EDITOR-

Testemunhas:

Figura 60 - Página final do contrato para o livro *Operação Fusca Envenenado* (1973)

elementos de mistério, pistas falsas, armadilhas, perigos, muita ação e lances imprevistos" (FNLIJ, 1977, p. 200), com "trama bem desenvolvida (...) [e] vocabulário simples e atual" (FNLIJ, 1977, p. 201) que "o autor enriquece (...) com informações sobre a região [visitada em cada livro] e suas principais características" (FNLIJ, 1977, p. 201). Ressalta-se quase sempre (as resenhas cobrem doze livros) que é "boa leitura, numa linguagem viva e atual" (FNLIJ, 1977, p. 199), "leitura para divertir, sem maiores pretensões (...) [e] que prende a atenção e distrai" (FNLIJ, 1977, p. 200-201), na qual "as personagens principais possuem cada uma o seu traço humano [e onde fica provado que] (...) através da solidariedade e da cooperação mútua [pode-se] resolver os problemas e alcançar a vitória" (FNLIJ, 1984, p. 255).

Figura 61 - *Operação Escravos de Jó* (1974)

O embrião da *Turma do Posto Quatro* pode ser rastreado até o primeiro trabalho de fôlego de Soveral, coincidentemente uma história infantojuve-

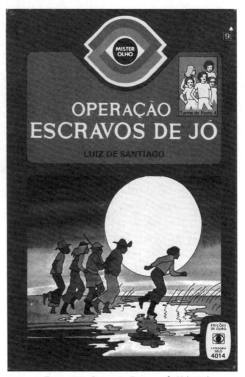

nil publicada em 1941 como folhetim na revista *Mirim*, na qual uma turma de meninos cariocas parte em uma aventura de resgate até os Mares do Sul. Tal obra, intitulada *O Segredo de Ahk-Manethon* (que organizamos para lançamento inédito em livro em 2018, pela AVEC Editora; ver Figura 62), apresenta também um narrador em primeira pessoa e outros personagens de perfil semelhante, como o sabe-tudo que responde às perguntas de todos e é responsável pelos lances mais explícitos de pedagogismo da trama e como o menino negro infelizmente (volta e meia) vilipendiado pelos demais.

A primeira fase da série na Ediouro, justamente a de nosso *corpus* e recorte, teve tiragem de 331.500 exemplares (Figura 63), sem ilustrações internas e com faixa etária indicada (nove anos ou mais) apenas a partir do livro 9 (a indicação sobe para 11 anos a partir do livro 23). O capista dos quatro primeiros livros foi (como já mencionamos) o companheiro de Soveral nas colunas do jornal *Última Hora*, o desenhista Jorge Ivan (em nenhuma delas, aliás, ele é creditado); depois, é Noguchi (que também fica anônimo em suas quatro primeiras contribuições) quem assume essas artes até o final da *Mister Olho*. Myoung Youn Lee assinaria as seis capas dos anos 1980, para os títulos novos, bem como as novas artes que substituem as de Jorge Ivan (exceto no caso de *Operação Fusca Envenenado*, cuja reedição mantém a arte original). Lee fornece ainda ilustrações internas (glória...) para todos os títulos das reedições (e quatro inéditos) de 1982, 1983 e 1984 em formato Bolso Novo: eles contemplam toda a série, em tiragem somada de 85.018 brochuras.

A série ainda teria alguns de seus últimos títulos originais (*Operação Piratas do Amapá* e *Operação Cidade-Fantasma*), bem como um punhado de reedições, lançados em formato Super Bolso (Figura 64), mas o nome de Soveral só seria revelado aos leitores no início dos anos 1990, com as tiragens que *Operação Macaco Velho*, *Operação A Vaca vai pro Brejo* e *Operação Fla-Flu* recebem em janeiro de 1991, de 3.000 cópias cada. Neste *design*, saíram das impressoras da Ediouro um total de 30.000 livros. A tiragem final desta que foi a maior série que o autor produziu para a editora carioca chega, portanto, a 446.518

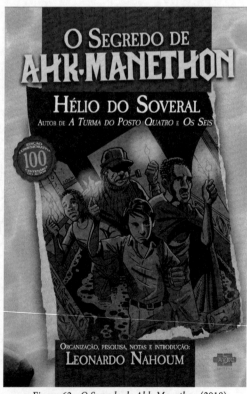

Figura 62 - *O Segredo de Ahk-Manethon* (2018)

Figura 63 - Prova de capa de *Operação Mar Ouriçado* (1973) com informação de data e tiragem

exemplares, entre a estreia em 1973 e as reedições, com o nome "Hélio do Soveral" na capa, em 1991.

Embora o prólogo de *Operação Piratas do Amapá*, penúltimo livro da saga, diga ao leitor que, agora, coberto aquele último Território, "só ficam faltando três Estados" (SOVERAL, 1984, p. 8) para a Turma do Posto Quatro visitar, Soveral (ou o editor) parece ter se enganado na conta: a essa altura, os detetives mirins cariocas já haviam resolvido mistérios em 21 Estados da Federação (incluindo Mato Grosso e Mato Grosso do Sul), além de passarem também pelo Distrito Federal, pelos territórios de Roraima, Amapá e Fernando de Noronha (à época ainda não incorporado a Pernambuco). Restavam por fazer Maranhão (cenário do último episódio, *Operação Cidade-Fantasma*) e Rondônia, em 1984 já alçada a Estado[25].

No acervo de Soveral, nos arquivos da EBC do Rio de Janeiro, encontramos uma pasta do autor dedicada à série (Figura 65) na qual sobreviveram alguns recortes de jornal e notas (sinopses) para livros não desenvolvidos, entre eles o dedicado a Rondônia, única que Soveral ficou nos devendo para que seus personagens tivessem coberto todo o território nacional (não esqueçamos que a turma chega a cruzar fronteiras internacionais, resolvendo um caso em Portugal, no livro *Operação Mistério de Cascais*).

Soveral registra três títulos para novas aventuras que poderia ter escrito. Para o primeiro, *Operação Velho Chico* (Figura 67), temos apenas uma vaga indicação

---

[25] As aventuras da série se passam nas seguintes unidades brasileiras, conforme a numeração da tabela ao final deste item: Rio de Janeiro (episódios 1, 2, 3, 5, 7, 10), São Paulo (8, 12), Minas Gerais (9, 15), Espírito Santo (22), Paraná (18), Santa Catarina (19), Rio Grande do Sul (13), Distrito Federal (17), Goiás (26), Mato Grosso (23), Mato Grosso do Sul (11), Bahia (6), Sergipe (33), Alagoas (16), Pernambuco (29), Paraíba (25), Rio Grande do Norte (24), Ceará (21), Piauí (31), Maranhão (35), Pará (4, 14), Amazonas (30), Acre (27), Amapá (34), Roraima (20), Fernando de Noronha (32) e Portugal (28). O Estado de Tocantins só seria criado em 1988, com a nova Constituição.

Figura 64 - Todas as quatro edições e formatos de *Operação Macaco Velho* (1973)

Figura 65 - Pasta de Soveral com anotações e recortes para a série *Turma do Posto Quatro*

do possível enredo pelos recortes de notícias envolvendo abelhas africanas, mel falsificado e sua anotação manuscrita da possível ambientação da história (à mão, ele relaciona os nomes "Ceará", "Bahia" e "Pernambuco", riscando com a caneta o primeiro; ver Figura 66).

A segunda ideia não aproveitada repetia o cenário do episódio 11, o Pantanal, e lidava, entre outras coisas, com a destruição do meio ambiente, a caça ilegal, a extinção de espécies raras, entre outras coisas (como sugerem os recortes de jornal das pesquisas de Soveral). Para ela, temos não só o nome, *Operação Caçador Caçado*, como uma sinopse de próprio punho do autor (Figura 68).

Um velho mateiro enlouquece e passa a se sentir uma onça (Nabucodonosor) e persegue os caçadores, armando-lhes arapucas e matando-os com um tridente igual ao de Neptuno. Os garotos vão ao Pantanal passear com Mr. Mattews, o localizam e o tratam como se ele fosse um animal feroz – com bondade (Cidinha) – quando ele é ferido na perseguição – e ele acaba se entregando docilmente para ser internado numa casa de saúde, à[s] expensas de Mr. Mattews. (SOVERAL, 197?a, p. 1)

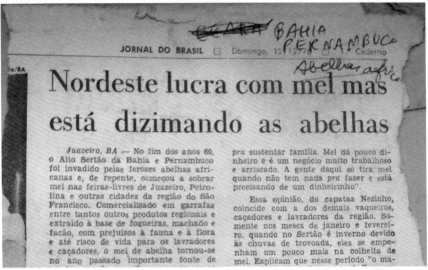

Figura 66 - Anotação de Soveral para *Operação Velho Chico*, projeto de livro não realizado

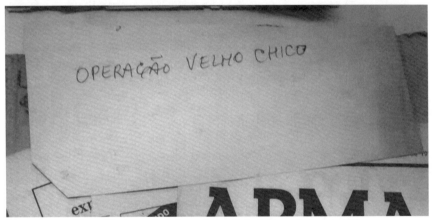

Figura 67 - Anotação de Soveral com título de livro não desenvolvido

Finalmente, a terceira ideia, a que deveria servir de base para o episódio no qual a Turma do Posto Quatro visitaria Rondônia, lidava com dois temas sensíveis (a julgar, novamente, pelos recortes de jornal, Soveral parece ter bolado o enredo em meados dos anos 1970): a questão indígena, suas terras e os conflitos com posseiros, e a crise do petróleo e dos combustíveis. Intitulada *Operação Ovo de Colombo*, também para ela tivemos a sorte de topar com duas sinopses manuscritas do autor (Figura 69), resumindo o entrecho, além de um desenho de apoio detalhado retratando a invenção descrita na história (um carro revolucionário que economizava gasolina; ver Figura 71). No primeiro dos papéis, pode-se ler o seguinte:

Inventor de carro com as rodas motrizes com o dobro do tamanho das da frente — o carro percorre o dobro da distância, com a mesma r.p.m. do motor — maior velocidade e menor gasto de combustível — economia de 30%, no mínimo.

Ele é perseguido pelas fábricas de automóveis, com medo de perderem o mercado. Afinal, vê-se que seu invento pode ser praticável mas não compensa o gasto muito caro e [é] pouco confortável [a] adaptação — e como vimos, quem se habilita[ria] a fabricá-lo em escala comercial? (SOVERAL, 197?b, p. 1)

A segunda sinopse, mais completa, é a que faz referência tanto a Rondônia (no título) quanto aos índios como inventores do carro revolucionário, além de citar, ao final, a interferência da Turma do Posto Quatro. Como se pode ver pela anotação posterior aposta à primeira linha de texto (Figura 70), a ação se passaria em uma "aldeira bororo, à beira do [rio] Guaporé" (SOVERAL, 197?b, p. 1), justo na fronteira com a Bolívia.

Um índio de tribo mais ou menos civilizada encontra um jeito de economizar combustível nos motores dos automóveis — 50% de economia, diz ele, mas, na verdade, 30%, de forma exequível. Ele esteve na cidade dos brancos e levou um velho fusca para a Aldeia, onde fez a adaptação. Ninguém vê o carro, que ele esconde, e anda de bicicleta. Os posseiros, insuflados por estrangeiros, querem queimar a aldeia. Já houve confro[ntos] sangrentos. A Turma vai lá e desco[bre] que [o in]vento, sua adaptação, sai mais caro do que a gaso[lina] que economi[za]. (SOVERAL, 197?b, p. 2)

Nos arquivos da Ediouro, encontramos ainda uma ilustração não aproveitada para o livro *Operação Ilha do Besouro* (1974), com um mapa do local onde transcorre a aventura (Figura 72), certamente baseada em arte original (perdida) do próprio Soveral.

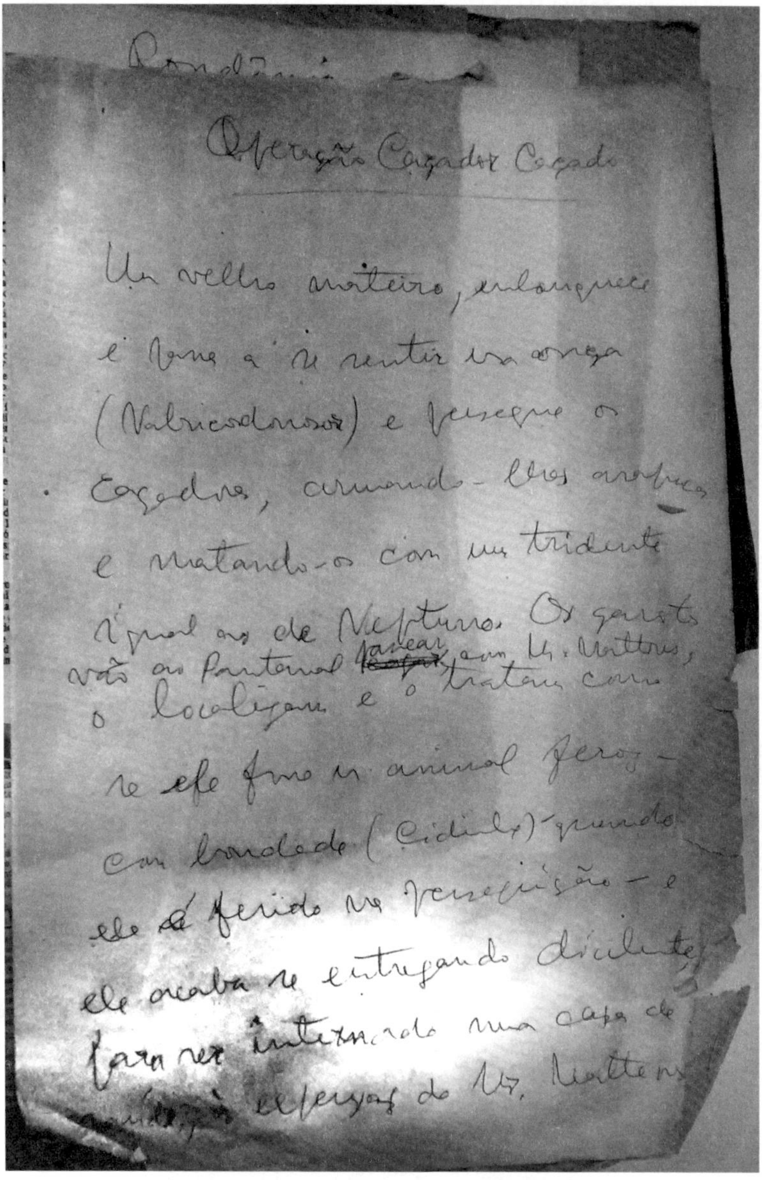

Operação Caçador Caçado

Um velho solteiro, enlouquece e torna a se sentir uma onça ([illegible]) e persegue os caçadores, armando-lhes arapucas e matando-os com um tridente igual ao de Netuno. Os garotos vão ao Pantanal passear com Mr. Matters, o localizam e o tratam como se ele fosse um animal feroz - com bondade (cuidado) quando ele é ferido na perseguição - e ele acaba se entregando docilmente, para ser internado numa casa de saúde às expensas do Mr. Matters

Figura 68 - Sinopse não desenvolvida para livro da série
Turma do Posto Quatro: Operação Caçador Caçado

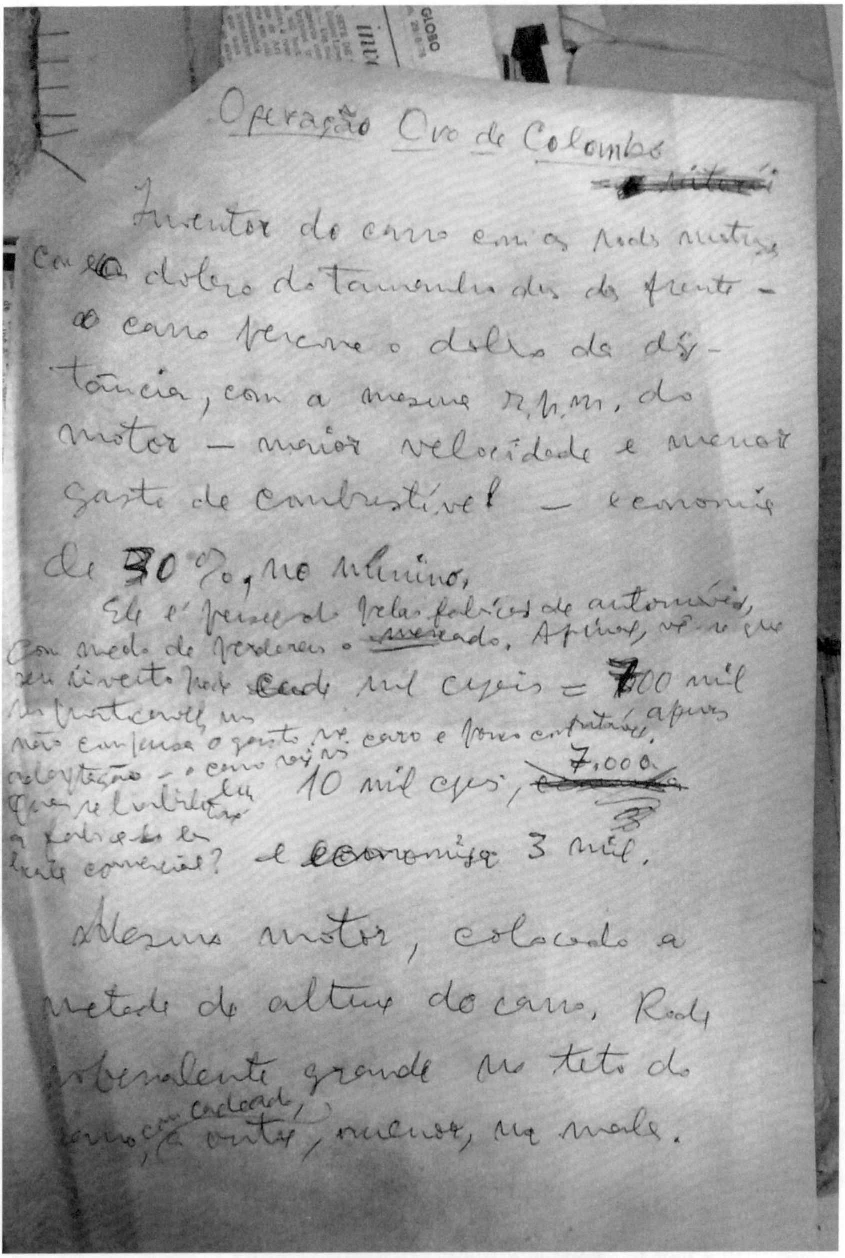

Figura 69 - Sinopse A de Soveral não desenvolvida para livro da série
Turma do Posto Quatro: Operação Ovo de Colombo

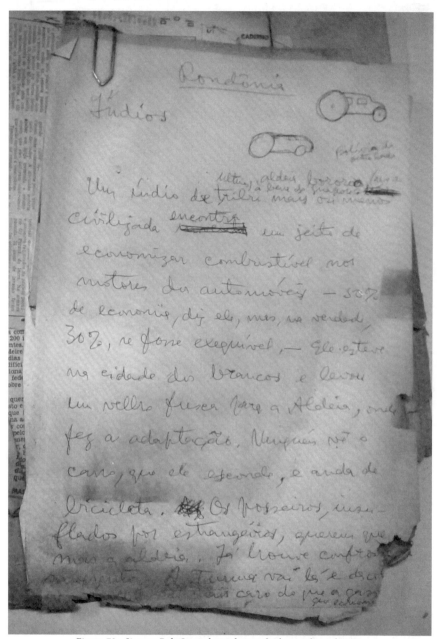

Figura 70 - Sinopse B de Soveral não desenvolvida para livro da série
Turma do Posto Quatro: Operação Ovo de Colombo

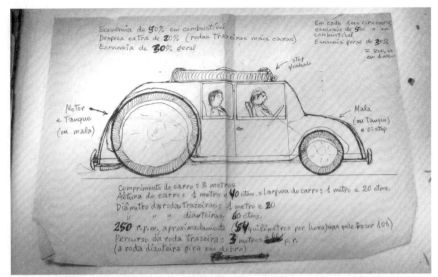

Figura 71 - Desenho de Soveral para sinopse não desenvolvida de livro da série *Turma do Posto Quatro: Operação Ovo de Colombo*

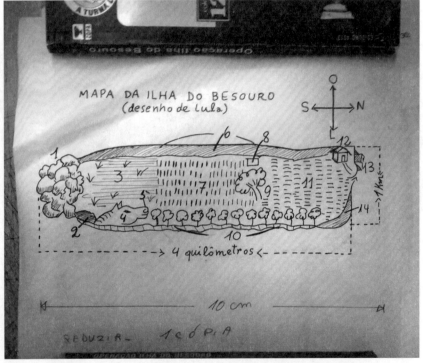

Figura 72 - Desenho não aproveitado no livro *Operação Ilha do Besouro* (1974)

Vol.	Ref.	Faixa Etária	Título	Ano	Capista	ilustrador	Tiragens Mister Olho	Tiragem Total Mister Olho	Tiragens Outras Coleções	Tiragem Total Ediouro
1	BL-4301		Operação Macaco Velho	1973	Jorge Ivan[1]		49.400 - 3/73	49.400	3.000 - 4/83 · 3.000 - 4/86 · 3.000 - 1/91	58.400
2	BL-4302		Operação Torre de Babel	1973	Jorge Ivan[2]		20.000 (est.) - ?/73	20.000	2.000 - 6/83 · 3.000 - 3/88[3]	25.000
3	BL-4303		Operação Fusca Envenenado	1973	Jorge Ivan[4]		20.000 (est.) - ?/73 · 6.000 (est.) - ?/??	26.000	3.000 - 8/83	29.000
4	BL-4305		Operação A Vaca Vai pro Brejo	1973	Jorge Ivan[5]		19.000 - 8/73	19.000	2.018 - 1/83 · 3.000 - 1/91	24.018
5	BL-4307		Operação Mar Ouriçado	1973	Noguchi[6]		20.000 - 8/73	20.000	2.000 - 6/83	22.000
6	BL-4009		Operação Falsa Baiana	1973	Noguchi[7]		20.000 (est.) - ?/73	20.000	3.000 - 12/82	23.000
7	BL-4010		Operação Fla-Flu	1974	Noguchi[8]		4.000 - 4/74 · 10.900 - 5/75 · 8.200 - 1/78	23.100	2.000 - 7/83 · 3.000 - 1/91	28.100
8	BL-4011		Operação Curió na Gaiola	1974	Noguchi[9]		4.000 (est.) - ?/74 · 6.000 (est) - ?/??	10.000	2.000 - 7/83	12.000
9	SL-4012	9+	Operação Tamanco Voador	1974	Noguchi		4.000 (est.) - ?/74 · 6.000 (est.) - ?/??	16.000	2.000 - 8/83	18.000

1 Capista não creditado.
2 Capista não creditado.
3 Pode ser que tenha havido tiragem anterior no formato, de julho de 1987.
4 Capista não creditado.
5 Capista não creditado.
6 Capista não creditado.
7 Capista não creditado.
8 Capista não creditado.
9 Capista não creditado.

						(est.)	(est.)				Total
10	SL-4013	9+	*Operação Ilha do Besouro*	1974	Noguchi	4.000 (est.) - ?/74			4.000	3.000 - 9/83	7.000
11	SL-4014	9+	*Operação Escravos de Jó*	1974	Noguchi	4.000 (est.) - ?/74	6.000 (est.) - ?/7?		10.000	3.000 - 9/83	13.000
12	SL-4015	9+	*Operação Paulistana*	1975	Noguchi	6.000 (est.) - ?/75	6.000 (est.) - ?/7?		12.000	3.000 - 12/83	15.000
13	SL-4016	9+	*Operação Pampa Mia*[10]	1975	Noguchi	6.000 (est.) - ?/75			6.000	3.000 - 1/84	9.000
14	SL-4017	9+	*Operação Inferno Verde*[11]	1975	Noguchi	6.000 (est.) - ?/75			6.000	3.000 - 1/83	9.000
15	SL-4018	9+	*Operação Eldorado*[12]	1975	Noguchi	6.000 (est.) - ?/75			6.000	3.000 - 3/84	9.000
16	SL-4019	9+	*Operação Mulher Rendeira*	1975	Noguchi	6.000 (est.) - ?/75			6.000	3.000 - 4/84	9.000
17	SL-4020	9+	*Operação Alvorada*	1976	Noguchi	6.000 (est.) - ?/76			6.000	2.000 - 7/83	8.000
18	SL-4021	9+	*Operação Café Roubado*	1976	Noguchi	6.000 (est.) - ?/76			6.000	3.000 - 3/84	9.000
19	SL-4022	9+	*Operação Barriga Verde*	1977	Noguchi	6.000 (est.) - ?/77			6.000	3.000 - 1/83	9.000
20	SL-4023	9+	*Operação Guerra das Amazonas*	1977	Noguchi	6.000 (est.) - ?/77			6.000	3.000 - 1/83	9.000
21	SL-4024	9+	*Operação Jangadeiros*[13]	1977	Noguchi	6.000 (est.) - ?/77			6.000	3.000 - 4/84	9.000

[10] Título original do datiloscrito era *Operação Gaúcha*.
[11] Título original do datiloscrito era *Operação Marajoara*.
[12] Título original do datiloscrito era *Operação Ovos de Ouro*.
[13] Título original do datiloscrito era *Operação Cabeça Chata*.

22	SL-4025	9+	Operação Cangaceiro Negro[14]	1977	Noguchi	6.000 (est.) - ?/77	6.000	2.000 - 5/83	8.000
23	SL-4026	11+	Operação Rio das Mortes	1978	Noguchi	6.000 (est.) - ?/78	6.000	3.000 - 4/83	9.000
24	SL-4027	11+	Operação Barreira do Inferno	1978	Noguchi	6.000 (est.) - ?/78	6.000	3.000 - 6/84	9.000
25	SL-4028	11+	Operação Ladrões do Mar	1978	Noguchi	6.000 (est.) - ?/78	6.000	3.000 - 3/83	9.000
26	SL-4029	11+	Operação Bafo da Onça	1978	Noguchi	6.000 (est.) - ?/78	6.000	2.000 - 5/83	8.000
27	SL-4030	11+	Operação Seringal dos Afogados	1979	Noguchi	6.000 (est.) - ?/79	6.000	4.000 - 7/84	10.000
28	SL-4031	11+	Operação Mistério dos Cascais[15]	1979	Noguchi	6.000 (est.) - ?/79	6.000	3.000 - 8/84	9.000
29	SL-4032	11+	Operação Poço do Agreste[16]	1979	Noguchi	6.000 (est.) - ?/79	6.000	4.000 - 8/84	10.000

Livros da série lançados originalmente fora da Coleção *Mister Olho* (mas pela Ediouro)

30	CP-4004	Até 12	Operação Vikings da Amazônia	1983[17]	Lee	Lee	3.000 - 2/83	3.000
31	CP-4006	Até 12	Operação Tarzan do Piauí	1983[18]	Lee	Lee	3.000 - 2/83	3.000
32	CP-4008	Até 12	Operação Tesouro Submarino	1983[19]	Lee	Lee	3.000 - 2/83	3.000

14 Título original do datiloscrito era *Operação Capixaba*.
15 Título original do datiloscrito era *Operação Portugal*.
16 Título original do datiloscrito era *Operação Poço da Paz*.
17 Datiloscrito original é de 1979 (contrato é de 02/07/1979).
18 Datiloscrito original é de 1979 (contrato é de 07/08/1979).
19 Datiloscrito original é de 1979 (ficha de entrada do original data de 04/09/1979; contrato é de 13/09/1979).

33	CP-4033	Até 12	*Operação Petróleo Verde*	1983[20]	Lee	Lee		3.000 - 3/83		3.000
34	74034	Até 12	*Operação Piratas do Amapá*	1984	Lee[21]	Lee		4.000 - 10/84		4.000
35	54035	Até 12	*Operação Cidade-Fantasma*	1984	Lee[22]	Lee		4.000 (est.)-?/84		4.000

Legenda:

	Edição original *Mister Olho*, formato 10,5cmx16cm (Normal), com logo da Coleção *Mister Olho* no alto, ao centro. Título em maiúsculas.
	Idem acima, acréscimo de vinheta (caligrafia) com nome da série no alto, à esquerda.
	Idem acima, sem vinheta, mas com acréscimo do logo da série (*Turma do Posto 4*) no alto, à direita.Título em maiúsculas.
	Reimpressão (ou original), idem acima, com logo da série no alto, ao centro (sai logo da *Mister Olho*). Título em maiúsculas.
	Reimpressão (ou original), idem acima. Título em Caixa Alta e Caixa Baixa.
	Edição Bolso Novo, anos 1980. Formato 11,5cmx17,5cm. Novo *design* e categoria (Copa). Coleção *Até 12 Anos*. Livros ganham ilustrações inéditas de Myoung Youn Lee, inclusive capas novas em substituição às de Jorge Ivan (única mantida do artista é a de *Operação Fusca Envenenado*). Crédito é finalmente dado aos capistas dos livros 3 (Jorge Ivan), 5, 6, 7 e 8 (Noguchi). Autor ainda identificado como Luiz de Santiago.
	Edição Super Bolso, anos 1980 e 1990. Formato 12cmx20,8cm. Novo *design* e categoria. Coleção *Até 12 Anos*. Autor ainda identificado como Luiz de Santiago.
	Idem acima. Autor identificado (finalmente) como Hélio do Soveral.

---

[20] Datiloscrito original é de 1979 (contrato é de 08/10/1979).
[21] Capista não creditado.
[22] Capista não creditado.

Tabela 4B - Série *A Turma do Posto Quatro* (capas *Mister Olho* e demais originais)

ORIGINAIS

ORIGINAIS CONT.

REEDIÇÕES

NÃO ENCONTRADO
Operação Fla-Flu
(3ª edição)

ORIGINAIS FORA DA *MISTER OLHO*

• Os Seis

SS6 é a sigla da *Sociedade Secreta dos Seis*, uma turminha de três meninos, duas meninas e um cão, que se reúne todos os fins de semana (e durante as férias) numa caverna secreta de uns penhascos, em Sepetiba, entre a Baía e a Baixada.

Os pais de dois dos enturmados (Marilene e Beto) têm uma casa de campo no fim da praia, quase no sopé do Morro de Sepetiba, e para aí costumam levar o casal de filhos e os amiguinhos deles, dando-lhes inteira liberdade para passear nas vizinhanças. O que eles não sabem é que os meninos estão ligados por um juramento: eles formaram a *SS6*, uma sociedade investigadora, destinada a encontrar mistérios na terra e no ar... (SOVERAL, 197?c, p. 1)

Foi com essas palavras acima que Hélio do Soveral descreveu sua quarta série infantojuvenil (Figura 73) para a *Mister Olho*, em uma sinopse de 3 páginas (Figuras 77, 78 e 79) que localizamos em meio a seus papéis no acervo da Rádio Nacional. Fugindo ao perfil um pouco mais fantasioso e inverossímil da *Turma do Posto Quatro*, que podia contar com os recursos de um membro rico para viabilizar aventuras por todo o país e mesmo o exterior, as histórias dos *Seis* seguem sempre "a mesma fórmula: meninos comuns (embora mais imaginosos e impulsivos do que os outros) envolvidos em aventuras que se revelam insólitas e que não foram planejadas por eles" (SOVERAL, 197?c, p. 3). Os temas são, como era de se esperar, mais pueris e mundanos do que aqueles presentes em outras de suas séries, considerando-se a limitação do cenário fixo (Sepetiba), mas a execução é superior àquela de *Chereta* e *Missão Perigosa*, por exemplo. Soveral conseque dar mais vida e contornos a seus personagens e uma parte razoável dos livros dedica-se à construção de suas características e de sua interação, assim como dos ambientes.

Figura 73 - Livro de estreia da série *Os Seis*

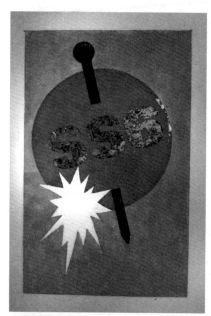

Figura 74 - Arte para emblema dos *Seis*

Para o nome da turminha, Soveral possivelmente se inspirou nos *Cinco* (*The Famous Five*) da escritora inglesa Enid Blyton, série infantojuvenil que teve 21 livros editados entre 1942 e 1963 e trazia também, entre seus personagens principais, um cão (como o Saci dos *Seis*).

Se, com a *Turma do Posto Quatro*, Soveral definiu certo modelo que acreditava, pelo visto, ter servido de exemplo para a criação de outras patotas investigadoras, nos *Seis* ele parece copiar, por sua vez, a ideia do distintivo que vemos na *Inspetora*, cujos personagens se identificam pelo uso da famosa Coruja, emblema de papelão pintado, com o formato da ave, que as crianças trazem preso à roupa toda vez que se envolvem em algum caso. A Sociedade Secreta dos Seis usa "um botão grande, com um alfinete de se pendurar em mapa de parede... É uma rodela de plástico, pintada de preto e vermelho, com duas letras e um número..." (SOVERAL, 1975c, p. 7). Nos arquivos da Ediouro, encontramos uma arte para o distintivo, talvez desenhada pelo próprio Soveral, com uma anotação a lápis, na folha de proteção, descartando o seu uso nos livros (Figura 74).

Segunda série mais extensa de Soveral, com 12 volumes publicados entre 1975 e 1977, *Os Seis* "apresenta passagens emocionantes que prendem a atenção e divertem o pequeno leitor[, nas quais] são retratadas atividades juvenis, como jogos ao ar livre, passeios de lancha, reuniões na caverna" (FNLIJ, 1984, p. 134) que serve de base às crianças. Sempre com "história[s] que desperta[m] o espírito de aventura, estimula[m] o trabalho de equipe e a participação nos problemas sociais" (FNLIJ, 1984, p. 133), com "enredo movimentado, estilo fluente, linguagem simples e personagens bem caracterizados" (FNLIJ, 1984, p. 132), a saga recebeu resenhas em geral positivas no segundo volume da *Bibliografia Analítica* da Fundação Nacional do Livro Infantil e Juvenil, de 1984, que lista sete dos trabalhos em suas páginas. Ainda assim, ressalva-se que, no caso do episódio de estreia, *Os Seis e o Mistério dos Penhascos* (1975), a narrativa seria "de caráter moralizante, além de ser impregnada de conteúdo paternalista com relação ao homem de cor" (FNLIJ, 1984, p. 133); provavelmente, o mesmo crítico assina o texto sobre *Os Seis e o Moinho-Fantasma* (1976), no qual se lê que "as personagens são muitas vezes caracterizadas pelo tipo racial (o negro, o crioulo), como se essa denominação definisse a personalidade do indivíduo" (FNLIJ, 1984, p. 134). Embora Soveral realmente use de tais termos para se referir a alguns dos tipos presentes nas novelas, em uma representação da pessoa negra que refletia o discurso social e literário da época, não se trata aqui de defesa de comportamentos preconceituosos ou do racismo por vezes violento que flagramos no tratamento dado a personagens negros da própria *Turma do Posto Quatro* (caso de Pavio Apagado, como veremos no Capítulo 3) ou da série *Inspetora* (caso de Bortolina), de Ganymédes José.

De toda forma, a temática usada e o tratamento dado por Soveral a *Os Seis* levantam muito menos questões do que as suscitadas na leitura de *Bira e Calunga* ou da *Turma do Posto Quatro* (como veremos mais adiante). O autor aqui é mais objetivo e funcional na busca do alvo da leitura ligeira e do entretenimento e quer apenas contar as divertidas histórias destes "meninos, nem bons nem maus, nem espertos, nem burros, que sempre passam o fim-de-semana em Sepetiba" (SOVERAL, 1975c, p. 187) e que, embora incidentalmente felizes por ajudar a polícia, acham melhor ficar no anonimato: "preferimos que nossos pais não saibam de nada... Não fizemos isso para receber homenagens, mas apenas pelo prazer da aventura... É melhor que ninguém saiba do que aconteceu, tá legal?" (SOVERAL, 1975c, p. 188). Dada a facilidade da construção de empatia e identificação entre mundo concreto e mundo ficcional (são, afinal, apenas crianças comuns às voltas com aventuras mais ou menos prosaicas enquanto gozam do descanso semanal em sua casa de praia), não surpreende que esta tenha sido uma das séries mais queridas e memoráveis para os leitores da *Mister Olho* desde então.

Nessa primeira fase, que teve capas de L.C. Cidade até o episódio 10 (as de Noguchi para os livros 11 e 12 não foram creditadas, com ordens internas explícitas da editora para tal), foram impressos 149.600 volumes (Figura 75), incluídas aí algumas reimpressões. Na década de 1980, a saga seria reeditada em formato Bolso Novo (sem menção, claro, à Coleção *Mister Olho*), com direito a seis novos trabalhos (o primeiro deles, na verdade, escrito em 1979), dessa vez com capas de Lee e ilustrações de Teixeira Mendes (que já assumira tal encargo desde a aventura 5). 53.000 livros no novo *design* são vendidos entre janeiro de 1982 e outubro de 1983, abrangendo

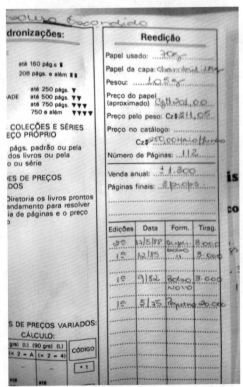

Figura 75 - Ficha de produção com anotações de tiragem para *Os Seis e o Tesouro Escondido* (1975)

todos os (até então) 18 títulos da série. Soveral passa a ser conhecido de seu público nesta etapa: seu nome substitui na capa, a partir de *Os Seis e o Circo do Diabo* (1983), o antigo (e andrógino) pseudônimo Irani de Castro.

Em março de 1985 (apesar do *copyright* indicar 1984), a Ediouro lança a última história com a turma veranista de Sepetiba, intitulada *Os Seis e o Sequestro de Saci*, agora em formato Super Bolso. Seguem-se a ela reimpressões, nas mesmas dimensões e arte, para alguns dos títulos (ver Tabela 5), perfazendo tiragem adicional de 30.500 brochuras. Somando-se todas as edições, dentro e fora da *Mister Olho*, a série chega, portanto, a 233.100 exemplares pela Ediouro.

A indicação do público-alvo para *Os Seis* não variou ao longo de sua época na Coleção: *9 anos ou mais*. Já quando mudou para Bolso Novo (Figura 76), os livros passaram a ser recomendados para crianças de *Até 12 anos*.

Figura 76 - Título mais raro da série, com tiragem de apenas 2.000 exemplares

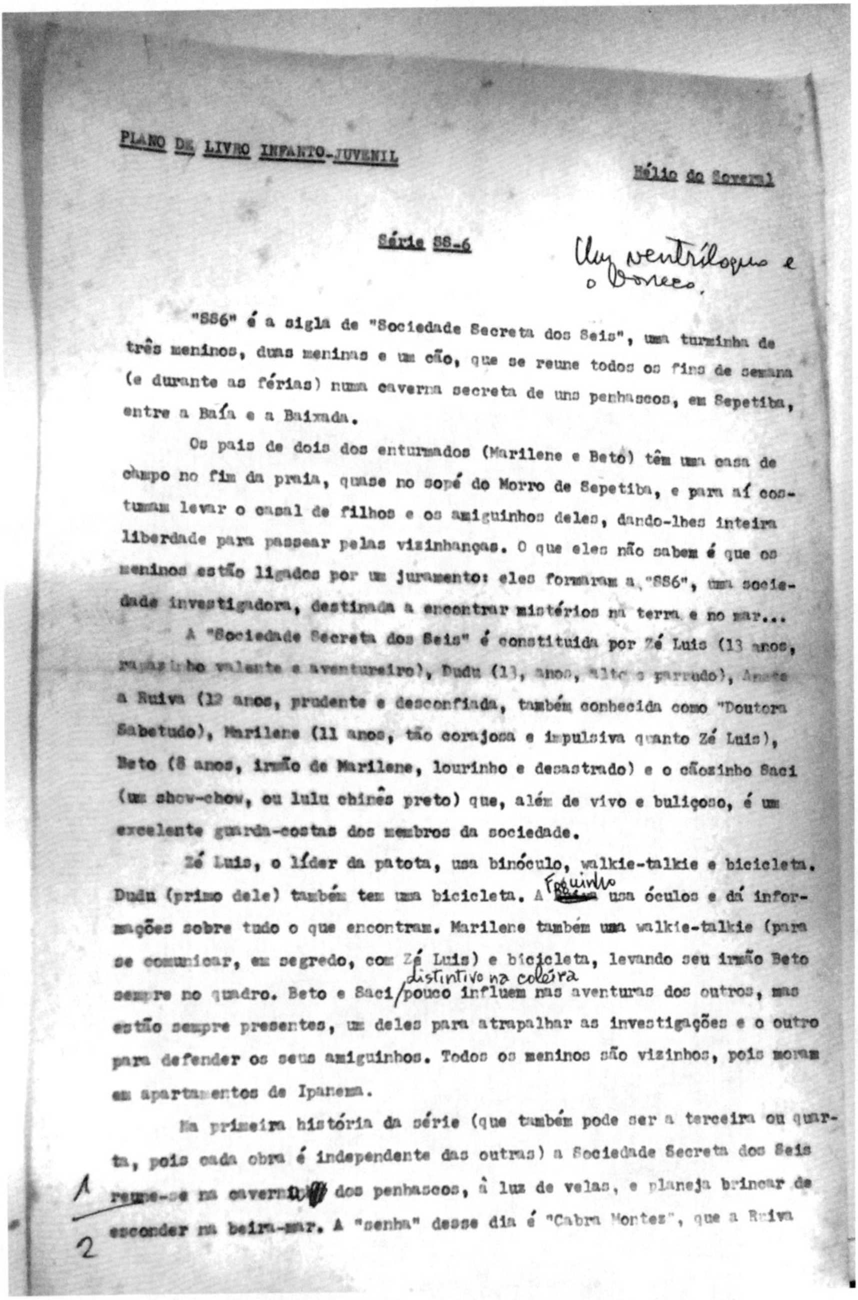

PLANO DE LIVRO INFANTO-JUVENIL

Hélio do Soveral

Série SS-6

Um ventríloquo e o Boneco.

"SS6" é a sigla de "Sociedade Secreta dos Seis", uma turminha de três meninos, duas meninas e um cão, que se reúne todos os fins de semana (e durante as férias) numa caverna secreta de uns penhascos, em Sepetiba, entre a Baía e a Baixada.

Os pais de dois dos enturmados (Marilene e Beto) têm uma casa de campo no fim da praia, quase no sopé do Morro de Sepetiba, e para aí costumam levar o casal de filhos e os amiguinhos deles, dando-lhes inteira liberdade para passear pelas vizinhanças. O que eles não sabem é que os meninos estão ligados por um juramento: eles formaram a "SS6", uma sociedade investigadora, destinada a encontrar mistérios na terra e no mar...

A "Sociedade Secreta dos Seis" é constituída por Zé Luís (13 anos, rapazinho valente e aventureiro), Dudu (13 anos, alto e parrudo), Aninha a Ruiva (12 anos, prudente e desconfiada, também conhecida como "Doutora Sabetudo), Marilene (11 anos, tão corajosa e impulsiva quanto Zé Luís), Beto (8 anos, irmão de Marilene, lourinho e desastrado) e o cãozinho Saci (um show-chow, ou lulu chinês preto) que, além de vivo e buliçoso, é um excelente guarda-costas dos membros da sociedade.

Zé Luís, o líder da patota, usa binóculo, walkie-talkie e bicicleta. Dudu (primo dele) também tem uma bicicleta. A ~~Ruiva~~ Fuquinho usa óculos e dá informações sobre tudo o que encontram. Marilene também uma walkie-talkie (para se comunicar, em segredo, com Zé Luís) e bicicleta, levando seu irmão Beto sempre no quadro. Beto e Saci/pouco influem nas aventuras dos outros, mas *distintivo na coleira* estão sempre presentes, um deles para atrapalhar as investigações e o outro para defender os seus amiguinhos. Todos os meninos são vizinhos, pois moram em apartamentos de Ipanema.

Na primeira história da série (que também pode ser a terceira ou quarta, pois cada obra é independente das outras) a Sociedade Secreta dos Seis reúne-se na caverna dos penhascos, à luz de velas, e planeja brincar de esconder na beira-mar. A "senha" desse dia é "Cabra Montez", que a Ruiva

Figura 77 - Sinopse original de Hélio do Soveral
para a série *Os Seis* (página 1)

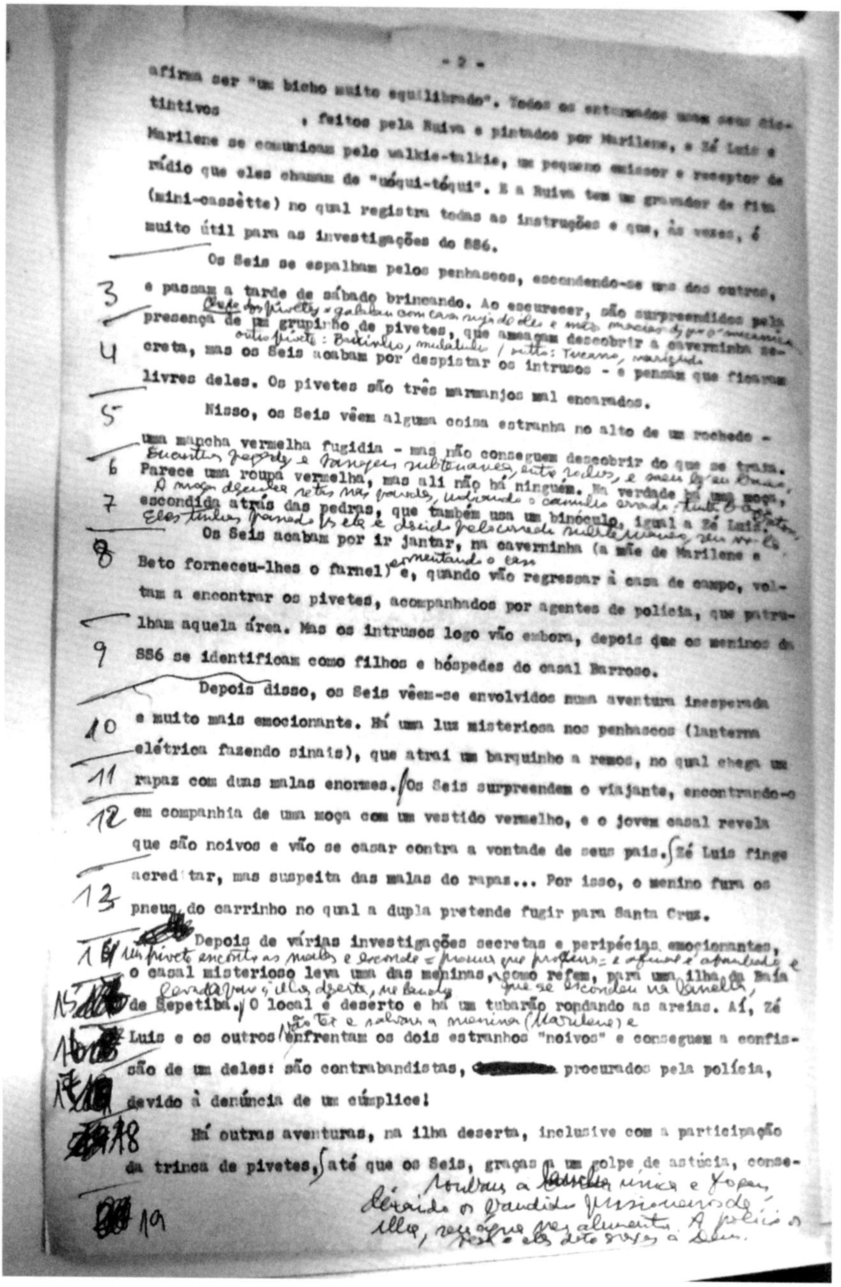

- 2 -

afirma ser "um bicho muito equilibrado". Todos os entumados uma dessa distintivos , feitos pela Ruiva e pintados por Marilene, e Zé Luis e
Marilene se comunicam pelo walkie-talkie, um pequeno emissor e receptor de
rádio que eles chamam de "uóqui-tóqui". E a Ruiva tem um gravador de fita
(mini-cassètte) no qual registra todas as instruções e que, às vezes, é
muito útil para as investigações do 886.

Os Seis se espalham pelos penhascos, escondendo-se uns dos outros,
e passam a tarde de sábado brincando. Ao escurecer, são surpreendidos pela
presença de um grupinho de pivetes, que amam descobrir a caverninha secreta, mas os Seis acabam por despistar os intrusos - e pensam que ficaram
livres deles. Os pivetes são três marmanjos mal encarados.

Nisso, os Seis vêem alguma coisa estranha no alto de um rochedo -
uma mancha vermelha fugidia - mas não conseguem descobrir do que se trata.
Parece uma roupa vermelha, mas ali não há ninguém. Na verdade há uma moça
escondida atrás das pedras, que também usa um binóculo, igual a Zé Luis.
Os Seis acabam por ir jantar, na caverninha (a mãe de Marilene e
Beto forneceu-lhes o farnel) e, quando vão regressar à casa de campo, voltam a encontrar os pivetes, acompanhados por agentes de polícia, que patru-
lham aquela área. Mas os intrusos logo vão embora, depois que os meninos do
886 se identificam como filhos e hóspedes do casal Barroso.

Depois disso, os Seis vêem-se envolvidos numa aventura inesperada
e muito mais emocionante. Há uma luz misteriosa nos penhascos (lanterna
elétrica fazendo sinais), que atrai um barquinho a remos, no qual chega um
rapaz com duas malas enormes. Os Seis surpreendem o viajante, encontrando-o
em companhia de uma moça com um vestido vermelho, e o jovem casal revela
que são noivos e vão se casar contra a vontade de seus pais. Zé Luis finge
acreditar, mas suspeita das malas do rapaz... Por isso, o menino fura os
pneus do carrinho no qual a dupla pretende fugir para Santa Cruz.

Depois de várias investigações secretas e peripécias emocionantes,
o casal misterioso leva uma das meninas, como refém, para uma ilha da Baía
de Sepetiba. O local é deserto e há um tubarão rondando as areias. Aí, Zé
Luis e os outros enfrentam os dois estranhos "noivos" e conseguem a confis-
são de um deles: são contrabandistas, procurados pela polícia,
devido à denúncia de um cúmplice!

Há outras aventuras, na ilha deserta, inclusive com a participação
da trinca de pivetes, até que os Seis, graças a um golpe de astúcia, conse-

Figura 78 - Sinopse original de Hélio do Soveral
para a série *Os Seis* (página 2)

- 3 -

guem derrotar os dois contraventores, indicando-os às autoridades, que cercam a área. Fica, então, provado,que os "pivetes" são espiões da polícia, na pista dos contrabandistas. Mas é a 886 que soluciona o mistério.

Tudo acaba bem e os Seis voltam para a casa de campo de casal Barreto (já na madrugada de domingo) onde são perdoados,pelos pais, do susto que lhes deram. Assim termina a aventura.

As outras obras da série "886" serão escritas usando a mesma fórmula: meninos comuns (embora mais imaginosos e impulsivos do que os outros) envolvidos em aventuras que se revelam insólitas e que não foram planejadas por eles.

Eis os primeiros títulos da série:

1 - OS SEIS E O MISTÉRIO DOS PENHASCOS

3 - OS SEIS E O CASO DA ILHA FANTASMA
(um barco que aparece e desaparece)

2 - OS SEIS E O TESOURO DA ALDEIA (tesouro enterrado no/in)
(um mistério/na Morgan de Sepetiba)

5 - OS SEIS E O SEGREDO DO PERNETA
(alguns sustos entre piratas e pescadores)

X 8 - OS SEIS E O ENIGMA DO FAROL
(uma espécie de lenda que se torna realidade)

6 - OS SEIS E A DANSA DO ZIRIGUIDUM
(uma perigosa seita "hippie")

— OS SEIS E A ... HISTORIA DO ... PEROL DA MALDADE
(uma pérola que desaparece)

7 - OS SEIS E O BONECO FALANTE
(um ventríloquo — teatro de variedades)

8 - OS SEIS E O ANEL DE GIGES

Tabela 5 - Série *Os Seis*

Vol.	Ref.	Faixa Etária	Título	Ano	Capista	Ilustrador	Tiragens *Mister Olho*		Tiragem Total *Mister Olho*	Tiragens Outras Coleções				Tiragem Total Ediouro
1	SL-4701	9+	Os Seis e o Mistério dos Penhascos	1975	L.C. Cidade	L.C. Cidade	10.000 (est.) ?/75	10.000 (est.) - ?/77	20.000	4.000 - 9/82				24.000
2	SL-4702	9+	Os Seis e o Tesouro Escondido	1975	L.C. Cidade	L.C. Cidade	20.000 - 5/75		20.000	3.000 - 9/82	3.000 - 12/85	3.000 - 5/88		29.000
3	SL-4703	9+	Os Seis e a Pérola Maldita	1975	L.C. Cidade	L.C. Cidade	11.000 (est.) - ?/75		11.000	3.000 - 9/82				14.000
4	SL-4704	9+	Os Seis e a Ilha Fantasma[1]	1975	L.C. Cidade	L.C. Cidade	11.100 - 7/75	10.000 - 8/77	21.100	4.000 - 9/82	3.000 - 10/87			28.100
5	SL-4705	9+	Os Seis e o Casarão em Ruínas	1975	L.C. Cidade	Teixeira Mendes	11.000 (est.) - ?/75	10.000 (est.) - ?/77	21.000	3.000 - 9/82				24.000
6	SL-4706	9+	Os Seis e a Mina Abandonada	1976	L.C. Cidade	Teixeira Mendes	8.000 (est.) - ?/76		8.000	3.000 - 10/82				11.000
7	SL-4707	9+	Os Seis o Teco-Teco Misterioso	1976	L.C. Cidade	Teixeira Mendes	8.000 (est.) - ?/76		8.000	3.000 - 10/82	3.000 (est.) - ?/8?[2]			14.000
8	SL-4708	9+	Os Seis e o Moinho Fantasma	1976	L.C. Cidade	Teixeira Mendes	8.000 (est.) - ?/76		8.000	3.000 - 11/82	3.000 (est.) - ?/8?			14.000
9	SL-4709	9+	Os Seis e a Cidade Subterrânea	1977	L.C. Cidade	Teixeira Mendes[3]	6.000 - 3/77		6.000	3.000 - 12/82	3.000 (est.) - ?/8?	500 - 1/90		12.500
10	SL-4710	9+	Os Seis e o Farol da Ilha Quebrada[4]	1977	L.C. Cidade	Teixeira Mendes	6.200 - 8/77	8.300 - 10/78	14.500	3.000 - 1/82				17.500
11	SL-4711	9+	Os Seis e o Segredo do Sambaqui	1977	Noguchi [5]	Teixeira Mendes	6.000 (est.) - ?/77		6.000	3.000 - 2/83				9.000
12	SL-4712	9+	Os Seis e o Galeão Espanhol	1977	Noguchi [6]	Teixeira Mendes	6.000 (est.) - ?/77		6.000	3.000 - 3/83				9.000

[1] O título original do datiloscrito era *Os Seis e a Ilha Perdida*.
[2] Nos arquivos da editora, consta arte-final e ficha para esse formato.
[3] Créditos dão ilustrações como de L.C. Cidade, mas estilo é claramente de Teixeira Mendes. Erro de crédito se repete na edição Bolso Novo.
[4] O título original do datiloscrito era *Os Seis e o Mistério da Ilha Quebrada*.
[5] Capista não creditado.
[6] Idem acima.

			Livros da série lançados originalmente fora da Coleção *Mister Olho* (mas pela Ediouro)							
13	CP-4713	Até 12	*Os Seis e o Pirata de Paquetá*	1983 [7]	Lee	Teixeira Mendes		2.000 - 5/83	3.000 (est.) - 9/87 [8]	5.000
14	CP-4714	Até 12	*Os Seis e o Circo do Diabo*	1983	Lee [9]	Teixeira Mendes		2.000 - 6/83	3.000 (est.) - 9/87 [10]	5.000
15	CP-4715	Até 12	*Os Seis e a Granja das Garrafadas*	1983	Lee	Teixeira Mendes		2.000 - 8/83		2.000
16	CP-4716	Até 12	*Os Seis e o Trem-Fantasma*	1983	Lee [11]	Teixeira Mendes		3.000 - 9/83	3.000 (est.) - 9/87 [12]	6.000
17	CP-4717	Até 12	*Os Seis e o Cemitério Clandestino*	1983	Lee [13]	Teixeira Mendes		3.000 - 10/83		3.000
18	CP-4718	Até 12	*Os Seis e a Bomba Atômica*	1983	Lee [14]	Teixeira Mendes		3.000 - 12/83		3.000
19	CP-4719	Até 12	*Os Seis e o Sequestro de Saci*	1984 [15]	Lee	Teixeira Mendes		3.000 - 3/85		3.000

Legenda:

	Edição original *Mister Olho*, formato 10,5cmx16cm (Normal), com logo da Coleção *Mister Olho* no alto, ao centro. Título em maiúsculas.
	Reimpressão (ou original), idem acima, com logo da série no alto, ao centro (série *SS6* no episódio 2; *Os Seis* do episódio 3 ao 12). Título em maiúsculas.
	Reimpressão, idem acima. Título em Caixa Alta e Caixa Baixa.
	Edição Bolso Novo, anos 1980. Formato 11,5cmx17,5cm. Novo *design* e categoria (Copa). Coleção *Até 12 anos*. Autor passa a ser identificado como Hélio do Soveral (exceto *Os Seis e o Pirata de Paquetá*, ainda assinado como Irani de Castro).
	Edição Super Bolso, anos 1980 e 1990. Formato 12cmx20,8cm. Novo *design* e categoria. Coleção *EdiJovem*. Autor identificado como Hélio do Soveral

---

[7] Manuscrito é de março de 1979, conforme contrato-de-encomenda datado de 15/03, recibo datado de 26/03 e carimbado como pago em 03/04/1979.

[8] Nos arquivos da editora, consta arte-final ou ficha para esse formato.

[9] Capista não creditado. Não foi possível encontrar nenhuma referência ao artista nas fichas de produção do livro. Mas o mais provável é que seja Lee, que recebeu crédito para algumas das capas seguintes da série.

[10] Nos arquivos da editora, consta arte-final ou ficha para esse formato.

[11] Capista não creditado. Não foi possível encontrar nenhuma referência ao artista nas fichas de produção do livro. Estilo é de Lee.

[12] Nos arquivos da editora, consta arte-final ou ficha para esse formato.

[13] Capista não creditado. Ficha de produção cita Lee, mas referência à caneta está riscada a lápis.

[14] Capista não creditado. Ficha de produção cita Lee, mas referência a lápis é quase ilegível, parece ter sido apagada.

[15] Ficha de produção diz março de 1985 (28/03/1985). É provável, portanto, que o livro tenha sido impresso apenas em 1985, apesar do *copyright* do ano anterior.

Tabela 5B - Série *Os Seis* (capas *Mister Olho e demais originais*)

ORIGINAIS

REEDIÇÕES

NÃO ENCONTRADO
Os Seis e o Mistério dos Penhascos
(2ª edição)

NÃO ENCONTRADO
Os Seis e a Ilha Fantasma
(2ª edição)

NÃO ENCONTRADO
Os Seis e o Farol da Ilha Quebrada
(2ª edição)

ORIGINAIS FORA DA *MISTER OLHO*

• Missão Perigosa

Para localizar a aventura, Soveral estudava as características geográficas de cada país e de cada cidade. Como não podia deixar de ser, o homem que escrevia com tanta naturalidade sobre as esquinas de Bangcoc ou Berlim saiu de Copacabana só duas vezes, para visitar Portugal. O resto foi pura pesquisa e dedicação. Para escrever *Atentado em Pequim*, Soveral não encontrou qualquer referência geográfica sobre a cidade, no momento em que a China enfrentava as trevas paranoicas da Grande Revolução Cultural. Soveral não teve dúvidas: foi até a embaixada da República Popular da China no Brasil e montou uma planta genérica da capital chinesa a partir do depoimento dos funcionários. (MARQUEZI, 1998, p. 77)

Quem está familiarizado com os mais de vinte romances de Soveral contando as histórias do espião Keith Oliver Durban, escritas para a editora Monterrey em meados da década de 1960 (é a elas que Dagomir Marquezi se refere no trecho citado acima), reconhece de imediato a mesma riqueza descritiva nas novelas infantojuvenis *Missão Perigosa* (Figura 80), última das cinco séries que criou para a Edições de Ouro, construída em torno das aventuras de dois colegas jornalistas brasileiros, em missões invariavelmente internacionais.

Júlio César e Jussara formavam a famosa dupla Ju-Ju. Eram os maiores repórteres de televisão do Brasil, em missão no estrangeiro, e suas coberturas jornalísticas, para a Rede Joia de Notícias do Rio de Janeiro, sempre se distinguiam pelo sensacionalismo, pela oportunidade e pelo interesse que despertavam em todas as camadas sociais. (SOVERAL, 1975b, p. 20)

Como com *Os Seis*, tivemos a grata sorte de localizar (Figuras 81, 82 e 83), nos papéis do escritor, a sinopse original que usou para submeter a ideia à editora. Nela, Soveral deixa

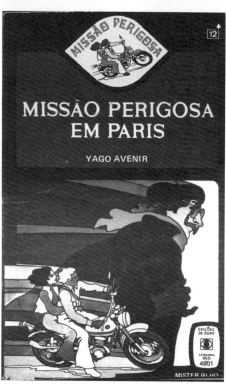

Figura 80 - *Missão Perigosa em Paris* (1975)

claro que se inspirou na série *Jacques Rogy*, de Pierre Lamblin (umas das primeiras publicadas pela *Mister Olho*), para conceber a sua dupla de repórteres-detetives, e faz ainda inúmeras considerações quanto à temática e à abordagem.

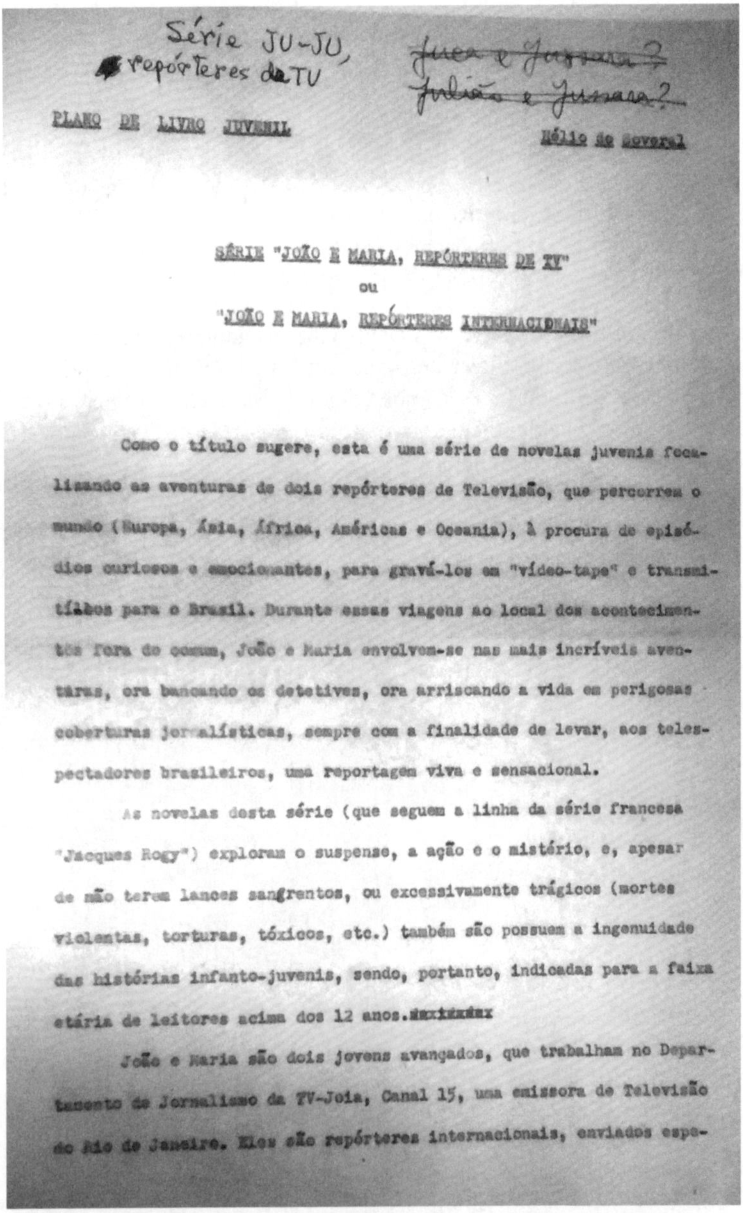

Série JU-JU, repórteres da TV

~~Juca e Jussara?~~
~~Julião e Jussara?~~

PLANO DE LIVRO JUVENIL — Hélio do Soveral

SÉRIE "JOÃO E MARIA, REPÓRTERES DE TV"

ou

"JOÃO E MARIA, REPÓRTERES INTERNACIONAIS"

Como o título sugere, esta é uma série de novelas juvenis focalizando as aventuras de dois repórteres de Televisão, que percorrem o mundo (Europa, Ásia, África, Américas e Oceania), à procura de episódios curiosos e emocionantes, para gravá-los em "vídeo-tape" e transmití-los para o Brasil. Durante essas viagens ao local dos acontecimentos fora do comum, João e Maria envolvem-se nas mais incríveis aventuras, ora bancando os detetives, ora arriscando a vida em perigosas coberturas jornalísticas, sempre com a finalidade de levar, aos telespectadores brasileiros, uma reportagem viva e sensacional.

As novelas desta série (que seguem a linha da série francesa "Jacques Rogy") exploram o suspense, a ação e o mistério, e, apesar de não terem lances sangrentos, ou excessivamente trágicos (mortes violentas, torturas, tóxicos, etc.) também são possuem a ingenuidade das histórias infanto-juvenis, sendo, portanto, indicadas para a faixa etária de leitores acima dos 12 anos.

João e Maria são dois jovens avançados, que trabalham no Departamento de Jornalismo da TV-Joia, Canal 15, uma emissora de Televisão do Rio de Janeiro. Eles são repórteres internacionais, enviados espe-

Figura 81 - Página inicial da sinopse original da série *Missão Perigosa*

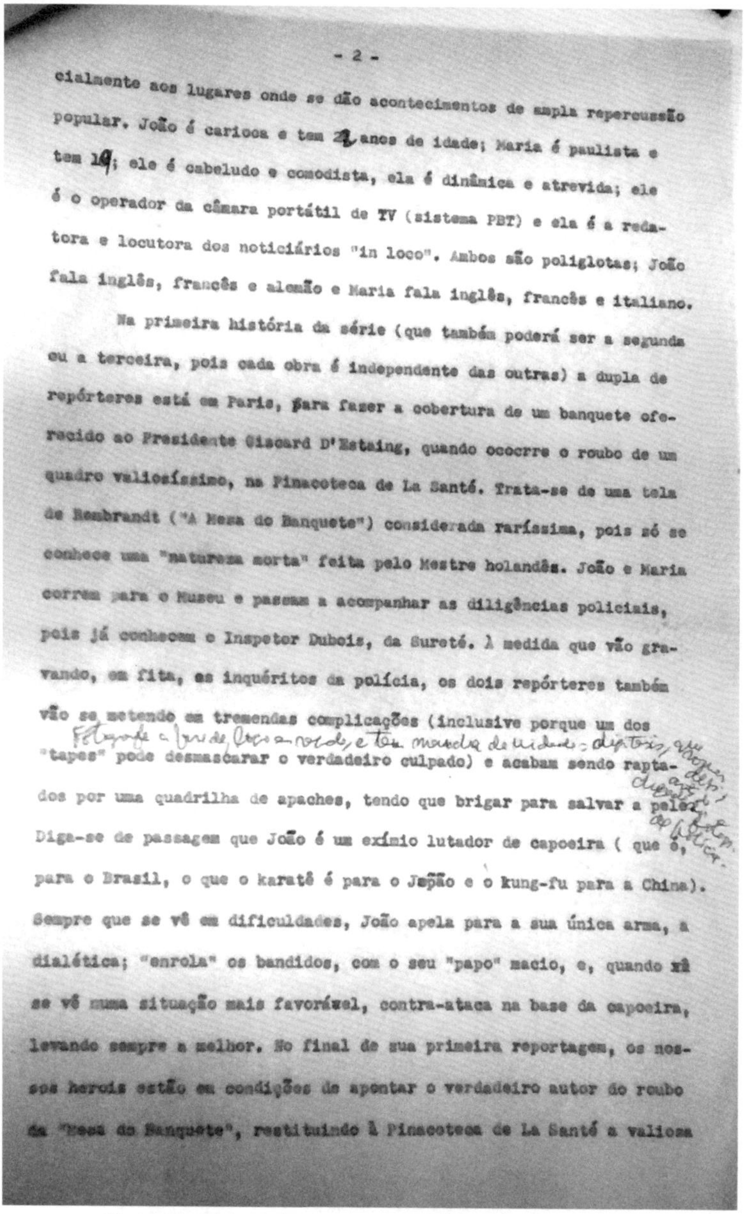

- 2 -

cialmente aos lugares onde se dão acontecimentos de ampla repercussão popular. João é carioca e tem 2½ anos de idade; Maria é paulista e tem 19; ele é cabeludo e comodista, ela é dinâmica e atrevida; ele é o operador da câmara portátil de TV (sistema PBT) e ela é a redatora e locutora dos noticiários "in loco". Ambos são poliglotas; João fala inglês, francês e alemão e Maria fala inglês, francês e italiano.

Na primeira história da série (que também poderá ser a segunda ou a terceira, pois cada obra é independente das outras) a dupla de repórteres está em Paris, para fazer a cobertura de um banquete oferecido ao Presidente Giscard D'Estaing, quando ocorre o roubo de um quadro valiosíssimo, na Pinacoteca de La Santé. Trata-se de uma tela de Rembrandt ("A Mesa do Banquete") considerada raríssima, pois só se conhece uma "natureza morta" feita pelo Mestre holandês. João e Maria correm para o Museu e passam a acompanhar as diligências policiais, pois já conhecem o Inspetor Dubois, da Sureté. À medida que vão gravando, em fita, os inquéritos da polícia, os dois repórteres também vão se metendo em tremendas complicações (inclusive porque um dos "tapes" pode desmascarar o verdadeiro culpado) e acabam sendo raptados por uma quadrilha de apaches, tendo que brigar para salvar a pele. Diga-se de passagem que João é um exímio lutador de capoeira (que é, para o Brasil, o que o karatê é para o Japão e o kung-fu para a China). Sempre que se vê em dificuldades, João apela para a sua única arma, a dialética; "enrola" os bandidos, com o seu "papo" macio, e, quando não se vê numa situação mais favorável, contra-ataca na base da capoeira, levando sempre a melhor. No final de sua primeira reportagem, os nossos heróis estão em condições de apontar o verdadeiro autor do roubo da "Mesa do Banquete", restituindo à Pinacoteca de La Santé a valiosa

Figura 82 - Página 2 da sinopse original da série *Missão Perigosa*

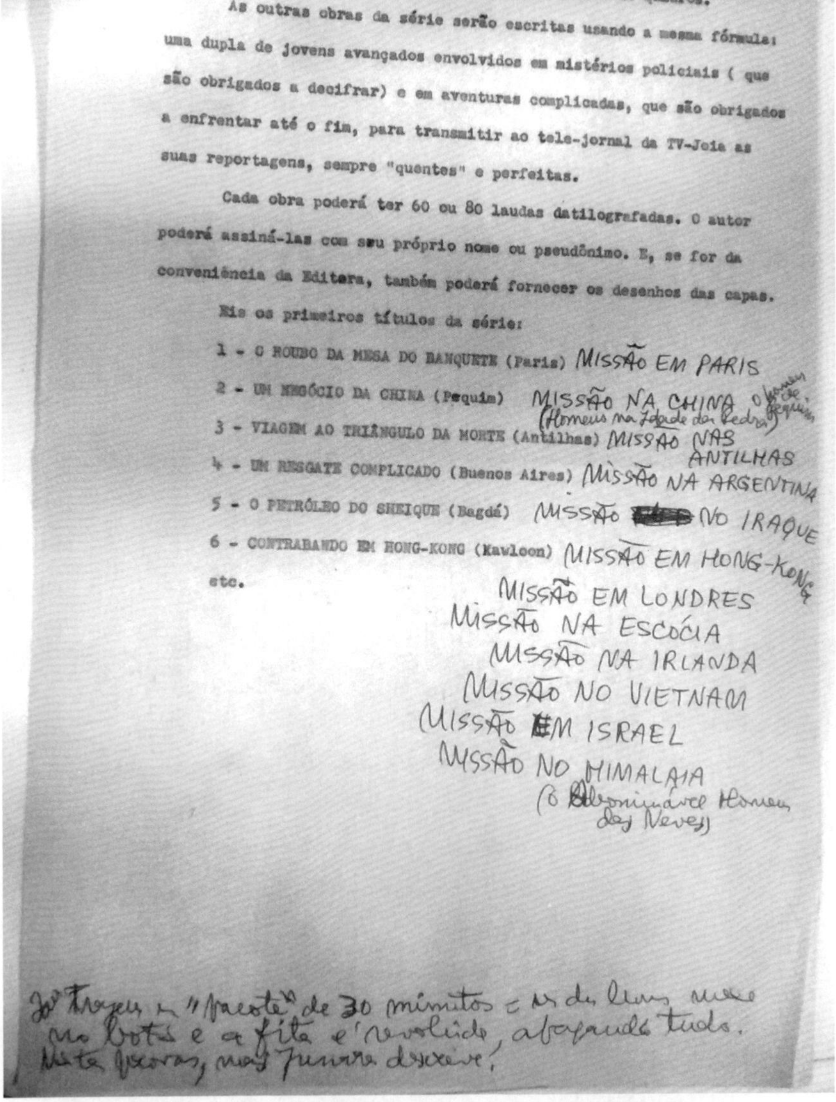

- 3 -

tela de Rembrandt, retirada de sua moldura graças a um processo insólito e engenhoso. O ladrão é um hábil falsificador de quadros.

As outras obras da série serão escritas usando a mesma fórmula:
uma dupla de jovens avançados envolvidos em mistérios policiais (que
são obrigados a decifrar) e em aventuras complicadas, que são obrigados
a enfrentar até o fim, para transmitir ao tele-jornal da TV-Jóia as
suas reportagens, sempre "quentes" e perfeitas.

Cada obra poderá ter 60 ou 80 laudas datilografadas. O autor
poderá assiná-las com seu próprio nome ou pseudônimo. E, se for da
conveniência da Editora, também poderá fornecer os desenhos das capas.

Eis os primeiros títulos da série:

1 - O ROUBO DA MESA DO BANQUETE (Paris) *MISSÃO EM PARIS*

2 - UM NEGÓCIO DA CHINA (Pequim) *MISSÃO NA CHINA* (Homens na Idade da Pedra)

3 - VIAGEM AO TRIÂNGULO DA MORTE (Antilhas) *MISSÃO NAS ANTILHAS*

4 - UM RESGATE COMPLICADO (Buenos Aires) *MISSÃO NA ARGENTINA*

5 - O PETRÓLEO DO SHEIQUE (Bagdá) *MISSÃO NO IRAQUE*

6 - CONTRABANDO EM HONG-KONG (Kawloon) *MISSÃO EM HONG-KONG*

etc.

MISSÃO EM LONDRES
MISSÃO NA ESCÓCIA
MISSÃO NA IRLANDA
MISSÃO NO VIETNAM
MISSÃO EM ISRAEL
MISSÃO NO HIMALAIA
(O Abominável Homem das Neves)

Figura 83 - Página final da sinopse original da série *Missão Perigosa*

De maneira geral, a fórmula proposta por Soveral em seu plano se confirma e é corretamente detectada pelos resenhistas da FNLIJ, valendo tanto para *Missão Perigosa em Londres* (1975) e *Missão Perigosa em Nova Iorque* (1975) quanto para o restante da saga: "a narrativa caracteriza-se pela (..) sucessão de situações imprevistas [que] mantém o suspense até o desfecho com a captura do criminoso" (FNLIJ, 1984, p. 205). Além disso, "o ritmo rápido, os diversos incidentes e o estilo vivo e comunicativo (...) prendem a atenção do leitor" (FNLIJ, 1984, p. 205). Sobre a construção dos livros e seu estilo, destaca-se que, "descrita minuciosamente, a trama é simples, narrada cronologicamente, com poucos fatos reproduzidos em *flash-back*, (...) [e seu] desfecho é previsto e feliz" (FNLIJ, 1984, p. 205). Ressaltam-se ainda as "frases curtas, ação no tempo presente, vocabulário corrente e predominância do diálogo[, que] concorrem para a fluência do estilo" (FNLIJ, 1984, p. 205), sendo que o uso de "diversos termos e expressões em espanhol, francês, alemão e inglês [servem] para dar maior verossimilhança ao texto" (FNLIJ, 1984, p. 205).

A minúcia descritiva da série é, realmente, um de seus pontos altos. Como em *K.O. Durban*, Soveral se esmera na caracterização dos cenários e ambientes, como se pode ver nestes dois trechos do livro de estreia, *Missão Perigosa em Paris* (1975):

> Foi uma corrida de dez minutos. Subiram a Rua Royale até à Madeleine, percorreram todo o Boulevard Malesherbes e chegaram a Montmartre. A Rua do Cul-de-Sac ficava ao lado das favelas, antes da colina da Igreja do Sacré-Coeur. Eram dez horas da noite, mas o movimento, nas ruas, continuava intenso. Os letreiros luminosos das casas de espetáculos projetavam desenhos coloridos nas calçadas. Era ali que ficavam as mais famosas boates de Paris, inclusive o Moulin-Rouge. (SOVERAL, 1975b, p. 60-61)

> Estavam no tugúrio de um pintor típico de Montmartre: um estúdio pobre, fedorento, em completa desordem. A única janela dava para um telhado, onde um gato miava. Por todos os cantos viam-se telas, algumas pintadas e outras em branco, garrafas com pincéis sujos, tubos de tinta a óleo e frascos de óleo de linhaça e terebintina. Também se via uma lata de gesso, ainda úmido, outra de cola e outra de água suja. Num canto, havia uma cama de metal e um armário descascado. O banheiro ficava nos fundos e era ainda mais imundo do que o resto do sótão; também ele estava cheio de telas pintadas, cobertas de poeira. (SOVERAL, 1975b, p. 65-66)

O caráter didático dos livros, embora bem menor do que o encontrado em outras séries de Soveral ou da *Mister Olho*, não passa despercebido às resenhas da *Bibliografia Analítica*: o leitor crítico registra que, além de "estimular a imaginação e o raciocínio dedutivo, há uma mensagem contra atitudes apriorísticas e preconceituosas" (FNLIJ, 1984, p. 205). Para ele, ainda, "os problemas propostos pelo autor *são de ordem social*: os heróis – detetives e policiais – arriscam a vida para garantir a ordem e a segurança da população" (FNLIJ, 1984, p. 205. Grifo nosso.). Finalmente, é curioso que se tenha percebido certo tom ufanista na série, toda ambientada fora do Brasil: capturado pelos entrechos envolventes, diz-se que o leitor "inclina-se pelo sucesso dos protagonistas – pouco convincentes e estereotipados, mas que *provocam a simpatia 'nacionalista'*" (FNLIJ, 1984, p. 205. Grifo nosso.).

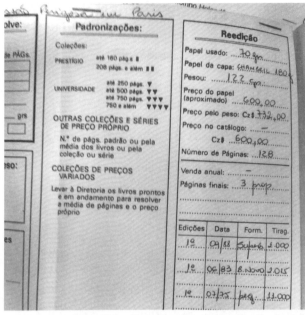

Figura 84 - Ficha de produção de *Missão Perigosa em Paris*, com dados de tiragem

Pela *Mister Olho*, a Ediouro publicou apenas seis episódios das histórias de Júlio César e Jussara entre 1975 e 1976, com um total de 54.000 livros impressos. A partir de *Missão Perigosa em Hollywood*, a série, a exemplo do que acontece com outras com indicação etária mais elevada (como *Márcia, Diana* e *Jacques Rogy*), ganha novo *design* (capa branca, faixa diagonal com o nome "Missão Perigosa") e deixa de se referir à coleção de nosso

Figura 85 - Reedições de *Missão Perigosa em Tóquio*

Figura 86 - Prova de capa de *Missão Perigosa em Madri* (1977), com informações de data e tiragem

corpus. Nessa nova fase, são publicados outros seis volumes, entre 1976 e 1978, incluindo algumas reimpressões/reedições (entre elas, uma para *Missão Perigosa em Tóquio*, originalmente da *Mister Olho*), para um adicional de 66.000 brochuras (Figuras 84 e 86).

Embora nunca tenham tido, nos anos 1970, ilustrações internas para fazer companhia às vibrantes capas de Noguchi (Figura 88), as reedições de 1983 e 1984 em formato Bolso Novo (Figura 85) ganham desenhos de Myoung Youn Lee. Nesse formato, já com Soveral identificado como autor, chegam ao mercado 31.003 cópias, incluindo as três mil de *Missão Perigosa em Chicago* (1984), último episódio da série que havia permanecido inédito – o datiloscrito, conforme sugere recibo de Soveral para a obra, data de final de 1978 ou início de 1979 (Figura 87). Alguns dos livros ganham ainda uma última encarnação em formato Super Bolso, no final dos anos 1980: as novas tiragens para (pelo menos) *Missão Perigosa em Paris*, *...Londres*, *...Nova Iorque* e *...Hollywood* trazem a tiragem total desta versão brasileira (*à la* Hélio do Soveral) do *Jacques Rogy* de Pierre Lamblin para respeitáveis (incluindo *Mister Olho*, reedições, etc.) 162.003 exemplares.

Interessante, quanto ao pseudônimo adotado pelo autor na série, Yago Avenir, é que, como já registramos, a editora provavelmente tenha se dado conta, a meio caminho, de que o nome parecia muito pouco brasileiro, o que contrariava os parâmetros editoriais e mercadológicos de se produzir material nacional, com autores e temas locais... Mas tudo se resolve rápida e facilmente ao pespegar-se o sobrenome "Dos Santos" ao *nom de plume* anterior, já a partir do quinto título.

Outra curiosidade é a falta de menção ou crédito a Noguchi como capista do volume 14, *Missão Perigosa em Chicago*, episódio sobre o qual arriscamos algumas hipóteses mais adiante, no item sobre o artista nipo-brasileiro.

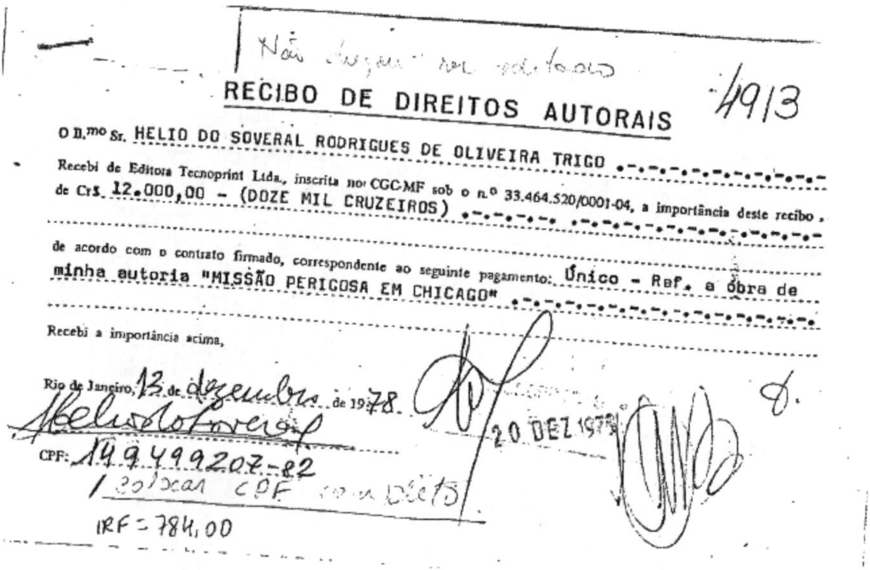

RECIBO DE DIREITOS AUTORAIS 4913

O Il.mo Sr. HELIO DO SOVERAL RODRIGUES DE OLIVEIRA TRIGO

Recebi de Editora Tecnoprint Ltda., inscrita no CGC-MF sob o n.º 33.464.520/0001-04, a importância deste recibo, de Cr$ 12.000,00 - (DOZE MIL CRUZEIROS)

de acordo com o contrato firmado, correspondente ao seguinte pagamento: Único - Ref. a obra de minha autoria "MISSÃO PERIGOSA EM CHICAGO"

Recebi a importância acima,

Rio de Janeiro, 13 de dezembro de 1978.

CPF: 149499207-82

20 DEZ 1978

IRF = 784,00

Figura 87 - Recibo de Soveral para *Missão Perigosa em Chicago* datado de 13 de dezembro de 1978

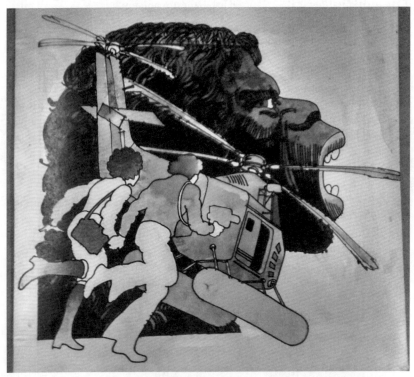

Figura 88 - Arte original de Noguchi para *Missão Perigosa no Zaire* (1976)

Tabela 6 - Série *Missão Perigosa*

Vol.	Ref.	Faixa Etária	Título	Ano	Capista	Ilustrador	Tiragens *Mister Olho*	Tiragem Total *Mister Olho*	Tiragens Outras Coleções				Tiragem Total Ediouro
1	SL-4901	12+	*Missão Perigosa em Paris*[1]	1975	Noguchi		11.000 - 7/75	11.000	2.015 - 6/83	2.000 - 9/88			15.015
2	SL-4902	12+	*Missão Perigosa em Londres*[2]	1975	Noguchi		9.000 - 8/75	9.000	1.988 - 6/83	3.000 - 4/86			13.988
3	SL-4903	12+	*Missão Perigosa em Nova Iorque*	1975	Noguchi		9.000 (est.) - ?/75	9.000	2.000 - 6/83	3.000 (est.) - ?/8?			14.000
4	SL-4904	12+	*Missão Perigosa em Roma*	1975	Noguchi		9.000 (est.) - ?/75	9.000	2.000 - 7/83				11.000
5	SL-4905	12+	*Missão Perigosa em Tóquio*	1976	Noguchi		8.000 (est.) - ?/76	8.000	8.000 (est.) - 4/78	2.000 - 7/83			18.000
6	SL-4906	12+	*Missão Perigosa nas Bermudas*	1976	Noguchi		8.000 (est.) - ?/76	8.000	2.000 - 7/83				10.000
Livros da série lançados originalmente fora da Coleção *Mister Olho* (mas pela Ediouro)													
7	SL-4907	12+	*Missão Perigosa em Hollywood*	1976	Noguchi				7.700 - 7/76	8.300 - 10/78	2.000 - 7/83	3.000 - 2/87	21.000
8	SL-4908	12+	*Missão Perigosa no Zaire*[3]	1976	Noguchi				8.000 (est.) - 12/76	2.000 - 8/83			10.000
9	SL-4909	12+	*Missão Perigosa no México*	1976	Noguchi				8.000 (est.) - 12/76	3.000 - 8/83			11.000
10	SL-4910	12+	*Missão Perigosa em Madri*	1977	Noguchi				6.000 - 9/77	8.000 (est.) - ?/78	3.000 - 12/83		17.000
11	SL-4911	12+	*Missão Perigosa: o Monstro de Loch Ness*[4]	1978	Noguchi				6.000 (est.) - ?/78	3.000 - 1/84			9.000
12	SL-4912	12+	*Missão Perigosa no Pólo Norte*[5]	1978	Noguchi				6.000 (est.) - ?/78	3.000 - 3/84			9.000
13	CP-4913		*Missão Perigosa em Chicago*	1984[6]	Noguchi[7]	Lee			3.000 - 4/84				3.000

[1] O título original do datiloscrito era *Missão em Paris*.
[2] O título original do datiloscrito era *Missão em Londres*.
[3] O título original do datiloscrito era *Missão Perigosa no Congo*.
[4] O título original do datiloscrito era *Missão Perigosa no Loch Ness*.
[5] O título original do datiloscrito era *Missão Perigosa no Ártico*.
[6] Manuscrito é do final de 1978 ou do início de 1979. Título chega a ser anunciado nas páginas finais de *Gisela e o Enigma do Parceiro* (1979).
[7] Capista não creditado.

Legenda:

	Edição original *Mister Olho*, formato 10,5cmx16cm (Normal), com logo da série no alto, ao centro. Título em maiúsculas.
	Reimpressão (ou original), formato Normal. Novo *design*, capa branca, faixa diagonal da série. Sem menção a *Mister Olho* (série *Missão Perigosa*). Título em maiúsculas.
	Reimpressão (ou original), idem acima. Título em Caixa Alta e Caixa Baixa.
	Edição Bolso Novo, anos 1980 (reimpressão ou original). Formato 11,5cmx17,5cm . Novo *design* e categoria (Copa). Coleção *Elefante*. Livros ganham ilustrações inéditas de Myoung Youn Lee. Autor identificado como Hélio do Soveral.
	Edição Super Bolso, anos 1980. Formato 12cmx20,8cm. Novo *design* e categoria. Coleção *EdiJovem*.

Tabela 6B - Série *Missão Perigosa* (capas *Mister Olho* e demais originais)

ORIGINAIS

ORIGINAIS FORA DA *MISTER OLHO*

- **Chereta**

A terceira série que Soveral produziu para a Ediouro, cronologicamente falando, é a de menor brilho literário (Figura 89), mesmo considerando-se apenas o caráter geral da Coleção *Mister Olho* de se colocar ao leitor como opção (construída sobre temas nacionais) de leitura *ligeira* e passatempo culturalmente mais edificante que, digamos, a televisão. Embora a riqueza de ação e reviravoltas seja uma constante nos trabalhos do autor, aqui ela aparece sem estar acompanhada de maior construção de personagens ou de mitologia própria, como as que se veem na *Turma do Posto Quatro*, na mais juvenil *Missão Perigosa* ou mesmo em *Bira e Calunga* – acertadamente, diz o leitor crítico da Fundação Nacional do Livro Infantil e Juvenil, sobre *Chereta e as Motocas* (1975), que se trata de "narrativa movimentada, [com] linguagem simples e personagens sem complexidade" (FNLIJ, 1984, p. 240). As novelas em terceira pessoa, centradas nas aventuras do Chereta (assim mesmo, no masculino), mistura de detetive e herói com direito a malha preta, sardas pintadas, "peruca preta e (...) lentes de contato verdes" (SOVERAL, 1974b, p. 179), são mais ingênuas que as demais criações do autor português e, a despeito das várias situações violentas apresentadas já no episódio de estreia, *O Mistério do Navio Abandonado* (1974), como assassinatos, ameaças e riscos de morte por fome, armas de fogo e afogamento, são decididamente as mais infantis de sua lavra. Mesmo a adoção de uma protagonista feminina, que poderia sinalizar uma quebra de paradigma interessante para a época, como é o caso na *Inspetora*, em *Gisela e Prisco* e em *Diana* (todas séries da *Mister Olho* com personagens femininos principais e fortes), acaba frustrando o leitor: Maria de Lourdes, a "Milu do 27", filha do delegado Jorge Amaral, "o delegado de polícia mais azarado da paróquia" (SOVERAL, 1974b, p. 15), mantém seu comportante rebelde e heterodoxo oculto de todo mundo e, para todos os efeitos, é menina obediente e respei-

Figura 89 - *O Mistério do Navio Abandonado* (1974)

tadora de todas as convenções (femininas) de gênero mais canhestras, como vestir roupas cor-de-rosa, ser "excelente aluna de balé moderno" (SOVERAL, 1974b, p. 148), sempre pedir "licença para fazer as coisas, por menores que elas fossem" (SOVERAL, 1974b, p. 18) e fingir ser sensível e impressionável a ponto de a mãe, Dona Helena, dizer que "essas novelas são muito impressionantes para você, minha querida! Você (...) pode ficar nervosa, com esses dramas que eles apresentam na televisão!" (SOVERAL, 1974b, p. 18). Milu, na verdade, enquanto simula ler um livro sobre lendas brasileiras, oferecido pela mãe, para quem "essas leituras são muito indicadas para meninas bem comportadinhas como você" (SOVERAL, 1974b, p. 19), prefere assistir a filmes policiais e de terror! Embora demonstre ser inverossimilmente destemida e independente no decorrer das histórias nas quais procura ajudar, de forma anônima, o pai delegado a "cumprir o seu dever e restituir a paz à população alarmada" (SOVERAL, 1974b, p. 16) pelo mistério da vez, contando apenas com a ajuda de Domingão, empregado negro da família[26], Milu nunca demonstra estar interessada em quebrar publicamente com os estereótipos e modelos sociais que excluem a mulher do papel que ela assume secretamente como o Chereta (e a menina é enfática em manter a ilusão de ser seu personagem detetive um rapaz, para todos os olhos e implicações). Para ela, é preferível ater-se à imagem esperada, bem representada por este trecho no qual Soveral oferece um pensamento da mãe da garota.

> Hoje em dia — pensava Dona Helena. — é muito difícil encontrar uma menina tão meiga e sossegada como Milu! As crianças só pensam em motocicletas e correrias! Milu também tem uma motocicleta, eu sei, mas quase nem liga para ela! Não há outra criança tão virtuosa como Milu! (SOVERAL, 1974b, p. 20)

E mesmo durante o entrecho essa dubiedade de comportamento fica evidente, como no diálogo a seguir, entre Milu/Chereta e Domingão.

> — O jeito é irmos remando, em ziguezagues, até localizarmos a ilha.
>
> — *Irmos* remando, não é? Mas, até agora, o único que remou fui eu!
>
> — E você acha direito uma menina delicada como eu pegar nesses remos toscos e pesados? Na hora de fazer força, eu já não sou o Chereta... (SOVERAL, 1974b, p. 89. Grifo do autor.)

Ao final da aventura de *O Mistério do Navio Abandonado*, na qual não há praticamente nenhuma detecção ou dedução envolvidas (Chereta descobre toda a trama relacionada com a traineira naufragada e o cadáver nela encontrado porque visita o local à noite – indo e vindo antes que a mãe dê por sua ausência! – e escuta várias conversas dos criminosos envolvidos), Maria de Lourdes Amaral, ou "o Che-

---

26 Esse problema dos livros também chamou a atenção do resenhista da FNLIJ, que escreveu o seguinte, ao registrar o lançamento de *O Mistério das Marionetes* (1974) no primeiro volume da *Bibliografia Analítica da Literatura Infantil e Juvenil Publicada no Brasil*: "Com a personalidade de Chereta, Milu efetua perigosas escapadas noturnas bastante arrojadas e *um tanto quanto inverossímeis para uma menina de 15 anos*" (FNLIJ, 1977, p. 188. Grifo nosso.).

reta – o misterioso detetive secreto, cuja identidade só duas pessoas conheciam" (SOVERAL, 1974b, p. 21), permanece dissociada dessa persona masculina por meio da qual dá vazão às suas características e interesses em tese pouco femininos. Continua sendo, pelo menos para os pais, a menina meiga com "o rostinho (...) igual ao de um querubim" (SOVERAL, 1974b, p. 20).

> – Pelo amor de Deus, pai! – atalhou Dona Helena. – Não venha inquietar a menina com os seus mistérios e as suas violências policiais! Você bem sabe que ela não pode ouvir falar nessas coisas horríveis! Milu é uma menina muito delicada e nós devemos lhe evitar esses contatos com a realidade cruel da vida! (SOVERAL, 1974b, p. 184)

Há, porém, outros elementos de interesse a respeito da série que merecem registro. Soveral usa e abusa tanto da intertextualidade, fazendo numerosas referências ao longo de ...*Navio Abandonado* a livros, filmes e personagens da cultura popular, como Sherlock Holmes, Francis Drake, Tarzan e Robinson Crusoé. Além disso, há certas passagens (por exemplo, os dois trechos a seguir) nas quais o autor brinca metalinguisticamente com personagens, leitores e universo ficcional, sugerindo que Chereta sabe estar no interior de uma história.

> Puxa vida – pensou Milu, consigo mesma. – Eu não devia ter revelado o mistério antes do fim da história! Acho que me precipitei, por falta de experiência! Os detetives só revelam o que sabem depois de chamar a polícia! E agora, Chereta? (SOVERAL, 1974b, p. 162)
>
> – Nossa situação não é assim tão desesperadora – retorquiu o Chereta. – Todos os grandes detetives da história sofrem vexames, antes da vitória final. E sempre encontram um jeitinho de escapar da morte...
>
> – Qual é o jeitinho? Fale, que eu quero ver!
>
> – Ainda não sei, mas tem que haver um jeito. É lógico que não vamos morrer de fome e de sede, nesta ilha fora do mapa! Esse seria um fim muito vergonhoso para o Chereta! E o Chereta é um herói, que ajuda a polícia e defende a sociedade! (SOVERAL, 1974b, p. 109)

Da mesma forma, a mera menção à prática de tortura, dada a época de publicação, é no mínimo corajosa, ainda mais pelo contexto envolvendo prisioneiros, interrogatórios e confissões.

> – Muito bem – decidiu Mestre Batalha, encarando os prisioneiros com um olhar torvo. – Se vocês não querem confessar, pior para vocês! Talvez mudem de opinião, antes do raiar do dia... Eu sei o que fazer com espiões iguais a vocês!
>
> A ameaça deixou o Chereta preocupado. De que não seriam capazes aqueles bandidões?
>
> – Não nos torturem – gemeu ele. – Eu sei que os espiões costumam ser torturados, mas nem eu nem Domingão somos espiões a soldo de uma potência estrangeira! Não sabemos de nada! Não temos nada para falar! (SOVERAL, 1974b, p. 105)

Entre 1974 e 1978, foram publicadas pela Ediouro, sempre dentro da *Mister Olho*, 11 aventuras da série *Chereta*, todas assinadas com o pseudônimo Maruí Martins. Os fãs só conheceriam a identidade de Soveral bem mais tarde, com a reedição, em 1986, em formato Super Bolso, do primeiro livro da saga, já com o título *Chereta e o Navio Abandonado* e com o nome verdadeiro do autor. Infelizmente, a reedição se limitou a essa obra (não houve, tampouco, versões em formato Duplo em Pé ou Bolso Novo). A tiragem total das brochuras contando as peripéricas da "Milu do 27", filha do delegado Amaral, é de 107.000 exemplares (Figura 90), incluídas aí algumas reimpressões ainda dentro da *Mister Olho* e as 3.000 cópias do já citado livro de 1986 pela Coleção *EdiJovem*. Soveral escreveu (e vendeu) para a Ediouro uma décima segunda aventura, *Chereta Enfrenta os Clóvis* (1978), que permaneceu inédita, mas foi por nós resgatada dos arquivos da editora (Figuras 93, 94 e 95). O livro, já em estágio adiantado de produção, tinha arte de Noguchi, ilustrações de Teixeira Mendes, e já havia sido fotocomposto e recebido tratamento de arte-final para a capa, mas foi encostado por decisão datada de 25 de maio de 1979 (Figura 91).

Antes de terem a dupla Noguchi/Mendes à frente da parte visual, a partir do volume 6, *Chereta* contou com capas de Eliardo França (livros 1 a 3) e desenhos de Baron (livros 3 a 5), responsável também pela capa do episódio 4, *Chereta e o Monstro Marinho* (1975). A faixa etária, *9 anos ou mais*, só muda para *11 anos ou mais* nos últimos dois livros.

Nos arquivos da Ediouro, além dos originais inéditos de *Chereta Enfrenta os Clóvis,* encontramos também desenho (Figura 92) não aproveitado de Soveral (a arte chegou a ser refeita pelo departamento de arte da editora) que deveria ter sido incluído em *Chereta e o Carrossel Eletrônico* (1975).

Figura 90 - Prova de capa de *Chereta e os Crocodilos do Som* (1977) com informações de tiragem

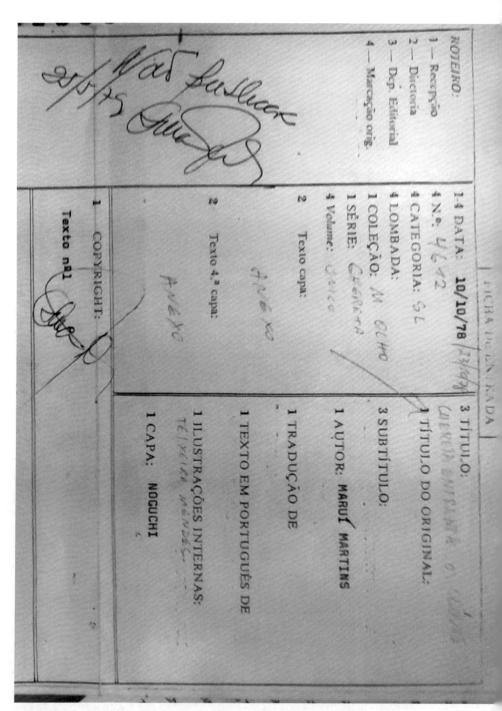

Figura 91 - Ficha de entrada de originais, com ordem para não publicação de *Chereta Enfrenta os Clóvis*

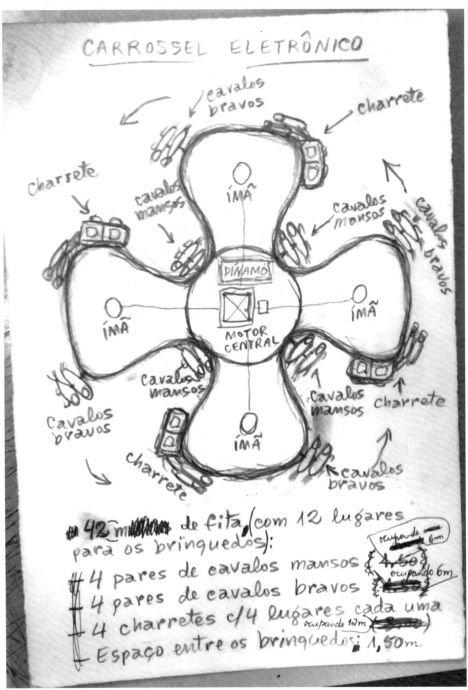

Figura 92 - Desenho original (inédito) de Soveral para *Chereta e o Carrossel Eletrônico* (1977)

AO AUTOR

OBS. - SOLICITAMOS AS INFORMAÇÕES ABAIXO, INDISPENSÁVEIS À DIVULGAÇÃO E ELABORAÇÃO GRÁFICA DA OBRA:

TÍTULO DA OBRA: CHERETA ENFRENTA OS CLÓVIS

A - OUTRAS SUGESTÕES PARA O TÍTULO:

1) - CHERETA CONTRA AS CAVEIRAS

2) - CHERETA E OS MASCARADOS

3) - CHERETA E O CRIME DO CARNAVAL

B - IDADE PROVÁVEL DO LEITOR A QUE SE DESTINA: 9-12 anos

C - RESUMO SUCINTO DA OBRA, DESTINADO AO LEITOR JUVENIL (ATÉ 10 LINHAS):

Sábado de Carnaval. Um homem, fantasiado de Clóvis (palhaço), é morto, por outros Clóvis, na Praia de Grumari. Diante da desorientação do delegado Amaral, sua filha Maria de Lourdes vai fazer um "retiro", na casa de uma família amiga, decidida a ajudar o pai a esclarecer o mistério. Aí, Milu se transforma no Chereta. O supermoleque veste-se de Clóvis, acompanhado por Domingão, o caseiro do delegado, e infiltra-se no bloco de foliões que usam essa fantasia. Mas os Clóvis são muitos - e todos eles se vestem igual, com máscaras de caveira e tudo. Qual deles teria assassinado o companheiro, na Praia de Grumari? Só o Chereta seria capaz de descobrir.

D - INDICAÇÕES ÚTEIS AO PROFESSOR (ATÉ 10 LINHAS):

Cumprindo a sua finalidade de oferecer aos jovens uma leitura amena, sem preocupações didáticas, a Coleção "Mister Olho" apresenta mais esta novela policial, focalizando as aventuras do Chereta, um moleque esperto e audacioso que se intitula a si mesmo "o maior detetive da paróquia". Na verdade, o Chereta é um disfarce de Maria de Lourdes Amaral, a doce e ingênua filha do delegado de polícia da Barra da Tijuca, sempre disposta a ajudar o pai a esclarecer os mistérios de sua jurisdição. Como as novelas anteriores da série, esta também é um mixto de História em Quadrinhos e romance policial. A figura da tímida Milu Amaral, que se realiza no atrevido Chereta, destina-se a satisfazer o desejo de liberdade e aventura que existe, latente, no íntimo de cada jovem bem comportado, segregado no seu mundo convencional.

Figura 93 - Ficha técnica de *Chereta Enfrenta os Clóvis* (1978) preenchida por Hélio do Soveral

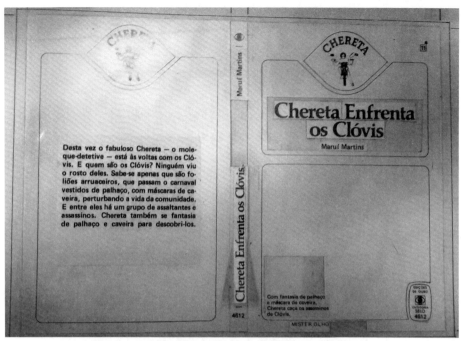

Figura 94 - Arte-final de capa de *Chereta Enfrenta os Clóvis* (1978)

Figura 95 - Arte de capa inédita de Noguchi para *Chereta Enfrenta os Clóvis* (1978)

Tabela 7 - Série *Chereta*

Vol.	Ref.	Faixa Etária	Título	Ano	Capista	Ilustrador	Tiragens *Mister Olho*			Tiragem Total *Mister Olho*	Tiragens Outras Coleções	Tiragem Total Ediouro
1	SL-4601	9+	O Mistério do Navio Abandonado	1974	Eliardo França		4.000 - 10/74	6.000 - 4/75	6.000 - 7/78	16.000	3.000 - 2/86	19.000
2	SL-4602	9+	O Mistério das Marionetes[1]	1974	Eliardo França		4.000 - 10/74	6.000 - 12/75		10.000		10.000
3	SL-4603	9+	O Mistério das Motocas	1975	Eliardo França	Baron	4.000 (est.) - ?/75	6.000 - 12/75		10.000		10.000
4	SL-4604	9+	Chereta e o Monstro Marinho[2]	1975	Baron	Baron	11.000 - 7/75			11.000		11.000
5	SL-4605	9+	Chereta e o Carrossel Eletrônico[3]	1975	Noguchi	Baron	11.000 - 7/75			11.000		11.000
6	SL-4606	9+	Chereta e o Homem sem Memória	1975	Noguchi	Teixeira Mendes	9.000 - 9/75			9.000		9.000
7	SL-4607	9+	Chereta e as Ratazanas Vermelhas	1976	Noguchi	Teixeira Mendes	8.000 - 9/76			8.000		8.000
8	SL-4608	9+	Chereta e os Sequestradores da Barra	1976	Noguchi	Teixeira Mendes	8.000 - 11/76			8.000		8.000

[1] Título original do datiloscrito era O Mistério dos Marionetes.
[2] Título original era O Mistério do Monstro Marinho.
[3] Título original era O Mistério do Carrossel.

9	SL-4609	9+	Chereta e os Crocodilos do Som[4]	1977	Noguchi	Teixeira Mendes	6.000 - 7/77			6.000		6.000
10	SL-4610	11+	Chereta e as Feras do Surfe	1977	Noguchi	Teixeira Mendes	6.000 - 9/77	6.000 - 1/78		12.000		12.000
11	SL-4611	11+	Chereta e o Cavalo Roubado	1978	Noguchi	Teixeira Mendes	6.000 - 8/78			6.000		6.000

Legenda:

	Edição original *Mister Olho*, formato 10,5cmx16cm (Normal), com logo da Coleção *Mister Olho* no alto, ao centro. Título em maiúsculas.
	Reimpressão (ou original), formato Normal, com logo da série no alto, ao centro (série *Chereta*, nome alterado para *Chereta e o/as...* nos livros 1 a 3). Título em maiúsculas.
	Reimpressão (ou original), idem acima. Título em Caixa Alta e Caixa Baixa.
	Edição Super Bolso, anos 1980. Formato 12cmx20,8cm. Novo *design* e categoria. Coleção *EdiJovem*.

---

[4] Título original era *Chereta e os Crocodilos Eletrônicos*.

Tabela 7B - Série *Chereta* (capas *Mister Olho*)

ORIGINAIS

REEDIÇÕES

- **Bira e Calunga**

Mais curta de todas as suas séries para a Ediouro, mas talvez a de premissa mais interessante pela coragem do tema não tão comercial (Bira, Ubiratan, é um menino órfão que, para não sobrecarregar a família pobre que o adotara, decide ganhar as ruas do Rio de Janeiro e das cidades vizinhas, na companhia do cão fila brasileiro Calunga, em busca de emprego e fortuna), a série *Bira e Calunga* (Figura 96), cujo nome é alterado, no livro final e em algumas reimpressões tardias (Figura 99), para *Bira e Mariinha* (sua namorada), teve um total de 10 livros publicados pela Ediouro entre 1973 e 1975 e foi a segunda criada por Soveral para a editora. Assinado com o pseudônimo Gedeão Madureira, o nome do autor só foi revelado ao público (como aconteceu com a série *Chereta*) com a reedição de 1986 para o livro inicial da saga; a série, anos an-

Figura 96 - *Bira e Calunga na Floresta de Cimento* (1973)

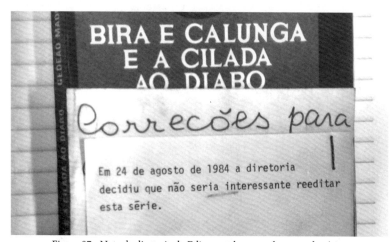

Figura 97 - Nota da diretoria da Ediouro sobre cancelamento da série

tes, havia sido cancelada pela diretoria da Ediouro, que decidira pela não reimpressão das obras (Figura 97).

Ao longo de sua existência na *Mister Olho*, os trabalhos gozaram, porém, de alguma popularidade, traduzida nas novas tiragens recebidas por alguns dos títulos (ver Tabela 8), ainda durante os anos 1970. Com isso, a tiragem total (Figura 98) das brochuras sobre o menor abandonado Bira e seu cachorro e amigo Calunga (que nos faz lembrar a Baleia de Graciliano em *Vidas Secas* nas vezes em que Soveral brinca com o discurso indireto e indireto livre para aproximar o foco narrativo dos pensamentos e impressões do animal) chega a fabulosos 221.000 exemplares (considerando-se também os 4.000 da reedição de 1986). Desde o início, a série contou com arte de capa de Noguchi (não creditado nos primeiros cinco livros...), mas nunca chegou a conquistar *status* merecedor do investimento de ilustrações internas.

A caracterização de Soveral para personagens, logradouros e situações, em *Bira e Calunga*, é riquíssima (destoa, portanto, da superficialidade de *Chereta*) e merece mergulhos futuros mais aprofundados, até por conta da temática invulgar. O humor típico do autor, menos escrachado e algo sutil, está presente na série, bem como a abordagem cautelosa e algo alinhada com o sistema, que o faz citar (como veremos mais amiúde no Capítulo 3, sobre a *Turma do Posto Quatro*) entidades estatais de maneira acrítica ou laudatória. No exemplo a seguir, do livro 1, Bira busca a ajuda de seu Garcia, fiscal da Sunab, para desbaratar uma quadrilha que falsificava salsichas usando carne de cachorro.

> Bira não sabia o que era *Sunab* e o homem explicou que era uma sigla que queria dizer *Superintendência Nacional do Abastecimento*. Era um órgão da União, incumbido da aplicação da Lei Delegada nº 4, e representava o Governo Federal em todos os Estados do Brasil. (SOVERAL, 1973e, p. 74)

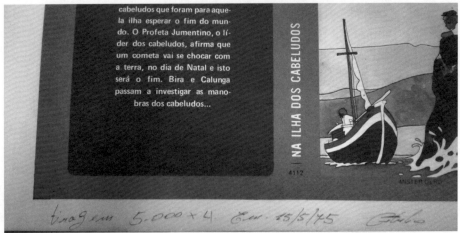

Figura 98 - Prova de capa de *Bira e Calunga na Ilha dos Cabeludos* (1975), com informações de data e tiragem

A implicância com as religiões de matriz africana, que se vê em *Operação Macaco Velho* (1973), da *Turma do Posto Quatro*, também aparece aqui, na fala do mesmo fiscal Garcia, que inocenta um centro de umbanda (ou candomblé) do crime investigado na história, ao dizer que "os macumbeiros podem perturbar o juízo dos imbecis, mas não fabricam salsichas! (...) [Quando muito, apenas] praticam os seus ritos demoníacos" (SOVERAL, 1973e, p. 123-124).

A crítica urbana (e social) que Soveral adota na série é relativamente nova em seus trabalhos infantojuvenis. Todo o cenário serve, também, para que o autor oponha o protagonista como exemplo positivo rodeado por maus exemplos (outros meninos de rua entregues ao crime) e por forças socioeconômicas quase inexoráveis. Bira quer prosperar na vida e "ganhar dinheiro, mas sem sacrificar as outras pessoas, nem usar processos poucos dignos" (SOVERAL, 1973e, p. 9). Mas, órfão jogado à própria sorte, o menino sabe bem da dificuldade de lograr seu objetivo numa cidade indiferente como o Rio de Janeiro,

> uma floresta de cimento armado, onde as "árvores" eram os arranha-céus e as "feras" eram os próprios homens, que só faltavam se devorarem uns aos outros, na ânsia de ficarem ricos mais depressa, (...) feras humanas, sempre prontas a darem um bote, desde que isso lhes rendesse alguma coisa... (SOVERAL, 1973e, p. 9, 13)

A coleção parece ter caído nas graças (ou ao menos no radar) da Fundação Nacional do Livro Infantil e Juvenil, que a cobriu quase toda. Se, por um lado, ao abor-

Figura 99 - Edição original e reimpressão de *No Corredor dos Zumbis*, com o título alterado e novo logo (e nome) da série

dar nada menos que sete dos seus dez livros, os resenhistas da FNLIJ entendam que "a trama [da série via de regra] é por demais ingênua e carece de lógica" (FNLIJ, 1977, p. 124) e que é "cheia de lugares comuns e romantismo fora de época[, além de] (...) personagens estereotipadas" (FNLIJ, 1984, p. 169), citando ainda a ocorrência de "algumas cenas um pouco desagradáveis, como a descrição de uma salsicharia clandestina" (FNLIJ, 1977, p. 123), eles tampouco deixam passar o que veem como qualidades das obras: seja apontando a "linguagem atual, com vocabulário e expressões que reproduzem o modo de falar habitual dos jovens que retrata" (FNLIJ, 1977, p. 123), seja registrando o uso e valorização de temas nacionais, ao dizer que "o autor apresenta lendas de nosso folclore" (FNLIJ, 1977, p. 123) ou simplesmente elogiando qualidades mais imediatas do texto (e outras nem tanto), que teria "narrativa bem encadeada, com diálogos vivos [e uma] mensagem [que] trata de solidariedade e cooperação entre os homens e mostra que através do silêncio e da oração se encontra a paz" (FNLIJ, 1984, p. 169). O próprio tema central de *Bira e Calunga*, a vida do menor de rua e os problemas eminentemente urbanos a ele relacionados, como a delinquência juvenil, parece ter sido o primeiro motivador de tamanha representatividade para os livros no universo de resenhas dos dois volumes da *Bibliografia Analítica* da FNLIJ: afinal, na série, "o autor aborda os graves problemas de uma grande cidade (...) [e] se serve [sempre] de uma história bem viva e movimentada para focalizar o problema do menor abandonado" (FNLIJ, 1977, p. 123). Sem falar que "o aspecto pessimista das aventuras de Bira é atenuado pela mensagem de esperança e de conforto que lhe é transmitida em sonhos pela fada Morgana, que lhe dá ânimo para enfrentar situações difíceis" (FNLIJ, 1977, p. 124).

A fada, espécie de madrinha de Bira, é também quem muitas vezes dá ao menino uma espécie de bússola moral; por exemplo, quando lhe diz, em *Bira e Calunga na Floresta de Cimento*, que "há sempre um meio inteligente de combater o Mal, sem ser preciso usar as mesmas armas com que o Mal nos oprime" (SOVERAL, 1973e, p. 129-130), ou que "a gente só deve acusar os outros depois de ter provas contra eles; [que] é preferível deixar escapar um culpado do que condenar um inocente" (SOVERAL, 1973e, p. 39-40). É ainda uma porta-voz de certa utopia transcendente (e de tons comunistas!) que, a exemplo do paraíso cristão, inspira Bira em seus embates com a dura realidade brasileira nas cidades.

> No meu reino, todas as pessoas são felizes e moram em palácios de cristal. Não há pobreza nem riqueza, pois todos os homens trabalham e dividem o alimento e o conforto. Ora, como todos têm o essencial para viver com dignidade, ninguém cobiça as coisas dos outros, nem briga para obter privilégios que ali são proibidos. No meu reino encantado, não há luxo, mas também não há fome, nem guerras, nem injustiças! (SOVERAL, 1973e, p. 15-16)

Finalmente, a resenha para *Bira e Calunga na Ilha dos Cabeludos* (1974) merece ser reproduzida, porque fica evidente que o leitor da FNLIJ desconsiderou (ou optou por desconsiderar?) completamente a dimensão crítico-humorística que Soveral (usando aqui da mesma ambiguidade encontrada em vários momentos da *Turma do Posto Quatro*) dá a toda a questão social do menor e de sua alegada socialização pelo Estado, ao nomear a entidade governamental de "SPREMA" (a relação com o verbo "espremer" é por demais óbvia...):

- 83 -

Seu Argemiro parou na porta, ▓▓▓▓ voltou-se e respondeu:

— Este é um marginal que a polícia está procurando faz dois dias. O delegado do Décimo Sexto Distrito quer falar com ele... Não é verdade, Seboso?

O vagabundo não respondeu. Estava pálido e transtornado.

— Pois é — concluiu o fiscal. — O corpo de Pedro da Costa, mais conhecido como Tio Pedro, foi encontrado anteontem, no seu barraco do Sacarrão Pequeno. O crioulo morreu envenenado!

— Eu sabia — lamentou-se o Seboso. — Eu sabia que vocês acabavam descobrindo tudo!

E, diante do espanto de Bira e Mariinha, a porta se fechou. E eles ficaram sozinhos, em liberdade, no seu lar modesto e feliz. E Calunga continuava a dar cambalhotas, lá fora.

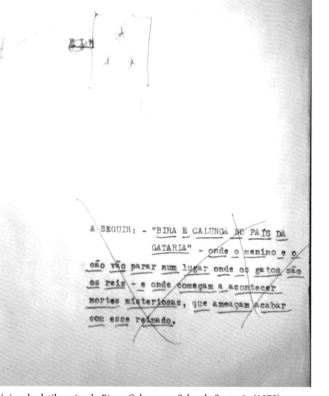

A SEGUIR: — "BIRA E CALUNGA NO PAÍS DA GATARIA" — onde o menino e o cão vão parar num lugar onde os gatos são os reis — e onde começam a acontecer mortes misteriosas, que ameaçam acabar com esse reinado.

Figura 100 - Última página do datiloscrito de *Bira e Calunga na Selva do Sacarrão* (1975)

Pegando carona na estrada Rio-Petrópolis, Bira é apanhado por guardas da SPREMA — Serviço de Proteção, Representação e Educação de Menores Abandonados — que o levam para um internato na Ilha das Penhas, na Baía de Guanabara. A fim de libertar o amigo, Mariinha pede ajuda à "patota do Pedrin", pivetes habituados a esmolar e a roubar. Seguem todos para a Ilha e, juntamente com Bira e Calunga, descobrem uma quadrilha perigosa procurada pela polícia. Felizes por se sentirem úteis e valorizados, todos resolvem permanecer na SPREMA, estudando e aprendendo um ofício. (FNLIJ, 1977, p. 123)

Bira e Calunga é a única das suas criações que Soveral dá por encerrada. Com o episódio 10, no qual "compara a violência da cidade grande grande com a simplicidade do campo" (FNLIJ, 1984, p. 169), o autor faz com que Bira, Mariinha e Calunga finquem residência no Vale do Silêncio, em meio a "uma seita religiosa, situada no Parque de Itatiaia, (...) [onde] as personagens vivem em harmonia com o meio ambiente" (FNLIJ, 1984, p. 169). Trata-se do Reino dos Céus (na Terra...) prometido pela fada Morgana no primeiro livro, e é impossível não ler aqui certa simpatia para com os movimentos *hippies* de então e também para com o valor da autodeterminação dos povos.

> — Que bacana, não é Bira? [— disse Mariinha —] Finalmente, encontramos um lugar sossegado, onde seremos felizes! Agora, não há mais nenhum grilo, para perturbar os Amigos de Deus! Era um lugar como este que nós procurávamos, embora não soubéssemos exatamente como é que ele seria... Aqui, no meio dessa gente simples e boa, seremos tratados como filhos e nunca mais passaremos necessidades, nem sustos, nem correrias! Entramos no paraíso, Bira! Eu, você e Calunga entramos no paraíso! E já não era sem tempo!
>
> O menino olhava para ela, mas não a via; seus olhos vidrados estavam contemplando a imagem branca de uma senhora muito bonita, com uma estrela na testa, que lhe sorria e lhe piscava um olho.
>
> — Sim, meu afilhado — dizia a Fada Morgana, com a voz de Mariinha. — Também na Terra pode existir uma filial da Ilha da Felicidade... Basta que as pessoas estejam em paz com Deus e façam um pequeno esforço para serem felizes... Vocês não querem que as fadas resolvam tudo sozinhas, não é mesmo?
>
> Debaixo da mesa, Calunga roía silenciosamente um osso; suas aspirações eram mais modestas e ele não queria saber de fadas, nem de bruxas. (SOVERAL, 1975a, p. 190-191)

Os arquivos da Ediouro guardam ao menos dois datiloscritos de Soveral: o de *Bira e Calunga no Corredor dos Zumbis* e o de *Bira e Calunga na Selva do Sacarrão* (Figura 100).

Tabela 8 - Série *Bira e Calunga*

Vol.	Ref.	Faixa Etária	Título	Ano	Capista	Tiragens *Mister Olho*	Tiragem Total *Mister Olho*	Tiragens Outras Coleções	Tiragem Total Ediouro
1	BL-4108		Bira e Calunga na Floresta de Cimento	1973	Noguchi[1]	20.000 - 8/73	20.000		24.000
2	BL-4109		Bira e Calunga no Solar das Almas	1973	Noguchi[2]	20.000 (est.) - 9/73	20.000	4.000 - 1/86	20.000
3	SL-4110		Bira e Calunga no Reino do Mágico Merlini	1973	Noguchi[3]	20.000 (est.) - ?/73 / 9.000 (est.) - ?/7? / 6.000 - 10/78	35.000		35.000
4	BL-4111		Bira e Calunga na Caverna do Curupira[4]	1974	Noguchi[5]	20.000 (est.) - ?/74 / 20.000 (5/75)	40.000		40.000
5	SL-4112	9+	Bira e Calunga na Ilha dos Cabeludos	1974	Noguchi[6]	20.000 (est.) - ?/74 / 20.000 (6/75)	40.000		40.000
6	SL-4113	9+	No Corredor dos Zumbis[7]	1974	Noguchi	20.000 (est.) - ?/74 / 6.000 - 10/75	26.000		26.000
7	SL-4114	9+	Bira e Calunga na Selva do Sacarrão	1975	Noguchi	9.000 (est.) - 5/75	9.000		9.000
8	SL-4115	9+	Bira e Calunga e o Segredo dos Gatos[8]	1975	Noguchi	9.000 (est.) - 6/75	9.000		9.000
9	SL-4116	9+	Bira e Calunga e a Cilada ao Diabo[9]	1975	Noguchi	9.000 - 8/75	9.000		9.000
10	SL-4117	9+	Bira e Mariinha no Vale do Silêncio	1975	Noguchi	9.000 (est.) - ?/75	9.000		9.000

Legenda:

Edição original *Mister Olho*, formato 10,5cmx16cm (Normal), com logo da Coleção *Mister Olho* no alto, ao centro. Título em maiúsculas.

Reimpressão (ou original), formato Normal, com logo da série no alto, ao centro (série *Bira e Calunga* ou *Bira e Mariinha*, nos livros 6 e 10). Título em maiúsculas.

Reimpressão, idem acima. Título em Caixa Alta e Caixa Baixa.

Edição Super Bolso, anos 1980. Formato 12cmx20,8cm. Novo *design* e categoria. Coleção *EdiJovem*.

1 Capista não creditado, nem mesmo na reedição em formato Super Bolso.
2 Capista não creditado.
3 Idem acima.
4 O título original do datiloscrito era *Bira e Calunga no Reino do Curupira*.
5 Capista não creditado.
6 Idem acima.
7 O título original (e correto) do datiloscrito era *Bira e Calunga no Corredor dos Zumbis*. Por erro de produção, título na capa ficou incompleto.
8 O título original do datiloscrito era *Bira e Calunga no País da Gataria*.
9 O título original era *Bira e Calunga no Hospital das Bonecas*.

Tabela 8B - Série *Bira e Calunga* (capas *Mister Olho*)

ORIGINAIS

REEDIÇÕES

Ganymédes José

Mais de 160 livros publicados e desses, para a *Mister Olho*, entre 1974 e 1979, nada menos que 37, com tiragem somada (não considerando as reedições já sem a identificação de nosso *corpus*, que batem 282.728 cópias) de 372.237 exemplares. Natural de Casa Branca, batalhador incansável por sua própria vocação literária e pelos valores e potencial transformador do binômio *leitura-crianças*,

> Ganymédes José estreia profissionalmente em 1972, embora já se destacasse no mundo interiorano paulista por conta de diversas atividades nos mais variados campos das artes. Se com a literatura ganha o primeiro prêmio aos 16 anos, em 1952, em São Paulo, no concurso Galeão Coutinho, concedido pela União Paulista de Educação e promovido pelo *Jornal de Notícias*, nos anos seguintes, vence um concurso municipal para a criação do novo brasão de Casa Branca (1958), recebe a medalha de prata pela peça teatral *Juana Maria dos Presentes*, encenada no Segundo Festival Universitário de Campinas sob direção de Milton Andrade (1959), e destaca-se como organizador e participante do Festival Casabranquense de Música Popular, cuja primeira edição se dá entre os dias 23 e 27 de junho de 1968. (PACHE DE FARIA, 2017, p. 24-25)

Emplacando seus primeiros trabalhos em plena vigência da ditadura de 1964-1985, Ganymédes não atravessou o período incólume, seja como ser humano ou como escritor. Há sinais tanto de gritos quanto de silêncios em sua obra, que procuraremos desvelar e amplificar em futuro trabalho a ele dedicado. A política e a crítica social, por exemplo, nunca deixaram de estar no seu radar temário (como demonstra o trecho a seguir, de carta de 19 de novembro de 1984, a Peter O'Sagae), muito embora sua combinação com a literatura infantojuvenil não seja das mais frequentes.

> Espero que as chuvas tenham abrandado por aí. Aqui, *deo gratias*, choveu manso, o que favoreceu o vigarista do prefeito porque em Casa Branca, se queremos água, tem de cair do céu porque nos canos não vem. Você não quer, de presente, o pior prefeito do Brasil, o Belezinha? Até escrevi MISSÃO IMPOSSÍVEL EM JAÇURUNUNGA, onde o Frigideira é desafiado por um bando de crianças lideradas pela Anjinha Teresinha a dar um jeito de realizar as 5 missões impossíveis... água limpa (despoluição do Rio das Cebolas), incentivo ao reflorestamento, crise habitacional, amparo aos animais abandonados e situação do menor marginalizado. (OLIVEIRA, 1984, p. 1)

No livro citado, inédito, e que seria o terceiro com a personagem Anjinha Teresinha (*A viagem da canção mágica*, 1974; *A anjinha Teresinha*, 1976), Ganymédes investe contra o prefeito de sua cidade, Walter Pereira Avancini, como já fizera antes, fustigando outras administrações.

Para a Ediouro, editora mais importante de toda sua carreira, Ganymédes José (1936-1990) criou três séries, sendo duas incluídas na *Mister Olho* (como veremos a seguir). A que ficou de fora de nosso *corpus*, *Vivi Pimenta*, nem por isso foi me-

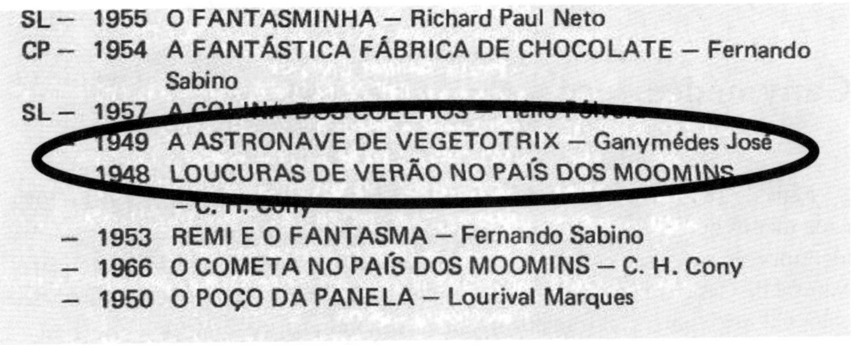

```
SL –  1955  O FANTASMINHA – Richard Paul Neto
CP –  1954  A FANTÁSTICA FÁBRICA DE CHOCOLATE – Fernando
            Sabino
SL –  1957  A COLINA DOS COELHOS – Helio Fónica
      1949  A ASTRONAVE DE VEGETOTRIX – Ganymédes José
      1948  LOUCURAS DE VERÃO NO PAÍS DOS MOOMINS
            – C. H. Cony
 –    1953  REMI E O FANTASMA – Fernando Sabino
 –    1966  O COMETA NO PAÍS DOS MOOMINS – C. H. Cony
 –    1950  O POÇO DA PANELA – Lourival Marques
```

Figura 101 - Lista ao final de *Brita doma o Prateado* (1976)
com menção ao inédito *A Astronave de Vegetotrix*

nos popular em sua época. Igualmente ambientada em Casa Branca, teve 10 títulos[27] lançados entre 1975 e 1978. Ainda no assunto "séries", há também os já citados dois livros sobre a Anjinha Teresinha e o volume *A Galinha Nanduca* (1975), que teria duas continuações em outras editoras (*A Galinha Nanduca em São Paulo*, 1979; *A Galinha Nanduca em Aracaju*, 1982). Ganymédes planejou uma outra coleção, para a qual escreveu (e vendeu) um piloto à Ediouro, mas que acabou não indo à frente: *A Astronave de Vegetotrix* (1975), um dos três livros seus cedidos à editora carioca e nunca publicados, fora pensado como série que visitaria, tal qual *A Turma do Posto Quatro* de Soveral, todas as unidades da federação brasileira, uma por livro. *Vegetotrix*, curiosamente, chega a ser anunciado nas páginas finais de alguns livros da época, como *Brita doma o Prateado* (1976; Figura 101), de Elisabete Pahnke.

• A Inspetora

> Sim, também sou autor da *Inspetora*. O motivo de usar SANTOS DE OLI-VEIRA (meu nome de família) foi que, quando lancei a série, eles não sa-biam se eu era um bom escritor. E se Ganymédes José não escrevesse bons livros, poderia prejudicar a outra série, entende? Mas parece que tanto os livros de Ganymédes José quanto os do Santos de Oliveira (lógico, a mesma pessoa!) estão sendo bem vendidos, graças a Deus. A ação da *Inspetora* e *Vivi Pimenta* acontecem em Casa Branca, cidade onde nasci e moro até hoje. Você gostou? Pois é, a vida no interior é muito mais tranquila que a maluquice aí em São Paulo. Dá até assunto para muitos livros. (OLIVEIRA, 1981, p. 1)

No trecho reproduzido acima, de carta inédita do escritor, datada de 6 de no-vembro de 1981, a uma de suas jovens leitoras (Maria Gabriela Erbetta), Ganymé-des oferece uma explicação para o nome diferenciado (não exatamente um pseu-dônimo) com que assinava essa que foi a primeira de suas séries infantojuvenis

---

27 *Vivi Pimenta* (1975), *Vivi Pimenta Topa o Desafio* (1975), *Vivi Pimenta Compra um Tesouro* (1975), *Vivi Pimenta na Vila da Confusão* (1976), *Vivi Pimenta Salva a Árvore* (1976), *Vivi Pimenta e o Calhambeque Tris-te* (1976), *Vivi Pimenta e a Festa de Aniversário* (1976), *Vivi Pimenta e o Trabalho Muito Importante* (1977), *Vivi Pimenta e a Economia de Gasolina* (1977), *Vivi Pimenta e o Vagônibus Fora de Série* (1977) e *Vivi Pimenta e um Caso Complicado* (1978).

para a Ediouro. Além disso, confirma o que muitos dos admiradores das aventuras da Patota da Coruja de Papelão (Figura 102) já desconfiavam, pelas muitas dicas e sinais presentes nos textos: as histórias detetivescas *mezzo* rurais, *mezzo* urbanas eram ambientadas na própria cidade natal do autor, que se valia delas para não só entreter como também para defender as suas próprias bandeiras e causas e veicular críticas à cultura contemporânea e até mesmo às instituições de governo. Conforme escrevemos em 2017, em nosso livro *Histórias de Detetive para Crianças*,

> A série *Inspetora* (...) possui um lugar especial na obra do autor tanto pelos seus impressionantes milhares de páginas e pela sua relevância como leitura de formação de um vasto número de jovens leitores durante sua permanência em catálogo, quanto pela sua combinação de literatura infantojuvenil e ficção policial em um cenário rural que propositadamente evita o próprio berço deste gênero que nasce com Edgar Allan Poe e sua Rua Morgue: a cidade, a grande cidade, a metrópole poluída e absurda que, para Ganymédes José, encarnaria muitos dos males modernos.
>
> Em seus pequenos livros de mistério protagonizados por crianças, o autor, em plena década de 1970, nas páginas da *Inspetora*, travava uma batalha digna do século XIX, na qual, se, por um lado, abraçava o positivismo que está no âmago do romance de enigma, ao fazer da menina Eloísa a sua detetive guiada pela razão e pela lógica, por outro, o rechaçava, com veemência, por ver certo efeito negativo da ciência e do que chamava de "tecnocracia" (Oliveira, 1987a), da industrialização e da sociedade de consumo, na vida moderna, em particular nas cidades, que, para ele, a julgar pelos pensamentos da personagem Malu em *O caso da Mula-sem-cabeça*, eram um "manicômio" (Oliveira, 1974a). (PACHE DE FARIA, 2017, p. 12-13)

À série *Inspetora*, portanto, já dedicamos um livro, publicado pela Eduff, no qual abordamos justamente este embate (que permeia todos os seus 38 volumes) mencionado na carta de 1981: a "maluquice" da cidade grande e da realidade que ela representa, em oposição à "vida (...) muito mais tranquila" e aos valores que ainda persistiriam no Brasil do interior. Não nos alongaremos aqui, portanto, em exames ou valorações sobre esse aspecto específico da série para não corrermos o risco de nos tornarmos repetitivos.

Figura 102 - Os três formatos da série *Inspetora*

Relembremos, porém, que é na *Inspetora* que Ganymédes José, em início de carreira, tem um de seus manuscritos silenciados (*O Caso do Rei da Casa Preta*), em episódio que julgamos tributário ao clima de censura, medo e repressão do regime militar corrente nos anos 1970. E registremos ainda, descoberta recente, que, a despeito de nossas hipóteses anteriores, ou seja, de que o criador da Patota da Coruja de Papelão teria desenvolvido em 1974 a série por encomenda da editora da Coleção *Mister Olho*, depois de já ter vendido a ela vários títulos avulsos como *A Noite dos Grandes Pedidos* e *Os Homens de Papel* (os primeiros dois volumes, *O Caso da Mula-sem-cabeça* – originalmente chamado de *O Caso da Terça-feira na Capoeira do Tatu-Bola* – e *O Caso do Fantasma Dançarino* – originalmente intitulado *O Fantasma Dançarino* –, saem em junho daquele ano), a *Inspetora* teria sido criada bem antes disso, em janeiro de 1973, conforme atesta o manuscrito embrionário encontrado por nós no acervo do autor, cuja página final traz a data do dia 18 (Figura 103).

Nesta noveleta sem título escrita entre 15 e 18 de janeiro de 1973, com 36 páginas das quais se perdeu apenas a de número 35, está praticamente pronta já a trama apenas ligeiramente mais desenvolvida no *Caso da Mula-sem-cabeça* (1974). É em 1973, portanto, que Ganymédes concebe as personagens de sua primeira e mais famosa turma de detetives mirins, núcleo e razão de ser de sua maior *tour de force* criativa: a saga de 39 volumes da série *Inspetora*.

O exame deste datiloscrito original (sobre as páginas, há anotações manuscritas de Ganymédes, já esboçando a segunda versão da obra que não seria ainda, contudo, a que veio à luz pela Ediouro) revela algumas diferenças interessantes quanto ao contorno das personagens que vão além da mera curiosidade. A mais imediata delas é que, tal qual seu inspirador-mor, Sherlock Holmes – originalmente batizado por Conan Doyle de Sherringford Holmes em um conto de 1886 anterior a *Um estudo em vermelho* no qual também Watson possuía outro nome: Ormond Sacker (HONAN, 1997, p. 1) –, também a Inspetora Eloísa nasceu com outro nome: Normantina (ou ainda Normanta, abreviação que faz as vezes de apelido no texto). Dos outros membros da Patota, o único que já aparece em sua forma definitiva é Zé Luís, o Orelhão. Malu (Maria das Lourdes) é inicialmente chamada de Tatá, nome-apelido que será "transferido" para Eloísa quando da estreia da série, mas que não volta mais a ser usado (com exceção do resumo introdutório de *O Caso das Luzes no Morro das Borboletas*); pelo menos, não para se referir à Inspetora. No volume 5, *A Inspetora e os anjos da cidade fantasma*, a fazenda recebe a visita de tio Zico, irmão de tio Clóvis (pai da menina detetive), acompanhado da esposa Marina, dos filhos Lelé e Antinho e das filhas Dequinha e... Tatá! O vai e vem de nomes não é incomum no início de obras seriadas cuja mitologia e dinâmica ainda

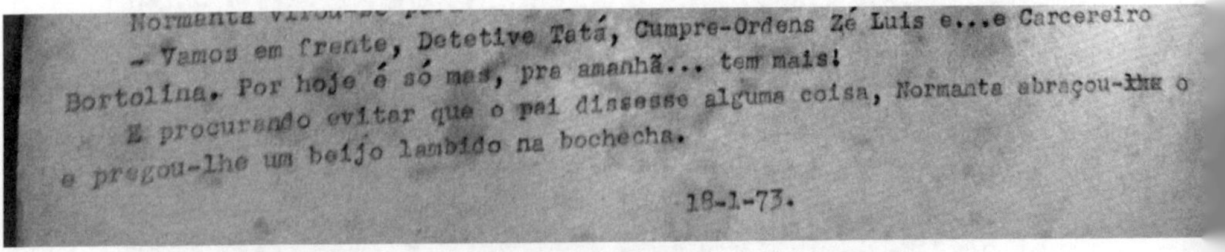

Figura 103 - Data de finalização da primeira versão da *Inspetora*

não se consolidou; tanto é que tais incongruências mais evidentes não voltam a se repetir nas aventurasfuturas (com exceção do episódio envolvendo o "Caramujão", trailer que os pais da Inspetora compram finalmente no episódio 24, para tornar mais confortáveis as viagens da turma pelo Brasil; Ganymédes, por esquecimento, ignora a compra alguns livros depois, restaurando o "Caramujão" a mero objeto de desejo de tia Aurélia no volume 35, em trecho nas páginas 21 e 22).

Da mesma forma, Bortolina, a mais icônica de todas as criações de Ganymédes José seja dentro ou fora da série *Inspetora* (e que ele ensaia recriar na figura da menina Bortolinda, personagem muito semelhante tanto no físico quanto no comportamento e parte do elenco de *O Caso da Taça Professorado*, de 1982), também foi concebida com outro nome: Dor (de Adoração). O trecho no qual ela primeiro aparece na trama é muito parecido com a versão canônica, mas vale a reprodução por seu valor documental (Figura 104):

> Felizmente a atenção deles foi desviada com a aproximação de uma pretinha um pouco mais alta que todos. Só que a pretinha tinha um engraçado modo de andar, pois ela parecia abaixar-se e levantar-se mais do que o fazem as pessoas comuns. Usava trancinhas espetadas e parecia ser a criatura mais distraída do mundo, do jeito que assobiava olhando para as nuvens. Ela passou pelo grupo. Orelhão mexeu com ela.
>
> — Oi, Dor...
>
> — Oi, Zé Luís... — respondeu Dor com uma voz tão fina que Tatá pensou que ela estivesse brincando. (OLIVEIRA, 1973, p. 10)

Quanto ao enredo desta primeira versão (o texto em si possui muitas diferenças de redação sem maior relevância semântica), o que chama mais a atenção é a cena que ocupa no livro as páginas 39 a 45: a visita à Vó Padroeira para que as crianças colham seu testemunho sobre a Mula-sem-cabeça e o roubo das galinhas e para que busquem pistas no próprio galinheiro. Às 36 páginas da versão inicial, Ganymédes apensou outras três páginas, numeradas 11A, 11B e 11C, inserindo justamente este entreato ao datiloscrito original. De curioso aqui é que, diferentemente do que lemos no livro, é Orelhão (não a Inspetora) quem faz a constatação de que seria inútil buscar por pegadas no chão do galinheiro: as aves já teriam apagado quaisquer sinais, de tanto ciscar.

Essa alteração se alinha a outras dignas de nota que, ao final, tiveram como objetivo dar maior destaque e protagonismo à menina Eloísa. Nesta primeira versão, Ganymédes parece inseguro quanto a abandonar o foco narrativo de Malu (aqui Tatá) e alçar Eloísa (aqui Normantina) ao papel central e condutor que ela terá na série. A primeira evidência disso é que o episódio do chiclete estourado se dá ao contrário: se, no livro, Malu é superada já de início pela esperteza da prima detetive, que percebe sua manobra e estoura a bola de goma que mascava em seu rosto (é Malu quem fica com o cabelo e mesmo sobrancelha arruinados), nesta primeira versão é Eloísa (aqui Normatina) quem fica com os olhos e cabelos melados. Na mesma linha, vários episódios aparecem invertidos na versão original da história: quando, no livro, é Eloísa quem é mais corajosa ou de iniciativa (e Malu a que de-

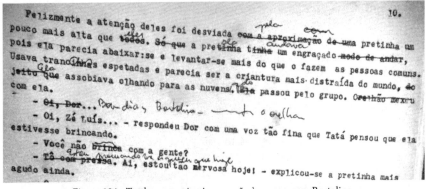

Figura 104 - Trecho com primeira menção à personagem Bortolina

monstra medo ou hesitação), no datiloscrito embrionário será Malu (Tatá) a personagem de maior fibra e arrojo; inclusive, é ela quem tem toda a ideia de capturar a Mula-sem-cabeça. Normatina, a futura Inspetora, não quer a princípio participar da expedição.

Outra diferença é que o "antagonismo entre campo e cidade" (PACHE DE FARIA, 2017, p. 123), um dos temas centrais de toda a série *Inspetora*, ainda não estava aqui plenamente delineado. Encontramos, sim, trecho praticamente idêntico ao livro, no qual Malu se encanta com os barulhos da fazenda, comparando-os com a balbúrdia da metrópole, a que chama de "manicômio" (OLIVEIRA, 1973, p. 8), mas não há a maior de todas as oposições: Normantina também mora na cidade e vai à fazenda com os pais Clóvis e Aurélia apenas nos finais de semana. Os empregados Sérgio e Luanda são mais que meros administradores; são meeiros que merecem inclusivem tratamento mais respeitoso na história (antes dos nomes, lemos *seu* e *dona*): "Enquanto os tios permaneciam na cidade, a casa e a fazenda era cuidada por um casal – os meeiros administradores: seu Sérgio e a mulher dele, dona Luanda" (OLIVEIRA, 1973, p. 6).

Finalmente, há a própria questão do nome/título "Inspetora". No datiloscrito inicial, a futura Eloísa, ainda Normatina, não possui essa alcunha. Ela aparece apenas ao final, na página 36, que encerra a narrativa, como uma espécie de brincadeira de seu pai, tio Clóvis[28], que acabava de perdoar as peripécias das crianças (e a bem-sucedida captura do ladrão de galinhas que aqui, em vez de Nestor, se chama Chico Amoreira).

> Aí, tio Clóvis não se aguentou mais e caiu na risada. Normanta ajeitou os óculos e pulou no colo do pai dela.
>
> – Está bem, Inspetora, desta vez eu perdoo, mas não sei se na próxima você ficará livre de receber umas boas palmadas...
>
> – Ora, Clóvis, você não vai castigar essa menina?
>
> Ele pensou que pensou.

---

[28] Por confusão do autor, ou pelas já citadas variações iniciais nos nomes das personagens, no trecho reproduzido, lê-se no datislocrito "tio Cláudio" (na verdade pai de Tatá/Malu) em vez de "tio Clóvis".

— Será que é preciso, Aurélia?

Normanta virou-se para os companheiros.

— Vamos em frente, Detetive Tatá, Cumpre-Ordens Zé Luis e... e... Carcereiro Bortolina. Por hoje é só, mas amanhã... tem mais! (OLIVEIRA, 1973, p. 36)

Os próprios cargos das outras crianças aparecem também como que de improviso; um esboço do que viria a se tornar a Patota da Coruja de Papelão (nome citado pela primeira vez apenas na introdução resumitiva do terceiro volume, *O caso das luzes no Morro das Borboletas*). O famoso emblema, aliás, ainda não fora aqui criado. O trecho a seguir, do volume um da série, é interessante por sua explicação para a escolha tanto da coruja como símbolo quanto para as cores:

A Inspetora apanhou uma coruja de cartão verde.

— Este é o emblema do meu serviço: toda vez que tenho de resolver um caso, ponho meu distintivo. Os xerifes usam estrelas. Eu escolhi a coruja porque é uma ave que presta atenção às coisas. Como sou patriota, o verde é a cor máxima. Lógico, há outras corujas com outras cores. Você gostaria de receber uma coruja e ser minha ajudante pessoal? (OLIVEIRA, 1974b, p. 49)

A ideia da menina detetive e a forma final da série, porém, não estavam muito longe de se concretizar, como se pode ver pelo trecho registrado à mão (Figura 105) no verso da página 3 do datiloscrito em análise. Nele, Ganymédes já mostra sua indecisão quanto ao nome de Eloísa (a linha logo após a palavra "prima" mostra que o autor não estava certo quanto a Normatina, embora no acervo tenhamos encontrado outras páginas, talvez de outras versões intermediárias, na quais aparecem, juntas, as formas "Malu" e "Normatina") e já insere desde o início da narrativa o apelido-cargo: "Inspetora". Interessante também é a modificação que se constata na versão editada do diálogo entre Dona Clara e Malu: no livro da Ediouro, em vez de "Será que eu vou para uma Delegacia, em vez de uma fazenda?" (OLIVEIRA, 1973, verso da p. 3), lemos a incoerente frase "Será que eu estou indo para um colégio de freiras, em vez de ir passear na fazenda?" (OLIVEIRA, 1974b, p. 12). Pelo visto, em 1974, delegacias não eram lugar para crianças sequer imaginarem estar...

✱ ✱ ✱

Como já afirmamos algumas vezes, a série *Inspetora* sempre foi para Ganymédes José um veículo importantíssimo para a exposição de suas maiores bandeiras ideológicas: a defesa do meio ambiente, o humanismo em lugar da tecnocracia, a leitura como ferramenta de transformação, a cultura e tradição nacionais como elementos maiores de formação juvenil e de identidade. É por isso que, se em alguns títulos encontramos ataques à política (como todos os que retratam o prefeito Altamiro) ou denúncias sobre a degradação da natureza (como em *O Enigma da Lagoa Branca* ou *O Caso dos Automóveis*), em outros vemos singelas cenas da vida no interior desenhadas para a posteridade. No volume 21, *A Inspetora e o Caso do Broche Desaparecido*, somos apresentados a toda a agitação e envolvimento da cidadezinha às voltas com a "quermesse em honra à padroeira" (OLIVEIRA, 1979a, p. 7). Ganymédes aproveita este livro inclusive para colocar Bortolina frente a frente com o mosaico decorativo que ele mesmo criara (no mundo real) e do qual devia pelo visto se orgulhar.

> A capela tinha, pela frente, um grande painel de pastilhas representando a fuga para o Egito. Sentada em um burrinho, Nossa Senhora levava ao colo o Menino Jesus. À frente e a pé, ia São José. Pelo fundo, via-se uma porção de coqueiros e, bem distantes, as pirâmides indicando que era para lá que os viajantes se dirigiam.
>
> – Tenho dó da Nossa Senhora! – suspirou a Bortolina, olhando para o painel. – Só fico imaginando que trabalheira ela deve [ter] tido [para] sair da casa dela com criança pequena. Criança pequena sempre dá trabalho. Será que o Menino Jesus também deu? (OLIVEIRA, 1979a, p. 11-12)

Essa mistura entre a realidade e o ficcional começa a aparecer de maneira mais pronunciada na série a partir do volume anterior, o de número 20, intitulado *A Inspetora e o Mistério do Concurso* (1978). Nele, o autor faz a primeira destas brincadeiras que se repetiriam em vários dos volumes tardios do cânone; como se, ao constatar a enorme popularidade dos livros e de suas personagens, ele os aproveitasse como sala de visita para receber e homenagear amigos (adultos e crianças), colegas escritores, correspondentes e leitores de sua obra. O enredo em torno de um concurso de contos promovido pelo jornal da cidade serve para que Ganymédes reproduza, na íntegra, a história "Bob e eu nos Estados Unidos", de autoria da (então) menina Elizabeth Soares Lopes (quase certamente leitora de suas brochuras).

> – Acontece que eu conheço uma menina chamada Lica e que está passando uns dias na casa de seu Guimarães – respondeu a Inspetora. (...) Todos nós

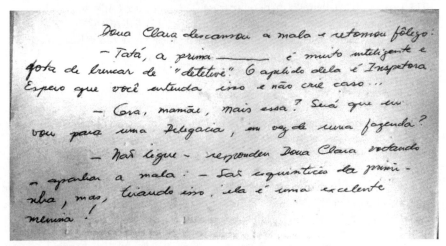

Figura 105 - Trecho manuscrito onde aparece pela primeira vez a alcunha "Inspetora"

sabemos que a Lica é uma ótima aluna no colégio onde estuda, lá no Rio de Janeiro. Mas o importante é que a Lica adora escrever. Ela vive dizendo que, quando crescer, vai ser escritora...

— Coitada! — emendou a Bortolina. (OLIVEIRA, 1978, p. 30)

Ganymédes aproveita o desaparecimento do conto de Lica/Elizabeth, no decorrer da história, para dar a seus leitores mais um de seus muitos "recados" de cunho pedagógico (e que também dizia muito de seus cuidados como escritor e primeiro conservador de seu próprio acervo).

— Por acaso vocês não teriam outra cópia?

Os quatro fizeram um movimento negativo.

— Não temos — respondeu a Malu. — A gente datilografou apenas uma única via...

— Mas que pena! — e seu Azevedo sentou-se com toda força. — Toda vez que entregamos um trabalho, sempre devemos fazê-lo em duas vias; uma delas deve ficar em casa para ser utilizada em caso de emergência. (OLIVEIRA, 1978, p. 67)

Em *A Inspetora e o Esqueleto de Fogo* (1979), ele reproduz outra obra de um seus leitores reais (dessa vez, a menina Christine Teixeira Marques, moradora do bairro Salgado Filho, de Aracaju, Sergipe), o poema "O por-do sol", para daí trabalhar conceitos como honestidade intelectual e plágio. Bortolina, como de costume, é quem comete a reprovável apropriação do trabalho alheio – e é a Inspetora depois, claro, quem diz à neta de escravos que "é muito feio copiarmos coisas dos outros" (OLIVEIRA, 1979b, p. 138).

No maior silêncio, deu um jeito de retirar a carta escrita em folha de bloco comum. A Bortolina sabia que a Christine era uma sergipaninha — aracajuana — que, como a patota, cursava a quinta série. Mas a Christine gostava de escrever poesias, e toda vez que mandava cartas para a Inspetora, vinha uma poesia nova. Ora, se a Christine gostava de escrever poesias e havia uma poesia dela prontinha, dando sopa, por que a Bortolina não poderia copiar, fingindo que era sua? (OLIVEIRA, 1979b, p. 13)

O divertido *A Inspetora e o Caso do Desfile* serve para Ganymédes desancar o desafeto político Ary Marcondes do Amaral, "disfarçado" aqui de Altamiro-prefeito, e também para incorporar outro cruzamento entre ficção e vida real. Agora, quem surge para visitar a cidade e ser recebida por Eloísa, Bortolina, Malu e Orelhão é ninguém menos que a escritora Stella Carr, autora de inúmeros livros infantojuvenis de sucesso e parceira de Ganymédes no livro *A morte tem sete herdeiros* (1982).

— Você falou em convidada especial — disse a Malu. — Quem é?

— A badaladíssima escritora paulista Stella Carr, conhecem?

Os quatro companheiros arregalaram os olhos.

— A Stella Carr? Você está brincando...!

– Estou nada! O prefeito mandou convidar a Stella para dar o pontapé inicial no jogo de sábado de manhã!

– E por que a Stella?

– Porque ela, uma vez, falou que queria conhecer a cidade para escrever alguma coisa sobre o lugar. (...)

– Poxa... – e a Secretária Maria de Lourdes encolheu os ombros. – Sempre pensei que a Stella fosse cheia de protocolos... desses tipos de pessoas metidas a importantes que nem respondem cartas... Afinal, ela ganhou o prêmio da Associação Paulista de Críticos de Arte, como melhor escritora infantil do ano! (OLIVEIRA, 1979c, p. 16)

Ganymédes repete a homenagem a colegas escritores em dois volumes de 1981: *A Inspetora e O Caso do Espírito do Mal* (José Carlos R. de Marigny, a quem o livro é dedicado, aparece na história como personagem) e *A Inspetora e o Caso do Ladrão Invisível* (Teresa Noronha, com quem o autor tem dois livros em parceria, é citada e chega a responder a uma carta de Bortolina, resposta essa reproduzida ao final da aventura). E, num dos seis livros lançados em 1983, *A Inspetora e o Caso do Cristo Desaparecido*, criador e criatura, tal qual a famosa cena de Michelângelo na Capela Sistina, chegam tão perto quanto jamais ficariam.

Naquela mesma noite, antes de dormir, a Bortolina pegou um livro para ler. Precisava saber direito o que havia acontecido a Jesus, ou não conseguiria pregar os olhos. O livro escolhido foi A VIDA DE CRISTO, de Ganymédes José. Como ela queria que acabassem logo os sofrimentos do Filho de Deus, tratou de procurar o trecho que falava da ressurreição. (OLIVEIRA, 1983, p. 67)

Finalizando os exemplos sobre essa particularidade da série *Inspetora* (a incorporação de personagens reais à sua ficção), o volume 24, *A Inspetora e o "Troféu de Bronze"*, reproduz mais uma brincadeira, dessa vez fazendo com que a Patota da Coruja de Papelão viaje à cidade (real) de Inhapim, em Minas Gerais, onde as crianças (reais) da 8ª série da (igualmente real) Escola Estadual Alberto Azevedo preparavam uma solenidade para inaugurar seu Grêmio Literário. Ao longo da história, são vários os trechos nos quais o escritor ressalta a importância de iniciativas de incentivo à leitura. E ele deixa claro a troca de correspondências que inspirou o livro.

– E para que serve o Grêmio Literário?

– Para muitas coisas. Mas o principal é estimular os estudantes à leitura. Este ano, dona Maria Elzira nos apresentou um autor novo – paulista. Lemos o livro dele e gostamos. Depois, entramos em contato com ele, através de carta. Ele nos respondeu. Agora, somos todos grandes amigos porque ele escreve carta para cada um de nós!

– Verdade?

– Claro! Ele não é desses escritores enjoados que se fazem de difíceis. É um cara muito simples, um amigão que conseguimos! (OLIVEIRA, 1979d, p. 79)

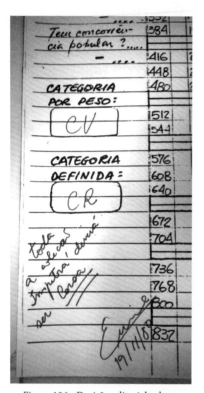

Figura 106 - Decisão editorial sobre a mudança de categoria da série *Inspetora*

A história sobre o troféu desaparecido serve também para o autor deixar registrado o quanto admirava os esforços de professores e professoras, seus colegas, em escolas de todo o Brasil. E colegas em um sentido duplo: Ganymédes José, professor normal, com passagens por várias escolas de Casa Branca e de cidades da região, também via o ofício de escritor como uma extensão dessas salas de aula: em entrevista de 1989 ao *Diário do Pará*, ele acertadamente diz que escrever "é ser professor à distância" (OLIVEIRA, 1989, p. 2). E ele vai mais além:

> Mais do que isso, no Brasil, o escritor substitui o político, educando e conscientizando o povo, levando a cada um uma mensagem que convence, no silêncio da leitura e da reflexão individual. (OLIVEIRA, 1989, p. 2)

A *Inspetora* é, portanto, o púlpito, o palanque e a classe de Ganymédes; é a faceta maior de sua "*Comédia humana* infantojuvenil alimentada pela vida e história de uma cidadezinha do interior de São Paulo" (PACHE DE FARIA, 2017, p. 36); é a ponta de lança de um *projeto* que

seguiria diversificando editoras, temas e público-alvo: Moderna, Atual, Nova Fronteira, Brasiliense, FTD, Pioneira, Salamandra... todas acolheriam obras do artista, cuja bibliografia, quando de sua morte, era no mínimo difícil de acompanhar. (PACHE DE FARIA, 2017, p. 36)

*   *   *

Entre 1974 e 1979, a Ediouro lançou 27 títulos da *Inspetora*, o que faz da série a segunda maior de nosso *corpus*, considerando-se o recorte da *Mister Olho* (a *Turma do Posto Quatro*, como já vimos, chegou a 29). As várias edições e tiragens (houve mudanças de *design* e padronização de títulos), incluindo uma obra com versão em formato maior, Duplo em Pé (*A Inspetora e o Caso dos Brincos*), somaram um total fabuloso de 300.237 exemplares (consideramos também algumas impressões feitas nos primeiros meses de 1980)! Como várias das subcoleções da

Mister Olho, a *Inspetora* teria uma sobrevida considerável para além da coleção em que surgira. Sempre pela Ediouro, saem outros 11 livros originais entre 1981 e 1988. Além disso, todas as obras anteriores (exceto ...*o Caso dos Brincos*) ganham reedição no novo formato Duplo em Pé (na Figura 106, pode-se ver, em uma ficha interna de produção, a decisão sobre a mudança de categoria, preço e formato para os livros da série). Alguns destes trabalhos tardios (os livros #35 a #38) nascem já com o formato derradeiro da saga: o *design* Super Bolso.

A produção *off-Mister Olho*, somada às diversas tiragens de reedição ou reposição ao longo da década de 1980 e início da de 1990 para os livros setentistas (a Tabela 9 apresenta um mapeamento mais detalhado do que aquele que oferecemos em 2017), fez da série *Inspetora* a de maior circulação dentre o *corpus* analisado: 553.965 brochuras. Em um país onde é comum se dizer que três mil cópias vendidas fazem de qualquer livro um *best seller*...

Como artistas, a *Inspetora* contou inicialmente com o talento de Noguchi (Figura 107) e, algum tempo depois, com as ilustrações de Baron e de Teixeira Mendes (que inclusive fornecerá os desenhos para as reedições oitentistas dos livros 1 a 6, que não traziam originalmente arte interna). Na década de 1980, Myoung Youn Lee juntou-se ao time, sendo responsável por algumas capas.[29]

---

[29] Já descrevemos à exaustão este histórico em nosso livro *Histórias de Detetive para Crianças* (2017), inclusive com a evolução dos formatos e *designs* da série. De qualquer maneira, a nova tabela que se segue informa os respectivos artistas, livro a livro, e demais dados de interesse.

Figura 107 - Arte original de Noguchi para *O Caso do Fantasma Dançarino*

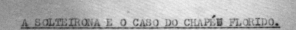

Figura 108 - Detalhe do datiloscrito de *A Inspetora e o Roubo das Joias,* com título original destacado

Até o volume 19, a *Inspetora* recebeu recomendação de faixa etária de "nove anos ou mais". A partir do livro 20 e até o 27 (último como *Mister Olho*), coincidindo com a alteração de *design* que trocou o título em maiúsculas por título em caixa alta e caixa baixa, a idade subiu para "a partir de 10 anos". A partir do livro 28 até o 36, entra a indicação "Até 12 anos"; os episódios finais, 37 e 38, perdem a indicação de idade, ganhando o selo genérico juvenil "EdiJovem".

Vários dos datiloscritos originais tiveram seus títulos alterados editorialmente (na Figura 108, detalhe do título do episódio 12), como pudemos constatar após termos acesso ao Acervo Literário do escritor. Incorporamos tais informações, quando existentes, aos dados da Tabela 9.

Tabela 9 - Série Inspetora

Vol.	Ref.	Faixa Etária	Título	Ano	Capista	Ilustrador	Tiragens Mister Olho	Tiragem Total Mister Olho	Tiragens Outras Coleções	Tiragem Total Ediouro
1	SL-4501	9+	O Caso da Mula-sem-cabeça[1]	1974	Noguchi		3.900 -6/74; 10.000 -7/74; 9.900 -8/74; 8.800 -11/75; 6.500 -7/78	39.100	8.200 -4/81; 3.000 -6/86; 2.000 -9/89	52.300
2	SL-4502	9+	O Caso do Fantasma Dançarino[2]	1974	Noguchi		6.000 -5/74; 12.000 -3/75; 6.300 -1/79	24.300	8.100 -5/81; 2.000 -8/85; 5.000 -4/86; 3.000 -1/91	42.400
3	SL-4503	9+	O Caso das Luzes no Morro das Borboletas	1974	Noguchi		6.000 (est.) -?/74; 6.000 (est.) -?/75	12.000	8.000 -8/81	20.000
4	SL-4504	9+	O Caso do Bang-Bang[3]	1974	Noguchi		6.000 (est.) -?/74; 6.000 (est.) -?/72	12.000	6.000 -11/81	18.000
5	SL-4505	9+	A Inspetora e os Anjos da Cidade Fantasma[4]	1975	Noguchi		20.000 -6/75	20.000	2.900 -10/82; 3.000 -4/87	25.900
6	SL-4506	9+	O Caso do Tesouro do Diabo Velho[5]	1975	Noguchi		20.337 -5/75	20.337	3.021 -11/81; 3.000 -2/86	26.358
7	SL-4507	9+	A Inspetora e a Coroa da Madona[6]	1975	Noguchi	Baron	11.000 -7/75	11.000	2.934 -11/82; 3.000 -8/88	16.934
8	SL-4508	9+	A Inspetora e o Piano Maluco[7]	1975	Noguchi	Baron	6.000 (est.) -?/75; 6.000 (est.) -?/72	12.000	6.000 -3/82	18.000
9	SL-4509	9+	A Inspetora e o Gato de Olhos de Esmeralda[8]	1975	Noguchi	Baron	6.000 (est.) -?/75	6.000	8.000 -4/81	14.000
10	SL-4510	9+	A Inspetora e o Quarto Secreto[9]	1975	Noguchi	Baron	6.000 (est.) -?/75	6.000	8.000 -4/81	14.000

[1] O título original do datiloscrito era O caso da terça-feira na Capoeira do Tatu-Bola. Reedições ganham novo título: A Inspetora e a Mula-sem-cabeça.
[2] O título original era O Fantasma Dançarino. Reedições ganham novo título: A Inspetora e o Fantasma Dançarino.
[3] O título original era Nas tramas do bang-bang. Reedições ganham novo título: A Inspetora e o Bang-Bang.
[4] O título original era O caso dos anjos da cidade fantasma.
[5] Reedições ganham novo título: A Inspetora e o Tesouro do Diabo Velho.
[6] O título original era O caso da coroa da madona.
[7] O título original era O caso do piano maluco de vovó Beatriz.
[8] O título original era O caso do gato de olhos de esmeralda.
[9] O título original era O caso das meninas de Viena.

#	SL		Título	Ano									Total
11	SL-4511	9+	A Inspetora e a Festa do Quarto Crescente	1975	Noguchi	Teixeira Mendes	6.000 (est.) - ?/75			6.000	8.000 (est.) - 2/81		14.000
12	SL-4512	9+	A Inspetora e o Roubo das Jóias[10]	1975	Noguchi	Teixeira Mendes	6.000 (est.) - ?/75	6.000 - 1/80		12.000	6.000 - 2/82		18.000
13	SL-4513	9+	A Inspetora e o Bruxo da Encruzilhada	1976	Noguchi	Teixeira Mendes	6.000 (est.) - ?/76	10.000 - 7/78		16.000	6.000 - 3/82		22.000
14	SL-4514	9+	A Inspetora e o Enigma da Lagoa Branca[11]	1976	Noguchi	Teixeira Mendes	8.000 - ?/76			8.000	8.000 - 4/81		16.000
15	SL-4515	9+	A Inspetora e o Enigma Colorido	1977	Noguchi	Teixeira Mendes	6.000 (est.) - ?/77			6.000	8.000 - 4/81		14.000
16	SL-4516	9+	A Inspetora e o Caso dos Brincos[12]	1977	Noguchi	Teixeira Mendes	6.000 - 11/77		6.000 (est.) - ?/77[13]	12.000			12.000
17	SL-4517	9+	A Inspetora e o Mistério da Comenda[14]	1977	Noguchi	Teixeira Mendes	6.000 (est.) - ?/77			6.000	8.000 (est.) - 7/81		14.000
18	SL-4518	9+	A Inspetora e a Menina Biônica	1977	Noguchi	Teixeira Mendes	6.200 - 12/77	6.100 - 1/79	5.000 - 4/80	17.300	4.000 - 11/81	3.000 - 6/87	24.300
19	SL-4519	9+	A Inspetora e a Carranca do Boi-Fantasma	1977	Noguchi	Teixeira Mendes	6.000 - ?/77			6.000	6.000 - 9/81		12.000
20	SL-4520	10+	A Inspetora e o Mistério do Concurso[15]	1978	Noguchi	Teixeira Mendes	6.000 (est.) - ?/78			6.000	8.000 (est.) - 9/81		14.000
21	SL-4521	10+	A Inspetora e o Caso do Broche Desaparecido[16]	1979	Noguchi	Teixeira Mendes	6.000 (est.) - ?/79			6.000	8.000 - 5/81		14.000
22	SL-4522	10+	A Inspetora e o Caso dos Automóveis	1979	Noguchi	Teixeira Mendes	6.000 (est.) - ?/79			6.000	8.000 - 7/81		14.000
23	SL-4523	10+	A Inspetora e o Esqueleto de Fogo	1979	Noguchi	Teixeira Mendes	6.200 - 8/79			6.200	4.058 - 1/82	3.000 - 4/91	13.258

[10] O título original era A solteirona e o caso do chapéu florido.
[11] O título original era O enigma da Lagoa Branca.
[12] O título original era O caso dos brincos de tia Glória.
[13] Atualizamos a quantidade estimada porque, diferentemente do que informamos (por engano) em nosso trabalho de 2017 sobre a série, esta edição, apesar do formato maior Duplo em Pé, foi publicada em 1977 ainda como Mister Olho, não em 1981. Não houve reedição nos anos 1980 para este título.
[14] O título original era A Inspetora e o mistério da Comenda da Flor-de-Liz.
[15] O título original era A Inspetora e o mistério do concurso literário.
[16] O título original era A Inspetora e o caso das balas de tia Dica.

Nº	Código	Faixa etária	Título	Ano	Autor(a)	Ilustrador	Tiragem estimada	1ª tiragem	2ª tiragem	3ª tiragem	4ª tiragem	Total
24	SL-4524	10+	*A Inspetora e o "Troféu de Bronze"*[17]	1979	Noguchi	Teixeira Mendes	6.000 (est.) - ?/79	6.000	4.000 - 1/82			10.000
25	SL-4525	10+	*A Inspetora e o Mistério Açucarado*	1979	Noguchi	Teixeira Mendes	6.000 (est.) - ?/79	6.000	6.000 - 3/82			12.000
26	SL-4526	10+	*A Inspetora e o Casamento Misterioso*[18]	1979	Noguchi	Teixeira Mendes	6.000 (est.) - ?/79	6.000	4.000 - 1/82			10.000
27	SL-4527	10+	*A Inspetora e o Caso da Vaca Sagrada*	1979	Noguchi	Teixeira Mendes	6.000 (est.) - ?/79	6.000	3.000 - 12/81			9.000

Livros da série lançados originalmente fora da Coleção *Mister Olho* (mas pela Ediouro)

Nº	Código	Faixa etária	Título	Ano	Autor(a)	Ilustrador	1ª tiragem	2ª tiragem	3ª tiragem	4ª tiragem	Total
28	CR-4528	12+	*A Inspetora e o Caso do Desfile*	1981[19]	Noguchi	Teixeira Mendes	8.000 - 6/81				8.000
29	CR-4529	12+	*A Inspetora e o Caso do Espírito do Mal*	1981	Noguchi	Teixeira Mendes	8.000 - 7/81				8.000
30	CR-4530	12+	*A Inspetora e o Caso do Ladrão Invisível*	1981	Noguchi	Teixeira Mendes	8.000 - 7/81				8.000
31	CR-4531	12+	*A Inspetora e o Caso do Roubo dos Televisores*	1983	Lee	Teixeira Mendes	2.014 - 7/83	2.000 - 2/89			4.014
32	CR-4532	12+	*A Inspetora e o Incidente Gaúcho*	1983	Lee	Teixeira Mendes	1.993 - 8/83	3.000 - 2/89			4.993
33	CR-4533	12+	*A Inspetora e o Caso dos Topázios Radioativos*	1983	Lee[20]	Teixeira Mendes	2.008 - 8/83	1.500 - 2/89			3.508
34	CR-4534	12+	*A Inspetora e o Caso do Cristo Desaparecido*	1983	Lee	Teixeira Mendes	3.000 - 9/83				3.000
35	74535	12+	*A Inspetora e Uma Grande História de Amor*	1983	Lee[21]	Teixeira Mendes	3.000 - 12/83	2.000 - 8/85	4.000 - 11/85	3.000 - 7/87	12.000
36	4536	12+	*A Inspetora e a Princesa Kunambantila*	1983	Lee[22]	Teixeira Mendes	3.000 - 12/83				3.000
37	34637	Juvenil	*A Inspetora e o Enigma Canadense*	1984	Lee[23]	Teixeira Mendes	3.000 - 3/84	2.000 - 1/90			5.000

[17] O título original era *A Inspetora e o mistério do "Inhapim" de bronze*.
[18] O título original era *A Inspetora e o misterioso casamento da Francisquinha*.
[19] Datiloscrito é de 1979.
[20] Não creditado.
[21] Não creditado.
[22] Não creditado.
[23] Não creditado.

38	Juvenil	A Inspetora e o Enigma do Faraó	1988	Noguchi[24]	Teixeira Mendes	4.000 -8/88	4.000
1453 8							

Legenda:

Edição original *Mister Olho*, formato 10,5cmx16cm (Normal), com logo da *Mister Olho* no alto, ao centro. Título em maiúsculas.

Edição original (ou reimpressão) *Mister Olho*, formato Normal, com logo da série *Inspetora* no alto, ao centro. Título em maiúsculas. Alteração de título ("*O caso...*" para "*A Inspetora e...*").

Edição original (ou reimpressão) *Mister Olho*, idem acima. Título em Caixa Alta e Caixa Baixa.

Edição original *Mister Olho*, formato 15,1cmx20,9cm (Duplo em Pé), listada como "Edição Extra" (categoria Copa). Título em maiúsculas.

Edição Duplo em Pé (original ou reimpressão), anos 1980. Formato 15,1cmx20,9cm. Novo *design* e categoria (Coroa). Coleção *Até 12 anos*. Sem menção à *Mister Olho*.

Edição original (ou reimpressão) Super Bolso, anos 1980 e 1990. Formato 12cmx20,8cm. Novo *design* e categoria. Coleção *Até 12 anos* (livro 36) ou *Edi/Jovem* (livros 37 e 38). Sem menção à *Mister Olho*.

[24] Não creditado.

Tabela 9B - Série *A Inspetora* (capas *Mister Olho* e demais originais)

ORIGINAIS

ORIGINAIS CONT.

REEDIÇÕES

PARTE I • Capítulo 2 - Autores, tiragens, desenhistas, contratos, edições e títulos

REEDIÇÕES CONT.

ORIGINAIS FORA DA *MISTER OLHO*

• Goiabinha

Em sua segunda série para a Ediouro, Ganymédes José já era um escritor de nome estabelecido junto à editora e mesmo uma de suas estrelas. Essa é talvez uma das explicações para que *Goiabinha* (Figura 109) subverta o padrão da *Mister Olho* e seja (junto com as de Gladis) uma das únicas séries a não ser assinada com pseudônimo.

Com 10 títulos publicados entre 1975 e 1977, com um total de 72.000 exemplares vendidos (incluída aí uma edição em formato maior, Duplo em Pé, para *Goiabinha na Bahia e o Licor Misterioso*), as aventuras do menino Mário Roberto (apelidado de Goiabinha por ser filho do palhaço Goiabada), sempre acompanhado de seus amigos Tiririca, Bete-Beterraba e Benvinda Pé-de-Anjo (filha da Mulher Barbada e elemento de força da nova turma de detetives, a exemplo do menino Zé Luis na *Inspetora*), ficam léguas além das bem mais populares narrativas da Patota da Coruja de Pa-

Figura 109 - *Goiabinha e o Frade sem Cabeça* (1977)

pelão em termos de caracterização, verossimilhança e frescor literário. É evidente que o autor, que cresceu e viveu sempre na mesma cidade interiorana, não se sentia completamente à vontade com a premissa que criara para os próprios livros, premissa que, se era boa para propiciar novos cenários e novos encontros a cada episódio, acabava por pespegar-lhes um certo travo de superficialidade que, se atenuado com o passar das histórias e o ligeiro aumento da densidade do próprio *corpus* a suportar o universo ficcional, não chega nunca a desaparecer: Goiabinha e seus companheiros vivem no Circo Alegria, de propriedade do pai e do tio do menino, e percorrem, no estilo nômade próprio dessas comunidades artísticas, todas as regiões do país em busca de seu sustento. No caso de Goiabinha (e do projeto do autor para a série), a cada pousada dos trailers e montagem das tendas, uma nova oportunidade de ajudar crianças em apuros e solucionar mistérios, enquanto se combate o crime e o mal. Como diz Mário Roberto ao final da trama de *Goiabinha e os Ladrões da Cooperativa* (que, por facilidade, Ganymédes ambienta na própria cidade natal de Casa Branca):

>Agarrado à Tremendona, o Mosquito perguntou:
>
>– E agora? Para onde vocês vão?

Goiabinha olhou para o céu azul e limpo.

— Não sabemos, ainda. Mas aposto que, seja lá onde for, vamos encontrar meninos em apuros, e teremos muito prazer em ajudar. Aposto! Afinal, é como o Goiabada sempre diz: "É muito importante a gente ser útil aos outros!" (OLIVEIRA, 1975a, p. 154-155)

A intenção de caráter moral-pedagógico-filosófico não escapou ao leitor crítico da *Bibliografia Analítica da Literatura Infantil e Juvenil Publicada no Brasil (1975-1978)*, para quem "a narrativa bem estruturada, em linguagem simples, que *enfatiza a iniciativa e o espírito de cooperação* dos heróis" (FNLIJ, 1984, p. 145), com seu "ritmo vivo, o nome engraçado das personagens e *a solidariedade proposta pelo autor* [,que igualmente] estimulam o espírito de aventura, a iniciativa e a autodeterminação (...), sobretudo diverte, prendendo a atenção do leitor" (FNLIJ, 1984, p. 144, 145. Grifos nossos).

Menos pelos seus próprios méritos e valor intrínseco – mesmo que tomada como literatura de entretenimento destinada, como queria a *Mister Olho*, a "fazer da leitura um passatempo que crie o hábito de ler" (FNLIJ, 1984, p. 181) – e mais pelo nome e peso do autor, à época já vendendo livros na casa dos milhões, *Goiabinha* foi reeditada nos anos 1980 em formato Bolso Novo (Figura 110), na Coleção *Até 12 Anos*, com capas novas de Myoung Youn Lee (episódios 1 e 2) e novas ilustrações internas de Teixeira Mendes (episódios 1 a 4), em substituição às artes originais de Baron. Em tempo, são de Noguchi (Figura 111) as capas originais *Mister Olho* dos volumes 3 a 10 da patota investigativa circense de Ganymédes José, mantidas na reedição. Com essas novas tiragens entre 1983 e 1984, que somaram 29.000 brochuras, a série chegou a um total de 101.000 exemplares pela Ediouro.

Baron desenhou um emblema para a série, muito superior à tosca arte oficialmente adotada (adaptação provavelmente feita pelo departamento artístico da Ediouro), que logramos encontrar nos arquivos de um dos livros (Figura 112).

Figura 110 - Edição de 1983 de *Goiabinha e os Ladrões da Cooperativa*, com nova capa de Lee

Uma última curiosidade sobre Goiabinha: pode ser que Ganymédes tenha escrito mais um episódio para a série, situado entre o livro 2 e o 3. É o que parece indicar a fala da menina Pé-de-Anjo na página 12 de *Goiabinha e as Três Gotas de Mel*, ao se referir ao "caso do macaco que falava" (OLIVEIRA, 1975b, p. 12), enquanto enumera os feitos detetivescos do grupo. Tal manuscrito inédito, porém, se é que existe (podemos sempre estar diante de casos apenas mencionados pelo autor, mas nunca efetivamente escritos, como acontecia nos contos de Sherlock Holmes), ainda não foi encontrado.

Figura 111 - Arte de Noguchi para *Goiabinha e os Doze Profetas de Pedra* (1975)

Figura 112 - Arte não aproveitada de Baron para emblema da série *Goiabinha*

Tabela 10 - Série *Goiabinha*

Vol.	Ref.	Faixa Etária	Título	Ano	Capista	Ilustrador	Tiragens *Mister Olho*			Tiragem Total *Mister Olho*	Tiragens Outras Coleções	Tiragem Total Ediouro
1	SL-4801	9+	*Goiabinha e os Ladrões da Cooperativa*[1]	1975	Baron	Baron	6.000 (est.) - ?/75			6.000	2.000 - 8/83	8.000
2	SL-4802	9+	*Goiabinha e os Meninos da Casa Vermelha*	1975	Baron	Baron	6.000 (est.) - ?/75			6.000	3.000 - 9/83	9.000
3	SL-4803	9+	*Goiabinha e as Três Gotas de Mel*	1975	Noguchi	Baron	6.000 (est.) - ?/75			6.000	3.000 - 10/83	9.000
4	SL-4804	9+	*Goiabinha e o Anão de Vila Velha*[2]	1975	Noguchi	Baron	6.000 (est.) - ?/75			6.000	3.000 - 12/83	9.000
5	SL-4805	9+	*Goiabinha na Estância do Cachimbo*[3]	1975	Noguchi	Teixeira Mendes	6.000 (est.) - ?/75			6.000	3.000 - 1/84	9.000
6	SL-4806	9+	*Goiabinha e os Doze Profetas de Pedra*[4]	1975	Noguchi	Teixeira Mendes	6.000 (est.) - ?/75	6.000 (est) - ?/7?		12.000	3.000 - 3/84	15.000
7	SL-4807	9+	*Goiabinha e o Livro do Perigo*	1976	Noguchi	Teixeira Mendes	6.000 (est.) - ?/76			6.000	3.000 - 3/84	12.000
8	SL-4808	9+	*Goiabinha e a Dança da Guerra*[5]	1976	Noguchi	Teixeira Mendes	6.000 (est.) - ?/76			6.000	3.000 - 4/84	9.000
9	SL-4809	9+	*Goiabinha na Bahia e o Licor Misterioso*[6]	1977	Noguchi	Teixeira Mendes	6.000 (est.) - ?/77		6.000 (est.) - ?/77	12.000	3.000 - 5/84	15.000
10	SL-4810	9+	*Goiabinha e o Frade Sem Cabeça*	1977	Noguchi	Teixeira Mendes	6.000 (est.) - ?/77			6.000	3.000 - 6/84	9.000

Legenda:

	Edição original (ou reimpressão) *Mister Olho*, formato 10,5cmx16cm (Normal), com logo da Coleção (livro 1) ou da série (livros 2 a 10) no alto, ao centro. Título em maiúsculas.
	Edição original *Mister Olho*, formato 15,1cmx20,9cm (Duplo em Pé), listada como "Edição Extra" (categoria Copa). Título em maiúsculas.
	Edição Bolso Novo, anos 1980. Formato 11,5cmx17,5cm. Novo *design* e categoria (Copa). Coleção *Elefante*. Livros ganham capas novas de Noguchi (episódios 1 e 2) e ilustrações inéditas de Teixeira Mendes (episódios 1 a4) em substituição às artes de Baron.

[1] Consta do Acervo Literário do autor uma versão alternativa do manuscrito, ligeiramente mais antiga, com o nome *D. Farelo e os Ladrões da Cooperativa*.
[2] O título original do datiloscrito era *Goiabinha e o Anão Vermelho de Vila Velha*.
[3] O título original era simplesmente *Goiabinha*.
[4] O título original era *Goiabinha e o Profeta de Pedra*.
[5] O título original era *Goiabinha e a Guerra dos Reis*.
[6] O título original era *Goiabinha e o Licor Misterioso*.

Tabela 10B - Série *Goiabinha* (capas *Mister Olho*)

ORIGINAIS

REEDIÇÕES

Gladis N. Stumpf González

> Sobretudo, é preciso agradecer ao Criador *e dizer da saudade de minha mãe, Gladis N. S. González*. (GONZÁLEZ, 2002, p. 4. Grifo nosso.)

Escritora responsável pela terceira maior obra da *Mister Olho* e uma das mais negligenciadas pela memória acadêmica nacional, as aventuras de mistério de Gladis Normélia Stumpf González, natural de Porto Alegre, nascida em 22 de abril de 1940, filha de Pedro Amandio Stumpf e Maria Orminda Stumpf, deixaram saudades tão profundas em seus leitores quanto a que seu filho Marco Aurélio registrou ao final dos agradecimentos de sua tese de doutorado em engenharia, de 2002, que reproduzimos acima. Falecida precocemente perto de completar 54 anos (mesma idade de Ganymédes José), em 17 de janeiro de 1994, Gladis (como constava simplesmente na capa de seus livros, ideia provavelmente da editora, para evitar que os sobrenomes "Stumpf" e "González" sugerissem autorias estrangeiras em um momento no qual se queria valorizar o nacional), apesar de afastada da literatura já havia 15 anos, deixava um legado de nada menos que 32 livros publicados na *Mister Olho* (mais o livro de estreia *Mestre Gato e outros bichos*, na Coleção *Calouro*), com tiragem total de 248.298 exemplares (e outros 67.000 em reedições fora do recorte temporal do *corpus*), além de alguns originais ainda mantidos inéditos.

Apesar desta expressiva contribuição, a produção circunscrita à editora de Bonsucesso fez com que Gladis fosse ignorada por obras de referência importantes para o gênero, como o segundo volume da *Bibliografia Analítica da Literatura Infantil e Juvenil Publicada no Brasil*, que cobre o período entre 1975 e 1978 (quando saem 27 de seus trabalhos!), e o *Dicionário Crítico da Literatura Infantil e Juvenil Brasileira* (2006), de Nelly Novaes Coelho, no qual não há linha sequer sobre a escritora gaúcha. O pequeno texto biográfico a seguir faz parte de um currículo *post mortem* organizado por seu filho Rodrigo Stumpf González em 25 de maio de 1994, a quem entrevistamos por *e-mail* em 06 de abril de 2015.

> Natural de Porto Alegre, a autora foi casada e teve três filhos, Marco Aurélio, nascido em 1964, Rodrigo, nascido em 1965 e Ana Lúcia, nascida em 1979.
>
> Após atuar como psicóloga infantil durante alguns anos em Porto Alegre, em 1975 a autora mudou-se para São Jerônimo, onde seu marido, Alberto, assumiu o cargo de juiz de direito. Com a dificuldade de continuar a dedicar-se à psicologia, com as constantes mudanças que a carreira de juiz obrigava, passou a escrever, sendo o primeiro livro, *Mestre Gato e outros bichos*, uma coletânea de contos infantis tradicionais na cultura gaúcha.
>
> A partir daí criou três séries de personagens: *Gisela*, uma adolescente cujas histórias se passam em Porto Alegre; *o Clube do Falcão Dourado*, cujos personagens principais, Marco Aurélio e Rodrigo, são livremente inspirados nos dois primeiros filhos, com histórias desenvolvendo-se no interior do Rio Grande do Sul; e *Chico e Faísca*, com histórias ambientadas em uma estância no interior.

A inspiração das histórias e os ambientes foram largamente influenciados pela vivência da família no interior do estado, em cidades como São Jerônimo, Butiá, Palmeira das Missões e Osório, que levou a histórias como *O Segredo da Lagoa* (Osório) ou *O Segredo do Porto do Conde* (localidade próxima de São Jerônimo).

[Gladis] sempre considerou importante resgatar o Rio Grande do Sul dentro da literatura infantojuvenil brasileira, que na época era dominada por autores do centro do país.

Seus últimos livros datam de 1979. Embora não gostasse de referir-se ao assunto, a causa mais forte desta retirada [da literatura] teria sido a desavença com a Editora Tecnoprint, pois quando foi convidada a participar de uma tarde de autógrafos na Feira do Livro Infantil, em 1980, promovida pela Biblioteca Infantil Lucília Minsen, [de Porto Alegre,] a editora não forneceu os livros devido à obrigatoriedade de fornecer desconto na feira. Como o contrato de cessão de direitos autorais incluía os personagens, [Gladis] não poderia continuar a escrever com os mesmos personagens para outras editoras.

Voltando a morar em Porto Alegre a partir de 1984, Gladis passou a dedicar-se às artes plásticas, sendo a técnica que mais utilizava o óleo sobre tela, com pincel ou espátula. Realizou algumas exposições em Porto Alegre e no interior. Ultimamente, estudava técnicas em aquarela. Tencionava retornar à área da literatura, realizando mestrado em estudos francófonos, sendo sua proposta o estudo comparativo entre a literatura infantojuvenil francesa e a brasileira. A saúde abalada e sua morte prematura impediram esta realização. (GONZÁLEZ, 1994, p. 4)

Professora normalista e psicóloga formada em 1970 pela Pontifícia Universidade Católica do Rio Grande do Sul, Gladis trabalha (além de manter consultório particular em Porto Alegre entre março de 1970 e setembro de 1974) em diversas escolas da capital[30], época em que se veria envolvida com a proposta da Ediouro de "recrutar" professores de todo o país para a causa da promoção da leitura (por meio do oferecimento de jornais literários às diferentes classes e idades de alunos, além, claro, dos próprios livros de coleções como a *Calouro* e a *Mister Olho*).

Como psicóloga, atuando em escolas da rede privada em Porto Alegre, ela ajudou a distribuir o material da Ediouro, que publicava um jornal com divulgação dos livros, para distribuição aos alunos e professores das escolas. Os alunos e seus pais escolhiam os livros e a escola fazia uma compra coletiva. Em 1975 nós deixamos Porto Alegre, quando meu pai foi aprovado para o concurso de Juiz de Direito. Como nos mudávamos muito frequentemente de cidade, minha mãe decidiu começar a escrever, ao invés de continuar seu trabalho como psicóloga. Fez contato com a Tecnoprint (nome real da Ediouro), que ela conhecia pelos jornais de divulgação e enviou a pro-

---

30 Como psicóloga, sempre em Porto Alegre, atua no Ginásio Evangélico Pastor Dohms, de 01 de março de 1973 a 15 de julho de 1975; na Escola do Salvador, de 28 de março de 1973 a 31 de julho de 1975; no Colégio Vera Cruz, de 01 de abril de 1973 a 31 de julho de 1975; no Ginásio da Paz, de 13 de agosto de 1973 a 31 de julho de 1975; e, como professora contratada, na Escola Normal da Prefeitura Municipal de São Jerônimo, de 15 de março de 1976 a 06 de abril de 1976.

PARTE I • Capítulo 2 - Autores, tiragens, desenhistas, contratos, edições e títulos

posta de um livro de contos infantis (*Mestre Gato*) que foi publicado. A partir daí continuou a relação com eles. (GONZÁLEZ, 2015, p. 1)

Mesmo depois dos primeiros livros publicados – a *Mestre Gato e outros bichos*[31], de 1976 (ver Figura 114), se seguem logo os dois primeiros títulos de *Gisela e Prisco* –, Gladis não parece ter se visto realmente como escritora e nem procurado um maior contato com o meio, seja buscando uma aproximação com outras editoras ou com colegas de pena.

> Não temos nenhuma correspondência guardada. Minha mãe não tinha contato com outros autores e os contatos com a editora eram esporádicos. Fez uma visita pessoal uma vez. (GONZÁLEZ, 2015, p. 1)

Até sua (pouca) preocupação com o próprio acervo indica uma atividade literária mais incidental do que propriamente com ares de projeto (como a que se constata do exame dos papéis, vida e obra de Ganymédes José): "Os originais foram destruídos depois de publicados. Talvez os não publicados existam, mas seria necessário localizar" (GONZÁLEZ, 2015, p. 1).

Gladis parece, portanto, ter pago um alto preço (esse da hoje quase invisibilidade) ao não se preocupar com esse lado do sistema de que fazia parte; embora tenha havido produção e seus textos tenham circulado (pensamos aqui no conceito de Antonio Candido), Gladis nunca chegou verdadeiramente a fazer parte da comunidade literária da época – quando tal cenário começava a mudar (com sua indicação como escritora homenageada da Feira do Livro Infantil de Porto Alegre, em outubro de 1980), sobreveio a crise com a Ediouro – "A editora se recusou a fornecer livros com desconto de 20%, uma exigência da feira. Isto levou a uma tarde de autógrafos sem livros disponíveis." (GONZÁLEZ, 2015, p. 1) – e o abandono de seu trabalho como escritora.

Indagado sobre o processo de produção das histórias (Figura 113), se, por exemplo, a autora recebia em algum momento orientações sobre como produzir as obras, guias, manuais com diretrizes, fosse por conta do público-alvo (faixa etária) ou pelo momento político (regime militar), diz Rodrigo González lembrar-se de que

> no primeiro número da série *Gisela* houve a sugestão de mudanças (na primeira versão, a vítima morria de forma violenta; na versão publicada, a personagem descobria que ela morreu em um hospital). Mas as histórias não discutiam um contexto político e não lembro da editora fazer qualquer sugestão de mudança em relação a isto. [Lembro que ela] também recebeu da editora algumas traduções de Franklin W. Dixon, autor (...) dos *Hardy Boys*, que a editora Abril já havia publicado na época. (GONZÁLEZ, 2015, p. 1)

Sobre as influências de Gladis como autora dos livros policiais da *Mister Olho*, e sobre algum possível projeto ideológico, filosófico ou político que pudesse ter norteado suas obras, a família explica que

> Ela lia muito romances de Agatha Christie, Earl Stanley Gardner (Perry Mason), Rex Stout (Nero Wolfe), colecionava a *Coleção Vampiro*, de Portugal, de

---

31 Capa e ilustrações internas de Baron.

literatura policial, e o *Mistery Magazine de Ellery Queen*. Tínhamos uma boa biblioteca, que incluía clássicos da literatura. (...) Como era ela psicóloga, com especialização em psicologia infantil, isto também contribuiu no desenvolvimento dos personagens e em uma preocupação, em parte, de base moral nas histórias. Os livros não eram apenas entretenimento, mas também parte da formação dos jovens que os liam. (...) [Portanto,] uma preocupação [dela] com os livros era que ajudassem em uma formação moral que permitisse uma distinção entre certo e errado. Os personagens das histórias sempre estão conscientes deste limite. Não são violentos, respeitam as pessoas e os maus sofrem alguma forma de punição justa ao final. Algo pouco comum, nos dias de hoje, onde a violência é vista como uma solução aceitável para os problemas. (GONZÁLEZ, 2015, p. 1)

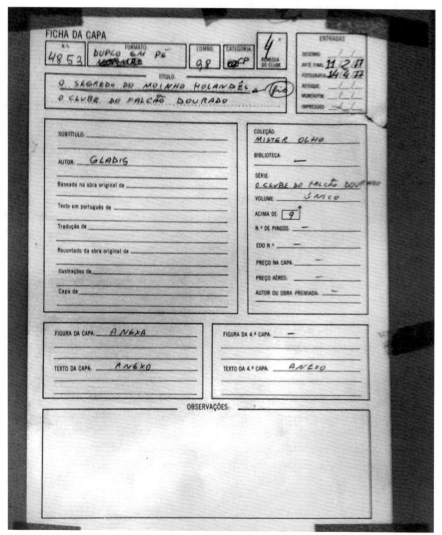

Figura 113 - Ficha de produção de *O Segredo do Moinho Holandês* (1977), da série *O Clube do Falcão Dourado*

É Rodrigo González, finalmente, quem responde à nossa pergunta sobre liberdade de expressão e sobre se este tema alguma vez fez parte das conversas da escritora com o marido ou com os filhos que, conforme frisa Rodrigo, eram sempre seus primeiros leitores: "meu irmão e eu líamos os originais à medida em que eram escritos. Assim temos consciência de diferenças entre a produção original e a publicada. Em geral, as modificações eram pequenas" (GONZÁLEZ, 2015, p. 1).

> [Liberdade de expressão] não era uma questão muito importante em nossas discussões nos anos 70. *Tínhamos a consciência que vivíamos em um governo que restringia as formas de expressão e o fato de que meu pai é um imigrante espanhol que se naturalizou brasileiro e tornou-se juiz de direito era uma preocupação para não haver envolvimentos mais direto[s] com questões políticas.* A posição poderia ser definida como pró-direitos humanos mas não radical. Meus avós maternos tinham posições conservadoras e meus avós paternos nunca viveram no Brasil.
>
> Eu fui militante do movimento estudantil nos anos 80 (esquerda não petista) e me tornei cientista político. Não tive problemas com a família por minha militância (fui candidato a presidente do grêmio estudantil no segundo grau − 1982 e 1983 − e a presidente do Centro Acadêmico na faculdade em 1985, 1986, 1987. Estive em congressos da UNE e UEE nos anos 80).
>
> O resto da família nunca teve grandes laços com questões políticas. (GONZÁLEZ, 2015, p. 1)

O *status* do marido de Gladis, imigrante naturalizado, suscitava, pelo visto, o mesmo cuidado e apreensão velada que a nacionalidade portuguesa de Hélio do Soveral; e explica em parte o porquê dos livros da autora, seja em *Gisela e Prisco*, em *O Clube do Falcão Dourado* ou em *Chico e Faísca*, possuírem tão poucas inflexões mais críticas ou de cunho contestatório ou social (como os muitos exemplos passíveis de resgate em outras séries da *Mister Olho*, como *A Inspetora* e *Dico e Alice*).

De toda forma, as criações da gaúcha Gladis marcaram época, participando do imaginário e da formação literária (e também moral, como disse seu filho Rodrigo) de centenas de milhares de leitores brasileiros nas décadas de 1970 e 1980, além de terem contribuído para uma paleta de cores mais diversificadas na literatura infantojuvenil nacional. Como "a editora devolveu os direitos autorais aos herdeiros em 2012" (GONZÁLEZ, 2015, p. 1), há boas chances de que seus livros sejam reeditados num futuro próximo e que o público possa finalmente ler os quatro episódios que ficaram inéditos para duas de suas séries.

Além dos trabalhos infantojuvenis, Gladis, em 1977, "submeteu [à Ediouro] dois originais de histórias com trama policial, mas destinadas a adultos, que a editora não teve interesse [de publicar]" (GONZÁLEZ, 2015, p. 1). Os datiloscritos, de nome *Um Enigma na Mansão Italiana* e *Um Enigma em Alto-Mar*, permanecem desconhecidos e (se sobreviveram) ainda não foram localizados pela família, apesar de nossos clamores e tentativas.

Figura 114 - *Mestre Gato e outros bichos* (1976), livro de estreia de Gladis na Ediouro

• Gisela e Prisco

    Gisela e Prisco (Figura 115) é não só a primeira das séries que Gladis cria para a Ediouro, como também a de maior extensão e a mais popular (por isso mesmo, ganha reedição para todos os livros na década de 1980, em formato Duplo em Pé). Foram nada menos que 15 aventuras, publicadas entre 1976 e 1979, todas pela *Mister Olho*, com uma tiragem total de 122.298 exemplares, incluídas aí as edições em formato Duplo em Pé (as chamadas Edições Extra ou De Luxo) para *Gisela e o Talismã da Felicidade* e *Gisela e o Enigma da Orquídea Negra* e a reimpressão (formato Normal) de *Gisela e o Enigma do Sétimo Degrau* (com título em caixa alta e caixa baixa).

Figura 115 - *Gisela e o Enigma do Sétimo Degrau* (1977)

Todos os volumes contaram sempre com artes coloridas de Noguchi (Figura 119), para a capa, e ilustrações internas de Teixeira Mendes. A indicação de faixa etária, para a série, permaneceu como *9 anos ou mais* até o episódio 8, passando então para *10 ou mais*. Na reedição dos anos 1980, a indicação vira idade máxima recomendada: *até 12 anos*.

Essa nova encarnação em formato Duplo em Pé, aliás, é a mesma da *Inspetora*: entre 1981 e 1982, foram impressos, para os 15 títulos, mais 64.000 brochuras (Figura 117). Houve mesmo uma tiragem de 3.000 cópias em formato Super Bolso para ao menos um dos livros (Figura 116), justamente o inaugural: *Gisela e (o Enigma d)a Estatueta da Sorte*, aqui já com o título estendido. É possível que outras das histórias também tenham sido republicadas dentro desta coleção *Edijovem*, de final dos anos 1980, já que encontramos ficha de produção para uma delas (ver Tabela 11). A tiragem total da série pela Ediouro, portanto, chega, com essas edições fora do recorte da *Mister Olho*, a 189.298 exemplares.

Graças às artes originais constantes nos arquivos da editora e outros documentos de produção, foi possível constatar que alguns dos datiloscritos originalmente possuíam títulos diferentes, como é o caso de *Gisela e o Enigma da Feiticeira*, opção editorial final para *Gisela e a Velha do Chapéu Estrelado* (Figura 118).

Ambientadas em Porto Alegre, as aventuras da adolescente Gisela Sontag – "Se pronuncia Guí-se-la, acentuando o *i*" (GONZÁLEZ, 1976a, p. 31) – e seu cachorro policial Prisco oferecem ao leitor uma boa mescla do cotidiano normal de uma estudante às voltas com provas, trabalhos de escola, brigas e desencontros com colegas, e movimentadas aventuras envolvendo pequenos mistérios, furtos e falsificações bem *à la Inspetora*. Mais até do que na obra de Ganymédes José, são numerosas aqui as referências ao universo das histórias de detecção e às leituras que inspiram as ações da menina. Logo ao começo de *Gisela e a Estatueta da Sorte*, a jovem detetive de apenas 12 anos – "Quase 13. Completo no outro mês." (GONZÁLEZ, 1976a, p. 32) – já apresenta sua alma curiosa ao leitor.

Figura 116 - *Gisela e a Estatueta da Sorte* (1976) em suas três edições

— Que será que aconteceu com dona Clara? Estou ficando preocupada. Se até às quatro horas ela não aparecer, eu vou tomar uma providência.

— E que é que você vai fazer, mãe? — perguntou Gisela, interessada.

— O que a gente faz nestas ocasiões, vou chamar a polícia.

A polícia! Palavra mágica para uma cabeça cheia de histórias de detetives e casos misteriosos. Que sensação! Polícia na rua quieta onde não passa ninguém. (GONZÁLEZ, 1976a, p. 11. Grifo nosso.)

Ao longo da narrativa, bovaristicamente, Gisela está sempre se lembrando do próprio repertório fantasioso, literário, a que recorre para avançar nas deduções.

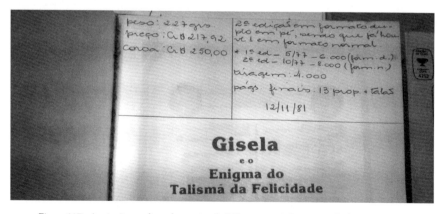

Figura 117 - Anotações em livro de arquivo da Ediouro com informações de datas e tiragens

Que será que tinha no espelho do banheiro? Um frio passou pela espinha de Gisela. Pedaços de histórias lidas foram correndo por sua cabeça. Papéis com ameaças. As investigações que os detetives faziam nos livros que gostava de ler. (GONZALEZ, 1976a, p. 22)

A relação de Gisela com a polícia e com as instituições legais é sherlockiana, ou seja, de assistência e auxílio, ainda que de maneira mais respeitosa e muito menos derisiva que a do personagem de Doyle. Gisela admira os profissionais do Estado, a ponto de considerar a carreira como profissão, e fica feliz por estar "auxiliando a justiça" (GONZÁLEZ, 1976a, p. 35), personificada, na maior parte das vezes, na figura do inspetor José Souza.

Há muito pouco subtexto nas aventuras da série, que se limita a cumprir (muito bem) o objetivo da Coleção *Mister Olho*: oferecer leitura de entretenimento atraente, que ajude a implantar o hábito de ler. Como se passa na capital do Estado, Porto Alegre, por vezes encontramos comentários sobre o trânsito ruim desta ou daquela rua ou entroncamento, advertências sobre a possibilidade de ladrões invadirem casas (o pai de Gisela, em *...a Estatueta da Sorte*, recomenda que ela não deixe a porta da frente aberta), mas não há o que se poderia chamar de tom crítico (semelhante àquele encontrado em *Dico e Alice* ou na *Inspetora*). Quando muito, há sugestões espaçadas e algo oblíquas sobre o funcionamento dos órgãos públicos (e do Estado...), como neste trecho em que Gisela está prestes a ajudar na produção de um retrato falado.

— Não podemos levar a menina lá? — perguntou o homem.

— Só se não tiver outro jeito. Prefiro que a Gisela não vá lá na repartição. Ela conhece as salas de detetives só através dos seus livros. Não é interessante que ela veja as nossas.

— Por que, Inspetor? — perguntou a menina.

— Porque você vai ter uma decepção, ora. (GONZÁLEZ, 1976a, p. 49)

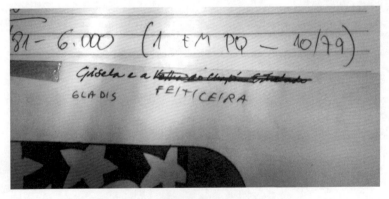

Figura 118 - Detalhe da arte de Noguchi com título original de *Gisela e o Enigma da Feiticeira* (1977)

Figura 119 - Arte original de Noguchi para *Gisela e o Segredo de Família* (1978), onde se pode ler o título original do datiloscrito

Tabela 11 - Série *Gisela e Prisco*

Vol.	Ref.	Faixa Etária	Título	Ano	Capista	Ilustrador	Tiragens *Mister Olho*	Tiragem Total *Mister Olho*	Tiragens Outras Coleções	Tiragem Total Ediouro
1	SL-4751	9+	*Gisela e a Estatueta da Sorte*	1976	Noguchi	Teixeira Mendes	8.198 - 6/76	8.198	3.000 - 1/82 / 3.000 - 3/87	14.198
2	SL-4752	9+	*Gisela e o Vizinho Mal-Informado*	1976	Noguchi	Teixeira Mendes	8.000 (est.) - ?/76	8.000	4.000 - 11/81	12.000
3	CP-4753	9+	*Gisela e o Talismã da Felicidade*	1977	Noguchi	Teixeira Mendes	8.000 - 10/77 / 6.000 - 5/77	14.000	4.000 - 11/81	18.000
4	CP-4754	9+	*Gisela e o Enigma da Orquídea Negra*	1977	Noguchi	Teixeira Mendes	8.000 (est.) - ?/77 / 6.000 (est.) - ?/77	14.000	4.000 - 11/81	18.000
5	SL-4755	9+	*Gisela e o Enigma Chinês*	1977	Noguchi	Teixeira Mendes	8.000 (est.) - 8/77	8.000	4.000 - 11/81	12.000
6	SL-4756	9+	*Gisela e o Enigma do Sétimo Degrau*	1977	Noguchi	Teixeira Mendes	8.000 (est.) - ?/77 / 6.000 (est.) - ?/7?	14.000	4.000 - 11/81 / ?[1]	18.000
7	SL-4757	9+	*Gisela e o Enigma da Feiticeira*[2]	1977	Noguchi	Teixeira Mendes	8.000 (est.) - ?/77	8.000	4.000 - 10/81	12.000
8	SL-4758	9+	*Gisela e o Enigma do Apelo Silencioso*	1977	Noguchi	Teixeira Mendes	6.000 (est.) - ?/78	6.000	4.000 (est.) - ?/81	10.000
9	SL-4759	10+	*Gisela e o Enigma do Bruxo de Malta*	1978	Noguchi	Teixeira Mendes	6.000 (est.) - ?/78	6.000	4.000 - 11/81	10.000
10	SL-4760	10+	*Gisela e o Enigma do Cofre*	1978	Noguchi	Teixeira Mendes	6.100 - 6/78	6.100	4.000 - 11/81	10.100
11	SL-4761	10+	*Gisela e o Segredo de Família*[3]	1978	Noguchi	Teixeira Mendes	6.000 (est.) - ?/78	6.000	3.000 - 11/81	9.000
12	SL-4762	10+	*Gisela e o Enigma das Fotos Desaparecidas*	1978	Noguchi	Teixeira Mendes	6.000 (est.) - ?/78	6.000	6.000 - 9/81	12.000

[1] É possível que tenha havido tiragem nesse formato (havia ficha de entrada para o título, em formato Super Bolso, nos arquivos da editora).
[2] O título original do datiloscrito era *Gisela e a Velha do Chapéu Estrelado*.
[3] O título original era *Gisela e o Enigma da Torta Suíça*.

13	SL-4763	10+	Gisela e o Enigma do Tapete Mágico	1979	Noguchi	Teixeira Mendes	6.000 (est.) - ?/79		6.000	6.000 - 8/81		12.000
14	SL-4764	10+	Gisela e o Enigma dos Dobrões de Ouro	1979	Noguchi	Teixeira Mendes	6.000 (est.) - 9/79		6.000	4.000 - 11/81		10.000
15	SL-4765	10+	Gisela e o Enigma do Parceiro[4]	1979	Noguchi	Teixeira Mendes	6.000 (est.) - 10/79		6.000	6.000 - 10/81		12.000

Legenda:

	Edição original *Mister Olho*, formato 10,5cmx16cm (Normal), com logo da série (em preto e branco até livro 2; depois, em cores) no alto, ao centro. Título em maiúsculas e Caixa Alta e Baixa (a partir do livro 9).
	Reimpressão *Mister Olho*, idem acima. Título em Caixa Alta e Baixa .
	Edição original *Mister Olho*, formato 15,1cmx20,9cm (Duplo em Pé), listada como "Edição Extra/De Luxo" (categoria Copa). Título em maiúsculas.
	Edição Duplo em Pé, anos 1980. Formato 15,1cmx20,9cm. Novo *design* e categoria (Coroa). Coleção *Até 12 anos*. Títulos dos episódios 1 a 3 ganham inclusão de "o enigma do/da"
	Edição Super Bolso, anos 1980. Formato 12cmx20,8cm. Novo *design* e categoria. Coleção *EdiJovem*.

---

[4] O título original era *Gisela e o Enigma do Parceiro Belga*.

Tabela 11B - Série *Gisela e Prisco* (capas *Mister Olho*)

ORIGINAIS

REEDIÇÕES

- **O Clube do Falcão Dourado**

Versão de Gladis para outras turmas de crianças detetives (como a Patota da Inspetora e a Turma do Posto Quatro) que já faziam sucesso na *Mister Olho*, o *Clube do Falcão Dourado* (Figura 120), em termos de ambientação, está a meio caminho de *Gisela e Prisco* (que se passa na capital Porto Alegre) e *Chico e Faísca* (cujas histórias se dão em uma fazenda): os enigmas resolvidos pelos irmãos e primos, com direito a um elemento externo negro, Tição, que tem papel semelhante ao de Bortolina e de Pavio Apagado nas criações de Ganymédes José e Hélio do Soveral, tem como cenário uma cidade pequena, de "ruas de terra batida (...) [onde] estranhavam um pouco, vindos da capital, (...) as pessoas que passavam e [os] cumprimentavam, alegres" (GONZÁLEZ, 1976b, p. 23), mesmo sendo eles ainda completos

Figura 120 - O *Segredo do Torreão* (1976)

desconhecidos recém-chegados. O mote do clube é claramente o de promover o bem social, nas mesmas linhas de Goiabinha e seus amigos circenses ou dos cariocas da Turma do Posto Quatro. Como diz o personagem Marcelo no episódio de estreia *O Segredo do Torreão*, "o clube deve procurar descobrir mistérios e *aju-*

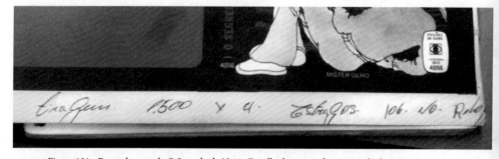

Figura 121 - Prova de capa de *O Segredo do Navio Encalhado*, com informações de data e tiragem

dar quem estiver em apuros" (GONZÁLEZ, 1976b, p. 22. Grifo nosso).

Há até um emblema, semelhante à coruja de papelão da *Inspetora*, para alinhar ainda mais as expectativas do público leitor.

— Vamos aproveitar a presença do Tição, o novo membro do clube, para distribuir os emblemas de sócios. Como se adivinhando, eu fiz um a mais, se acaso alguém perdesse. Agora fica para ele.

Figura 123 - Nota da diretoria sobre cancelamento da série

Cerimoniosa, ela distribuiu para cada um a figura de um Falcão pintado em amarelo-ouro. Montado num alfinete de segurança, o emblema podia ser colocado na gola ou na blusa. (GONZÁLEZ, 1976b, p. 94).

A preocupação com a caracterização e descrição regional é menor do que a vista em *Chico e Faísca*, mas há mais intertextualidade com o gênero policial e referências

Figura 122 - Arte inédita de Teixeira Mendes para *O Segredo do Berilo Azul* (1978)

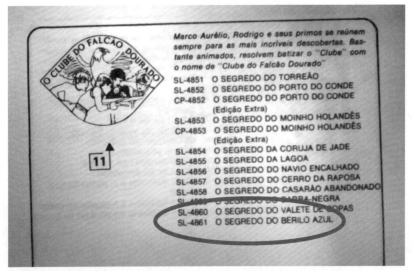

Figura 124 - Anúncio do livro inédito *O Segredo do Berilo Azul* (1978)

Figura 125 - Arte de capa inédita de Noguchi para *O Segredo do Berilo Azul* (1978)

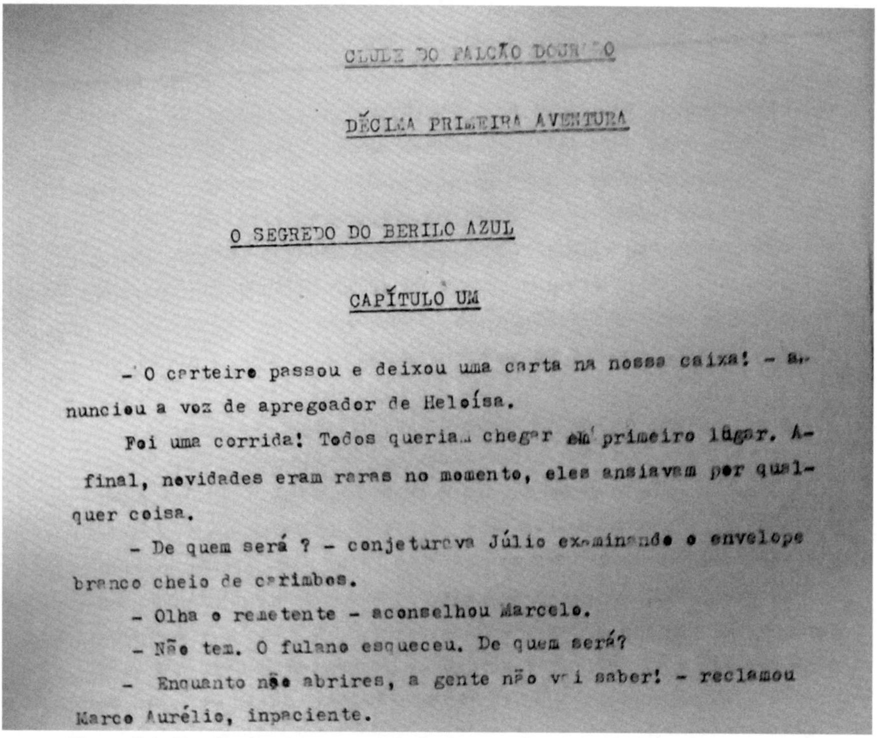

```
CLUBE DO FALCÃO DOURADO

DÉCIMA PRIMEIRA AVENTURA


O SEGREDO DO BERILO AZUL

CAPÍTULO UM

     - 'O carteiro passou e deixou uma carta na nossa caixa! - a-
nunciou a voz de apregoador de Heloísa.
     Foi uma corrida! Todos queriam chegar em primeiro lugar. A-
final, novidades eram raras no momento, eles ansiavam por qual-
quer coisa.
     - De quem será ? - conjeturava Júlio examinando o envelope
branco cheio de carimbos.
     - Olha o remetente - aconselhou Marcelo.
     - Não tem. O fulano esqueceu. De quem será?
     - Enquanto não abrires, a gente não vai saber! - reclamou
Marco Aurélio, inpaciente.
```

Figura 126 - Detalhe da página inicial do datiloscrito de *O Segredo do Berilo Azul* (1978)

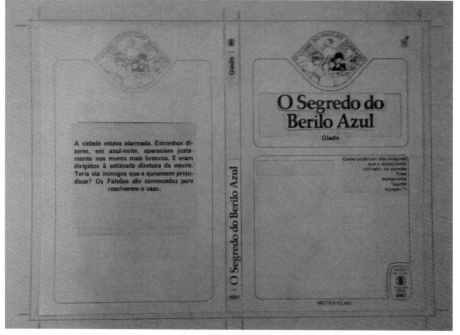

Figura 127 - Arte-final da capa de *O Segredo do Berilo Azul* (1978)

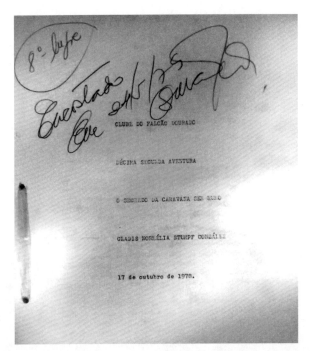

Figura 128 - Folha de rosto de *O Segredo da Caravana sem Rumo* (1978)

Figura 129 - Arte-final de *O Segredo da Caravana sem Rumo* (1978)

mais explícitas ao cânone literário capitaneado por Sherlock Holmes. As crianças, via de regra, são respeitadoras dos valores sociais e da autoridade dos adultos (quaisquer que sejam) e praticamente não há subtextos atribuíveis ao momento histórico da publicação (o regime militar). Como em *Gisela e Prisco*, Gladis não se desvia do objetivo de oferecer boas narrativas de leitura instigante e agradável, com boa caracterização, vocabulário acessível e alguns momentos espaçados de didatismo pedagógico.

A Ediouro, entre 1977 (apesar da data de 1976 no livro 1, a impressão é de janeiro de 1977) e 1979 (os dois últimos têm *copyright* de 1978, mas só saem mesmo no início do ano seguinte), publicou dez títulos da saga, com um total de 76.000 exemplares (Figura 121). Estão incluídos nesse número duas edições (as originais) em formato Duplo em Pé para os livros 2 e 3 e uma reimpressão (de 1979) para *O Segredo do Casarão Abandonado*. Todos os livros tiveram capas de Noguchi, sempre creditadas, e ilustrações internas de Teixeira Mendes. A indicação de faixa etária, *a partir de 9 anos*, muda para *11 anos* no episódio 8, quando o *design* é modificado pela segunda vez (com a adoção de títulos em caixa alta e caixa baixa); a primeira se deu com a mudança no logo da série, que incorporou o dizer "O Clube do Falcão Dourado" a partir do livro 4.

Infelizmente, os Falcões não foram além de sua existência na *Mister Olho* – a diretoria da editora, em agosto de 1984, optou por não reeditar a série (Figura 123). Uma décima primeira aventura, *O Segredo do Berilo Azul* (1979; ver Figura 126), chegou a ser anunciada – ela aparece na lista ao final da reedição de ...*Casarão Abandonado* (Figura 124) – e ganhou inclusive capa, arte final e ilustrações (Figuras 122, 125 e 127), mas acabou não sendo lançada. Durante nossa pesquisa, descobrimos ainda um décimo segundo episódio (Figuras 128 e 129), igualmente inédito, que era mesmo ignorado pela família da escritora: *O Segredo da Caravana sem Rumo* (1978).

Tabela 12 - Série O Clube do Falcão Dourado

Vol.	Ref.	Faixa Etária	Título	Ano	Capista	Ilustrador	Tiragens Mister Olho		Tiragem Total Mister Olho	Tiragem Total Ediouro
1	SL-4851	9+	O Segredo do Torreão	1976[1]	Noguchi	Teixeira Mendes	6.000 - 1/77		6.000	6.000
2	CP-4852	9+	O Segredo do Porto do Conde	1977	Noguchi	Teixeira Mendes	6.000 - 10/77	6.000 -4/77	12.000	12.000
3	CP-4853	9+	O Segredo do Moinho Holandês	1977	Noguchi	Teixeira Mendes	6.000 - 9/77	6.000 -5/77	12.000	12.000
4	SL-4854	9+	O Segredo da Coruja de Jade	1977	Noguchi	Teixeira Mendes	6.000 - 7/77		6.000	6.000
5	SL-4855	9+	O Segredo da Lagoa[2]	1977	Noguchi	Teixeira Mendes	6.000 - 10/77		6.000	6.000
6	SL-4856	9+	O Segredo do Navio Encalhado	1977	Noguchi	Teixeira Mendes	6.000 - ?/77		6.000	6.000
7	SL-4857	9+	O Segredo do Cerro da Raposa	1978	Noguchi	Teixeira Mendes	6.000 - 6/78		6.000	6.000
8	SL-4858	11+	O Segredo do Casarão Abandonado[3]	1978	Noguchi	Teixeira Mendes	6.000 - 6/78	4.000 - 9/79	10.000	10.000
9	SL-4859	11+	O Segredo do Barba-Negra	1978[4]	Noguchi	Teixeira Mendes	6.000 - 1/79		6.000	6.000
10	SL-4860	11+	O Segredo do Valete de Copas	1978[5]	Noguchi	Teixeira Mendes	6.000 - 2/79		6.000	6.000

Legenda:

	Edição original Mister Olho, formato 10,5cmx16cm (Normal), com logo da série no alto, ao centro. Título em maiúsculas e Caixa Alta e Caixa Baixa (a partir do livro 7).
	Reimpressão Mister Olho, idem acima. Título em Caixa Alta e Caixa Baixa.
	Edição original Mister Olho, formato 15,1cmx20,9cm (Duplo em Pé), listada como "Edição Extra" (categoria Copa).

[1] Copyright é de 1976, mas livro foi impresso, vendido e distribuído apenas em janeiro de 1977.
[2] O título original do datiloscrito era O segredo da cidade submersa.
[3] O título original era O mistério da casa cinzenta.
[4] Copyright é de 1978, mas livro foi impresso, vendido e distribuído apenas em janeiro de 1979.
[5] Copyright é de 1978, mas livro foi impresso, vendido e distribuído apenas em fevereiro de 1979.

Tabela 12B - Série *O Clube do Falcão Dourado* (capas *Mister Olho*)

ORIGINAIS

REEDIÇÕES

• Chico e Faísca

A terceira série de Gladis para a *Mister Olho* é, dentro do *corpus*, a menos conhecida e de menor tiragem total (*Diana*, de Juraci Coutinho, embora tenha menos livros dentro do recorte, recebe reedições nos anos 1980, o que não acontece aqui). Entre 1977 e 1979, são publicados sete trabalhos, todos com capas de Noguchi e ilustrações de Teixeira Mendes, perfazendo 50.000 exemplares estimados, incluída aí uma reedição (ainda como *Mister Olho*; ver Figura 130) para o primeiro episódio da saga.

De suas contribuições para a Ediouro, é neste conjunto de aventuras rurais detetivescas (em muito, nesse cenário, semelhantes à *Inspetora*) que fica mais evidente a intenção de Gladis, já citada, de trazer matizes sulistas ao conjunto da literatura infantojuvenil então circulante. No título inaugural, *O Caso das Doze Badaladas da Meia-Noite*, essa tentativa de quebrar a hegemonia das caracterizações paulistas/paulistanas (série *Inspetora*) e fluminenses/cariocas (séries *A Turma do Posto Quatro, Toquinho*, etc.) na *Mister Olho* se manifesta tanto na linguagem (o uso da segunda pessoa "tu" como pronome pessoal de tratamento corriqueiro) e nos cenários e ambientações quanto nas numerosas inserções que procuram descrever pedagogicamente costumes e tradições da região sul do Brasil. Assim, o jovem leitor, já nos primeiros parágrafos da primeira página do livro citado, tem contato com o famoso e popular chimarrão gaúcho.

> O homem, compridão e magro, passa a cuia de chimarrão, para o ouvinte. Este, um homem de meia idade, estatura média e cabelos começando a rarear, pega a cuia e começa a enchê-la de água, cuidadosamente. Em seguida, passa a chupá-la através da bomba. (GONZÁLEZ, 1977, p. 7-8)

Figura 130 - Prova de capa da reedição de *O Caso das Doze Badaladas da Meia-Noite* (1978), com tiragem e data

Figura 131 - *O Caso da Pista Escarlate* (1977)

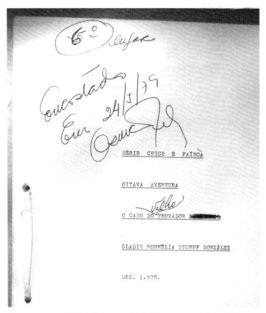

Figura 132 - Folha de rosto do datiloscrito inédito *O Caso do Velho Trovador* (1978), oitava aventura, com nota da editora sobre descarte

Mais à frente, novas lições sobre os hábitos da vida na região (incluindo mais chimarrão e uma aula sobre churrasco) e mesmo alertas sobre a passagem do tempo e as transformações que já começavam a surgir opondo campo e cidade (inclusive o avanço da televisão).

> Ninguém entra em casa de gaúcho sem que lhe seja oferecido alguma coisa de comer. Os adultos são obsequiados com chimarrão, isto é, infusão de erva-mate moída e água quente que se chupa através de um canudo especial (a bomba). Às vezes, adiciona-se açúcar e então se chama mate. Geralmente acompanham broas de polvilho ou pão sovado. Às crianças se oferecem frutas, doces ou pipocas. O costume do chimarrão é mais do campo, na cidade o hábito é menos difundido, sendo substituído pelo cafezinho. (GONZÁLEZ, 1977, p. 34-35)

> Um dos pratos tradicionais do Sul é o churrasco. Num lugar onde se cria muito gado e a carne é abundante, é a comida preferida. Carne de qualquer bicho, seja boi, carneiro, cabrito, é espetada em varas de pau ou de metal (o espeto) e assada a pouca distância das brasas. Acompanhada de saladas verdes, batatas ou aipim cozido e muita farinha de mandioca, é a delícia culinária dos pampas. (GONZÁLEZ, 1977, p. 37)

> Finalmente, o silêncio se fez na casa. Devido a levantar-se muito cedo, geralmente o trabalhador do campo também dorme cedo. Dez horas é o máximo que aguenta em pé. Nem a moderna atração da televisão, que já existe em muitas fazendas, consegue competir com o sono. (GONZÁLEZ, 1977, p. 68)

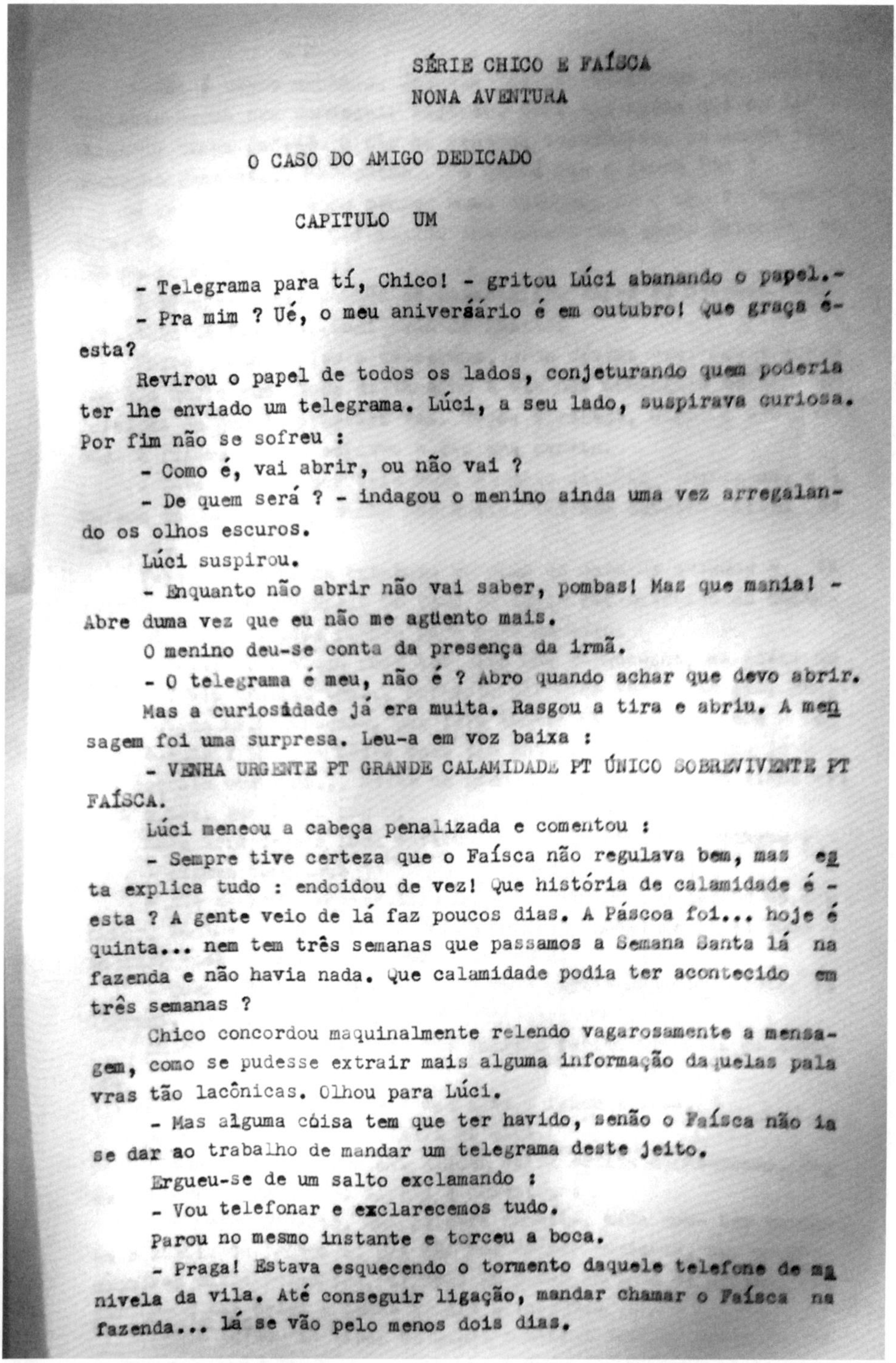

SÉRIE CHICO E FAÍSCA

NONA AVENTURA

O CASO DO AMIGO DEDICADO

CAPITULO UM

- Telegrama para tí, Chico! - gritou Lúci abanando o papel.-
- Pra mim ? Ué, o meu aniversário é em outubro! Que graça é-
esta?
Revirou o papel de todos os lados, conjeturando quem poderia
ter lhe enviado um telegrama. Lúci, a seu lado, suspirava curiosa.
Por fim não se sofreu :
- Como é, vai abrir, ou não vai ?
- De quem será ? - indagou o menino ainda uma vez arregalan-
do os olhos escuros.
Lúci suspirou.
- Enquanto não abrir não vai saber, pombas! Mas que mania! -
Abre duma vez que eu não me aguento mais.
O menino deu-se conta da presença da irmã.
- O telegrama é meu, não é ? Abro quando achar que devo abrir.
Mas a curiosidade já era muita. Rasgou a tira e abriu. A men_
sagem foi uma surpresa. Leu-a em voz baixa :
- VENHA URGENTE PT GRANDE CALAMIDADE PT ÚNICO SOBREVIVENTE PT
FAÍSCA.
Lúci meneou a cabeça penalizada e comentou :
- Sempre tive certeza que o Faísca não regulava bem, mas eg
ta explica tudo : endoidou de vez! Que história de calamidade é -
esta ? A gente veio de lá faz poucos dias. A Páscoa foi... hoje é
quinta... nem tem três semanas que passamos a Semana Santa lá na
fazenda e não havia nada. Que calamidade podia ter acontecido em
três semanas ?
Chico concordou maquinalmente relendo vagarosamente a mensagem, como se pudesse extrair mais alguma informação daquelas pala
vras tão lacônicas. Olhou para Lúci.
- Mas alguma cóisa tem que ter havido, senão o Faísca não ia
se dar ao trabalho de mandar um telegrama deste jeito.
Ergueu-se de um salto exclamando :
- Vou telefonar e exclarecemos tudo.
Parou no mesmo instante e torceu a boca.
- Praga! Estava esquecendo o tormento daquele telefone de ma
nivela da vila. Até conseguir ligação, mandar chamar o Faísca na
fazenda... lá se vão pelo menos dois dias.

Figura 133 - Primeira página do nono episódio inédito *O Caso do Amigo Dedicado* (1979)

Aproximando-se claramente da fórmula de Ganymédes José em sua obra mais famosa, as histórias de *Chico e Faísca* (Figura 131), além de procurarem passar aos jovens leitores o cotidiano da vida em uma fazenda gaúcha (o que inclui falar de roubo de gado e febre aftosa), juntam um personagem mais citadino (como Malu, prima da Inspetora), no caso o menino Chico, morador da cidade e que passa as férias no local, a outros mais rurais (como Bortolina e Zé Luís, os companheiro de Malu e Eloísa na Patota da Coruja de Papelão): o próprio menino Faísca e também "Mila, ou Emília, (...) uma mulatinha, filha da cozinheira" (GONZÁLEZ, 1977, p. 16), que acompanha os dois garotos em suas investigações e peripécias.

No geral, o texto é cauteloso (a indicação etária de *nove ou mais anos* muda para *onze* a partir do livro 4) e praticamente nunca se desvia do objetivo mais primário do entretenimento, ainda que com as já citadas intenções de promover uma diversidade de caracterização (trazer o Sul para os livros). Não há contestações de espécie alguma, referências ao momento político ou menções historicamente mais circunstanciadas.

Gladis vendeu outros dois manuscritos da série à Ediouro que, infelizmente, não chegaram a ser publicados pela editora. Recuperamos ambos os trabalhos e planejamos voltar a suas páginas em pesquisas futuras. São eles *O Caso do Velho Trovador* (1978; Figura 132), do qual nem a família tinha conhecimento, e *O Caso do Amigo Dedicado* (1979; Figura 133). Infelizmente, para estes, a editora não chegou sequer a encomendar artes a Noguchi.

Tabela 13 - Série *Chico e Faísca*

Vol.	Ref.	Faixa Etária	Título	Ano	Capista	Ilustrador	Tiragens *Mister Olho*		Tiragem Total *Mister Olho*	Tiragem Total Ediouro
1	SL-5051	9+	*O Caso das Doze Badaladas da Meia-Noite*	1977	Noguchi	Teixeira Mendes	6.000 (est.) - ?/77	8.000 - 11/78	14.000	14.000
2	SL-5052	9+	*O Caso da Pista Escarlate*	1977	Noguchi	Teixeira Mendes	6.000 - 11/77		6.000	6.000
3	SL-5053	9+	*O Caso da Faísca Fundamental*	1977	Noguchi	Teixeira Mendes	6.000 - 12/77		6.000	6.000
4	SL-5054	11+	*O Caso do Boi Barroso*[1]	1978	Noguchi	Teixeira Mendes	6.000 - 6/78		6.000	6.000
5	SL-5055	11+	*O Caso do Técnico em Enigmas*	1978	Noguchi	Teixeira Mendes	6.000 - 6/78		6.000	6.000
6	SL-5056	11+	*Um Caso sem Provas*	1978	Noguchi	Teixeira Mendes	6.000 (est.) - ?/78		6.000	6.000
7	SL-5057	11+	*O Caso da Mansão Misteriosa*	1979	Noguchi	Teixeira Mendes	6.000 (est.) - 4/79		6.000	6.000

Legenda:

	Edição original *Mister Olho*, formato 10,5cmx16cm (Normal), com logo da série no alto, ao centro. Título em maiúsculas ou Caixa Alta e Caixa Baixa (a partir do livro 4).
	Reimpressão *Mister Olho*, idem acima. Título em Caixa Alta e Caixa Baixa.

[1] O título original do manuscrito era *O boi barroso de estimação*.

Tabela 13B - Série *Chico e Faísca* (capas *Mister Olho*)

ORIGINAIS

REEDIÇÕES

Carlos Heitor Cony

De todos os autores da *Mister Olho*, Carlos Heitor Cony é o único que dispensa maiores apresentações. Carioca nascido em 14 de março de 1926, eleito em 23 de março de 2000 para a Academia Brasileira de Letras, instituição de que foi membro até seu falecimento, em 5 de janeiro de 2018, Cony é o nome, portanto, mais canônico de nosso *corpus*, tendo circulado sempre nos meios tradicionais da literatura (veículos, prêmios, rodas, editoras e amizades), ainda que mantendo sempre uma relação estreita com os fazeres mais cotidianos e populares da palavra. Referimo-nos à sua atuação preponderantemente de jornalista e, na década de 1960 e 1970, quando sofria os efeitos da perseguição no regime militar, de adaptador infantojuvenil de clássicos da literatura mundial e, claro, de autor de séries de mistério para a Ediouro.

A trajetória de Cony como escritor começa com todos os louros: depois de uma bem recebida estreia, com *O ventre*, seus dois romances seguintes são agraciados com o Prêmio Manuel Antônio de Almeida (falamos de *A verdade de cada dia*, de 1957, e *Tijolo de Segurança*, de 1958), e a estes se seguem seis outros livros, sendo que o último, *Pilatos* (1973), funciona como uma espécie de despedida de Cony da literatura (uma despedida jocosa, agressiva e debochada, em sua história algo surrealista cujo insólito personagem principal é nada menos que o pênis decepado – apelidado de Pilatos e conservado em um pote de vidro com álcool – do quase-protagonista narrador). O romance, que marcaria uma interrupção na carreira "adulta/séria" de Cony (o autor retornaria à ficção, com força total, vendas e mais prêmios, em 1995, com a obra de nome *Quase memória*, que abre caminho para mais de uma dúzia de novos trabalhos), era uma espécie de segundo protesto: seguia, pode-se dizer, o que o autor já iniciara com *Pessach: a travessia* (1967), em que o personagem principal (espécie de alter ego seu) é um escritor que tem evitado se envolver na luta política que dividia o país, mas que se vê inadvertidamente arrastado para o meio de uma célula organizada da guerrilha. Com *Pessach*, Cony parecia tentar responder às críticas que recebia por uma literatura pouco engajada, com contornos ditos existencialistas e burgueses demais.

> Os principais colunistas, os formadores de opinião, professores das principais universidades, intelectuais de todos os calibres, enfim, a *intelligentsia* estava toda à esquerda e eu próprio era amaldiçoado por ser alienado, dedicando-me a temas literários ultrapassados, sem nunca abordar a luta social, recusando-me ao engajamento com as grandes causas da época. (CONY, 2004a, p. 28-29)

À frente da coluna "Da arte de falar mal", no *Correio da Manhã*, Cony consagrou-se como primeira voz a criticar o regime militar, embora tenha defendido, inicialmente, a retirada de João Goulart do poder (e nesse posicionamento, que rechaçava o que parecia ser uma virada do país rumo à esquerda, ele estava de acordo, como veremos, com o que pensavam autores da *Mister Olho* como Ganymédes José e Hélio do Soveral), suas críticas inclementes e sem papas na língua ao que chamava debochadamente de "quartelada" e de "revolução dos caranguejos" custaram-lhe o emprego no matutino carioca e precipitaram mesmo um período de autoexílio em Cuba (1967)[32].

> O clima da imprensa nacional, naquela ocasião, era marcado e patrulhado por uma esquerda assanhada, gulosa de tomar o poder. Com exceção dos órgãos mais conservadores (*Estado de S. Paulo* e *O Globo*), o restante da mídia defendia com histeria as reformas anunciadas pelo governo [Goulart], sobretudo a constitucional, a agrária e a cambial, propunha-se uma nova lei da remessa dos juros, a privatização de bancos e empresas estrangeiras. Predominava um sentimento antiamericano, explícito e virulento. Sindicatos no poder, solidariedade com os povos afro-asiáticos, o temário usual de um país que se liberta do sistema capitalista e se agrega ao sistema socialista. (CONY, 2004a, p. 28)

Cony diz que, até a publicação da crônica "Da salvação da pátria", de 2 de abril de 1964, "nunca escrevera especificamente sobre nenhum fato político" (CONY, 2004a, p. 24) e que "cultivava [por este] um entranhado desprezo" (CONY, 2004a, p. 24). Seus textos tanto no suplemento literário do *Jornal do Brasil* quanto na coluna do *Correio da Manhã* limitavam-se a "comentários ou reflexões sobre cinema, música, literatura, história, comportamento" (CONY, 2004a, p. 24). Os trechos a seguir, retirados desse primeiro texto que marca Cony como voz crítica e dissonante, dão o tom do que seriam várias de suas contribuições futuras ao jornal.

> Posto em sossego por uma cirurgia e suas complicações, eis que o sossego subitamente se transforma em desassossego: minha filha surge esbaforida dizendo que *há revolução na rua*.

> Apesar da ordem médica, decido interromper o sossego e assuntar: ali no Posto Seis, segundo me afirmam, há briga e morte. *Confiando estupidamente no patriotismo e nos sadios princípios que norteiam as nossas gloriosas Forças Armadas*, lá vou eu, trôpego e atordoado, ver o povo e a história que ali, em minhas barbas, está sendo feita. Vejo um heróico general à paisana, comandar alguns rapazes naquilo que mais tarde o repórter da TV Rio chamou de "gloriosa barricada". (...)

> Nessa altura, há confusão na Avenida Nossa Senhora de Copacabana, pois ninguém sabe ao certo o que significa "aderir aos rebeldes". A confusão é rápida. Não há rebeldes e todos, rebeldes ou não, aderem, que a natural tendência da humana espécie é aderir.

> Os rapazes de Copacabana, belos espécimes de nossa sadia juventude, bem nutridos, *bem fumados*, bem motorizados, erguem o general em triunfo. (...)

> *Das janelas, cai papel picado. Senhoras pias exibem seus pios e alvacentos lençóis, em sinal de vitória.* Um *Cadillac* conversível para perto do "Six" e surge uma bandeira nacional. Cantam o Hino Nacional e *declaram todos que a Pátria está salva.*

---

32 Cony seria posteriormente reconhecido como anistiado político (a data da publicação no *Diário Oficial* é de 19 de outubro de 2004), recebendo verbas indenizatórias e uma pensão vitalícia a partir de então.

Minha filha, ao meu lado, exige uma explicação para aquilo tudo.

– *É Carnaval, papai?*

– *Não.*

– *É campeonato do mundo?*

– *Também não.*

Ela fica sem saber o que é. E eu também fico. Recolho-me ao sossego e *sinto na boca um gosto azedo de covardia.* (CONY, 2004a, p. 21-24. Grifos nossos.)

Sua crônicas combativas e engajadas, de crítica ao regime militar, publicadas nesta época ainda no *Correio da Manhã,* pré-demissão e pré (relativo) silenciamento, seriam reunidas no livro *O Ato e o Fato* (1964). A virulência de Cony é inegável, como se pode ver no texto que dá nome à coletânea, sobre o primeiro Ato Institucional editado em 10 de abril daquele ano.

> E assim é que o Alto Comando Revolucionário, sentindo que suas raízes não são profundas, impotente para realizar alguma coisa de útil à Nação – pois tirante a deposição do sr. João Goulart não há conteúdo nem forma no movimento militar –, optou pela tirania. (...)
>
> [O Ato], na realidade, não foi editado. Foi simples e tiranicamente imposto a uma Nação perplexa, sem armas e sem líderes para a reação. Foi desprezivelmente imposto a um Congresso emasculado. (...)
>
> Lembro de passagem o óbvio. Depois de Mussolini, depois de Hitler, invocar o anticomunismo para impor uma ditadura é tolice. A história é recente, e nem vale a pena repeti-la aqui.
>
> Enfim, temos o Ato e o Fato. O Ato é esse monstrengo moral e jurídico que empulhou o Congresso e manietou a Nação. O Fato é que a prepotência de hoje, o arbítrio de hoje, a imbecilidade de hoje, estão preparando, desde já, um dia melhor, sem ódio, sem medo. E este dia, ainda que custe a chegar, ainda que chegue para nossos filhos ou netos, terá justificado e sublimado o nosso protesto e a nossa ira. (CONY, 2004b, p. 26-27)

De volta ao Brasil, depois do período mais crítico de perseguição que enfrentou, Cony trabalhou por muitos anos como jornalista, colunista e editor em diversos veículos da editora Bloch, ao mesmo tempo em que, como ficcionista e adaptador, produzia seus volumes para as Edições de Ouro.

Pode-se dizer que o autor se dedicou a esse trabalho na Ediouro com entusiasmo. Se verter clássicos para o público infantojuvenil servia como complemento de sustento do escritor, que vira naqueles anos muitas portas direta ou indiretamente fechadas à sua atuação, também parecia ser-lhe um projeto caro: estava diretamente relacionado a uma popularização das obras e a uma conservação e preservação de uma tradição literária que Cony, como literato óbvio, valorizava. Em sua nota à versão que escreve, para a editora, da obra absoluta da literatura norte-americana, Cony diz que tal como

Figura 134 - Edição original de *Um presente para Cláudia* (1978), com uso do nome de Cony como autor

Gulliver, *Tom Jones*, *D. Quixote* e outros monumentos literários (...), *Moby Dick* comporta duas penetrações: a erudita, que não prescinde da leitura do original; e a popular, que lhe aproveita apenas o lado episódico. Em trabalho de simples divulgação das grandes obras da literatura universal, o romance de Melville teria de ser esquematizado em sua essência aventureira – e foi essa a tarefa a que me propus. Para que os leitores brasileiros – principalmente os jovens – tenham um primeiro contato com a obra, creio que esta adaptação se justifica. (CONY, 1970, p. 7)

Os dados sobre sua atuação nesse campo são esparsos e não mereceram ainda nenhum mapeamento sério. Segundo nosso levantamento, que incluiu consultas à Ediouro, são as seguintes as adaptações/versões/ traduções infantojuvenis de Cony, todas dos anos 1970:

- *Henriqueta, a espiã*; *Simbad, o marujo, e o cavalo encantado*; *Ben-Hur*; *Moby Dick*; *Crime e Castigo*; *O Livro dos dragões*; *Os meninos do castelo verde*; *O livro dos gigantes*; *A Família Moomin*; *Loucuras de verão no país dos moomins*; *O cometa no país dos moomins*; *O Capitão Blood*; *O grande Mealne*; *Taras Bulba*; *Viagem ao Centro da Terra*; *A Ilha Misteriosa*; *Um capitão de quinze anos*; *As aventuras de um chinês na China*; *O máscara de ferro*; *O capitão Tormenta*; *As maravilhas do ano 2000*; *O Leão de Damasco*; *O Capitão Fantasma*; *Um ianque na corte do Rei Artur*; *Tom Sawyer Detetive*; *Aventuras de Tom Sawyer*; *As viagens de Tom Sawyer*; *Huckleberry Finn*; *O roubo do elefante branco*; *O diário de Adão e Eva*; *Os meninos aquáticos*; *Aladim e a lâmpada maravilhosa*; *Ali Babá e os quarenta ladrões*; *O Califa de Bagdá*; *Pinóquio da Silva*; *O Ateneu*; *O Primo Basílio*; *Memórias de um Sargento de Milícias*; *A Dama das Camélias*.

Já a produção infantojuvenil original de Cony não é grande, mas, da mesma forma, as informações existentes na literatura são muito imprecisas e incompletas.

Oferecemos, portanto, uma lista de tudo o que o autor escreveu neste gênero.

- *Quinze Anos (1973)*
- *Luciana Saudade (1975)*
- *Uma História de Amor (1977)*
- *Rosa, Vegetal de Sangue (1979)*
- *O Irmão que tu me deste (1979)*
- *Vera Verão (1980)*
- *A Gorda e a Volta por Cima (1985)*
- *O Laço Cor-de-rosa (2002)*

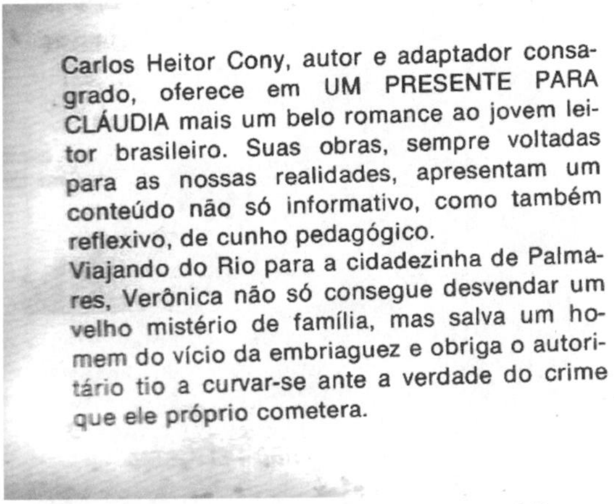

Carlos Heitor Cony, autor e adaptador consagrado, oferece em UM PRESENTE PARA CLÁUDIA mais um belo romance ao jovem leitor brasileiro. Suas obras, sempre voltadas para as nossas realidades, apresentam um conteúdo não só informativo, como também reflexivo, de cunho pedagógico.
Viajando do Rio para a cidadezinha de Palmares, Verônica não só consegue desvendar um velho mistério de família, mas salva um homem do vício da embriaguez e obriga o autoritário tio a curvar-se ante a verdade do crime que ele próprio cometera.

Figura 135 - Apresentação constante na folha de rosto de *Um presente para Cláudia* (1978)

Precisamos, infelizmente, registrar o lamentável incidente envolvendo o nome de Carlos Heitor Cony e quatro obras infantojuvenis que, por muitos anos, chegaram aos leitores da Ediouro como sendo suas. Falamos de *Uma vitória legal* (1977), *O amor e as pedras* (1978), *Um presente para Cláudia* (1978; Figuras 134 e 135) e *Marina, Marina* (1978), esse último inclusive adaptado como uma telenovela da Rede Globo (Figura 136)! Segundo se depreende da Apelação Cível nº 0372110-04.2009.8.19.0001, relatada pelo desembargador Alcides da Fonseca Neto, da Dé-

Figura 136 - Reprodução de crédito de abertura da telenovela *Marina, Marina* (1980)

Figura 138 - Capa de *Um presente para Cláudia*, com crédito para Sulema Mendes

Figura 139 - Edição de *Marina, Marina* com crédito para Sulema Mendes

Figura 137 - Verso de edição dos anos 1980 de *Um presente para Cláudia*, com autoria reconhecida de Sulema Mendes

cima Primeira Vara Cível do Estado do Rio de Janeiro, a autora dos livros, na verdade, seria Sulema Mendes[33], nome artístico de Josepha Sulema Mendes de Budin, que, por meio de ação contra a Ediouro iniciada em 1999, "objetivou reparação (...) em razão da publicação de quatro obras literárias em nome de terceiro [e] da cessão de direitos autorais (...) à Rede Globo sem sua anuência" (TJ, 2014, p. 2), entre outras demandas. Ainda segundo os autos do processo, a autora

> Alegou, para tanto, que no final da década de [19]70 celebrou contrato de edição com a ré, acordada a publicação de quatro livros em nome do Sr. Carlos Heitor Cony, a pretexto de este ser escritor com maior liquidez de venda, sendo sua autoria reconhecida somente em 1983, após inúmeras tratativas. (TJ, 2014, p. 2)

De fato, uma busca por *sites* de venda de livros usados prova que os quatro títulos citados foram, na década de 1980, reeditados na Coleção *Edijovem* com o nome da verdadeira autora (Figuras 137, 138 e 139), que ganhou inclusive foto e biografia no verso das brochuras.

É de assombrar que um autor da estatura de Carlos Heitor Cony tenha se prestado, na época, a tamanho papelão (para não dizer, mais diretamente, engodo e fraude...). Infelizmente, com seu falecimento no início de 2018, tanto suas considerações sobre a *Mister Olho*, que gostaríamos de ter colhido (não tivemos sucesso em nossas tentativas de contato e entrevista), quanto seus esclarecimentos sobre esse absolutamente desnecessário caso de *ghost writer* de histórias juvenis (e isso para um autor publicado, consagrado, premiado e com talento já provado inclusive no mesmo gênero!) poderão ser apenas imaginadas – ou, quem sabe, esboçadas por rastros de papéis que ainda existam por aí...

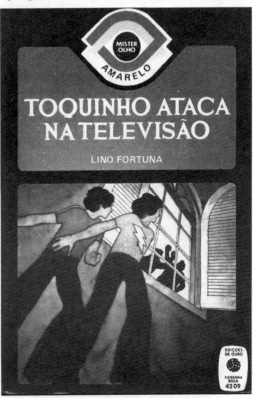

Figura 140 - *Toquinho ataca na televisão* (1973)

---

33 Livros da autora, todos publicados pela Ediouro, com exceção do primeiro, pela Civilização Brasileira: *Chagas, o cabra* (1975), *Uma vitória legal* (1977), *O amor e as pedras* (1978), *Um presente para Cláudia* (1978), *Marina, Marina* (1978), *Pelo amor de Elza* (1986), *Ciúmes de amor* (1986), *A sofrida descoberta do amor* (1986), *Zorah, O Planeta dos Sonhos* (1987), *Paixão em Ipanema* (1987), *O vestido azul* (1987), *Romance a bordo* (1987), *O romance de Mariana* (1987), *A armadilha da paixão* (1988), *A roda das bruxas* (1989), *A prisioneira da serra* (1989), *A afilhada da princesa* (1989), *O amor da minha vida* (1989) e *Um amor quase impossível* (1989).

Vejamos, a seguir, alguns apontamentos sobre as duas séries que Cony criou para a Coleção *Mister Olho*, usando os pseudônimos Lino Fortuna e Altair Boaventura.

• Toquinho

A primeira série de Cony para a Ediouro, publicada sob o pseudônimo Lino Fortuna, decepciona o leitor crítico que porventura procure nela a acidez do colunista esbravejador do *Correio da Manhã*, preso e perseguido pela ditadura militar, ou que tente encontrar em seus textos algum paralelo com o engajamento político e *contracultural* de Carlos Figueiredo ou o esforço mais deliberadamente chapa--branca de Hélio do Soveral. Como diz o resenhista anônimo da *Bibliografia Analítica da Literatura Infantil e Juvenil Publicada no Brasil (1965-1974)*, ao comentar o episódio 3, *Toquinho ataca na televisão* (Figura 140), trata-se de "leitura de passatempo, sem outras pretensões; a obra, se não enriquece, também não prejudica, por procurar levar os jovens a apreciar certos valores morais" (FNLIJ, 1977, p. 171).

Realmente, as histórias em torno de Toquinho, a namorada Tita e os amigos Dito e Jacaré, apesar do colorido e da ambientação convincente da Zona Sul (e da classe média) do Rio de Janeiro, não transborda praticamente nunca o objetivo declarado da própria Coleção *Mister Olho*: o de serem literatura-passatempo, sem objetivos didáticos além da promoção do hábito da leitura. Assim, os livros são descritos, à época, como

> cheio[s] de ação, escrito[s] numa linguagem fácil e com vocabulário simples e atual, (...) [com] enredo bem estruturado, [que] prende pelo suspense, emoção e clima de grande expectativa, (...) [de] leitura agradável e divertida. (FNLIJ, 1977, p. 171-172)

Os valores morais a que alude o resenhista da *Bibliografia Analítica* são aqueles costumeiramente encontrados na chamada literatura policial clássica: um respeito quase cego às instituições políticas e sociais, à propriedade privada e à maniqueísta divisão entre Bem e Mal, Lei e Crime, Ordem e Anarquia. Assim, praticamente nunca as páginas de *Toquinho* servirão de pretexto para, digamos, combater a invasão cultural norte-americana (como na *Inspetora*), tecer comentários elogiosos sobre as políticas governamentais para o desenvolvimento do país (como na *Turma do Posto Quatro*) ou denunciar a poluição das cidades e a destruição do meio ambiente (como em *Dico e Alice*). Tal agenda ou subtexto praticamente não existe na série, que se limita a propor os *usual suspects* como vilões e agentes de desequilíbrio de suas tramas: ladrões, contrabandistas, falsificadores. Apenas em *Toquinho contra o Monstro da Lagoa de Abaeté*, último episódio (tardio) da saga, publicado em 1977 já fora da Coleção *Mister Olho*, há o que se pode chamar de ativismo ambientalista, na trama que descreve um episódio de especulação imobiliária em um santuário natural.

Um grupo de tubarões imobiliários resolvera construir um hotel gigantesco nas margens da Lagoa de Abaeté. Formaram uma firma mais ou menos fantasma, a tal Soares & Kroogan. Pediram licença à prefeitura, mas não obtiveram parecer favorável. O local era turístico, tradicional, não podia ser poluído por uma construção que serviria apenas para dar mais lucro aos empresários. Que eles fizessem o hotel em áreas especiais para isso. Mas os caras queriam a lagoa, por ser o local mais bonito da Bahia.

Bolaram então um plano sinistro: tornar a lagoa mal-assombrada. (CONY, 1977, p. 147)

Ainda assim, é possível pinçar trechos de algum interesse nas brochuras, como aquele em que o autor, na introdução a *Toquinho banca o detetive*, diz que o protagonista "não se trata de um chefe, pois uma turma realmente legal não deve ter chefes porque todos são chefes" (CONY, 1973, p. 5), ou as menções, no mesmo livro, ao fato de estarem havendo muitos ataques a agências bancárias (estratégia de vários grupos armados de esquerda, nos anos 1970, para financiarem suas operações).

– Bem... fica difícil para mim falar sobre isso, afinal, o Álvaro era o subgerente, o segundo homem aqui da agência, pessoa de confiança, funcionário exemplar, com uma folha limpa e de excelentes serviços prestados. Mas... fomos tão surpreendidos quanto vocês... podíamos esperar tudo, olha que os bancos, atualmente, estão muito vulneráveis aos assaltos, quase todo dia atacam uma agência aqui no Rio ou em São Paulo, e ainda não foi encontrada uma solução para o problema. (CONY, 1973, p. 24-25)

Para o leitor mais aparelhado historicamente, as páginas iniciais (tanto do livro quanto da série) de *Toquinho banca o detetive* são as que mais impressionam. A descrição da busca executada pela polícia na casa de Toquinho, à procura de provas contra seu pai, Álvaro, funcionário de banco acusado injustamente de assassinar uma idosa para lhe roubar o dinheiro, possui densidade atmosférica e tensão nunca mais igualada nos demais livros (CONY, 1973). A truculência dos agentes de Estado, ainda que ali em função investigativa corriqueira, não política, soa como uma espécie de expurgo literário de Cony para com episódios concretamente vividos pelo escritor, como a iminência de sua prisão logo após o Golpe de 1964, descrita no livro *A Revolução dos Caranguejos*:

No dia 14, escrevi a crônica "A revolução dos caranguejos", que foi republicada em diversos jornais do exterior e provocou uma onda de telefonemas ameaçadores para minha família. Por volta das vinte e duas horas, era iminente uma invasão da minha casa no Posto Seis. Na redação, corriam boatos de que eu já fora assassinado. Foi então que a diretoria do *Correio da Manhã* (...) foi à minha casa. Levaram minha mulher e minhas duas filhas para a casa do Sylvan Paezzo, jornalista e escritor. (...) Em companhia de diretores e colegas do *Correio*, fiquei em casa, esperando a anunciada "expedição punitiva". (CONY, 2004a, p. 47-48)

Figura 141 - Edições de *As rapaduras são eternas* fora da Coleção *Mister Olho*

Figura 142 - Arte original de capa de *Toquinho Contra o Monstro da Lagoa de Abaeté* (1977), única originalmente creditada a Noguchi

Figura 143 - *O crime mais que perfeito* (2003), nova versão de *Toquinho banca o detetive* (1973)

Figura 144 - Nova versão (2007) do livro original de

Vale o registro, também, da crítica algo velada e galhofeira que Cony inclui na mesma história inaugural, mas que talvez não tenha sido plenamente compreendida pelos leitores em sua roupagem de ironia. Ao fazer uma defesa da polícia em um evento para a imprensa, o delegado responsável pela investigação do caso envolvendo o pai de Toquinho acaba fazendo um retrato de um problema que continua atual: a violência contra a mulher e o descaso social e institucional para com a questão.

> – Meus senhores, aqui estamos para provar que a polícia não é desumana nem cruel, como às vezes os jornais fazem crer. Como titular desta delegacia, tenho feito o possível para humanizar a minha função. A fim de ilustrar esta política funcional que estamos adotando – e para [a] qual contamos com o apoio de nossos superiores – apresento-lhes um criminoso que será libertado agora mesmo. Como os senhores já sabem, tivemos ontem, aqui em Copacabana, um dia bastante agitado. Dois crimes, quase que simultâneos. O primeiro, foi hediondo, pois envolvia cobiça e violência: um bancário, homem graduado na hierarquia do estabelecimento, possuidor de educação e cultura, aproveitando-se de um segredo profissional, matou uma veneranda senhora, roubando-a em um milhão de cruzeiros. Ele está preso, aqui mesmo, nesta delegacia, e para ele todo o rigor da lei será pouco. O outro crime foi completamente diverso: um homem honesto, trabalhador, cumpridor de seus deveres, religioso, vinha sofrendo um drama em sua vida particular: a mulher o arruinava, enxovalhava a sua honra, humilhava-o à vista de todos. Ontem, num momento de rara infelicidade, depois de ter sido agredido pela mulher, que estava furiosa porque não tinha dinheiro para fazer uma extravagância, o pobre homem perdeu o controle e, embora tentasse apenas se defender, foi infeliz e acabou ferindo-a mortalmente. Como policial, não me compete julgar os atos. Isso é atribuição da Justiça. Mas como autoridade de primeira instância fiz a minha obrigação: mandei prender o criminoso e iniciei as sindicâncias. Logo percebi que estava diante de um terrível drama: este preso, tão logo feriu a mulher, veio correndo para o distrito, confessar o incidente. Maior prova de sua dignidade não poderia dar. Evidente que o seu processo continuará e ele será responsabilizado perante as autoridades judiciárias. Mas dando provas de que somos humanos, e não os carrascos que alguns jornais insistem em pintar, a polícia resolveu soltá-lo. Ele responderá o processo em liberdade, pois é um homem de bem e não fugirá à sua responsabilidade. Creio que será absolvido, pois as provas que tem a seu favor são poderosas. Por tudo isso, neste momento, iniciando uma prática que espero seja imitada em outras delegacias, libero este cidadão que ontem, às 11h30, matou a sua mulher, na Rua Conselheiro Lafaiete, e dez minutos depois aqui se apresentava, para confessar o crime. (CONY, 1973, p. 37-38)

A Ediouro, entre 1973 e 1974, publicou cinco episódios da série, com uma tiragem estimada de 100.000 exemplares, sendo que houve um sexto livro, publicado fora do *corpus* da Coleção *Mister Olho*, com *design* diferenciado (capa branca e faixa diagonal da série). Na mesma altura, 1977, um dos títulos originais foi reimpresso, seguindo o mesmo novo padrão: *As rapaduras são eternas*. A saga dos detetives adolescentes cariocas receberia nova edição, em 1983 e 1984, para todos os seis episódios, em formato Bolso Novo (Coleção *Elefante*) e tiragens de 3.000 livros cada, dessa vez com a identificação de Cony como autor (Figura 141). Nessas novas versões, os trabalhos ganham ilustrações de Teixeira Mendes. A editora faz ainda justiça a Noguchi, capista de toda a série (Figura 142), mas que originalmente não fora creditado nos cinco primeiros volumes.

As tiragens fora da *Mister Olho* (seja em formato Normal ou Bolso Novo) elevaram a impressão total de *Toquinho* para a casa dos 130.000 exemplares. Nenhum dos livros originais recebeu indicação de faixa etária; apenas *Abaeté* ganha a classificação de "12 anos ou mais".

Das seis histórias, cinco (ficou de fora *Toquinho contra o Supergênio*) foram aproveitadas como base para a série de Cony e a escritora Ana Lee pela Editora Record, nos anos 2000: *Duda, Jacaré & Cia* (Figura 144). Os livros, com basicamente a mesma trama, linguagem atualizada e personagens rebatizados, são *As rapaduras são eternas* (2007), *O Monstro da Lagoa de Abaeté* (2009), *Nos Bastidores da TV* (2012), *O Bandido de um Mundo Vermelho* (2013) e *O Crime Mais Que Perfeito* (2015). Este último já havia vindo a público, em 2003, redivivo, em edição pela Planeta Jovem (Figura 143).

Tabela 14 - Série *Toquinho, o detetive*

Vol.	Ref.	Faixa Etária	Título	Ano	Capista	Tiragens *Mister Olho*	Tiragem Total *Mister Olho*	Tiragens Outras Coleções		Tiragem Total Ediouro
1	BL-4206		*Toquinho banca o Detetive*	1973	Noguchi	20.000 (est.) - ?/73	20.000		3.000 (est.) - ?/83	23.000
2	BL-4208		*Toquinho contra o bandido da luz vermelha*	1973	Noguchi	20.000 (est.) - ?/73	20.000		3.000 - 9/83	23.000
3	BL-4209		*Toquinho ataca na televisão*	1973	Noguchi	20.000 (est.) - ?/73	20.000		3.000 (est.) - ?/83	23.000
4	SL-4210		*Toquinho contra o Supergênio*	1973	Noguchi	20.000 (est.) - ?/73	20.000		3.000 - 1/84	23.000
5	BL-4211		*As rapaduras são eternas*	1974	Noguchi	20.000 (est.) - ?/74	20.000	6.000 (est.) - ?/7?	3.000 (est.) - ?/84	29.000
Livros da série lançados originalmente fora da Coleção *Mister Olho* (mas pela Ediouro)										
6	SL-4212	12+	*Toquinho contra o monstro da Lagoa de Abaeté*	1977	Noguchi			6.000 (est.) - ?/77	3.000 - 3/84	9.000

Legenda:

	Edição original *Mister Olho*, formato 10,5cmx16cm (Normal), com logo da série no alto, ao centro. Título em maiúsculas.
	Reimpressão (ou original), formato Normal. Novo *design*, capa branca, faixa diagonal da série. Sem menção a *Mister Olho* (série *Toquinho, o detetive*). Título em maiúsculas.
	Edição Bolso Novo, anos 1980. Formato 11,5cmx17,5cm . Novo *design* e categoria (Copa). Coleção *Elefante*. Livros ganham ilustrações inéditas de Teixeira Mendes. Autor identificado como Carlos Heitor Cony.

Tabela 14B - Série *Toquinho, o detetive* (capas *Mister Olho* e demais originais)

ORIGINAIS

ORIGINAIS FORA DA *MISTER OLHO*

- **Márcia**

Da segunda série de Cony para a *Mister Olho*, a Ediouro publicou entre 1975 e 1976 cinco títulos, sendo que o último já fora de nosso *corpus* (com novo *design*, capa branca, faixa diagonal da série, sem menção à coleção originária). A tiragem para os quatro primeiros episódios foi de 44.000 exemplares, levados a 50.000 pela primeira tiragem do último volume não-*Mister Olho*.

Dois dos livros receberiam outra tiragem, acompanhando a nova roupagem de *Márcia e o Mistério da Galeria Alasca*: ...*Aranhas Verdes* e ...*Coroa Imperial*. Além disso, todas as cinco histórias sobreviveriam à chegada dos anos 1980 em novas edições no formato Bolso Novo (Figura 145), em tiragens tanto com o pseudônimo Altair Boaventura (exceto ...*Galeria Alasca*) quanto com o nome verdadeiro Cony (exceto ...*Joias Coloniais*). Há mesmo uma derradeira prensagem em formato Super Bolso para o livro inicial ...*Aranhas Verdes*.

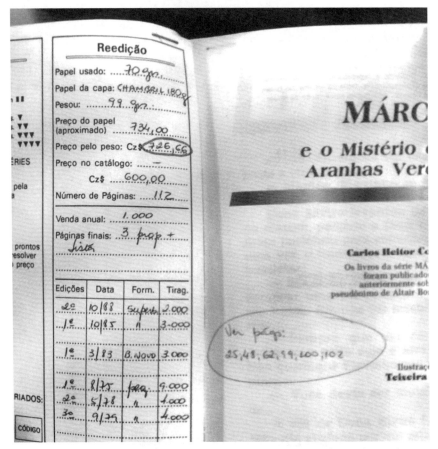

Figura 147 - Ficha com informações de tiragem de *Márcia e o Mistério das Aranhas Verdes*

Figura 145 - Três versões para *Márcia e o Mistério da Coroa Imperial*

Os livros originais tiveram sempre arte de capa de Noguchi (Figura 146), sem ilustrações internas, e com idade indicada para crianças a partir dos 12 anos. Nas reedições dos anos 1980, todas as brochuras ganhariam ilustrações inéditas de Teixeira Mendes. Com as tiragens adicionais fora da *Mister Olho*, tanto dos anos 1970 (incluindo ...*Galeria Alasca*) quanto 1980, a série *Márcia* chega, pelo Ediouro, a um total de 76.000 exemplares (Figura 147).

A exemplo do que fez com *Toquinho*, Cony reaproveita seus trabalhos originais para a *Mister Olho* e, em continuada parceria com Ana Lee, recicla as aventuras de

Figura 146 - Arte original de Noguchi para *Márcia e o Mistério das Joias Coloniais* (1975)

Márcia em uma nova (?) série de nome *Carol e o Homem do Terno Branco*. Novamente, todo o texto é revisto e atualizado, bem como personagens têm nomes trocados, mantendo-se, porém, os mesmos entrechos, mistérios e respectivos desenvolvimentos e soluções. Os cinco livros saem (na mesma ordem) pela Editora Salamandra, a partir de 2001, praticamente sem alterações nos títulos (com exceção de ...*Galeria Alasca*): *O mistério das aranhas verdes* (2001), *O mistério da coroa imperial* (2002), *O mistério das joias coloniais* (2003), *O mistério da moto de cristal* (2004; Figura 149) e *O mistério final* (2007).

Surpresa das surpresas, os volumes seguem em catálogo, agora de volta, de certa forma, à antiga casa: em 2018, a Nova Fronteira (controlada desde 2006 pela Ediouro), publica novas edições de toda a série *Carol e o Homem do Terno Branco* (Figura 148). De uma certa forma, portanto, a *Mister Olho* ainda é produto a circular por aí... Mas de onde será que vem o invulgar sucesso que conseguiram ter as histórias protagonizadas por Márcia/Carol?

As resenhas para ...*Joias Coloniais* e ...*Coroa Imperial*, incluídas na *Bibliografia Analítica*, não são elogiosas, longe disso. Segundo o resenhista, trata-se, nos dois casos, de "enredo estereotipado, com todos os chavões do gênero" (FNLIJ, 1984, p. 207), além de ser "escrito em linguagem pobre e descuidada, (...) eivada de lugares comuns e frases feitas" (FNLIJ, 1984, p. 207). Os livros funcionariam apenas porque "o ritmo acelerado prende a atenção" (FNLIJ, 1984, p. 207).

As histórias de Márcia, porém, possuem, sim, um diferencial que as coloca um pouco à parte do padrão dos demais

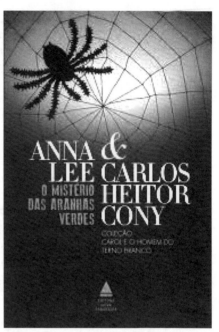

Figura 148 - *O Mistério das Aranhas Verdes*

Figura 149 - *O Mistério da Moto de Cristal* (2004)

trabalhos da *Mister Olho* e representam uma quebra do paradigma normalmente reproduzido e encontrado na literatura de massa e especialmente na policial. Se com *Toquinho* Cony foi quase que absolutamente burocrático na tarefa de colocar a pena (ou máquina de escrever) a serviço de pequenos mistérios triviais, nos quais a caracterização dos personagens ou situações nunca ia além do estritamente necessário para manter à tona seus *whodunits* adolescentes, em *Márcia*, ainda que novamente não se possa falar de subtextos ou agendas ideológicas contrabandeadas *à la* Carlos Figueiredo ou Hélio do Soveral, estamos diante de algo único na *Mister Olho*: o mal que seduz; a protagonista-heroína que, com seus dezessete anos, despertando para os desejos, anseios e sensações de mulher, vê-se constantemente intrigada e atraída pelo criminoso (de classe e inteligência incomuns) que deveria rechaçar de pronto e combater. E isso a despeito da presença e existência de um namorado, de nome Fred!

Não é incomum Márcia ter reações físicas, semi-eróticas, ao pensar no vilão ou se ver perto dele. Como neste trecho ao final de ...*Galeria Alasca*:

> – Não estou fazendo nada demais, minha única preocupação é estudar... tenho vestibular ano que vem...
>
> – Exatamente... tem de estudar... mas andou fuçando a nossa turma... O chefe está nervoso, com muita raiva de você... e ele não é sopa!
>
> Márcia sentiu um tremor em todo o corpo: o chefe! Talvez fosse o Homem do Terno Branco! Ela não sabia se sentia medo ou alegria. Gostaria tanto de rever seu poderoso e infeliz inimigo! (CONY, 1976, p. 122)

Ao longo dos cinco livros, Márcia e o misterioso Homem do Terno Branco, mente criminosa por trás de uma quadrilha que perpetra os mais sofisticados golpes, vão construindo uma relação de respeito e admiração mútua, que culmina com a tentativa do homem em recrutá-la como cúmplice e companheira. E Márcia, longe de se sentir horrorizada ante as investidas, cede, recua, instiga, provoca, divide com o leitor em frases e parágrafos de discurso indireto livre, os pensamentos e dúvidas que a atormentam; os sentimentos que a deixam confusa e duvidando de si mesma e de sua moral. E, com ela... o(a) leitor(a)?

Em um gênero no qual as fórmulas clássicas desestimulam as sutilezas das *gray areas* e onde tudo deveria ser preto no branco, as histórias de Cony na série *Márcia* oferecem uma quebra transgressora e corajosa do monolítico maniqueísmo onde se deve sempre combater o crime e o mal. Apostamos que essa diferença, esse ponto fora da curva no que tange à literatura policial mediana e aos demais livros do *corpus* da *Mister Olho*, é que faz com que *Márcia*, agora *Carol e o Homem do Terno Branco*, siga sendo material passível e de interesse comercial e de leitura.

Tabela 15 - Série *Márcia*

Vol.	Ref.	Faixa Etária	Título	Ano	Capista	Tiragens *Mister Olho*		Tiragem Total *Mister Olho*	Tiragens Outras Coleções			Tiragem Total Ediouro
1	SL-4051	12+	*Márcia e o Mistério das Aranhas Verdes*	1975	Noguchi	9.000 - 8/75	4.000 - 5/78	13.000	4.000 - 9/79	3.000 - 3/85	2.000 - 10/88	25.000
2	SL-4052	12+	*Márcia e o Mistério da Coroa Imperial*	1975	Noguchi	9.000 (est.) - ?/75	4.000 (est.) - 2/78	13.000	4.000(est.)- ?/79	3.000 - 4/83	?[1]	20.000
3	SL-4053	12+	*Márcia e o Mistério das Jóias Coloniais*	1975	Noguchi	9.000 (est.) - ?/75		9.000	3.000 - 4/83			12.000
4	SL-4054	12+	*Márcia e o Mistério da Moto de Cristal*	1975	Noguchi	9.000 (est.) - ?/75		9.000	2.000 - 5/83	?[2]		11.000
			Livros da série lançados originalmente fora da Coleção *Mister Olho* (mas pela Ediouro)									
5	SL-4055	12+	*Márcia e o Mistério da Galeria Alasca*	1976	Noguchi				6.000 (est.) - ?/76	2.000 (est.) - ?/83		8.000

Legenda:

- Edição original *Mister Olho*, formato 10,5cmx16cm (Normal), com logo da série no alto, ao centro. Título em maiúsculas.
- Reimpressão (ou original), formato Normal. Novo *design*, capa branca, faixa diagonal da série. Sem menção a *Mister Olho* (série *Márcia*).
- Edição Bolso Novo, anos 1980. Formato 11,5cmx17,5cm. Novo *design* e categoria (Copa). Coleção *Elefante*. Livros ganham ilustrações inéditas de Teixeira Mendes.
- Idem acima. Autor identificado como Carlos Heitor Cony.
- Edição formato 12cmx20,8cm (Super Bolso), anos 1980. Novo *design*. Autor identificado como Carlos Heitor Cony.

[1] É possível que tenha havido tiragem para esse título no formato indicado (Bolso Novo, com nome de Cony). A Biblioteca de Santo André, SP, registra cópia em seu acervo.
[2] Idem acima.

Tabela 15B - Série *Márcia* (capas *Mister Olho* e demais originais)

ORIGINAIS

ORIGINAIS FORA DA *MISTER OLHO*

Carlos Figueiredo

Questionado sobre sua reação ao Golpe de 1964, sobre como encarara, na época, a derrubada do governo legitimamente constituído de João Goulart (a pergunta se impunha depois que percebemos que os outros autores tratados com mais destaque em nossas pesquisas, Ganymédes José e Hélio do Soveral, faziam parte da parcela da população brasileira que vira com certo alívio o movimento militar que "impedira a ameaça comunista", posição, inclusive, partilhada por Carlos Heitor Cony), o escritor maranhense Carlos Figueiredo da Silva nos respondeu por *e-mail*:

> Em abril de 64 eu tinha 20 anos. Era da esquerda vaga, um tanto mais anarquista. Tinha lido algo de Marx, etc. Meus amigos eram de esquerda, meu amigo Galeno era namorado da Dilma, tinha uma turma nessa. Não acreditava que o Brasil fosse sofrer um golpe. No dia que o General Mourão − alcunhado de A Vaca Fardada − puxou o gatilho, eu quis fazer alguma coisa, mas não tinha nenhuma conexão e, por isso, me limitei a ir para a rua assoviar o *jingle* do Jango ("Na hora de votar a nossa gente vai jangar/É Jango, é Jango, é o Jango Goulart"). Algum tempo depois as pessoas começaram a se organizar, mas eu resolvi não me engajar, porque não queria seguir orientações de um comitê central. Participava de passeatas, essas coisas. Anos depois, uns cinco anos depois, resolvi que esse negócio de ditadura estava demais. Eu era sócio de uma agência de publicidade, com o Noguchi − que ilustrou *Dico e Alice* −, o Carlinhos Estevão (filho do grande Carlos Estevão) e o Roberto. Aí o comandante regional do Exército nos chamou porque estávamos dando empregos para subversivos. Não deu em nada. Enfim, depois mudamos para o Rio e resolvi me organizar para lutar, finalmente, contra a ditadura. Nessa época estava em curso, fruto da informalização do Processo Civilizador (como descreve Cass Wouters, o continuador da obra de Norbert Elias), pressentida pelos malditos franceses (como diz Erza Pound, os poetas são as antenas da raça), um mundo novo, surgido primeiramente na literatura e nos hábitos, na maneira de ser, na mentalidade dos *beats*. *Turn on, tune in, drop out.* Havia duas revoltas em curso, no Brasil: uma local, contra a ditadura, e outra mundial, contra a formalidade vitoriana, que caracterizara a primeira etapa do processo civilizador. No Brasil, isso foi fatal. As pessoas enlouqueciam, tomando ácido, etc., na prisão a céu aberto da ditadura. Mesmo estando numa, resolvi entrar também na outra. Entrei para a POLOP − o ritual de iniciação era ridículo: "Acredita na dialética marxista, na luta de classes, etc.[?]". Meio constrangido, disse que sim, pois queria mesmo me alistar nas hostes contra a ditadura. Participei então de um plano para sequestrar um ex-ministro do Regime Militar. (FIGUEIREDO, 2018a, p. 1)

Este pequeno vislumbre biográfico de Figueiredo, que retomamos no Capítulo 3, dedicado em parte a ele e sua série para a Ediouro, ajuda a explicar as diferenças ideológicas e de posicionamento que foram possíveis encontrar nos livros de ficção científica (Figura 150) sobre os gêmeos *hippies* cariocas Raimundo (Dico) e Alice, quando comparados a obras mais lineares e menos desafiadoras (como as da série *Diana* ou do *Toquinho* de Cony) ou mesmo àquelas mais conformistas e reprodutoras do *status quo* (como a *Turma do Posto Quatro*, de Soveral).

• Dico e Alice

Protestos contra a ditadura e a falta de liberdade de expressão, elogios a estilos de vida alternativos (medicina oriental, vegetarianismo e alimentação macrobiótica, ioga e meditação), denúncia ferrenha contra a destruição do meio ambiente e o aumento da poluição urbana, defesa incondicional da vida, cultura e valor dos povos indígenas, repúdio às guerras, armas e mesmo ao conceito de pátria... toda essa agenda Carlos Figueiredo conseguiu contrabandear para dentro das páginas dos onze livros de sua saga publicada pela Edições de Ouro.

Os dez livros que permaneceram inéditos não ficariam para trás: em *Dico e Alice a Cavalo nos Pampas* (que deveria ter sido o 12º episódio), o pai das crianças, biólogo marinho, é convidado a estudar o impacto ambiental do afundamento de um superpetroleiro no Estreito de Magalhães – avaliar o estrago causado à "fauna e a flora da região..." (FIGUEIREDO, 1976a, p. 16). A aventura de fundo eminentemente ecológico ganha outros contornos assim que surge uma ameaça vinda do fundo da Terra, bem como uma raça de índios que também vivem por lá, em um ambiente utópico onde "não há fome... não há guerra..." (FIGUEIREDO, 1976a, p. 34). Em *Dico e Alice e a aventura no Beluchistão* (13º episódio abortado), a família segue "tentando entender o efeito terrível da poluição nos oceanos" (FIGUEIREDO, 1976b, p. 8), mas sua viagem permite a inclusão de críticas às touradas e às guerras, bem como oferecer aos leitores uma complexa trama política na Ásia onde não faltam golpes, contragolpes, ataques e lutas por independência.

A narrativa inédita seguinte, *Dico e Alice e o Rei do Mundo* (Figura 151), outra envolvendo ameaças de ditadores totalitários (o tema, como veremos depois, aparece em muitos dos livros publicados da série), além de novamente citar o problema da poluição – o grupo sai do Rio, dessa vez, porque "a poluição estava muito forte" (FIGUEIREDO, 1976c, p. 6) –, traz outras pérolas de enfrentamento que, infelizmente, não chegaram aos leitores: a ideia de um super-herói *hippie*, "todo de branco, todo pacífico... [que só] ia dar flores" (FIGUEIREDO, 1976c, p. 6), segundo Dico, e a reflexão do rapaz ao final da história, quando refuta a ideia da irmã de aproveitar a máquina capturada do Rei do Mundo para eles mesmos reformarem o planeta conforme suas crenças (Dico questiona Alice sobre ela estar pensando em se tornar uma "Rainha do Mundo").

> – Ora, Alice, todo tirano pensa assim, que está fazendo o bem... Quem sabe o que é bom para si é o povo... Liberdade, essa é a única maneira de resolver qualquer problema da humanidade. (FIGUEIREDO, 1976c, p. 50)

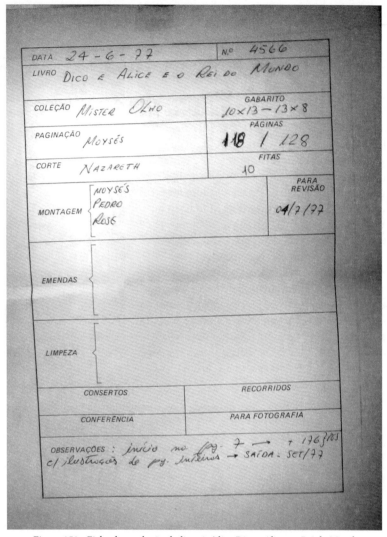

Figura 151 - Ficha de produção do livro inédito *Dico e Alice e o Rei do Mundo*

Em *Dico e Alice e a Planta Maluca* (percebe-se aqui influências do inglês John Wyndham e seu *O Dia das Trífides*, de 1951), outra prova da ousadia surpreendente de Carlos Figueiredo: no enredo fortemente voltado à denúncia ambiental, onde a destruição do ecossistema do Pantanal, os campos de pouso clandestinos para a prática de contrabando e a destruição causada pela mineração são as bolas da vez, o autor maranhense tem a coragem de citar de maneira elogiosa o filme *Jardim de Guerra*, do diretor Neville d'Almeida, logo depois de dizer que o saveiro Fuwalda (barco dos protagonistas) estava servindo, no começo da aventura, de locação para um filme de piratas do cineasta.

> O Fuwalda havia virado estrela de cinema!
>
> Tudo havia acontecido quando estávamos no Rio de Janeiro e o diretor de cinema Neville de Almeida, que havia feito o belíssimo filme *Jardim de Guerra*, viu o Fuwalda ancorado no porto da Praça Quinze. (FIGUEIREDO, 1976d, p. 9)

Jardim de Guerra é tido como o filme mais censurado de todo o cinema brasileiro, tendo sofrido nada menos que 48 cortes. Ao ser entrevistado pela revista eletrônica *Arte Capital*, Neville d'Almeida, famoso por películas consagradas como *A dama do lotação* (1975), *Rio Babilônia* (1982) e *Navalha na carne* (1997), relata que "quando [o filme] ficou pronto (...) é editado o tal do Ato Institucional nº 5 que cortava todos os direitos e liberdades civis. (...) O filme foi proibido, interditado e jamais exibido. Então eu lutei, mas não aconteceu" (ALMEIDA, 2012). Longe de ser uma história de piratas como a do fictício projeto incluído no datiloscrito inédito de *Dico e Alice*, *Jardim de Guerra* apresenta a história de Edson (Joel Barcelos), um jovem tomado pela amargura e pela falta de perspectivas que se apaixona por uma cineasta, sendo em seguida injustamente acusado de terrorismo por uma organização de direita que o toma prisioneiro e o submete a interrogações e a torturas. Para Pietra Fraga, que assina o texto da *Arte Capital*, trata-se de

Figura 152 - Pasta de originais do inédito *Dico e Alice e a Floresta Petrificada*

> um filme ousado, provocatório e premonitório, abordando temas intocáveis como a floresta amazônica, drogas, política e feminismo. Inscrevendo-se num registro marginal, rompe com a proposta do Cinema Novo brasileiro, as linguagens vigentes (fazendo uso de slides, *posters* e fotografias fixas para jogar com a dinâmica do movimento cinematográfico) e as exigências da ditadura militar. (FRAGA, 2012)

Como se vê (e se verá no Capítulo 3), Figueiredo queria seguir tocando esses mesmos temas intocáveis e que ainda permaneciam assim quase dez anos depois da produção (e proibição/inviabilização) de *Jardim de Guerra*. Suas referências avançadas a "essas ideias mesquinhas de pátria" (FIGUEIREDO, 1976e, p. 27) ou ao gasto com gasolina, no Brasil, ser maior que aquele "com comida e educação" (FIGUEIREDO, 1976e, p. 31) nunca foram mero matraquear sem base: sempre foram denúncias de alguém que seguia e segue comprometido com as capacidades da razão humana e do progresso tecnológico (daí, provavelmente, a escolha do gênero ficção científica na formatação de sua série infantojuvenil) para a superação dos desafios do mundo. Como diz Alice em *Dico e Alice e a Floresta Petrificada* (aquele que seria o livro 18; Figura 152), "não existe nada no mundo que não possa ser decifrado. A questão é a gente acreditar na inteligência..." (FIGUEIREDO, 1976e, p. 92).

Finalmente, pode-se procurar em vão, no *corpus* da *Mister Olho* ou mesmo no mais vasto universo da literatura infantojuvenil brasileira, por um paralelo ou análogo ao tratamento que Figueiredo dá à questão feminina e à da igualdade entre os gêneros nos livros de *Dico e Alice*. Em especial em *Dico e Alice e o Veleiro Negro*, o inédito datiloscrito 19, há um excelente exemplo disso, que infelizmente foi negado ao leitor...

> Usando toda a agilidade de que éramos capazes, pulamos do escaler para a escada do enorme veleiro.
>
> Isto é, eu pulei.
>
> Alice veio logo atrás de mim e lhe estendi a mão.
>
> *Minha irmã cada vez mais está entrando nessa de independência feminina. Acha que as mulheres são iguais aos homens. E, por isso, quer fazer tudo sozinha.*
>
> *Eu acho isso muito legal. Muito legal mesmo e dou a maior força para ela.* Mas, devo confessar que às vezes, minha irmã exagera.
>
> Como naquela hora que eu lhe estendi a mão.
>
> – Pode deixar que eu vou sozinha – ela falou. E pulou para a escada. (FIGUEIREDO, 1976f, p. 12. Grifo nosso.)

Figura 154 - Anúncio sobre a série *Dico e Alice* que inclui os 10 volumes nunca editados

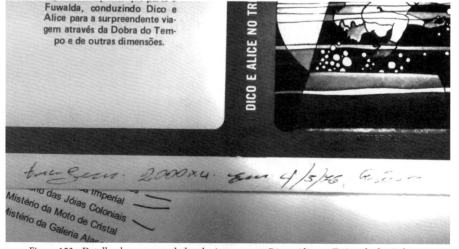

Figura 153 - Detalhe de capa com dados de tiragem para *Dico e Alice no Triângulo das Bahamas*

Figura 155 - Arte original de Noguchi para *Dico e Alice e o Cérebro de Pedra*

Muito mais do que entreter, ou incutir gosto pela leitura, Figueiredo procurava fazer de *Dico e Alice* oportunidades de tomada de consciência, de reflexão, de independência intelectual e de autogoverno. Como neste diálogo que fecha o já citado *Floresta Petrificada*, quando os gêmeos rechaçam o plano de uma entidade chamada de Vigilante, que tentava impedir o progresso tecnológico do ser humano porque "a história da humanidade é a história da opressão" (FIGUEIREDO, 1976e, p. 114):

— Mas temos de seguir o nosso caminho... — eu falava. — Quem sabe de nós somos nós mesmos...

— Mesmo que no fim tudo se perca e venha a ser destruído? Mesmo assim você acha que devemos seguir nossas próprias ideias?

Olhei para o céu, para a lua, que era tão diferente da Terra e disse:

— E existe outra maneira? (FIGUEIREDO, 1976e, p. 121-122)

Entre 1976 e 1977, a Ediouro imprimiu um total de estimados 94.000 exemplares (Figura 153) para os onze títulos, incluindo uma tiragem em formato Duplo em Pé para *Dico e Alice e a Armadilha no Tempo*. Os livros originalmente assinados com o pseudônimo José M. Lemos (como veremos mais adiante, Figueiredo não

Figura 150 - *Dico e Alice e os Fenícios do Piauí*

se recorda de ter tido qualquer ingerência ou participação na criação da alcunha) seriam reeditados, em 1985 (mais exatamente, a partir de dezembro de 1984), em nova edição com outro *design*, em formato Super Bolso, para um total de 36.000 cópias adicionais (essas já identificando Figueiredo como o autor), elevando a tiragem geral da série para 130.000 brochuras. De grande interesse é a prova de que, ao reeditar os livros originais dos anos 1970, a editora se deparou com o repositório dos nada menos que dez livros adicionais e fez planos para trazê-los a público, o que acabou não se concretizando. Nas páginas finais da reedição dos três últimos episódios (*Dico e Alice e Talassa, a Ilha no Fundo do Mar*, *Dico e Alice e o Pajé Misterioso* e *Dico e Alice e a Armadilha no Tempo*), um anúncio de página inteira (Figura 154) apresentava a série em todos os seus... vinte e um volumes!

Publicados originalmente com belíssimas e sugestivas capas de Noguchi (Figura 155) e ilustrações de Teixeira Mendes, todos os livros receberam indicação etária para crianças a partir de 9 anos.

Tabela 16 - Série *Dico e Alice*

Vol.	Ref.	Faixa Etária	Título	Ano	Capista	Ilustrador	Tiragens *Mister Olho*		Tiragem Total *Mister Olho*	Tiragens Outras Coleções	Tiragem Total Ediouro
1	SL-4551	9+	*Dico e Alice e o Último dos Atlantes*	1976	Noguchi	Teixeira Mendes	8.000 (est.) - ?/76		8.000	3.000 - 12/84	11.000
2	SL-4552	9+	*Dico e Alice no Triângulo das Bahamas*	1976	Noguchi	Teixeira Mendes	8.000 - 3/76		8.000	6.000 - 3/85	14.000
3	SL-4553	9+	*Dico e Alice – Arecibo chamando...*	1976	Noguchi	Teixeira Mendes	8.000 (est.) - ?/76		8.000	3.000 (est.) - ?/85	11.000
4	SL-4554	9+	*Dico e Alice e os Fenícios do Piauí*	1976	Noguchi	Teixeira Mendes	8.000 (est.) - ?/76		8.000	3.000 (est.) - ?/85	11.000
5	SL-4555	9+	*Dico e Alice e o Yeti do Himalaia*	1976	Noguchi	Teixeira Mendes	8.000 (est.) - ?/76		8.000	3.000 (est.) - ?/85	11.000
6	SL-4556	9+	*Dico e Alice e a Ilha da Diaba*	1976	Noguchi	Teixeira Mendes	8.000 (est.) - ?/76		8.000	3.000 (est.) - ?/85	11.000
7	SL-4557	9+	*Dico e Alice em Atacama, o Deserto da Morte*	1976	Noguchi	Teixeira Mendes	8.000 (est.) - 12/76		8.000	3.000 (est.) - ?/85	11.000
8	SL-4558	9+	*Dico e Alice e o Cérebro de Pedra*	1976	Noguchi	Teixeira Mendes	8.000 (est.) - 12/76		8.000	3.000 (est.) - ?/85	11.000
9	SL-4559	9+	*Dico e Alice e Talassa, a ilha no fundo do mar*	1976	Noguchi	Teixeira Mendes	8.000 (est.) - 3/77		8.000	3.000 (est.) - ?/85	11.000
10	SL-4560	9+	*Dico e Alice e o Pajé Misterioso*	1977	Noguchi	Teixeira Mendes	8.000 (est.) - 2/77		8.000	3.000 (est.) - ?/85	11.000
11	SL-4561	9+	*Dico e Alice e a Armadilha no Tempo*	1977	Noguchi	Teixeira Mendes	8.000 (est.) - ?/77	6.000 (est.) - 5/77	14.000	3.000 (est.) - ?/85	17.000

Legenda:

- Edição original *Mister Olho*, formato 10,5cmx16cm (Normal), com logo da série no alto, ao centro. Título em maiúsculas.
- Edição original *Mister Olho*, formato 15,1cmx20,9cm (Duplo em Pé), listada como "Edição Extra" (categoria Copa).
- Edição formato 12cmx20,8cm (Super Bolso), anos 1980. Novo *design*. Selo *EdiJovem* (a partir do quarto episódio).

Tabela 16B - Série *Dico e Alice* (capas *Mister Olho*)

ORIGINAIS

REEDIÇÕES

Vera Lúcia de Oliveira Sarmento

Seguramente, a autora mais obscura e, por que não dizer, circunstancial da *Mister Olho*, Vera Lúcia de Oliveira Sarmento só teve a autoria dos livros da série *Diana* revelada quando conseguimos localizar seus contratos junto aos arquivos da Ediouro. Diferentemente do que acontecera com os trabalhos de Hélio do Soveral, Carlos Figueiredo e Carlos Heitor Cony, originalmente publicados sob pseudônimos, mas depois reeditados sob seus nomes verdadeiros, os volumes de Vera Sarmento sobre a jovem detetive Diana (Figura 156) permaneceram encobertos pelo misterioso (e ambíguo e andrógino) pseudônimo de Juraci Coutinho mesmo em suas novas edições nos anos 1980. Se a ausência de qualquer outra produção para tal autoria já sugeria fortemente que Coutinho se tratasse de pseudônimo, a descoberta do nome real de Sarmento, por outro lado, não permitiu, infelizmente, o levantamento de muitas informações sobre a escritora.

Vera Lúcia de Oliveira Sarmento (ignoramos sua idade ou naturalidade) parece ter limitado sua experiência e carreira como ficcionista aos livros da série *Diana*. Uma pesquisa sobre seu nome revela que atuou entre (minimamente) 1970 e 1991 como tradutora de inglês e espanhol para editoras como a própria Ediouro, a Record, a Codecri, a Artenova e a Bruguera, normalmente vertendo títulos de literatura popular para

Figura 158 - *Diana contra o Máscara Negra*

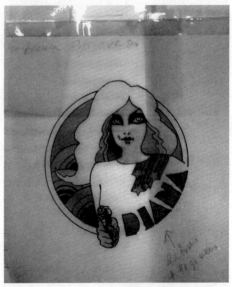

Figura 156 - Arte original para logo da série (talvez de Noguchi?)

EDITORA TECNOPRINT S.A., inscrita no CGC-MF sob o n.º 33.464.520/0001-04, com sede à Rua Nova Jerusalém 345, nesta cidade, ora denominada simplesmente EDITORA, encomenda a **VERA LUCIA DE OLIVEIRA SARMENTO** .-.-.-.-.-.-.-.-.

Brasileira _____ **Casada** _____ **nº028233067**

(Nacionalidade) _____ (Est. civil) _____ (CPF)

residente à **Rua Comendador Fontana, 405 apt. 302** .-

ora denominado simplesmente AUTOR, a execução de uma obra que se denominará **DIANA E O MISTÉRIO DO DISCO VO-ADOR"** (título provisório), primeira de uma série XXXintitulada **"DIANA"** .-.-.-.-.-.-.-.-.-.-.-.-.-.-.-.-.-.

ou outro título livremente escolhido pela EDITORA, mediante as seguintes condições:

1) A EDITORA pagará ao AUTOR a quantia de Cr$ **5.000,00** _____ (**CINCO MIL CRUZEIROS**) .-.
.-.-.-.-.-.-.-.-.-.-.-.-.-.-.-.-.-.-.-.) XXXXXX .-.-.-.-.-.-.-.-.-.-.
(.-.
pela cessão dos direitos autorais da obra e Cr$ X .-.-.-.-.-.-.-(.-.-.-.-.-.-.-.-.-.
.-.-.-.-.-.-.-.-.-.-.-.-.-.-.-.) pela cessão dos direitos autorais da série. -
O pagamento é feito da seguinte forma: **À VISTA** .-.-.-.-.-.-.-.-.-.-.-.-.-.-.-.-.-.-.
.-.

2) O AUTOR cede e transfere, definitivamente, à EDITORA, todos os seus direitos autorais sobre a referida obra e série, sem exceção, inclusive os direitos para a sua exploração comercial sob qualquer forma, meio, veículo ou idioma, no Brasil ou no Exterior, podendo a EDITORA livremente ceder ou transferir a terceiros, total ou parcialmente, os mencionados direitos, nada mais tendo o AUTOR a reclamar, uma vez recebida a importância mencionada na cláusula anterior. A idéia geral da série, título, nome dos personagens, etc., ficam pertecendo á EDITORA, que poderá livremente publicar novas obras da referida série, contrastando para tal outros escritores, à sua escolha, ou o próprio AUTOR.

3) A EDITORA fica, também, autorizada, a alterar livremente, a qualquer tempo, o texto da obra **DIANA E O MISTÉ-RIO DO DISCO VOADOR** _____ e das demais obras da série, bem como o desenvolvimento da série, inclusive modificar o seu título, o título da série, o nome de qualquer personagem, introduzir ou suprimir personagens.

4) A obra poderá ser publicada sob o nome do autor ou sob um pseudônimo livremente escolhido pela EDITORA e que passará a pertencer a esta última que poderá continuar a utilizá-lo para toda a série ou em outras séries, mesmo nas obras que não forem escritas pelo AUTOR, podendo, ainda, mudar livremente o referido pseudônimo.

5) O AUTOR obriga-se, ainda, a não escrever, salvo para a EDITORA, qualquer obra da referida série ou que possa provocar confusão com a mesma, sendo considerada contrafação qualquer obra publicada em violação à presente cláusula.

6) A EDITORA fica autorizada, na qualidade de cessionária do AUTOR, a agir judicial ou extrajudicialmente contra terceiros que violarem qualquer dos direitos objeto deste ajuste.

7) A presente é celebrada em caráter irrevogável e irretratável, obrigando os contratantes, seus herdeiros ou sucessores.

8) Fica eleito o foro desta cidade para dirimir qualquer questão decorrente do presente contrato.

Rio de Janeiro,

_____
Autor

_____
Editora

Testemunhas:

Figura 157 - Contrato do livro _Diana e o Mistério do Disco Voador_

o português (policiais, romances açucarados, alguma ficção científica e fantasia, e *westerns*)[34]. É mesmo possível encontrar obras atribuídas a "Vera Sarmento" em data tão tardia quanto 2009[35], mas não se pode garantir se tratar da mesma pessoa (ainda que a autora utilize essa abreviação para assinar algumas de suas traduções para a Record, no começo da década de 1970). Seu nome completo aparece também no crédito de tradução para alguns títulos de perfil mais acadêmico, como *A cultura do Renascimento na Itália*, de Jacob Burckhardt (Companhia das Letras, 1991), e *Cruzada na Europa*, de Dwight D. Eisenhower (Biblioteca do Exército, 1974).

Graças ao contrato assinado junto à editora carioca para livros como *Diana e o Mistério do Disco Voador* (Figura 157), sabemos que à época a autora era casada e tinha residência em Curitiba. Mas a pista, infelizmente, esfria aqui. É possível que, juntamente com Carlos Figueiredo, Sarmento seja outro autor sobrevivente (ainda vivo) da Coleção *Mister Olho*.

• Diana

Figura 159 - Ilustração de Teixeira Mendes para reedição de *Diana Caça os Fantasmas*

Embora ambientada em várias regiões do Brasil, e haja certa atenção razoável à descrição e caracterização dos logradouros, a série (Figuras 158 e 160) de Juraci Coutinho/Vera Lúcia Sarmento destoa bastante das demais criações da *Mister Olho* pela parca verossimilhança e potencial de empatia envolvidos. Ao descrever as aventuras de uma rica herdeira carioca loura, fluente em mais de três idiomas, exímia lutadora de caratê e judô, que trabalha por diletantismo como intérprete de uma agência de viagens para supostamente não se "ver transformada numa mosca-morta" (SARMENTO, 1975, p. 25), o leitor dificilmente encontrará em suas narrativas pontos de identidade minimamente razoáveis em sua própria realidade.

---

34 Algumas de suas traduções nessa área são: *A maldição de Carlotta*, de Jane McCarthy (Ediouro, 1970); *Cruising*, de Gerald Walker (Record, 1970); *Doadores de mundos*, de John Brunner (Bruguera, 1971); *Audazes e malditos: antologia*, de Todhunter Ballard (org.) (Cedibra, 1972); *Caminhos de sangue e glória: antologia*, de Todhunter Ballard (org.) (Cedibra, 1972); *A herança maldita*, de Catherine Gaskin (Record, 1974); *Os aventureiros*, de Irvin Wallace (Artenova, 1974); *Traição por amor*, de Belva Plain (Record, 1978); *A paquera*, de Gerald Walker (Record, 1981); *A viagem interrompida*, de John Grant Fuller (Record, 1981); *Emmeline*, de Judith Rossner (Record, 1982); *Os livros de Rachel*, de Joel Gross (Record, 1982), *Cada dia tem seu segredo*, de Luisa María Linares (Ediouro, 1983), *Rei morto, rei posto*, de Mary Renault (Record, 1987).

35 A referência aparece no livro *Alfabeto da Esperança: escritores pela alfabetização*, de A. Manguel (UNESCO, 2009).

> Trabalho como intérprete, para aproveitar o fato de falar correntemente o alemão, inglês e francês, e arranhar o russo, que venho estudando há dois anos. Na verdade, sempre tive facilidade para aprender idiomas, e ter passado dois anos em viagens pelo mundo me ajudou bastante.
>
> Meu trabalho é interessante e ajuda a passar o tempo, pois não suporto essa vida de dondoca, filhinha de papai, herdeira de fortuna, que todos os colunistas sociais querem impingir a seus leitores quando se referem à minha pessoa. (SARMENTO, 1975, p. 24-25)

É difícil, aliás, afastar a sensação de que se está imerso em uma espécie de *núcleo rico* de uma novela da Rede Globo de televisão, onde o *glamour* e a riqueza estão sempre à distância de um virar de esquina (ou de página).

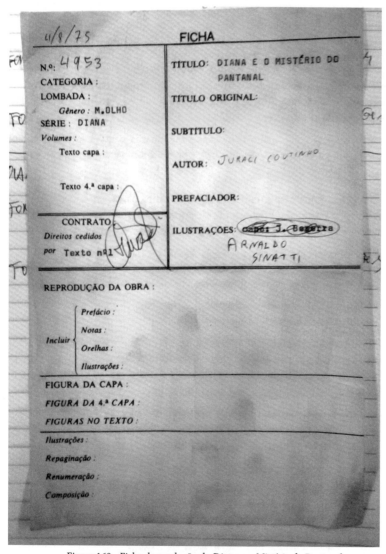

Figura 160 - Ficha de produção de *Diana e o Mistério do Pantanal*

Afinal de contas, Tio Paul, sendo viúvo e sem filhos, sempre me quisera como filha e, graças à sua generosidade, deixando para mim toda a sua fortuna quando morrera, eu podia levar uma vida tranquila e independente, trabalhando apenas quando surgia algo de interessante. (SARMENTO, 1975, p. 19)

Na folha de rosto da reedição dos anos 1980 de *Diana Caça os Fantasmas* (Figura 159), a sedutora e angelical protagonista e narradora (os livros são escritos em primeira pessoa) é descrita da seguinte maneira:

Diana, a lourinha brasileira que, com dezenove anos de idade, cara de anjo realçada pelos olhos azuis no rosto moreno e bonito, está sempre pronta a usar seus talentos de lutadora de judô e caratê para desvendar os mistérios com que venha a se defrontar. (EDIOURO, 1982, p. 3)

Espécie de rebelde sem causa, a inteligentíssima filha de industriais com nome estrangeiro (Diana Henley) não tem problemas familiares (tanto o pai quanto a mãe aprovam suas peripécias, apesar da preocupação) ou financeiros, mas declara-se constantemente deslocada, pouco à vontade com a juventude à sua volta, que seria alienada e a ela inferior. Ao responder a um comentário do primo, que pergunta por que ela "anda sumida (...) [e] não tem ido ver a turma" (SARMENTO, 1975, p. 29), Diana responde:

– Você sabe muito bem que estou cansada daquela turma de filhinhos do papai e da mamãe, que não sabem dizer uma só frase que se aproveite. (SARMENTO, 1975, p. 29)

Ela não se incomoda nem se constrange, porém, em colocar em uso a influência do nome do papai (e da mamãe) ou as amizades poderosas proporcionadas pelo círculo que supostamente menospreza, como na questão envolvendo seu porte de armas.

Tirei da maleta a minha pistola de calibre 9mm, uma Walther PPK, que me foi conseguida pelo Dr. Freitas, o Secretário de Segurança [do Estado] e patrão de [meu primo] Ricardo, depois de muitos pedidos e rogos de minha parte. (SARMENTO, 1975, p. 37)

O mundo (do dinheiro e da alta sociedade) que rodeia Diana seria superficial e vazio, desinteressante, mas isso não contaminaria nem a ela nem aos seus, por menos convincente que isso possa parecer, como se percebe no exemplo a seguir, quando a personagem fala de sua mãe, vaidosa e "colunável" ao extremo, mas nem por isso, diz ela, "frívola".

Mamãe é vaidosa e gosta de aparecer impecável nas festas e reuniões a que comparece. Seu nome, Sílvia Santos Henley, vive saindo nas colunas sociais como o de uma das dez mulheres mais bonitas e elegantes do Rio de Janeiro e, no fundo, ela adora tal coisa. Tem quarenta e dois anos, mas não aparenta nem trinta e cinco.

Também, vive indo a salões de beleza, gastando milhões em cremes e massagens milagrosas para conservar a juventude. Apesar disso, ela não é frívola e nós duas nos damos muito bem. Sei que não aprova o fato de eu não ser vaidosa e não suportar o *high-society*, mas isso não perturba em nada o nosso relacionamento. (SARMENTO, 1975, p. 26)

Frequentemente, Diana faz comentários sobre a própria beleza, os "olhos azuis grandes e arregalados, [os] cabelos louros e [a] pele morena, bronzeada pelo sol de Ipanema" (SARMENTO, 1975, p. 53), dizendo que tais predicados costumam ser úteis em suas investigações. Tais tiradas de fundo sexual-utilitarista acabam por anular um pouco o caráter de certa maneira vanguardista que a personagem por vezes encarna, como uma espécie de feminista infantojuvenil em uma época na qual isso ainda não era comum: Diana viaja sozinha, se hospeda sozinha, é independente ao extremo, trabalha fora, é culta, dirige, luta, se defende, porta armas e passa toda a série (todos os doze livros) sem nenhuma vez revelar envolvimentos românticos. Ainda assim, é tão *self-conscious* quanto à própria aparência que, em um embate onde o oponente a ataca com um chicote, ela é capaz de pensar/escrever a seguinte pérola: "Sabia que, se tivesse acertado o alvo, teria ficado com meu rosto marcado, talvez para sempre" (SARMENTO, 1975, p. 154). Os sorrisos amarelos e constrangidos são permitidos aqui, leitor...

Se é possível se deixar envolver pelos enredos povoados por ladrões, falsificadores e contrabandistas, apesar de Diana constantemente nos dar um chega-pra-lá com suas menções a uma vida de luxo – "Fui direto para Copacabana, dirigindo à máxima velocidade possível, levando o estojo [de joias] no porta-luvas do meu Mercedes esporte." (SARMENTO, 1975, p. 14) – e amizades influentes (como a do Dr. Freitas, alta autoridade governamental), não se pode fazer grandes defesas quantos aos enredos e às narrativas lineares e pouco imaginativas. Diana não pretende, como ficção ou como projeto ficcional, abalar estruturas ou expectativas.

Ainda assim, pode-se pinçar aqui e acolá certas tiradas arrojadas, especialmente denúncias sobre corrupção policial, como no trecho a seguir, o que já não é pouca coisa em um livro infantojuvenil em plenos anos 1970:

> – Ora, todo mundo aqui sabe que ele é o rei dos ladrões – falou [Tição] baixinho, olhando para os lados, com medo de alguém o estar escutando.
> – *Dizem até que compra o delegado e toda a polícia, para eles deixarem seus negócios andar...* (SARMENTO, 1975, p. 75. Grifo nosso.)

Figura 161 - *Diana no Circo do Medo* (edições pós-*Mister Olho*)

Entre 1975 e 1976, a Ediouro publicou, pela *Mister Olho*, sete títulos com a personagem, perfazendo uma tiragem total de 28.000 exemplares. Em meados de 1976, *Diana* junta-se a outras séries reformuladas pela editora carioca (em regra, as que já possuíam indicação de um público mais juvenil, isto é, de 12 anos ou mais, como *Missão Perigosa*, *Márcia* e *Jacques Rogy*) e ganha novo *design* (Figura 161), mas deixa de pertencer à coleção de nosso *corpus*. Com a nova identidade visual (capa branca, faixa diagonal com nome da série, etc.), são publicados outros cinco novos títulos, além de reimpressões para parte dos livros mais antigos (*Diana contra o Máscara Negra* e *Diana na Garganta do Diabo*). Nos anos 1980, surpreendentemente, dada a sua baixa tiragem original, a série foi escolhida para reedição em formato Bolso Novo que contemplou todos os doze títulos, com direito a ilustrações inéditas de Teixeira Mendes. Como já mencionamos, a editora manteve o pseudônimo Juraci Coutinho nas novas versões. Ao final e ao cabo, a quantidade total de livros impressos, incluídos aí tanto originais *Mister Olho* quando reedições (em formato Normal ou Bolso Novo), foi de 111.000 brochuras.

Originalmente sem desenhos internos, *Diana* teve como capista preferencial L.C. Cidade (Figura 162), cujo estilo realista, somado à idade mais "avançada" da protagonista, ajudava a consolidar o perfil mais juvenil tanto do produto quanto do público-alvo. Como exceção, apenas, as artes de J. Bezerra para o episódio 1 (sua ilustração para o episódio 2 não é aproveitada) e de Arnaldo Sinatti para os episódios 2 e 3.

Figura 162 - Arte original de L.C. Cidade para *Diana na Garganta do Diabo*

Tabela 17 - Série *Diana*

Vol.	Ref.	Faixa Etária	Título	Ano	Capista	Tiragens *Mister Olho*	Tiragem Total *Mister Olho*	Tiragens Outras Coleções			Tiragem Total Ediouro
1	SL-4951	12+	Diana e o Segredo das Esmeraldas	1975	J. Bezerra	4.000 - ?/75	4.000			4.000 - 7/82	8.000
2	SL-4952	12+	Diana contra os Mercadores da Morte	1975	Arnaldo Sinatti	4.000 (est.) - ?/75	4.000			4.000 - 7/82	8.000
3	SL-4953	12+	Diana e o Mistério do Pantanal	1975	Arnaldo Sinatti	4.000 - ?/75	4.000			4.000 - 8/82	8.000
4	SL-4954	12+	Diana caça os Fantasmas	1976	L.C. Cidade	4.000 (est.) - ?/76	4.000			4.000 - 8/82	8.000
5	SL-4955	12+	Diana enfrenta o Tubarão	1975	L.C. Cidade	4.000 (est.) - ?/75	4.000			4.000 - 8/82	8.000
6	SL-4956	12+	Diana na Garganta do Diabo	1976	L.C. Cidade	4.000 (est.) - ?/76	4.000	4.000 (est.) - ?/7?	4.000 (est.) - ?/7?	4.000 - 8/82	16.000
7	SL-4957	12+	Diana contra o Máscara Negra	1976	L.C. Cidade	4.000 (est.) - ?/76	4.000		4.000 (est.) - ?/7?	4.000 - 8/82	12.000
Livros da série lançados originalmente fora da Coleção *Mister Olho* (mas pela Ediouro)											
8	SL-4958	12+	Diana no Circo do Medo	1976	L.C. Cidade			4.000 (est.) - ?/76	4.000 (est.) - ?/7?	3.000 - 10/82	11.000
9	SL-4959	12+	Diana e o Enigma do Tesouro	1976	L.C. Cidade			4.000 (est.) - ?/76		3.000 - 10/82	7.000
10	SL-4960	12+	Diana e o Tesouro dos Jesuítas	1976	L.C. Cidade			4.000 (est.) - ?/76		3.000 - 11/82	7.000

11	SL-4961	12+	*Diana no Inferno Verde*	1977	L.C. Cidade		4.000 (est.) - ?/77	4.000 (est.) - ?/??	3.000 - 1/83	11.000
12	SL-4962	12+	*Diana contra o Disco Voador*	1977	L.C. Cidade	4.000 (est.) - ?/77			3.000 - 2/83	7.000

Legenda:

Edição original *Mister Olho*, formato 10,5cmx16cm (Normal), com logo da série no alto, ao centro. Título em maiúsculas.

Reimpressão (ou original), formato Normal. Novo *design*, capa branca, faixa diagonal da série. Sem menção a *Mister Olho* (série *Diana*). Título em maiúsculas.

Reimpressão (ou original), idem acima. Título em Caixa Alta e Caixa Baixa.

Edição Bolso Novo, anos 1980. Formato 11,5cmx17,5cm. Novo *design* e categoria (Copa). Coleção *Elefante*. Livros ganham ilustrações inéditas de Teixeira Mendes.

Tabela 17B - Série *Diana* (capas *Mister Olho* e demais originais)

ORIGINAIS

ORIGINAIS FORA DA *MISTER OLHO*

Autores e séries estrangeiras traduzidos: o que a Ediouro decidiu importar

> Um dos primeiros livros destinados às crianças a circular no Brasil deve ter sido o *Tesouro dos meninos, traduzido do francês* por Mateus José da Rocha. A julgar pela observação de John Luccock, comerciante inglês que residiu na então colônia portuguesa entre 1808 e 1818, o livro tratava de "moral, virtude e boas maneiras" (Luccock, 1975, p. 379). (...) Que o público infantil começava a tomar forma nesse início do século XIX indica-o *a tradução*, em 1814, de *Aventuras pasmosas do célebre Barão de Munkausen*. Em 1847, o livro consta do catálogo da editora Laemmert, sinalizando a permanência do interesse que suscitava. (ZILBERMAN, 2014, p. 225. Grifos nossos.)

Regina Zilberman, em recente artigo para a revista *Gragoatá*, deixa claro que a literatura infantil nasce, entre nós, sob o signo da tradução e do importado. Se celebramos a criação e o amadurecimento de uma literatura nacional no gênero, própria, criada por brasileiros em vernáculo (como é o caso da maior parte da *Mister Olho*), a tradução de livros também deve ser valorizada pelo que de fato é: um gesto e um movimento de autonomia, de identidade, de não dependência para com a importação das obras físicas (muitas vezes cara, difícil e demorada) e para com os limites à circulação dos textos impostos tanto pelo caráter material quanto pelo da necessidade de domínio das respectivas línguas. Ter o *Barão de Munkausen* em português, portanto, significa(va) um ganho para o nosso idioma e para a nossa comunidade linguística e um incentivo a que aquela criação artística ganhasse maior divulgação e leitores entre nós, contribuindo para o início de toda uma tradição que floresceria espetacularmente em Lobato.

Embora a tradução (na forma da Tradutologia ou Estudos da Tradução) seja tema já amadurecido academicamente, o mesmo não se dá quando se busca a especificidade da literatura infantojuvenil. Em um mundo globalizado e em contato absoluto, instantâneo e constante, no qual

> a tradução é atividade essencial e no qual os estudos tradutórios se voltam para os mais variados setores do conhecimento – como as dificuldades de se traduzir um poema, os aspectos psicanalíticos da tradução e a visibilidade do tradutor, entre outros – um campo ainda a explorar é o que descreve e analisa a tradução de obras para os públicos infantis e juvenil. (VERDOLINI, 2010, p. 2)

A grande maioria dos estudos acadêmicos no Brasil sobre a literatura produzida para crianças e adolescentes tradicionalmente voltou-se para a formação de um *sistema* (para retomar o termo de Antonio Candido) verdadeiramente brasileiro, onde houvesse não só circulação e recepção, mas também autores e obras locais. Ainda que louvável e, do ponto de vista das prioridades, uma tendência a nosso ver acertada, ela ainda assim acabou por desprezar como objeto a tradução e seu universo e, claro, todo o papel que o livro traduzido no Brasil desempenhou entre o público e o mercado livreiro infantojuvenil desde o século XIX até o começo dos anos 1970 (justamente, a época da *Mister Olho*), quando a situação começa a se alterar (particularmente, a partir da Lei nº 5692 de 11 de agosto de 1971, com suas diretrizes e bases para o ensino de 1º e 2º graus) e a produção (criação) nacional aumenta. Como alertam Zilberman e Lajolo, ao nos focarmos apenas nas obras em vernáculo, "deixamos de levar em conta os textos traduzidos que, majoritários na década de [19]70, são absolutamente fundamentais para a história da leitura infantil brasileira" (ZILBERMAN & LAJOLO, 2007, p. 12).

Figura 163 - Terceiro livro da série *Os Hardy Boys* (1972)

A questão da tradução infantojuvenil é complexa e não deve ser varrida para baixo do tapete, por muito que o *status* socialmente menos prestigioso do gênero muitas vezes implique justamente esse tratamento, seja no âmbito editorial (onde pode não se dar a devida atenção ou o devido cuidado à contratação do tradutor) ou no âmbito de sua pesquisa e estudo. A reflexão de autores como Thaís Verdolini sobre o assunto é bastante ilustrativa no que tange às problemáticas envolvidas.

> Traduzir para crianças pode parecer, nesse mercado, uma fatia lucrativa e de fácil trato, baseando-se na pseudo-simplicidade da tarefa de verter literatura infantojuvenil. Para a grande maioria das editoras, um gênero ingênuo, que pode contar com tradutores menos experientes. Entretanto, é preciso saber muito mais do que dois idiomas para realizá-la. Lathey (2006) afirma que os tradutores que vertem esse gênero precisam adotar estratégias que se adequem aos desafios das estruturas contemporâneas da infância, uma vez que a mesma é um conceito volátil. (VERDOLINI, 2010, p. 5)

Onde fazer concessões, de maneira a favorecer a inteligibilidade da obra, assumindo as limitações do conhecimento infantil em comparação aos padrões adultos? Quando adaptar e quais os limites a serem respeitados quanto ao texto original? Gilliam Lathey descreve bem um equilíbrio que deve ser buscado nas traduções infantis e que, obviamente, esteve envolvido na produção desta parte estrangeira da *Mister Olho*.

Figura 164 - Primeiro livro da série
Turma dos Sete (1972)

Não se pode esperar dos leitores jovens que tenham adquirido a amplitude da compreensão de outras culturas, línguas e geografias que são presumidos pelos leitores adultos. Já que notas de rodapé são uma solução insatisfatória para esse problema, a 'domesticação' é a tática mais usada, porém controversa, em textos para crianças. (LATHEY, 2006, p. 8 *apud* VERDOLINI, 2010, p. 6)

Ainda que não seja nossa intenção, neste livro, resolver essa lacuna dos estudos sobre literatura infantojuvenil brasileira, acreditamos que o registro e a descrição desta parte do *corpus* sirva de base para visadas futuras, deste que escreve ou de outros colegas pesquisadores.

Em julho de 1972, quando a *Mister Olho* já era gestada nos escritórios da Ediouro, mas ainda estava a mais de seis meses de seu primeiro lançamento, a Editora Abril testava o mercado com a série traduzida *Os Hardy Boys* (Figura 163), coleção norte-americana de aventuras detetivescas infantojuvenis surgida em 1927 e que, até 2005, publicara 190 episódios. A iniciativa da Abril (ao menos 15 títulos seriam editados por aqui, quinzenalmente, até janeiro de 1973, um mês antes de *Rebeliões em Kabul*, da Ediouro) incluía ainda uma tentativa mercadológica de se criar uma moda em torno da série. Pelo menos o primeiro livro trazia como brinde uma fita (para ser colocada na cabeça, como uma espécie de bandana) e um emblema-adesivo, que a editora sugeria colar "no seu blusão, no livro da escola, no capacete de motociclista (...) ou em qualquer outro lugar que os seus amigos possam ver logo que você faz parte da turma mais quente que existe" (ABRIL, 1972).

Já a Cedibra, também em 1972, aparecia com meia dúzia de títulos da série *A Turma dos Sete* (Figura 164), de Enid Blyton (reeditados dez anos depois, pela editora, em versão *pocket*), e pelo menos um livro da coleção *O Grupo dos Cinco* (*O grupo dos cinco na ilha do tesouro*).

Na esteira dessas experiências editoriais baseadas principalmente no mercado e nas vendas de banca de jornal, a editora de Bonsucesso preparara a sua "invasão", o seu "Dia D"...

Como já vimos, é bastante provável que a Ediouro, em princípio e a princípio, planejasse uma coleção formada apenas por traduções, matéria-prima muito mais conveniente aos processos e planos de produção que chegaram a imaginar (e anunciar) um novo livro *Mister Olho* por semana nas bancas. Graças ao arrojo de Hélio do Soveral, porém, o *corpus* estrangeiro da série acabou, ao final, representando bem menos do que as obras em vernáculo, seja em número de títulos ou de tiragem.

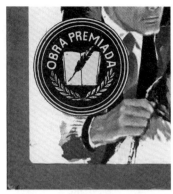

Figura 165 - Selo de "Obra premiada" em *Jacques Rogy Solta os Cachorros*

Veremos nas páginas a seguir que a editora carioca procurou pescar seus títulos pautando-se em um equilíbrio entre a segurança das obras e autores testados e premiados e a ousadia dos trabalhos novos, com apenas um ou dois anos de publicação (como no caso de muitos dos volumes reunidos sob o nome *Fora de Série*). Assim, é possível perceber um paralelismo com a estratégia legitimadora e os argumentos de venda já adotados para a escolha de nomes da antecessora Coleção *Calouro*, como aquele que cita que, "segundo '*The Who's Who [in] Children's Literature*', os livros da '*Série Johnny*' são cheios de humor, de fácil leitura e estão entre os mais populares livros juvenis de hoje" (EDIOURO, 197?, p. 1), ou ainda os que mencionam resenhas elogiosas no *New York Times* (caso dos livros da série *Edmundo, o cachorro detetive*, de Herbert Best) ou registram os prêmios recebidos pelo autor ou pela obra (os romances de Paul Berna e seu Comissário Sinet, por exemplo). Esse último, o dos galardões e da glória crítica, ganha inclusive um elemento visual aposto às capas: o selo "Obra premiada" ou "Autor premiado" (Figura 165) é usado, na *Mister Olho*, em várias das brochuras das séries *Jacques Rogy*, *Capitão Lula* e *Monitor*.

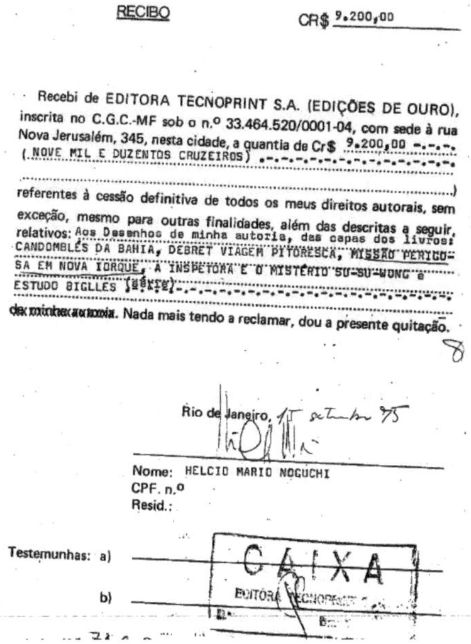

RECIBO CR$ 9.200,00

Recebi de EDITORA TECNOPRINT S.A. (EDIÇÕES DE OURO), inscrita no C.G.C.-MF sob o n.º 33.464.520/0001-04, com sede à rua Nova Jerusalém, 345, nesta cidade, a quantia de Cr$ 9.200,00 -.-.-. (NOVE MIL E DUZENTOS CRUZEIROS) .-.-.-.-.-.-.-.-.-.-.-.-.

referentes à cessão definitiva de todos os meus direitos autorais, sem exceção, mesmo para outras finalidades, além das descritas a seguir, relativos: Aos Desenhos de minha autoria, das capas dos livros: CANDOMBLÉS DA BAHIA, DEBRET VIAGEM PITORESCA, MISSÃO PERIGOSA EM NOVA IORQUE, A INSPETORA E O MISTÉRIO SU-SU-WONG e ESTUDO BIGLLES (série) .-.-.-.-.-.-.-.-.-.-.-.-.

de minha autoria. Nada mais tendo a reclamar, dou a presente quitação.

Rio de Janeiro, 15 outubro 75

Nome: HELCIO MARIO NOGUCHI
CPF. n.º
Resid.:

Testemunhas: a)
b)

CAIXA
EDITORA TECNOPRINT

Figura 166 - Recibo de Noguchi com menção a estudo para a série *Biggles*

Entre 1973 e 1977, no âmbito da *Mister Olho*, foram publicados 88[36] títulos inéditos no Brasil até então (Gráfico 5), distribuídos pela editora em sete séries diferentes (incluindo-se aí a alcunha guarda-chuva *Fora de Série* para agrupar os livros independen-

36 89, se considerarmos *O Repórter Jaques Luta Contra o Relógio*, de 1976, publicado pela Ediouro fora da Coleção *Mister Olho*.

tes). Foram elas *Monitor* e *Capitão Lula*, de Rolf Ulrici; *Os Aldenis*, de Gertrude Chandler Warner; *Quim*, de Jens K. Holm; *Jonas*, de Knud Meister e Carlo Andersen; *Jacques Rogy*, de Pierre Lamblin; e *Fora de Série* (vários autores).

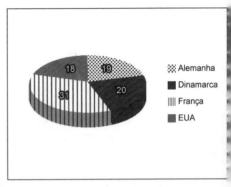

Gráfico 4 - Distribuição dos livros traduzidos da *Mister Olho* por nacionalidade

A tiragem de todos esses livros de bolso escritos por um total de 22 autores (Gráfico 4) franceses, alemães, dinamarqueses e norte-americanos (ou 24, se desdobrarmos as duas parcerias existentes) somou, em cinco anos, a cifra impressionante de 948.637 exemplares, elevados a 1.161.698 quando juntamos a ele as prensagens já sem caracterização da *Mister Olho* (as reimpressões em formato Normal dos anos 1970 e o livro 15 de *Jacques Rogy*) ou mesmo como parte de outras coleções dos anos 1980 e 1990 (que somam 213.061 volumes).

A exemplo do que se passou com algumas das sequências nacionais, como *Diana*, *Toquinho*, *Márcia*, *A Inspetora*, *Os Seis*, *Missão Perigosa* e *A Turma do Posto Quatro*, houve também livro, dos traduzidos, publicado originalmente fora da *Mister Olho*, e material já em fase adiantada de produção que permaneceu inédito (como veremos mais adiante ao falar sobre o autor Pierre Lamblin). Alguns dos títulos estrangeiros (poucos) seriam reaproveitados pela Ediouro para reedições com novos formatos, abordagens e *designs*, conforme detalhamos nos respectivos subitens a seguir.

Figura 167 - Provável capa de Noguchi

Interessante a descoberta, graças a um recibo assinado (Figura 166) pelo ilustrador Hélcio Noguchi, de que, em setembro de 1975, a Ediouro ainda prospectava novos títulos e autores estrangeiros para a *Mister Olho*. O estudo mencionado, para a série *Biggles* (desconsideremos o evidente *typo*), refere-se aos famosos e populares livros de aventura do escritor inglês William Earl Johns (1893-1968), lançados por aqui originalmente pela Editora Livraria do Globo, de Porto Alegre, em 1941[37], e que teriam sido um inesgotável filão para a editora, com seus mais de noventa episódios originais publicados entre 1932 e 1970. A Ediouro acabou editando, ao que tudo indica, cinco títulos da saga, em 1976, com artes de capa que parecem ser de Noguchi (Figura 167), mas preferiu acomodar a série infantojuvenil de aventuras fora da *Mister Olho* (que ainda seguia, na época, a todo vapor): os livros de Johns foram publicados em série própria, sob o guarda-chuva da Coleção *Infinitus* (que abrigava, entre outros, os livros de bolso de *Nick Carter*, *Irving Le Roy* e *Perry Rhodan*). São eles *Biggles da Interpol*, *Biggles voa para as Antilhas*, *Biggles caça o submarino*, *Biggles no Deserto do Saara* e *Biggles no Polo Sul*.

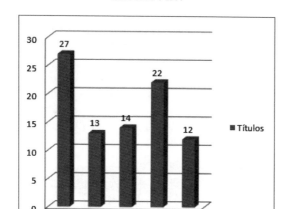

Gráfico 5 - Livros da *Mister Olho* (traduções) entre 1973 e 1977

---

37 *Biggles vai para o Sul*, *Biggles voa para o Oeste*, *Biggles vai para a Guerra* e *Biggles, Comodoro do Ar*.

Rolf Ulrici

De todos os nomes estrangeiros da *Mister Olho*, o criador das séries *Capitão Lula* e *Monitor* é sem dúvida o de maior estatura e de maior produção. O prolífico autor alemão Rolf Stitz-Ulrici (1922-1997) começa a carreira escrevendo folhetins para pequenos jornais, em 1949, mesma época em que atua como colaborador da Rádio Rias. Já em 1953, ele recebe um prêmio literário infantojuvenil (segundo a introdução biográfica da Ediouro incluída nos livros da série *Xerife Bill*, a distinção seria pelos livros do Capitão Lula, embora sua data de primeira edição conste como sendo de 1954).

Além do próprio nome, Ulrici usou pseudônimos como Rex Corbett, Hans Korda e Hans Rodos. Deixou mais de uma centena de livros, editados entre 1954 e 1995, em sua maioria literatura de gênero (histórias de fantasmas, ficção científica, aventuras, etc.); isso sem contar com aqueles que faziam parte de suas séries infantojuvenis (mais de uma dúzia delas: *Käpt'n Konny, Diane, Sheriff Bill, Raumschiff Monitor, Rappi und Christiane, Lollo, Sheriff Cox*, etc.). Atuou ainda como tradutor e, na juventude, como diretor de teatro (ALPERS *et al*, 1991).

Uma curiosidade biográfica é que o escritor serviu como soldado na campanha alemã no norte da África, durante a Segunda Guerra. Essa potencial nódoa, que poderia atingir a legitimidade da escolha de seus livros para o público da Ediouro, não passou despercebida pela editora, que inclui nas já citadas biografias sobre o autor o seguinte trecho de cores redentoras óbvias:

> [Rolf Ulrici] recebeu várias distinções como a *bênção apostólica*, pelas suas publicações cívicas, e menção da Cruz Vermelha. Além disso, manteve audiência com o Papa Paulo VI, na qual o Sumo Pontífice expressou sua gratidão por todo seu trabalho no campo da literatura para [a] juventude. (EDIOURO, 1974b, p. 5-6)

Como Ganymédes José, Ulrici também teve uma outra série publicada pelas Edições de Ouro fora da *Mister Olho*: os cinco livros do *Sheriff Bill*, lançados originalmente entre 1968 e 1970, foram todos publicados no Brasil, na Coleção *Calouro*, com tradução de Romeu Crusoé. São eles: *O Xerife Bill Salva a Cidade* (1974), *O Xerife Bill nunca se entrega* (1974), *O Xerife Bill em Ponta do Diabo* (1974), *O Xerife Bill na Montanha de Ouro* (1974) e *O Xerife Bill no Vale das Sombras* (1974).

Figura 168 - Capa de *Monitor: Rumo Desconhecido*

- # Monitor

A série de ficção científica *Monitor* (Figura 168) é a única que traz para a *Mister Olho* uma categoria nova de crédito editorial: a do *conselheiro científico* (no caso, o Dr. Walter Baier). As imaginativas aventuras do grupo de crianças Tatiana, Geraldo, Rogério, Miguel e Henrique, às voltas com o professor Charivari (figura que remete aos supercientistas dos *pulps* norte-americanos da década de 1920 e 1930) e sua invenção, a nave espacial Monitor, parece ter tido boa aceitação entre o público brasileiro, já que ganha reedição, em formato Bolso Novo, no começo dos anos 1980.

As traduções do alemão ficaram a cargo de Maria Madalena Würth Teixeira, que adaptou nomes e logradouros para versões brasileiras. Os livros traziam Hans Held como autor das ilustrações (provável capista) e faixa etária a partir de 9 anos. Pela *Mister Olho*, foram publicados, entre 1975 e 1977, todos os seis volumes da coleção original alemã, com direito a reimpressão de alguns dos títulos em *design* ligeiramente modificado (ver Tabela 18), em tiragem total de 67.000 exemplares. Somando-se a isso os 17.000 de 1983 (já não mais como *Mister Olho*), tem-se a quantidade total de livros da série *Monitor* no Brasil pela Ediouro: 84.000 brochuras (Figura 169).

Na Alemanha, a *Monitor* teve continuações, organizadas em quatro outras séries (para um total de mais 20 episódios), editadas entre 1975 e 1984 (AUSGABEN, 2018). São elas:

- *Erdschiff Giganto* (*Giganto meldet: Vorstoß in die Erde*, 1975; *Giganto meldet: Über uns ein Vulkan!*, 1975; *Giganto meldet: Schiffbruch in der Erde*, 1976; *Giganto meldet: Alarm im Erdball*, 1976; *Giganto meldet: Erdschiff verloren*, 1977; *Giganto meldet: Ziel erreicht*, 1977).
- *Weltraumklipper* (*Geisterrakete*, 1979; *Kampf um den Mars*, 1980; *Gespenster aus dem All*, 1981; *Landung in der Falle*, 1982; *Notruf aus dem Nichts*, 1983; *Planet der Kraken*, 1984).
- *Superhirn* (*Der Hexer wird entlarvt*, 1982; *Interpol steht vor einem Rätsel*, 1982; *Der weiße Spuk*, 1982; *Unheimliche Strahlen*, 1982; *Ein Zug verschwindet*, 1982; *Stoppuhr des Grausens*, 1982).
- *Telephantom* (*Das große Auge*, 1983; *Der geheimnisvolle Gru*, 1983).

Figura 169 - Anotações (com informações sobre tiragens e formatos) em cópia de arquivo da Ediouro da reedição de 1983 do livro *A Estação Espacial Monitor*

Tabela 18 - Série Monitor

Vol.	Ref.	Faixa Etária	Título	Ano	Título, ano e episódio originais	Tiragens *Mister Olho*	Tiragem Total *Mister Olho*	Tiragens Outras Coleções	Tiragem Total Ediouro
1	SL-4251	9+	*Monitor, a Nave Secreta*	1975	Geheimer Start (1971)	9.000 (est.) - ?/75	15.000	3.000 - 1/83	18.000
						6.000 (est.) - ?/7?			
2	SL-4252	9+	*Monitor e o Duelo no Espaço*	1975	Verfolgungsjagd im Weltall (1972)	9.000 (est.) - ?/75	9.000	3.000 - 2/83	12.000
3	SL-4253	9+	*Monitor: Rumo Desconhecido*	1975	Raumschiff "Monitor" verschollen (1972)	9.000 (est.) - ?/75	15.000	3.000 - 3/83	18.000
						6.000 (est.) - ?/7?			
4	SL-4254	9+	*Monitor e a Cidade Submarina*	1976	"Monitor" startet zur Unterwasserstadt (1973)	8.000 (est.) - ?/76	14.000	3.000 - 3/83	17.000
						6.000 (est.) - ?/7?			
5	SL-4255	9+	*Base Submarina em Perigo*	1976	Neuer Kurs für "Monitor" (1973)	8.000 (est.) - ?/76	8.000	3.000 - 4/83	11.000
6	SL-4256	9+	*A Estação Espacial Monitor*	1977	Landung auf Raumstation "Monitor" (1974)	6.000 (est.) - ?/77	6.000	2.000 - 4/83	8.000

Legenda:

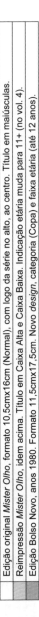

Edição original *Mister Olho*, formato 10,5cmx16cm (Normal), com logo da série no alto, ao centro. Título em maiúsculas.
Reimpressão *Mister Olho*, idem acima. Título em Caixa Alta e Caixa Baixa. Indicação etária muda para 11+ (no vol. 4).
Edição Bolso Novo, anos 1980. Formato 11,5cmx17,5cm. Novo *design*, categoria (Copa) e faixa etária (até 12 anos).

Tabela 18B - Série *Monitor* (capas *Mister Olho*)

ORIGINAIS

REEDIÇÕES

NÃO ENCONTRADO
Monitor,
a nave secreta
(2ª edição)

NÃO ENCONTRADO
Monitor,
rumo desconhecido
(2ª edição)

• Capitão Lula

As aventuras marítimas do Capitão Lula e seus amigos (Kátia e Gordo, entre outros, na versão de Ayres Carlos de Souza, pseudônimo do tradutor Sérgio Bopp de Souza) foram razoavelmente bem sucedidas na época, ensejando ao menos uma reimpressão para alguns dos títulos, no âmbito da *Mister Olho*, com ligeira alteração de padrão. As ilustrações são creditadas a Werner Heymann (volumes 1 a 3) e Walter Rieck (volumes 4 a 6).

Os seis livros publicados pela Ediouro entre 1975 e 1976 cobrem toda a coleção original alemã do *Käpt'n Konny*, cujos primeiros títulos datam da década de 1950. A editora carioca, para eles, se valeu de edições da década de 1970, que reuniam, sob nome diferente, os episódios 1 e 2 (*Käpt'n Konny schnuppert Seeluft*, 1954; *Käpt'n Konny in der Klemme*, 1954) e os episódios 3 e 4 (*Käpt'n Konny und der Seeteufel*, 1954; *Käpt'n Konny als Pirat*, 1955). No Brasil, não se respeitou, como é possível ver na Tabela 19, a cronologia original.

A série teve tiragens totais de 66.000 exemplares (Figura 173), todos como *Mister Olho*. Em 1984, a diretoria da Ediouro decidiu não mais reeditar as aventuras de Lula e sua turma (Figura 171).

Nos arquivos, em Bonsucesso, sobreviveu um raro roteiro de produção de capa, interessante vislumbre do cotidiano de feitura dos pequenos livros de bolso da *Mister Olho* (Figura 172).

Figura 170 - Capa de *O Capitão Lula na Zona dos Submarinos*

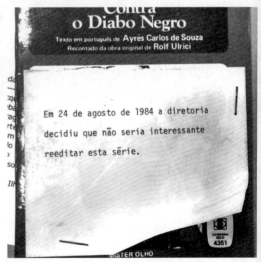

Figura 171 - Nota sobre cancelamento da série *Capitão Lula*

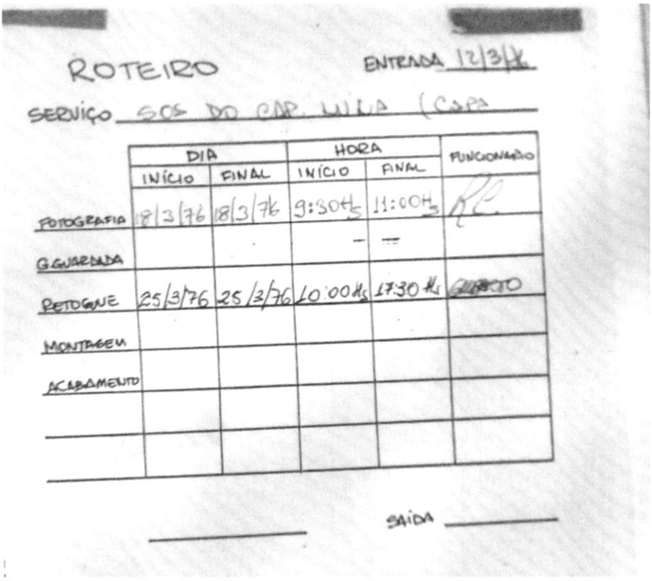

Figura 172 - Roteiro de produção para capa de *S.O.S. do Capitão Lula*

Figura 173 - Prova de capa com data e tiragem de *S.O.S. do Capitão Lula*

Tabela 19 - Série *Capitão Lula*

Vol.	Ref.	Faixa Etária	Título	Ano	Título, ano e episódio originais	Tiragens		Tiragem Total *Mister Olho*
1	SL-4351	9+	*O Capitão Lula contra o Diabo Negro*	1975	*Käpt'n Konny und seine Freunde tauchen nach Öl* (1974) - 6°	6.000 (est.) - ?/75	6.000 (est.) - ?/78	12.000
2	SL-4352	9+	*O Capitão Lula e o Navio dos Mortos*	1975	*Käpt'n Konny und seine Freunde suchen das Geisterschiff* (1974) - 7°	6.000 (est.) - ?/75	6.000 - 6/78	12.000
3	SL-4353	9+	*O Capitão Lula na Zona dos Submarinos*	1976	*Käpt'n Konny und seine Freunde auf geheimer Spur* (1974) - 8°	6.000 - 12/75	6.000 - 11/78	12.000
4	SL-4354	9+	*S.O.S. do Capitão Lula*	1976	*Käpt'n Konny Ahoi!* (antol. 1974 - 1954 e 1954) - 1° e 2°	8.000 - 4/76		8.000
5	SL-4355	9+	*O Capitão Lula e o Diabo do Mar*	1976	*Käpt'n Konny neue Abenteuer* (antol. 1974 - 1954 e 1955) - 3° e 4°	8.000 - 4/76	6.000 - 10/78	14.000
6	SL-4356	9+	*O Capitão Lula em Alto-Mar*	1976	*Käpt'n Konny auf hoher See* (1966) - 5°	8.000 - 8/76		8.000

Legenda:

	Edição original *Mister Olho*, formato 10,5cmx16cm (Normal), com logo da série no alto, ao centro. Título em maiúsculas.
	Reimpressão *Mister Olho*, idem acima. Título em Caixa Alta e Caixa Baixa. Indicação etária muda para 10+.

Tabela 19B - Série *Capitão Lula* (capas *Mister Olho*)

ORIGINAIS

REEDIÇÕES

NÃO ENCONTRADO
O Capitão Lula e o Navio dos Mortos

(2ª edição)

NÃO ENCONTRADO
O Capitão Lula na Zona dos Submarinos

(2ª edição)

Gertrude Chandler Warner

Figura 174 - Capa de *Os Aldenis e o Mistério da Baía Azul*, primeiro com logo e nome da série

A norte-americana Gertrude Chandler Warner (1890-1979) é provavelmente o nome de maior destaque dentre os estrangeiros publicados na Coleção *Mister Olho*. Atuando como professora de ensino fundamental a partir de 1918, a escritora ficaria conhecida principalmente por seus livros infantis sobre as "crianças do vagão" (*The Boxcar Children*), mas tem a seu crédito várias outras obras independentes (inclusive para adultos), como sua estreia *The House of Delight* (1916), e ainda *The World in a Barn* (1927), *The World on a Farm* (1931), *Star Stories for Little Folks* (1947) e *Peter Piper, Missionary Parakeet* (1967). Sua contribuição para a Coleção *Mister Olho*, a série *Os Aldenis* (Figura 174), começa a ser publicada nos Estados Unidos em 1924, mas só "engrena" com a reedição desse primeiro livro em uma versão revisada (com texto mais enxuto e vocabulário adequado a certo público-alvo) de 1942. A partir daí, o nome de Warner nunca mais se dissociaria de sua criação mais popular, os Aldens (ELLSWORTH, 2013).

Gertrude Warner assina ainda alguns livros em parceria com a irmã Frances Lester Warner, como *Life's Minor Collisions* (1921) e *Pleasures and Palaces* (1933), e tem pelo menos uma peça publicada: *Fire in a Haystack: An Unrehearsed Play* (1956) (GERTRUDE, 2018).

• Os Aldenis

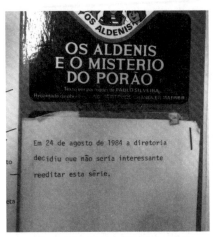

Figura 175 - Nota da diretoria sobre cancelamento dos *Aldenis*

As aventuras das crianças Aldens (os meninos Henry e Benny e as meninas Jessie e Violeta) tinham a particularidade, ao menos em seu início, de eliminar os adultos de suas tramas, deixando os protagonistas sozinhos (e sem vigilância) para resolverem seus problemas e mistérios, no que era visto tanto como um atrativo quanto como um calcanhar de Aquiles (explorado por seus críticos). Como dizem "os editores" no texto institucional que abre o volume *O Mistério do Vagão*, a autora Gertrude Chandler Warner "dá uma ênfase e uma independência muito grandes às suas personagens infantis, e disto resulta que as aventuras (...) têm a mínima supervisão adulta possível, o que encanta e delicia os leitores" (EDIOURO, 1973, p. 11).

Outro dado curioso, revelado no mesmo trecho introdutório do volume de abertura da série no Brasil, é que os livros haviam sido concebidos originalmente para integrar a Coleção *Calouro*. Não há menção, na "Apresentação" citada, à Coleção *Mister Olho* da qual eles efetivamente faziam parte. Aliás, não só faziam parte como ajudavam a inaugurar: *O Mistério do Vagão* é um dos primeiros livros da Coleção a ser impresso, com data de gráfica recuperada de 11 de abril de 1973 (há registros mais antigos para apenas outros dois: *Rebeliões em Kabul*, de 15 de fevereiro de 1973 e *Operação Macaco Velho*, de março de 1973).

Chandler Warner escreveria, em vida, um total de 19 aventuras sobre os *Aldenis* (nome que os Aldens recebem no Brasil a partir de 1976, quando a editora decide dar um foco maior à série). Sua obra, porém, ensejaria uma história editorial (ainda) continuada, com muitos e muitos outros títulos, como veremos mais adiante.

No Brasil, a Ediouro publicou os 15 primeiros episódios da produção original de Warner respeitando sua ordem em língua inglesa. Ficaram inéditos em português apenas os quatro últimos: *Mystery in the Sand* (1971), *Mystery Behind the Wall* (1973), *Bus Station Mystery* (1974) e *Benny Uncovers a Mystery* (1976). Curiosamente, a editora carioca colocaria no mercado, inicialmente, apenas os cinco primeiros títulos (com tradução de Herberto Sales e créditos de ilustração variados: L. Kate Deal para o volume 1, Mary Gehr para os volumes 2 e 3 e Dirk Gringhuis para o volume 5), editados no *design* clássico da *Mister Olho* e sem logo algum indicativo da série *Aldenis*. Nas listas para a Coleção, incluídas em volumes de outros autores, os livros seriam depois reunidos sob a rubrica "Série '*Mistério*'", referência aos nomes propositadamente padronizados.

Em 1976, três anos depois, a saga é retomada com traduções de Paulo Silveira (registre-se que, nos arquivos, consta tradução não aproveitada de Luiz Fernandes para *Os Aldenis e o Mistério da Baía Azul*) e *design* atualizado. Agora, já aparece a marca *Aldenis*, onde antes ficava a da Coleção *Mister Olho*, e procura-se chamar a atenção para a série, com a inclusão do nome da família protagonista nos títulos dos livros. Entre 1973 e 1979 (data da reimpressão de *Os Aldenis e o Mistério do Colégio*, que tem o título encurtado, em opção editorial inversa à anterior), a Ediouro imprime 182.000 exemplares de suas versões-traduções dos livros das *Boxcar Children*, incluídas aí as cópias para a edição extra em formato grande (a chamada Duplo em Pé) de *Os Aldenis e o Mistério da Casa na Árvore*.

Apesar da nota da diretoria, de agosto de 1984, decidindo encostar os livros (Figura 175), a série seria parcialmente resgatada nos anos 1990 e 2000, em edições com novo *design*, capa (artista não creditado) e formato (Super Bolso) pela Coleção *Elefante* (os cinco primeiros episódios) e pela Coleção *Clássicos para o Jovem Leitor* (os três primeiros), acrescentando à saga uma tiragem adicional de 19.130 exemplares sem menção à Coleção *Mister Olho* (Figura 176).

A segunda e mais recente ressurgência pela Ediouro (de 2003) se deve, provavelmente, à retomada, na terra natal de Warner, das histórias dos Aldens, agora escritas por anônimos escritores contratados pela editora Albert Whitman & Company com a permissão dos herdeiros da escritora falecida em 1979, e que já elevou as 19 obras originais canônicas para um total de 160 livros (até abril de 2022)[38].

---

38 A lista para as novas aventuras da série *Aldenis/The Boxcar Children*, escritas por outros autores após a morte de Gertrude Chandler Warner, é a que se segue: *The Haunted Cabin Mystery* (1991), *The Deserted Library Mystery* (1991), *The Animal Shelter Mystery* (1991), *The Old Motel Mystery* (1991), *The Mystery of the Hidden Painting* (1992), *The Amusement Park Mystery* (1992), *The Mystery of the Mixed Up Zoo* (1992), *The Camp Out Mystery* (1992), *The Mystery Girl* (1992), *The Mystery Cruise* (1992), *The Disappearing Friend Mystery* (1992), *The Mystery of the Singing Ghost* (1992), *The Mystery in the Snow* (1993), *The Pizza Mystery* (1993), *The Mystery Horse* (1993), *The Mystery at the Dog Show* (1993), *The Castle Mystery* (1993), *The Mystery of the Lost Village* (1993), *The Mystery of the Purple Pool* (1994), *The Ghost Ship Mystery* (1994), *The Canoe Trip Mystery* (1994), *The Mystery of the Hidden Beach* (1994), *The Mystery of the Missing Cat* (1994), *The Mystery on Stage* (1994), *The Dinosaur Mystery* (1995), *The Mystery of the Stolen Music* (1995), *The Chocolate Sundae Mystery* (1995), *The Mystery of the Hot Air Balloon* (1995), *The Mystery Bookstore* (1995), *The Mystery of the Stolen Boxcar* (1995), *Mystery in the Cave* (1996), *The Mystery on the Train* (1996), *The Mystery of the Lost Mine* (1996), *The Guide Dog Mystery* (1996), *The Hurricane Mystery* (1996), *The Mystery of the Secret Message* (1996), *The Firehouse Mystery* (1997), *The Mystery in San Francisco* (1997), *The Mystery at the Alamo* (1997), *The Outer Space Mystery* (1997), *The Soccer Mystery* (1997), *The Growling Bear Mystery* (1997), *The Mystery of the Lake Monster* (1998), *The Mystery at Peacock Hall* (1998), *The Black Pearl Mystery* (1998), *The Cereal Box Mystery* (1998), *The Panther Mystery* (1998), *The Mystery of the Stolen Sword* (1998), *The Basketball Mystery* (1999), *The Movie Star Mystery* (1999), *The Mystery of the Pirate's Map* (1999), *The Ghost Town Mystery* (1999), *The Mystery in the Mall* (1999), *The Gymnastics Mystery* (1999), *The Poison Frog Mystery* (2000), *The Mystery of the Empty Safe* (2000), *The Great Bicycle Race Mystery* (2000), *The Mystery of the Wild Ponies* (2000), *The Mystery in the Computer Game* (2000), *The Mystery at the Crooked House* (2000), *The Hockey Mystery* (2001), *The Mystery of the Midnight Dog* (2001), *The Summer Camp Mystery* (2001), *The Copycat Mystery* (2001), *The Haunted Clock Tower Mystery* (2001), *The Disappearing Staircase Mystery* (2001), *The Mystery on Blizzard Mountain* (2002), *The Mystery of the Spider's Clue* (2002), *The Mystery of the Mummy's Curse* (2002), *The Mystery of the Star Ruby* (2002), *The Stuffed Bear Mystery* (2002), *The Mystery at Skeleton Point* (2002), *The Tattletale Mystery* (2003), *The Comic Book Mystery* (2003), *The Ice Cream Mystery* (2003), *The Midnight Mystery* (2003), *The Mystery in the Fortune Cookie* (2003), *The Radio Mystery* (2003), *The Mystery of the Runaway Ghost* (2004), *The Finders Keepers Mystery* (2004), *The Mystery of the Haunted Boxcar* (2004), *The Clue in the Corn Maze* (2004), *The Ghost of the Chattering Bones* (2005), *The Sword of the Silver Knight* (2005), *The Game Store Mystery* (2005), *The Mystery of the Orphan Train* (2005), *The Vanishing Passenger* (2006), *The Giant Yo Yo Mystery* (2006), *The Creature in Ogopogo Lake* (2006), *The Rock and Roll Mystery* (2006), *The Secret of the Mask* (2007), *The Seattle Puzzle* (2007), *The Ghost in the First Row* (2007), *The Box that Watch Found* (2007), *A Horse Named Dragon* (2008), *The Great Detective Race* (2008), *The Ghost at the Drive-In Movie* (2008), *The Mystery of the Traveling Tomatoes* (2008), *The Spy*

Figura 176 - As três encarnações editoriais de O Mistério da Casa Amarela

O filão se mostrou tão rico (um fenômeno editorial em popularidade e vendas) que outras séries paralelas à principal foram criadas:
- *The Boxcar Children Specials* (21 volumes entre 1993 e 2003): *The Mystery on the Ice* (1993), *The Mystery in Washington, DC* (1994), *The Mystery at Snowflake Inn* (1994), *The Mystery at the Ballpark* (1994), *The Pilgrim Village Mystery* (1995), *The Mystery at the Fair* (1996), *The Pet Shop Mystery* (1996), *The Niagara Falls Mystery* (1997), *The Mystery in the Old Attic* (1997), *The Windy City Mystery* (1998), *The Mystery of the Queen's Jewels* (1998), *The Mystery of the Black Raven* (1999), *The Mystery in New York* (1999), *The Home Run Mystery* (2000), *The Honeybee Mystery* (2000), *The Mystery of the Screech Owl* (2001), *The Mystery of the Tiger's Eye* (2001), *The Candy Factory Mystery* (2002), *The Mystery of Alligator Swamp* (2002), *The Great Shark Mystery* (2003) e *The Black Widow Spider Mystery* (2003).
- *The Boxcar Children Great Adventures* (5 volumes em 2017): *Journey on a Runaway Train* (2017), *The Clue in the Papyrus Scroll* (2017), *The Detour of the Elephants* (2017), *The Shackleton Sabotage* (2017) e *The Khipu and the Final Key* (2017).

Game (2009), *The Dog-Gone Mystery* (2009), *The Vampire Mystery* (2009), *Superstar Watch* (2009), *The Spy in the Bleachers* (2010), *The Amazing Mystery Show* (2010), *The Pumpkin Head Mystery* (2010), *The Cupcake Caper* (2010), *The Clue in the Recycling Bin* (2011), *Monkey Trouble* (2011), *The Zombie Project* (2011), *The Great Turkey Heist* (2011), *The Garden Thief* (2012), *The Boardwalk Mystery* (2013), *Mystery of the Fallen Treasure* (2013), *The Return of the Graveyard Ghost* (2013), *The Mystery of the Stolen Snowboard* (2014), *The Mystery of the Wild West Bandit* (2014), *The Mystery of the Soccer Snitch* (2014), *The Mystery of the Grinning Gargoyle* (2014), *The Mystery of the Missing Pop Idol* (2015), *The Mystery of the Stolen Dinosaur Bones* (2015), *The Mystery at the Calgary Stampede* (2015), *The Sleepy Hollow Mystery* (2015), *The Legend of the Irish Castle* (2016), *The Celebrity Cat Caper* (2016), *Hidden in the Haunted School* (2016), *The Election Day Dilemma* (2016), *The Doughnut Whodunit* (2018), *The Robot Ransom* (2018), *Legend of the Howling Werewolf* (2018), *Day of the Dead Mystery* (2018), *The Hundred-Year Mystery* (2019), *The Sea Turtle Mystery* (2019), *Secret on the Thirteenth Floor* (2019), *The Power Down Mystery* (2019), *Mystery at Camp Survival* (2020), *The Mystery of the Forgotten Family* (2020), *The Skeleton Key Mystery* (2020), *Science Fair Sabotage* (2020), *The Great Greenfield Bake-Off* (2021), *The Beekeeper Mystery* (2021) e *The Mystery in the Magic Shop* (2022).

- *Adventures Of Benny and Watch (aventuras para leitores iniciantes sobre o menino Benny e seu cão Watch; 12 volumes entre 1997 e 2004): Meet the Boxcar Children (1997), A Present for Grandfather (1997), Benny's New Friend (1998), The Magic Show Mystery (1998), Benny Goes Into Business (1999), Watch Runs Away (1999), The Secret Under the Tree (2001), Benny's Saturday Surprise (2001), Sam Makes Trouble (2002), Watch, the Superdog! (2002), Keys and Clues for Benny (2004) e Benny's Boxcar Sleepover (2004).*

A nova encarnação das *Boxcar Children* rendeu também uma *prequel*, em 2012 (*The Boxcar Children Beginning: The Aldens of Fair Meadow Farm*), 15 adaptações em formato *graphic novel*, entre 2009 e 2010 (para os episódios 1 a 9, 13, 14, 20[39], 25[40], 33[41] e 36[42]) e duas animações 3D com aproximadamente 80 minutos de duração cada: *The Boxcar Children* (2014, com direção de Daniel Chuba, Mark A.Z. Dippé e Kyungho Jo) e *The Boxcar Children: Surprise Island* (2018, dirigido por Anna Chi, Daniel Chuba, Mark A.Z. Dippé e Wonjae Lee) (GERTRUDE, 2018).

O legado de Warner segue vivo (todas as obras póstumas inspiradas em seu trabalho levam a frase "Created by Gertrude Chandler Warner"), surfando no modelo que a Ediouro planejava emplacar para a *Mister Olho* (séries escritas sob pseudônimo e com direitos cedidos, que poderiam ser continuadas por outros escritores que não o criador original) e ilustrando de maneira atualíssima os mecanismos Adornianos da chamada Indústria Cultural, na qual "tudo se transforma em produto mercadológico que visa obter lucros através de sujeitos consumidores" (BRITO & SAMPAIO, 2013, p. 338): não importa mais a obra (de arte) ou o autor (artista) e sim o insaciável desejo de repetição da fruição Barthesiana mais fugaz. Nos livros transformados em franquia, desdobrados em múltiplas mídias, espécie de salsicharia infantojuvenil de letras e enunciados, os jovens órfãos de Warner, com seu retrato originalmente pungente dos anos difíceis da Grande Depressão dos anos 1930, viram um "produto cultural [que] perde seu brilho, sua unicidade, sua especificidade de valor de uso" (MEDRANO & VALENTIM, 2001, p. 69) e levam a um certo clímax de valores negativos seu caráter de literatura de entretenimento (marca assumida pela Coleção *Mister Olho* como um todo) que aceita quaisquer práticas editoriais em nome do "próximo episódio". Prato cheio para os detratores da literatura de massa e popular que entendem que, como dizem Adorno e Horkheimer, em uma passagem que serve como bom ponto de partida para se analisar a diversão como escapismo e fuga (e diversão de qualquer espécie, inclusive aquela propiciada pelas brochuras dos *Aldens* da Ediouro e de suas séries irmãs),

> Divertir-se significa estar de acordo. Isso só é possível se isso se isola do processo social em seu todo, se idiotiza e abandona desde o início a pretensão inescapável de toda obra, mesmo da mais insignificante, de refletir em sua limitação o todo. Divertir significa sempre: não ter que pensar nisso, esquecer o sofrimento até mesmo onde ele é mostrado. A impotência é a sua própria base. (ADORNO & HORKHEIMER, 1985, p. 119)

---

39 *The Haunted Cabin Mystery* (1991).

40 *The Amusement Park Mystery* (1992).

41 *The Pizza Mystery* (1993).

42 *The Castle Mystery* (1993).

Tabela 20 - Série Os Aldenis

Vol.	Ref.	Faixa Etária	Título	Ano	Título, ano e episódio originais	Tiragens Mister Olho	Tiragem Total Mister Olho	Tiragens Outras Coleções	Tiragem Total Ediouro
1	BL-4001		O Mistério do Vagão	1973	The boxcar children(1942)	20.000 (est.) - 4/73	20.000	2.000 - 8/90 — 3.000 (est) - ?/2003	25.000
2	BL-4002		O Mistério da Ilha	1973	Surprise Island (1949)	20.000 (est.) - ?/73	20.000	2.000 - 9/90 — 3.000 (est) - ?/2003	25.000
3	BL-4003		O Mistério da Casa Amarela	1973	The yellow house mystery (1953)	20.000 (est.) - 6/73	20.000	2.065 - 9/90 — 3.000 (est) - ?/2003	25.065
4	BL-4004		O Mistério da Fazenda	1973	Mystery ranch (1958)	20.000 (est.) - 6/73	20.000	2.000 - 9/90	22.000
5	BL-4005		O Mistério do Chapéu Azul	1973	Mike´s mystery (1960)	20.000 (est.) - 7/73	20.000	2.065 - 9/90	22.065
6	SL-4651	9+	Os Aldenis e o Mistério da Baía Azul	1976	Blue bay mystery (1961)	6.000 - 2/76	6.000		6.000
7	SL-4652	9+	Os Aldenis e o Mistério do Porão	1976	The woodshed mystery (1962)	6.000 - 2/76	6.000		6.000
8	SL-4653	9+	Os Aldenis e o Mistério do Farol	1976	The lighthouse mystery (1963)	8.000 - 4/76	8.000		8.000
9	SL-4654	9+	Os Aldenis e o Mistério da Montanha	1976	Mountain top mystery (1964)	8.000 - 7/76	8.000		8.000
10	SL-4655	9+	Os Aldenis e o Mistério do Colégio	1976	Schoolhouse mystery (1965)	8.000 - 8/76 — 6.000 - 3/79	14.000		14.000

#	Código		Ano						
11	SL-4656	9+	Os Aldenis e o Mistério do Homem-Esqueleto	1976	Caboose mystery (1966)	8.000 - 8/76		8.000		8.000
12	SL-4657	9+	Os Aldenis e o Mistério da Casa Flutuante	1976	Houseboat mystery (1967)	8.000 - 11/76		8.000		8.000
13	SL-4658	9+	Os Aldenis e o Mistério na Neve	1977	Snowbound mystery (1968)	6.000 - 2/77		6.000		6.000
14	CP-4659	9+	Os Aldenis e o Mistério da Casa na Árvore	1977	Tree house mystery (1969)	6.000 - 1/78		12.000	6.000 -5/77	12.000
15	SL-4660	9+	O Mistério da Viagem de Bicicleta	1977	Bicycle mystery (1970)	6.000 - 8/77		6.000		6.000

Legenda:

Edição original *Mister Olho*, formato 10,5cmx16cm (Normal), com logo da série no alto, ao centro. Título em maiúsculas.

Reimpressão *Mister Olho*, formato Normal, título menor (sem "Os Aldenis e", com letras em caixa alta e caixa baixa.

Edição original *Mister Olho*, formato 15,1cmx20,9cm (Duplo em Pé), listada como "Edição Extra" (categoria Copa).

Edição formato 12cmx20,8cm (Super Bolso), Coleção *Elefante*, anos 1990. Novo *design* e nova capa não creditada. Selo *EdiJovem*.

Edição formato 20,5cmx23,8cm (Clássico), Coleção *Clássicos para o Jovem Leitor*. Novo *design* (capa com foto de banco de imagem).

Tabela 20B - Série *Os Aldenis* (capas *Mister Olho*)

ORIGINAIS

REEDIÇÕES

Jens K. Holm

Na verdade pseudônimo do escritor dinamarquês Bengt Janus Nielsen (1921-1988), Jens K. Holm aparece como o nome responsável pela série de livros infantojuvenis *Kim* (*Quim*, no Brasil), publicados entre 1957 e 1980 e traduzidos para inúmeros idiomas (alemão, sueco, francês, inglês, japonês, espanhol, português...). Antes de criar o jovem Kim, seu maior sucesso, Nielsen publica, como Britta Munk, a série infantojuvenil *Hanne*, que teve 15 episódios entre 1953 e 1959: *Hanne* (1953), *Hotel Hanne* (1953), *Hanne og Hoteltyven* (1953), *Hands Up, Hanne* (1954), *Hanne på Hillside* (1954), *Hæng i, Hanne* (1954), *Hanne får en ven* (1955), *Hanne i knibe* (1956), *Hanne til søs* (1956), *Hanne på sporet* (1957), *Hanne og den hvide kanin* (1957), *Hanne i sving* (1957), *Hanne i Paris* (1958), *Hanne tager affære* (1958) e *Hanne og Tom* (1959). Ele também assina, com o *nom de plume* Peter Sander, os romances *Døden kommer til middag* (1962) e *Blues för Kitty* (1964) (BENGT, 2018).

Figura 177 - *Quim Enfrenta os Malandros*

Além de escritor, Nielsen foi tradutor prolífico, com mais de uma centena de trabalhos vertidos do inglês para sua língua natal (incluindo o *007* de Ian Fleming). Ele foi coautor, ainda, de pelo menos dois roteiros para cinema na década de 1960.

- ## Quim

A contribuição de Nielsen/Jens K. Holm para a Coleção *Mister Olho* (Figura 177) teve originalmente 25 títulos publicados em dinamarquês: são eles *Kim & Co.* (1957), *Kim og den forsvundne skat* (1957), *Kim og betjenten der blev væk* (1957), *Kim og det store kup* (1958), *Kim og det mystiske hus* (1958), *Kim på sporet* (1959), *Kim og den blå papegøje* (1960), *Kim og den oversavede dame* (1960), *Kim og spionerne* (1960), *Kim og de skjulte juveler* (1961), *Kim og den røde hane* (1962), *Kim og læderjakkerne* (1963), *Kim og smuglerne* (1963), *Kim og den usynlige mand* (1964), *Kim i knibe* (1964), *Kim ta'r affære* (1965), *Kim og togrøverne* (1965), *Kim*

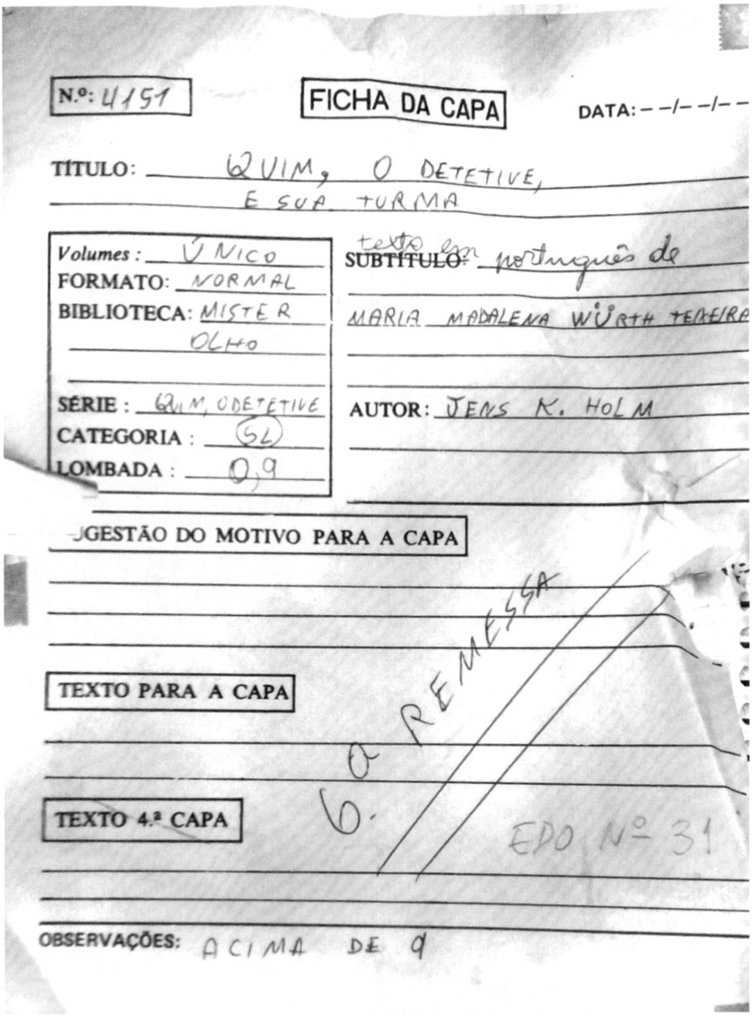

N.º: 4151

FICHA DA CAPA

DATA: --/--/--

TÍTULO: QUIM, O DETETIVE, E SUA TURMA

Volumes: ÚNICO
FORMATO: NORMAL
BIBLIOTECA: MISTER OLHO

SUBTÍTULO: texto em português de MARIA MADALENA WÜRTH TEIXEIRA

SÉRIE: QUIM, O DETETIVE
CATEGORIA: 56
LOMBADA: 0,9

AUTOR: JENS K. HOLM

JGESTÃO DO MOTIVO PARA A CAPA

TEXTO PARA A CAPA

TEXTO 4.ª CAPA

6.a REMESSA

EDO Nº 31

OBSERVAÇÕES: ACIMA DE 9

Figura 178 - Ficha de produção de
Quim, o detetive, e sua turma

slår igen (1966), *Kim klarer alt* (1966), *Kim og den gavmilde tyv* (1968), *Kim og den platfodede mand* (1970), *Kim og bankrøverne* (1970), *Kim og den første klient* (1971), *Kim og den brækkede* kniv (1971) e *Kim og edderkoppen* (1973). Quarenta anos depois de seu fim, a exemplo do que aconteceu com os livros de Gertrud Wandler, a série é ressuscitada pela editora Legimus com o volume *Kim vender tilbage* (2013), assinado pelo escritor Finn Jul Hjortsøe, entusiasta da saga, que já produziu outros seis livros para os personagens: *Kim og bogen der blev væk* (2014), *Kim og Tysklæreren* (2015), *Kim og guldringen* (2016), *Kim og den mystiske mand* (2018), *Kim og pigen i skoven* (2019) e *Kim i Sønderjylland* (2021) (HJORTSØE, 2018).

Figura 179 - Prova de capa de *Quim Salva o Delegado*

Kim e suas histórias detetivescas fizeram tanto sucesso em sua época que chegaram a ser adaptados para tevê, em uma produção multinacional (França, Alemanha, Áustria e Inglaterra) que, com o nome *Kim & Co.*, levou ao ar, entre 1974 e 1975, duas temporadas de 13 episódios cada, todos com aproximadamente 25 minutos (KIM, 2018).

A série de livros segue as aventuras e investigações do menino Kim por Copenhague e cidades e países vizinhos, acompanhado por amigos de nome Erik, Brille, Katja e Evelyn. Na versão da Ediouro, a cidade virou Pedra Linda e praticamente todos os nomes foram abrasileirados para formas como Geninho, Catarina e Chicão, sempre com tradução e adaptação de Maria Madalena Würth Teixeira que, pelo visto, trabalhou com versões alemãs das obras (a julgar pelos dados de *copyright* disponíveis nas brochuras).

Pela *Mister Olho* (Figura 178), foram publicados, entre 1975 e 1977, 10 títulos, respeitando-se a ordem cronológica do país de origem, com tiragem total de 70.000 exemplares e indicação para crianças a partir de 9 anos. Na Figura 179, pode-se ver a prova de capa para *Quim Salva o Delegado*, com a respectiva indicação de data e quantidade impressa.

Não houve reedições em outros formatos ou em coleções diferentes e o *design* foi sempre o mesmo (Figura 177) para todos os volumes, sem alterações (logo da série no alto, ao centro, onde antes aparecia o da *Mister Olho*). As capas coloridas, ao que parece, aproveitaram a arte das edições alemãs (os livros citam Ulrik Schramm como autor das ilustrações; ele é provavelmente também o capista). Em Portugal, a série foi lançada pela editora Meridiano, respeitando o nome original *Kim*.

Tabela 21 - Série *Quim, o detetive*

Vol.	Ref.	Faixa Etária	Título	Ano	Título e ano originais	Tiragens	Tiragem Total *Mister Olho*
1	SL-4151	9+	*Quim, o Detetive, e sua Turma*	1975	*Kim & Co.* (1957)	9.000 - 9/75	9.000
2	SL-4152	9+	*Quim e o Tesouro Roubado*	1975	*Kim og den forsvundne skat* (1957)	9.000 - 10/75	9.000
3	SL-4153	9+	*Quim Salva o Delegado*	1975	*Kim og betjenten der blev væk* (1957)	6.000 - 11/75	6.000
4	SL-4154	9+	*Quim Enfrenta os Malandros*	1975	*Kim og det store kup* (1958)	6.000 - 12/75	6.000
5	SL-4155	9+	*Quim e os Clarões Misteriosos*	1976	*Kim og det mystiske hus* (1958)	8.000 - 4/76	8.000
6	SL-4156	9+	*Quim na Pista Certa*	1976	*Kim på sporet* (1959)	8.000 - 10/76	8.000
7	SL-4157	9+	*Quim e o Papagaio Sabido*	1977	*Kim og den blå papegøje* (1960)	6.000 - 9/77	6.000
8	SL-4158	9+	*Quim sob Suspeita*	1977	*Kim og den oversavede dame* (1960)	6.000 - 9/77	6.000
9	SL-4159	9+	*Quim e os Espiões*	1977	*Kim og spionerne* (1960)	6.000 - 11/77	6.000
10	SL-4160	9+	*Quim Mata a Charada*	1977	*Kim og de skjulte juveler* (1961)	6.000 - 12/77	6.000

Legenda:

	Edição original *Mister Olho*, formato 10,5cmx16cm (Normal), com logo da série no alto, ao centro. Título em maiúsculas.

Tabela 21B - Série *Quim* (capas *Mister Olho*)

ORIGINAIS

Knud Meister & Carlo Andersen

A dupla dinamarquesa Knud Meister e Carlo Andersen foi responsável pela mais bem sucedida série infantojuvenil de seu país, intitulada *Jan* (*Jonas*, na versão da Ediouro – ver Figura 180), para a qual produziram nada menos que 81 títulos[43] (os dois últimos – ou quatro, dependendo da fonte – apenas por Andersen), com traduções posteriores para idiomas como sueco, alemão, espanhol, holandês e português. A série chegou inclusive ao cinema, com ao menos uma adaptação: o filme dinamarquês *Jan går til filmen*, de 1954, dirigido por Torben Anton Svendsen.

Niels Knud Meister (1913-1989) trabalhou como jornalista e editor antes de se juntar a Andersen para criar as aventuras de *Jan/Jonas*. Sua estreia se dá com o livro policial *Dr. Whisky*, assinado com o pseudônimo Sir Thomas Ketchup (em parceria com Kjeld Helweg-Larsen). Há registros ainda de que ele teria usado outras alcunhas, como Ria Toft, A. B. Carroll e Key Master, e publicado também, na primeira metade dos anos 1940 (mas não necessariamente com esses pseudônimos), pelo menos oito romances policiais para adultos (KNUD, 2018).

Figura 180 - *Jonas e o Dinheiro Falso*

Já Carlo Arnold Valdemar Andersen (1904-1970), após anos trabalhando em funções administrativas em empresas de comércio e indústria, aparece como escritor já em 1938, com o romance policial *Krigstestamentet* (que ganha um prêmio no mesmo ano). A ele se seguem os livros (todos policiais) *Det tredie* (1941), *Politiet beder os efterlyse* (1942), *De tre Jokere* (1943), *Skaf en Sensation* (1943), *Coras Triumf* (1943) e *Det afgørende Bevis* (1944). Andersen, então, já iniciara a

---

[43] Há ainda, além desses 81 volumes, um livro de 1956, *Alt stod på spil*, que parece lidar com aspectos da história dinamarquesa e, por algum motivo (talvez por se tratar de obra paradidática?), é considerado uma espécie de volume extra do cânone.

colaboração com Meister: o primeiro livro da série *Jan/Jonas* sai em 1942, durante a ocupação nazista da Dinamarca, e diz-se, inclusive, que a adoção, no projeto gráfico dos livros, das cores da Força Aérea Dinamarquesa, teria sido no mínimo ousada e, no limite, uma espécie de gesto de resistência ante a presença do invasor alemão. Andersen teria sido, ele mesmo, atuante na resistência durante a Segunda Guerra (CARLO, 2018).

Andersen e Meister, além da série *Jonas* na *Mister Olho*, aparecem também, na Ediouro (a exemplo de Rolf Ulrici), com a série *Puck* (*Puk*, no original), que ambos criaram na época, com o pseudônimo feminino de Lisbeth Werner, para alcançar um público leitor não coberto pelas narrativas de *Jan/Jonas*. Entre 1943 e 1964, foram lançados 58 títulos de *Puk/Puck*, sendo que no Brasil 11 deles ganharam tradução (pelas coleções *Calouro* e *A Baleia Bacana*): *Puck Estudante* (1976), *Puck Amazona* (1976), *Puck Detetive* (1976), *Puck e a Jóia Roubada* (1976), *Novas aventuras de Puck* (1976), *Puck em manobras de guerra* (1977), *Puck Campeã de Esqui* (1977), *Puck e os Perigos da Neve* (1977), *Puck recupera uma fortuna* (1977) e *Puck, artista de cinema* (1977). Por vezes, a Ediouro promovia a série (e outras como *Brita*) como "livros para meninas". As traduções aqui estiveram a cargo de Maria Helena Senise.

• Jonas

Como seu concorrente conterrâneo *Kim/Quim*, a série *Jan/Jonas* se passa em Copenhague e envolve, igualmente, um grupo de garotos detetives liderado pelo jovem Jonas, filho de um comissário de polícia (como em *Chereta*, de Soveral). A diferença é que o adaptador/tradutor Paulo Silveira (que verteu a série do espanhol) preferiu aqui não transformar a cidade em Pedra Linda ou outro nome de sabor brasileiro (como fez Maria Madalena Würth Teixeira), mas aportuguesou nomes próprios (Kirstin para Cristina, Andreas para André, Ellen para Helena, por exemplo). Silveira optou ainda por interferências maiores no texto, como relata na ficha técnica de produção, datada de 31 de agosto de 1975, para *Jonas e o Caso Netuno*.

> Na versão original (e a edição espanhola respeitou o texto), os autores ocupam algumas páginas em descrições históricas ou geográficas do país (Dinamarca) e de algumas regiões onde se passa a ação. Na versão em português, as referências em questão foram eliminadas, pois o tradutor teve a preocupação de não situar o enredo em determinado lugar, para melhor entendimento do leitor brasileiro. (SILVEIRA, 1975, p. 2)

A *Mister Olho* publicou, entre 1976 e 1977, 10 títulos escolhidos de maneira aparentemente aleatória dentre os 81 disponíveis (conforme Tabela 22), ou seja, não se seguiu a ordem cronológica original. Nestes dois anos, a tiragem total para a série foi de 68.000 exemplares, sempre com a mesma indicação de faixa etária: a partir de 9 anos. A Figura 181 apresenta um exemplo de prova de capa, onde pudemos colher dados como data de impressão e quantidade.

Figura 181 - Prova de capa de *Jonas em Perigo*, com data e tiragem

Não houve reedições em outros formatos ou em coleções diferentes da *Mister Olho* e o *design* nunca diferiu do inicial, sendo que as capas coloridas aproveitaram a arte das edições importadas (cita-se Ernst Kohler como ilustrador). Os arquivos da Ediouro guardam nota (Figura 182), grampeada a um dos livros, informando da decisão da diretoria de não reimprimir mais os livros de Meister e Andersen no Brasil.

Os 81 títulos originais para a série Jan/Jonas, em dinamarquês, são: *En detektiv på fjorten* (1942), *Med slukkede lanterner* (1942), *Gå på, drenge!* (1943), *Jan og Co. ordner alt* (1943), *Jan-klubben* (1943), *Mysteriet på "Oceanic"* (1944), *Journalist Jan* (1944), *Sporet i sneen* (1944), *Den forsvundne film* (1946), *Jan som frihedskæmper* (1946), *Jan i cirkus* (1947), *Jan på vingerne* (1947), *Jan til søs* (1948), *Jan spiller højt spil* (1949), *Jan redder 13 drenge* (1949), *Jan i fare* (1950), *Jan på sporet* (1951), *Jan får travlt igen* (1951), *Jan gør sit store kup* (1951), *Jan og de forsvundne perler* (1951), *Jan ved mikrofonen* (1951), *Jan skyder på mål* (1951), *Spørgsmål til Jan* (1951), *Jan på højfjeldet* (1952), *Hestetyvene (Jan til Derby)* (1952), *Brug øjnene, Jan!* (1952), *Jan slår til!* (1952), *Jans store bedrift* (1953), *Jan vinder 3. omgang* (1953), *Jan og drengebanden* (1953), *Jan, skolens fodboldhelt* (1953), *Jan og havnemysteriet* (1953), *Jans farligste modstander* (1954), *Jan bliver slået ud* (1954), *Jan på skattejagt* (1954), *Jan overgiver sig aldrig* (1954), *Jan i kamp* (1954), *Jan og piraterne* (1955), *Jan og frømændene* (1955), *Jan sender S.O.S.* (1955), *Hænderne op, Jan!* (1955), *Jan går i fælden* (1955), *Vogt dig, Jan!* (1955), *Jan og mesterspionen* (1956), *Jan og diamantsmuglerne* (1956), *Jans hårdeste kamp* (1956), *På gensyn, Jan* (1956), *Jan stævner ud* (1956), *Orkanen* (1957), *Bravo, Jan!* (1957), *Jan i urskoven* (1957), *Nu går det løs, Jan!* (1957), *Fuld kraft fremad, Jan!* (1957), *Nu eller aldrig, Jan!* (1958), *Jan og stemmen i mørket* (1958), *Jan møder "hævneren"* (1958), *Jan og læderjakkerne* (1958), *Jan i skudlinien* (1959), *Jans største sejr* (1959), *Jan og fjernsynsmysteriet* (1959), *Jan og jernbanerøverne* (1959), *Jan kæmper for livet* (1960), *Kom an, Jan!* (1960), *Jan går til angreb* (1960), *Jan og seksdages-mysteriet* (1960), *Det sker i nat!* (1961), *Midnats-signalet* (1961), *Hævnens ryttere* (1961), *Med flyvende start* (1961), *Læderjakkernes hævn* (1962), *Luftens pirater* (1962), *Dødspatruljen* (1962), *Klar til kamp* (1962), *Nattens mysterier* (1963), *Spionen i hjemmeværnet* (1963), *Den falske greve* (1963), *Storbyens hårde halse* (1963), *Død over racerhelten* (1964), *Det store postrøveri* (1964), *Spionbanden* (1964) e *De grådige hajer* (1964) (JAN, 2018).

Figura 182 - Nota da Ediouro sobre cancelamento de *Jonas*

Tabela 22 - Série Jonas

Vol.	Ref.	Faixa Etária	Título	Ano	Título, ano e episódio originais	Tiragens	Tiragem Total Mister Olho
1	SL-4451	9+	Jonas e o Caso Netuno	1976	Jan på sporet (1951) - 17°	6.000 - 2/76	6.000
2	SL-4452	9+	Jonas e o Dinheiro Falso	1976	Jan får travlt igen (1951) - 18°	6.000 - 2/76	6.000
3	SL-4453	9+	Jonas e as Pegadas na Neve	1976	Sporet i sneen (1944) - 8°	8.000 - 5/76	8.000
4	SL-4454	9+	Jonas e o Enigma do Circo	1976	Jan i cirkus (1947) - 11°	8.000 - 6/76	8.000
5	SL-4455	9+	Jonas e as Pérolas Falsas	1976	Jan og de forsvundne perler (1951) - 20°	8.000 - 7/76	8.000
6	SL-4456	9+	Jonas na Pista do Fugitivo	1976	Brug øjnene, Jan! (1952) - 26°	8.000 - 9/76	8.000
7	SL-4457	9+	Jonas vencedor	1977	Jan slår till (1952) - 27°	6.000 - 1/77	6.000
8	SL-4458	9+	Jonas em perigo	1977	Jan i fare (1950) - 16°	6.000 - 3/77	6.000
9	SL-4459	9+	Jonas contra a Gang	1977	Jan og drengebanden (1953) - 30°	6.000 - 3/77	6.000
10	SL-4460	9+	Jonas bom de bola	1977	Jan, skolens fodboldhelt (1953) - 31°	6.000 - 3/77	6.000

Legenda:

Edição original Mister Olho, formato 10,5cmx16cm (Normal), com logo da série no alto, ao centro. Título em maiúsculas.

Tabela 22B - Série *Jonas* (capas *Mister Olho*)

ORIGINAIS

Pierre Lamblin

A única contribuição francesa às séries traduzidas da Coleção *Mister Olho* (não contando as pequenas sequências publicadas em avulso, que não chegam a ser organizadas em separado pela editora, como os livros *"Desligado"* de Boileau--Narcejac) é criação de Pierre Lamblin, possivelmente um pseudônimo, dada a escassez de informações biográficas sobre o autor. Segundo a *Histoire du polar jeunesse: Romans et bandes dessinées* (2011), Lamblin, nascido em 1902, teria publicado seu primeiro romance, *Les Demi-Crevés (chronique d'une génération)*, em 1928 (PERRIN, 2011, p. 61-62). A exemplo de autores da *Mister Olho* como Cony e Ganymédes José, Lamblin também se dedica à adaptação de clássicos da literatura para a juventude, como *Ivanhoé* e *A Ilha do Tesouro*, e aparece como roteirista de séries de televisão francesas dos anos 1960 como *Commando spatial* e *Les Habits noirs*. Com o romance policial *Le Concierge n'est plus dans l'escalier*, ele já havia estabelecido um nome no meio, recebendo o Prêmio Émile-Gaboriau em 1951. A série *Jacques Rogy* (Figura 183) é, sem dúvida, a contribuição literária por que é lembrado até os dias de hoje (RUAUD & MAUMÉJEAN, 2009).

Figura 183 - Versões de *Jacques Rogy* na *Mister Olho* e fora da Coleção (reimpressão)

- **Jacques Rogy**

Crônica de aventuras policiais e investigativas do repórter francês de mesmo nome, empregado do jornal *Grand Écho*, da cidade de Digne, e depois do *Clairon*, de Paris, a série tem ainda como personagens habituais René Doridan e Constance Haget. Com um total de 27 episódios[44] publicados originalmente na França entre 1960 e 1976, a Ediouro colocou no mercado brasileiro versões para os 15 primeiros, sendo que o último deles, *O Repórter Jaques Luta Contra o Relógio* (Figura 184), embora ainda no formatinho *Mister Olho*, já não incluía mais referências à coleção em seu novo *design* (ou seja, não faz oficialmente parte da Coleção *Mister Olho*). As traduções, assinadas por Luiz Fernandes, mantiveram as adaptações de nomes próprios e logradouros a um mínimo, diferentemente do observado em *Quim*.

Embora tenha sido sempre publicada em formato Normal (10,5cmx16cm), *Jacques Rogy* sofre alteração em seu *design* a partir do décimo primeiro episódio: o logo da *Mister Olho*, no alto, é substituído pelo da série e as capas ganham um fundo preto,

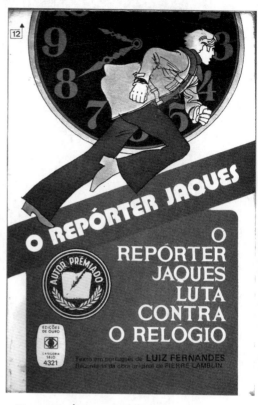

Figura 184 - Último episódio da série publicado pela Ediouro, já fora da Coleção *Mister Olho*

mais soturno, e capas originais de Noguchi (os livros iniciais não trazem crédito de ilustrador ou capista, mas parecem aproveitar as artes das edições francesas). Com essa configuração, apenas um livro parece ter sido reimpresso, dos primeiros: *O Repórter Jaques Encontra um Osso* (Figura 185). Outras tiragens, para os volumes 4 a 9, seguem o *design* branco de *...Luta Contra o Relógio* e já não são mais *Mister Olho*: trazem igualmente o já citado "brinde" da capa nova de Noguchi e título reformulado: *Jacques Rogy até Debaixo D'água*, por exemplo, vira *O Repórter Jaques...* (sem o "S" de Jacques e sem o "Rogy").

Dois dos livros chegam a ser anunciados (em listas de outras obras da *Mister Olho*, como *O Contrabandista Intocável*) com títulos variantes: o volume 10 com a palavra "cães", em lugar de "cachorros", e o volume 3 com o mais literal *...mata dois coelhos numa só cajadada*, em vez de *...e os sinais misteriosos*.

A tiragem dos livros de Lamblin dentro da coleção que delimita nosso *corpus* foi de 131.000 exemplares (Figura 186) entre 1973 e 1976. Acrescentando-se a esse montan-

---

44 O primeiro, *Trois garçons mènent l'enquête*, de 1960, é reeditado em 1963 com o título *Jacques Rogy entre em scéne* (que é o que aparece no crédito de *copyright* da Ediouro).

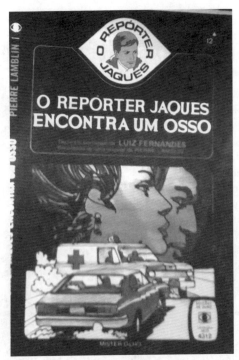

Figura 185 - Prova de capa com novo design para ...Encontra Um Osso.

te as quantidades sem menção à *Mister Olho* (incluídos aí as reimpressões com roupagem nova e o título original *O Repórter Jaques Luta Contra o Relógio*), chegamos a um total de 183.000 brochuras da série *Jacques Rogy* publicadas no Brasil pela Ediouro.

Uma curiosidade encontrada nos arquivos da editora é que já havia, prontas, traduções, artes finais e mesmo capas de Noguchi (Figuras 187 e 189) para ao menos cinco outros títulos da série, que não chegaram a ser produzidos nem na *Mister Olho* nem nas reimpressões com novo visual. As versões encontradas ganhariam os nomes e referências de *O Repórter Jaques Levanta o Véu* – SL-4322 (*Jacques Rogy léve le voile*), *O Repórter Jaques Arranca a Máscara* – SL-4323 (*Jacques Rogy arrache le masque*), *O Repórter Jaques Desafia o Rio Amazonas* – SL-4324 (*Jacques Rogy défie l'Amazone*), *O Repórter Jaques Socorre os Intocáveis* – SL-4325 (*Jacques Rogy epaule les incorruptibles*) e *O Repórter Jaques na Boca do Lobo* – SL-4326 (*Jacques Rogy se jette dans la gueule du loup*). O primeiro destes inéditos chega, inclusive, a ter prova de capa impressa, com data de 23 de maio de 1977, indicando tiragem de 6.000 exemplares (Figura 188).

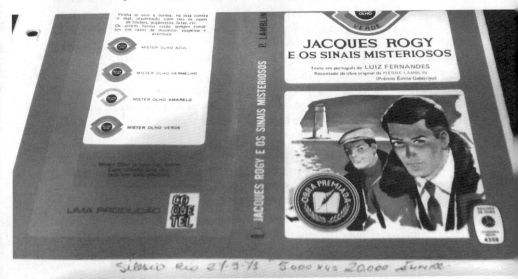

Figura 186 - Prova de capa de *Jacques Rogy e os Sinais Misteriosos* com data e tiragem

Figura 187 - Ilustração de capa inédita de Noguchi para
O Repórter Jaques Socorre os Intocáveis

A lista completa dos títulos publicados em francês é a seguinte: *Trois garçons mènent l'enquête* (1960), *Jacques Rogy chasse le fantôme* (1961), *Jacques Rogy court deux lièvres à la fois* (1962), *Jacques Rogy cherche la petite bête* (1963), *Jacques Rogy enquête sous les eaux* (1963), *Jacques Rogy lâche les chiens* (1963), *Jacques Rogy terrasse le dragon* (1964), *Jacques Rogy trouve un os* (1964), *Jacques Rogy veille au grain* (1964), *Jacques Rogy se jette au feu* (1965), *Jacques Rogy traque l'espion* (1965), *Jacques Rogy redresse la barre* (1966), *Jacques Rogy roule sur l'or* (1966), *Jacques Rogy lutte contre la montre* (1967), *Jacques Rogy prend le taureau par les cornes* (1967), *Jacques Rogy lève le voile* (1968), *Jacques Rogy arrache le masque* (1969), *Jacques Rogy défie l'amazone* (1969), *Jacques Rogy se jette dans la gueule du loup* (1970), *Jacques Rogy épaule les incorruptibles* (1970), *Jacques Rogy sauve le guépard* (1971), *Jacques Rogy devient agent secret* (1971), *Jacques Rogy combat les hommes masqués* (1972), *Jacques Rogy enquête chez le Pharaon* (1973), *Jacques Rogy se fâche* (1974), *Jacques Rogy force le secret des treize* (1975) e *Jacques Rogy réussi un fameux coup de filet* (1976). Vale o registro de que a obra recebeu adaptações em quadrinhos (Figura 190) pela editora Aredit, entre 1965 e 1968, para os onze primeiros episódios e o décimo terceiro.

Figura 189 - Arte-final do episódio não publicado *O Repórter Jaques na Boca do Lobo*

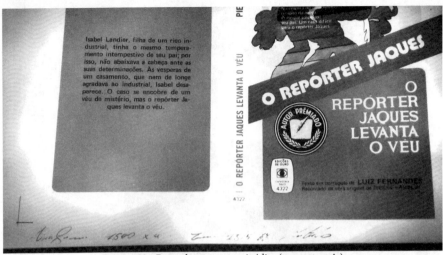

Figura 188 - Prova de capa para o inédito (em português)
O Repórter Jaques Levanta o Véu

Figura 190 - Página inicial da história em quadrinhos baseada
no romance *Veille au Grain*, da série *Jacques Rogy*

Tabela 23 - Série *Jacques Rogy / O Repórter Jaques*

Vol.	Ref.	Faixa Etária	Título	Ano	Título, ano e episódio originais	Tiragens *Mister Olho*	Tiragem Total *Mister Olho*	Tiragens Outras Coleções	Tiragem Total Ediouro
1	BL-4006		*Jacques Rogy Entra em Ação*	1973	*Trois garçons mènent l'enquête* (1960) - 1º	20.000 - 8/73		20.000		20.000
2	BL-4008		*Jacques Rogy Caça o Fantasma*	1973	*Jacques Rogy chasse le fantôme* (1961) - 2º	20.000 (est.) - 9/73		20.000		20.000
3	BL-4308		*Jacques Rogy e os Sinais Misteriosos*	1973	*Jacques Rogy court deux lièvres a la fois* (1962) - 3º	20.000 - 9/73		20.000		20.000
4	BL-4310		*Jacques Rogy até Debaixo D'água*	1974	*Jacques Rogy enquête sous les eaux* (1963) 5º	4.000 (est.) - 2/74		4.000	6.000 - 1/77	10.000
5	BL-4311		*Jacques Rogy e as Aranhas Negras*	1974	*Jacques Rogy cherche la petite bête* (1963) 4º	4.000 (est.) - 2/74		4.000	8.000 - 9/76	12.000
6	BL-4312		*Jacques Rogy Encontra um Osso*	1974	*Jacques Rogy trouve un os* (1964) - 8º	4.000 (est.) - ?/74	8.000 (est.) - ?/7?	12.000	8.000 - 6/76	20.000
7	SL-4313	12+	*Jacques Rogy Enfrenta o Dragão*	1974	*Jacques Rogy terrasse le dragon* (1964) - 7º	4.000 (est.) - 5/74		4.000	8.000 - 6/76	12.000
8	SL-4314	12+	*Jacques Rogy Decifra o Enigma*	1974	*Jacques Rogy veille au grain* (1964) - 9º	4.000 - 6/74		4.000	8.000 - 6/76	12.000
9	SL-4315	12+	*Jacques Rogy se Lança ao Fogo*	1974	*Jacques Rogy se jette au feu* (1965) - 10º	4.000 (est.) - 7/74		4.000	8.000 - 7/76	12.000
10	BL-4316		*Jacques Rogy Solta os Cachorros*	1975	*Jacques Rogy lache les chiens* (1963) - 6º	6.000 - 2/75		6.000		6.000
11	SL-4317	12+	*O Repórter Jaques Cerca o Espião*	1975	*Jacques Rogy traque l'espion* (1965) - 11º	9.000 - 8/75		9.000		9.000
12	SL-4318	12+	*O Repórter Jaques Descobre o Ouro*	1975	*Jacques Rogy roule sur l'or* (1966) 13º	9.000 - 10/75		9.000		9.000

| 13 | SL-4319 | 12+ | O Repórter Jaques Assume o Comando | 1975 | Jacques Rogy redress la barre (1966) 12° | 9.000 (est.) - 10/75 | 9.000 | 9.000 |
| 14 | SL-4320 | 12+ | O Repórter Jaques Pega o Touro | 1976 | Jacques Rogy prend le taureau par les cornes (1967) - 15° | 6.000 - 1/76 | 6.000 | 6.000 |

Livros da série lançados originalmente fora da Coleção Mister Olho (mas pela Ediouro)

| 15 | SL-4321 | 12+ | O Repórter Jaques Luta Contra o Relógio | 1976 | Jacques Rogy lutte contre la montre (1967) - 14° | | 6.000 - 11/76 | 6.000 |

Legenda:

Edição original Mister Olho, formato 10,5cmx16cm (Normal), com logo da série no alto, ao centro. Título em maiúsculas.

Reimpressão Mister Olho, idem acima. Novo design (fundo preto) com nova ilustração Noguchi.

Reimpressão (ou original), formato Normal. Novo design, capa branca, faixa diagonal da série, capa de Noguchi. Sem menção a Mister Olho (série O Repórter Jaques).

Tabela 23B - Série *Jacques Rogy / O Repórter Jaques* (capas *Mister Olho* e demais originais)

ORIGINAIS

REEDIÇÕES

ORIGINAIS FORA DA *MISTER OLHO*

Série "Fora de Série"

Assim que se decide pela estratégia de organizar, listar e identificar os livros da *Mister Olho* em séries, em vez de deixá-los sem maior indicação ao leitor quanto aos personagens e patotas envolvidas nas brochuras, a Ediouro cria o nome-trocadilho "Fora de série", superlativo elogioso para agrupar todos os lançamentos avulsos, com *design* original da coleção, assim considerados seja por sua própria natureza de obras independentes, *stand alone*, ou por não chegarem a configurar uma sequência que justificasse tratamento diferenciado (Figura 191). São em número de 17 os autores publicados, a maioria franceses, para um total de 27 títulos, onde (com poucas exceções) se destaca sua novidade e seu frescor.

SÉRIE "FORA DE SÉRIE"	
BL – 4007	O CONTRABANDISTA INTOCÁVEL
BL – 4101	REBELIÕES EM KABUL
BL – 4102	GIL NO COSMOS
BL – 4103	GIL REGRESSA À TERRA
BL – 4104	UMA OUTRA TERRA
BL – 4105	COSMONAUTAS CONTRA DIPLODOCOS
BL – 4106	DOIS OLHOS DENTRO DA NOITE
BL – 4107	OS DENTES BRANCOS DA FOME
BL – 4201	"DESLIGADO" E O CAVALO FANTASMA
BL – 4202	O CASO MISTER JOHN
BL – 4203	O HOMEM DA CAPA PRETA
BL – 4204	"DESLIGADO" CONTRA O HOMEM DA ADAGA
BL – 4205	CASO DIANA – ESTRITAMENTE CONFIDENCIAL
BL – 4207	O HOMEM DA GRAVATA AMARELA
BL – 4304	O VELEIRO MALDITO
BL – 4306	O NAVIO MAL-ASSOMBRADO
BL – 4401	O TESTAMENTO E O QUADRO ROUBADO
BL – 4402	A MENINA E AS ÁGUIAS
BL – 4403	SABOTAGEM NO PLANETA VERMELHO
BL – 4404	OS PIRATAS DE BORNÉU
BL – 4405	UM CERTO CURTIS RHODES
BL – 4406	OS BARBAS RUIVAS DO RIO AMARELO
BL – 4407	NÁUFRAGOS NO ÁRTICO
BL – 4408	CASO ORLANDO

Figura 191 - Lista da *Fora de Série* ao fim de livro da *Mister Olho*

Muitos dos livros, conforme se pode constatar pela Tabela 24, tinham pouco tempo no mercado internacional, o que demonstra a arrojada intenção da Ediouro de trazer para a *Mister Olho* e os leitores brasileiros o que havia de mais recente em matéria de literatura infantojuvenil.

Figura 192 - Capa de *"Desligado" e as Pistolas de Duelo*

O autor com mais representação é o alemão Friedrich Feld (5 títulos), seguido pelos franceses Boileau-Narcejac (3), Adrien Martel (2), François Vernières (2) e Odette Sorensen (2) e finalmente pelo também alemão Hugo Kocher (2). Os demais escritores publicados na *Fora de Série* são norte-americanos, como Radko Doone (responsável pela obra mais antiga da *Mister Olho*, publicada originalmente em 1939) ou outros franceses, como Dominique Glize. Vale ressaltar que os trabalhos de Martel formam uma sequência com o personagem Gil, da mesma forma que os de Boileau-Narcejac compõem uma série (Figura 192) em torno do personagem "Desligado" (Sans-Atout, no original). À época, todos os três livros existentes seriam publicados em português no Brasil dentro da *Mister Olho*.

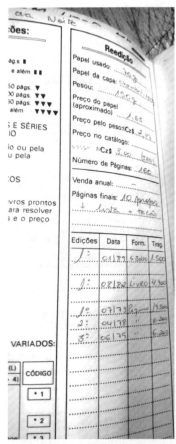

Figura 193 - Ficha com registro de tiragens para *Dois Olhos Dentro da Noite*

Curioso é que os autores (e teóricos) voltam à carga, anos depois, e publicam outros quatro episódios, aparentemente ainda sem tradução para o nosso idioma: *Sans Atout dans la gueule du loup* (1984), *Sans Atout et l'Invisible agresseur* (1984), *Sans Atout, une étrange disparition* (1985), *Sans Atout, le cadavre fait le mort* (1987) e *Sans Atout, la vengeance de la mouche* (1990).

Muitos dos livros (em particular os franceses) foram licenciados junto à Editora Hatier - G.T. Rageot e faziam parte de uma coleção de bolso, a *Jeunesse Poche*, que se organizava em quatro selos, mais ou menos como a princípio a Ediouro pretendeu fazer com as diferentes cores para os livros da *Mister Olho*: *Espionnage*, *Policier*, *Anticipation* e *Aventures*. Não é exagero afirmar que esses gêneros abarcam, por assim dizer, todo o nosso *corpus*, seja de séries brasileiras ou internacionais.

Nenhum dos livros da *Fora de Série* credita ilustradores ou capistas, embora muitas vezes a Ediouro evidentemente aproveitasse as artes originais. Há casos, porém, em que os arquivos sugerem que houve encomenda local a algum artista não identificado, como para o volume *A menina e as águias*. Alguns livros específicos, em reedições tardias dos anos 1980, recebem novo *design*, nova arte de capa (como os de Martel) e mesmo ilustrações internas: Teixeira Mendes embeleza *O Contrabandista Intocável*, *Dois Olhos dentro da Noite*, *O Homem da Capa Preta*, *O Navio mal-assombrado* e *A Menina e as Águias*; e *Myoung Yun Lee* enriquece da mesma forma as páginas de *Gil no Cosmos* e *Gil Regressa à Terra*.

A Ediouro, com os títulos da *Fora de Série*, publica entre 1973 e 1975 um total de 364.637 exemplares (Figura 193), que vão a 481.568 quando somadas as tiragens das reedições pontuais em outras coleções fora da *Mister Olho* (formatos Normal, Duplo em Pé e Super Bolso), incluídas aí as 8.000 cópias de *Nelly no Fim do Mundo* (reedição de *Rebeliões em Kabul* com novo título e capa, em 1976, de que já falamos no Capítulo 1). Como faziam parte da primeiríssima fase da coleção, apenas cinco títulos dos 27 da *Fora de Série*, em suas edições originais, levavam indicação de faixa etária.

O trabalho de tradução coube a nove profissionais diferentes, tendo sido Luiz Fernandes e Sérgio Augusto Teixeira os mais produtivos, com sete obras cada.

Tabela 24 - Série Fora de Série

Vol.	Ref.	Faixa Etária	Título	Ano	Título e ano originais	Autor	Tradutor	Tiragens Mister Olho	Tiragem Total Mister Olho	Tiragens Outras Coleções						Tiragem Total Ediouro
1	BL-4007		O Contrabandista Intocável	1973	Der Gespensterhund (1969)	Hugo Kocher	Ilse Nadir Schwingel da Costa Reis	4.900 - 8/73	4.900	8.100 - 6/76		4.000 - 8/82		1.500 - 4/89		18.500
2	BL-4101		Rebeliões em Kabul	1973	Émeutes à Kaboul (1958)	Dominique Glize	Luiz Fernandes	50.000 - 2/73	50.000	8.000 -4/76						58.000
3	BL-4102		Gil no Cosmos	1973	Gil dans le cosmos (1971)	Adrien Martel	José Cândido de Carvalho	30.000 -6/73	30.000				3.000 - 2/85		8.000 - 9/85	41.000
4	BL-4103		Gil regressa à Terra	1973	Gil revient sur Terre (1971)	Adrien Martel	José Cândido de Carvalho	19.637 -6/73	19.637					2.000 - 10/89		21.637
5	BL-4104		Uma outra Terra	1973	Une autre Terre (1972)	Pierre Pelot	Paulo Silveira	20.000 -7/73	20.000							20.000
6	BL-4105		Cosmonautas contra Diplodocos	1973	Cosmonautes contre diplodocus (1971)	Pierre Devaux	Sérgio Augusto Teixeira	20.000 -7/73	20.000							20.000
7	BL-4106		Dois olhos dentro da noite	1973	Deux yeux dans la nuit (1972)	Alice Boutroux	Sérgio Augusto Teixeira	19.500 -7/73	19.500	6.200 -4/78	6.200 - 6/79	4.900 - 8/82		1.500 - 1/89		38.300
8	BL-4107		Os dentes brancos da fome	1974	Dossier "Poissons" (1972)	Bertrand Solet	Sérgio Augusto Teixeira	8.000 (est.) - ?/74 · 8.000 (est.) - ?/?	16.000							16.000
9	BL-4201		"Desligado" e o Cavalo fantasma	1973	Sans atout et le cheval fantôme (1971)	Boileau-Narcejac	Luiz Fernandes	20.000 (est.) - ?/73	20.000							20.000
10	BL-4202		O Caso Mister John	1973	L'Affaire Mister John (1971)	François Vernières	Luiz Fernandes	20.000 (est.) - ?/73	20.000							20.000
11	BL-4203		O Homem da Capa Preta	1973	L'Inconnu a la Houppelande (1971)	Odette Sorensen	Luiz Fernandes	20.000 - ?/73	20.000					3.000 - 8/88		26.000
12	BL-4204		"Desligado" contra o homem da adaga	1973	Sans atout contre l'homme a la dague (1971)	Boileau-Narcejac	Luiz Fernandes	20.000 -6/73	20.000							20.000
13	BL-4205		Caso Diana - Estritamente confidencial	1973	Akte Diana - streng geheim (1968)	Friedrich Feld	Richard Paul Neto	20.000 -7/73	20.000							20.000
14	BL-4207		O homem da gravata amarela	1973	Der Mann mit der gelben Krawatte (1966)	Friedrich Feld	José Moacir Batista	5.000 - 8/73	5.000	6.000-10/75		3.000 - 4/83				5.000
15	BL-4304		O veleiro maldito	1973	L'oiseau de mort du cap horn (1971)	Jean Merrien	Edmundo Lys	5.000(est) -?/73	5.000							11.000
16	BL-4306		O navio mal-assombrado	1973	Es Spukte auf der Überfahrt (1971)	Friedrich Feld	José Moacir Batista	19.800 - 8/73	19.800	6.200 -7/78	6.000 - 8/79	3.044 - 2/83	4.000 - 2/86	987 - 12/88	2.000 - 9/89	42.031

Nº	Código	Faixa	Título	Ano	Título original	Autor	Tradutor	1ª tiragem					Total
17	BL-4401		O testamento e o quadro roubado	1973	Das Testament des Eusebius Silberfuchs (1967)	Friedrich Feld	Richard Paul Neto	5.000 - 9/73	5.000				5.000
18	BL-4402		A menina e as águias	1973	Das Nest am Jochenstein (1967)	Hugo Kocher	Ilse Nadir Schwingel da Costa Reis	4.800 - 9/73	4.800	7.800 - 1/77	4.000 - 7/82	1.500 - 1/89	18.100
19	BL-4403		Sabotagem no Planeta Vermelho	1973	Sabotage sur la Planète Rouge (1972)	Christian Grenier	Sérgio Augusto Teixeira	5.000 (est.) - ?/73	5.000	6.000 - 9/79			11.000
20	BL-4404		Os Piratas de Bornéu	1973	Les pirates de Bornéo (1972)	Michel Grimaud	Luiz Fernandes	5.000 - 11/73	5.000				5.000
21	BL-4405	12+	Um Certo Curtis Rhodes	1974	Um certain Curtis Rhodes (1972)	Odette Sorensen	Paulo Silveira	4.000 - 5/74	4.000	6.000 - 1/77			10.000
22	BL-4406		Os Barbas Ruivas do Rio Amarelo	1974	Red beards of the Yellow River (1939)	Radko Doone	Esdras do Nascimento	5.000 (est.) - ?/74	5.000				5.000
23	BL-4407		Náufragos no Ártico	1974	The night of the black frost (1968)	Arthur Catherall	Sérgio Augusto Teixeira	5.000 - 2/74	5.000				5.000
24	BL-4408		O Caso Orlando	1974	Der Fall Orlando (1968)	Friedrich Feld	Richard Paul Neto	5.000 - 2/74	5.000	6.000 - 12/76			11.000
25	SL-4409	12+	O Segredo de Saturno	1974	The secret of Saturn's rings (1954)	D. Wollheim	Sérgio Augusto Teixeira	6.000 - 5/74	6.000				6.000
26	SL-4410	9+	"Desligado" e as pistolas de duelo	1975	Les pistolets de Sans-Atout (1973)	Boileau-Narcejac	Luiz Fernandes	6.000 - 2/75	6.000				6.000
27	SL-4412	9+	Os suspeitos da praia grande	1974	Enquête sur la Grand-Côte (1973)	François Vernières	Sérgio Augusto Teixeira	4.000 - 8/74	4.000	6.000 - 11/76			10.000

Legenda:

	Edição original *Mister Olho*, formato 10,5cmx16cm (Normal), com logo da coleção no alto, ao centro. Título em maiúsculas.
	Reimpressão *Mister Olho*, formato Normal, idem acima. Ganha indicação de faixa etária "12+".
	Edição formato Normal, Coleções *Calouro*, *Calouro Maior* ou *Elefante*. Novo *design*.
	Reimpressão formato Normal, Coleções *Calouro*, *Calouro Maior* ou *Elefante*.
	Edição formato 15,1cmx20,9cm (Duplo em Pé), Coleção *Elefante*. Livros ganham ilustrações inéditas de Teixeira Mendes.
	Reimpressão formato Duplo em Pé, Coleção *Elefante*.
	Edição formato 12cmx20,8cm (Super Bolso), Coleção *Elefante* ou selo *EdiJovem*. Novo *design*. Livros "Gil" ganham ilustrações inéditas de Lee.
	Reimpressão formato Super Bolso, Coleção *Elefante* ou selo *EdiJovem*.

Tabela 24B - Série *Fora de Série* (capas *Mister Olho*)

ORIGINAIS

ORIGINAIS CONT.

REEDIÇÕES

Ilustradores, capistas e tradutores: os outros criadores da Coleção *Mister Olho*

Muito além dos tempos do *Curso de Linguística Geral* de Saussure, no qual o teórico suíço opta por uma concepção de *significado* em que gramaturas, tamanhos e cores não desviam o enunciado de sua direção, hoje já entendemos que "qualquer compreensão de um texto, não importa de que tipo, depende das formas com as quais ele chega até o leitor" (CHARTIER, 2001, p. 220).

Se o atual estado dos Estudos Literários já permite (ou mesmo impõe) uma análise de seus objetos que inclua a materialidade dos suportes como elementos fundamentais tanto para a produção de sentido quanto para a recepção dos textos que, graças a eles, suportes, circulam entre uma comunidade linguística ao longo de dado recorte histórico, essa materialidade, quando as mãos (do pesquisador) são colocadas na massa, desdobra-se também em uma espécie de autoria subsidiária, acessória, mas que não chega a ser anônima como a dos gráficos, dos arte-finalistas e dos digitadores: tal autoria, que engloba as contribuições de outros profissionais--artistas para a concepção final do livro-objeto (mesmo do livro-*produto*), merece ser defendida, quando não destacada, com a importância que ela tem na espécie de tripé criativo onde se assenta um lançamento (ao mundo) como os volumes da *Mister Olho*. À construção do autor, o texto, de existência de certa forma abstrata, imaterial, espécie de ouro semântico-discursivo brutamente beneficiado na forma de lâminas-folhas de papel, junta-se, mediada pela figura aqui difusa do editor (ou do projeto editorial como um todo), o aporte dos tradutores (de idiomas ou de linguagens); plasma-se um rosto, um estilo, uma simbiose visual, uma nova morada léxico-sintático-contextual, fruto dos encontros singulares entre os esforços dos artistas (ainda que de encomenda).

Veremos a seguir quem foram estes outros (co)autores da *Mister Olho*, procurando lançar alguma luz sobre sua participação na coleção, bem como sobre suas trajetórias e carreiras.

As cores e traços da Coleção: o eterno (e prolífico) Noguchi e seus colegas

Autores como Alan Powers são veementes ao destacar como "é espantoso que a importância cultural das capas ainda seja negligenciada pelos bibliógrafos. A capa é parte integrante da história de qualquer livro" (POWERS, 2008, p. 6), espécie de *shake-hands protocol* entre o escritor e seu público, que já recebe ali pistas da experiência que está à sua espera. Powers sugere que tal desatenção se deva a uma preocupação pedagógica não muito diferente da que ainda hoje se aplica aos quadrinhos: a ilustração retiraria espaço do personagem-mor, o conteúdo-texto.

> O descaso pelas capas de livros resulta de uma disputa entre a palavra e a imagem nos processos de edição e de leitura. A tendência de as crianças lerem ilustrações, e não texto, implicou a visão de que capas atraentes demais degradam conteúdos importantes – paradigma que talvez ainda seja corrente no caso das publicações acadêmicas. As crianças, porém, não fazem uma separação tão automática entre forma e conteúdo, e podem estabelecer um vínculo emocional com um livro do mesmo modo como fariam com um brinquedo. A capa pode desempenhar funções diversas nessa conjunção. No caso de um livro ilustrado, ela pode servir de amostra das delícias que virão – uma espécie de janela para um mundo interior, mas não necessariamente a mais valiosa delas. Num romance juvenil, ela pode ser a única parte do livro impressa em cores e, portanto, a mais atraente. (POWERS, 2008, p. 6-7)

Em livros para crianças em processo de aquisição de linguagem, a imbricação palavra-imagem e mesmo a importância maior dos elementos visuais pode fazer com que estes se tornem "constituintes de um texto paralelo, repleto de significação e, muitas vezes, independente" (FERREIRA, 2004, p. 71). Não é o caso, porém, da *Mister Olho*, ainda que tratemos aqui de leitores bastante jovens (aproximadamente 100 livros dos quase 150 com indicação de faixa etária eram recomendados para crianças a partir de 9 anos); para o nosso *corpus*, o elemento imagético de destaque é a ilustração de rosto, aquela que representa sugestão e convite, na qual o leitor já se informa da experiência estética total que virá.

Escrevendo sobre ilustrações de títulos da *Biblioteca Azul*, Chartier formula uma característica do livro ilustrado que pode muito bem ser aplicada à dinâmica da *Mister Olho*, onde várias vezes (em 69 livros, de 164 totais, desconsiderando-se aqui as traduções) a única imagem era justamente a da capa.

> Quando a imagem é única, ela se encontra mais frequentemente ou nas primeiras páginas do livro ou na última. Instaura-se assim uma relação entre ilustração e o texto em seu todo, e não entre a imagem e esta ou aquela passagem particular. Colocada no começo, a ilustração induz a leitura, fornecendo uma chave que diz através de que figura o texto deve ser entendido, seja porque a imagem leva a compreender o todo do texto pela ilustração de uma de suas partes, seja porque propõe uma analogia que guiará a decifração. (...) Colocada na última página, a imagem tem outra função, já que permite fixar e cristalizar, em torno de uma representação única, aquilo que foi uma leitura entrecortada e quebrada. Ela fornece, assim, a memória e a moral do texto. (CHARTIER, 2004, p. 276-277)

Em 1972, trabalhando sobre os primeiros livros da Coleção, enquanto alguns concorrentes (como vimos com a Abril e os *Hardy Boys*) testavam o mercado urbano com publicações infantojuvenis seriadas, a Ediouro já vinha de larga experiência com a produção do livro barato, porém atraente. E isso, claro, incluía uma aguda percepção da importância da "embalagem" para o sucesso e a boa acolhida de qualquer publicação. Ainda mais no que se refere a esse público-alvo. Já na década de 1960, as editoras têm plena consciência da importância que a ilustração possui para a formação do objeto de consumo livro infantojuvenil e garantem sua presença nas obras, de maneira que estas assim "pode[m] competir em um mercado em que o visual, graças aos meios de comunicação de massa, tem função preponderante" (FERREIRA, 2004, p. 159).

Somando-se aos seis autores-escritores nacionais, tivemos em nosso *corpus* um total de nove *autores*-desenhistas (Hélcio Noguchi, Teixeira Mendes, Eduardo Baron, Jorge Ivan, Luiz Carlos Cidade, José Alves Bezerra, Arnaldo Sinatti, Eliardo França e Myoung Youn Lee). A eles, devemos centenas e centenas de imagens que fazem parte dos livros a que foram incorporadas e da memória afetiva das milhões de leituras embaladas pelas páginas da Coleção. Entre todos os nomes, em destaque absoluto, tanto pela qualidade-quantidade dos trabalhos quanto pela identificação entre estilo e projeto, está o do inigualável Noguchi.

Noguchi

Pelo *WhatsApp*, acionamos uma das filhas de Hélcio Mário Noguchi, Liza (e isso pela sétima ou oitava vez ao longo do último ano e meio), enquanto íamos coletando alguns dados biográficos para o que seria seu verbete nesta obra.

[17:34, 27/8/2018] **Leo Nahoum:** Oi, Liza. Me confirma uns dados?

[17:34, 27/8/2018] **Leo Nahoum:** Seu pai faleceu dia 25 de abril de 2001?

[17:34, 27/8/2018] **Liza Noguchi:** Pode falar

[17:34, 27/8/2018] **Liza Noguchi:** Sim

[17:34, 27/8/2018] **Leo Nahoum:** E a data de nascimento?

[17:35, 27/8/2018] **Liza Noguchi:** Vixi

[17:35, 27/8/2018] **Liza Noguchi:** Kkk

[17:35, 27/8/2018] **Leo Nahoum:** Ele é natural de onde, em MG?

[17:35, 27/8/2018] **Liza Noguchi:** Sei que é dia 20 de março

[17:35, 27/8/2018] **Liza Noguchi:** O ano tenho que perguntar [a] minha mãe

[17:35, 27/8/2018] **Liza Noguchi:** Nasceu em Belo Horizonte

[17:35, 27/8/2018] **Leo Nahoum:** Tá!

[17:36, 27/8/2018] **Liza Noguchi:** Estou ligando pra ela

[17:36, 27/8/2018] **Liza Noguchi:** Acho [que é] 1938

Esse pequeno flagrante-recorte do cotidiano desta pesquisa ilustra a situação criminosa em que se encontra hoje a memória brasileira (não me refiro à sua filha Liza, que atualmente redige tese de doutorado em *design* sobre a obra do pai!) para com um de seus mais talentosos artistas. Procurem em vão na *internet* pelo nome de Hélcio Mário Noguchi, *designer*/fotógrafo/ilustrador/desenhista/pintor nascido em 20 de março de 1938, em Belo Horizonte; procurem em vão por alguma informação básica dele na *Wikipedia* ou qualquer outro *site* para desesperados; procurem em vão por um registro digital qualquer que faça justiça à passagem do brilhante Noguchi por estas terras brasileiras das cores e traços; procurem em vão por marcos, lembranças, obituários, homenagens a esse verdadeiro gigante das formas e das aquarelas, dos enquadramentos perfeitos e do olhar de artista; procurem em vão porque, infelizmente, não há quase nada lá.

Reconstruir a trajetória de Noguchi, responsável pela capa de mais de uma centena de livros da Coleção *Mister Olho*, pareceu-nos desde o início tarefa obrigatória. Seu estilo ficou de tal maneira associado aos pequenos livros de bolso da Ediouro que pegar em volumes ilustrados por outros capistas criava sempre um certo quê de frustração (pelo menos neste leitor que vos escreve). Os personagens da *Inspetora* tinham um rosto, assim como aqueles da *Turma do Posto Quatro*. O cachorro Calunga, da série onde ele acompanhava o menino Bira, não poderia ter outro intérprete; o mesmo para Toquinho e seus amigos ou a menina Gisela e o cão pastor Prisco. E essa identidade visual quase absoluta, quase sinônimo de *Mister Olho*, era fruto das mãos únicas de Noguchi.

A saudade que este nipo-brasileiro deixou entre colegas e familiares, ao falecer em 25 de abril de 2001, transparece nas conversas e causos contados por sua segunda esposa, Bebel Noguchi[45], quando do depoimento que nos ofereceu em sua casa, na Joatinga (desenhada pelo próprio Noguchi), em 16 de abril de 2016. O Noguchi generoso ("Ele era um doador", diz Bebel) parecia presença ainda reconhecível nos móveis, nas grandes peças de madeira da casa ainda por terminar, nos espaços onde, quinze anos antes, ele circulava, entre um *freela* e outro, entre este desafio e aquela novidade. "Passou por todas as grandes agências de publicidade", conta Bebel, mas "não gostava, preferia ser *freelancer*".

Em um livro chamado *Que trem é esse?*, dedicado ao *design* gráfico mineiro, editado em 2001 pela Editora Rona para a Escola de Design da UEMG, Adélia Borges, em seu texto de apresentação, diz que

> Neste país sem memória, alvíssaras para a iniciativa de registrar, antes que seja tarde, os passos dos pioneiros do *design* de Minas, contados por sua própria voz. Em minhas aulas de história do *design* brasileiro, padeço para passar aos alunos alguma indicação de leitura: elas são escassas, frágeis. Sobre uma base tão pouco conhecida, que futuro construir? (BORGES, 2001, p. 9)

Noguchi é um dos pioneiros a que Borges se refere. Ele (sua voz) aparece no citado livro como um dos profissionais homenageados com o espaço de algumas páginas memoráveis nas quais registra sua trajetória entre brincadeiras com a própria idade (se diz tanto "pré" quanto "pós" *design*) e com a condição de autônomo (ao

---

45 Maria Isabel de Campos Paulino.

final do texto, ele se assina como "Noguchi, biscateiro"). Sua "Idade da Pedra Lascada" começaria, diz, quando, "por volta de 1949, numa Belo Horizonte cheia de pardais, começo a desenhar histórias em quadrinhos para a revista *Era uma vez*" (NOGUCHI, 2001, p. 37). É com onze para doze anos, portanto, que Noguchi considera ter dado os primeiros passos na profissão. Em poucos anos, após uma passagem pela revista *Alterosa*, já está trabalhando em uma agência de publicidade. É mais ou menos nessa época (sua "Idade do Bronze", diz ele) que monta um estúdio: "anúncios, ilustrações, revistas, rótulos de cachaça, tudo"

Figura 194 - Arte original (de Noguchi?) de *A Inspetora e o Enigma do Faraó* (1988)

(NOGUCHI, 2001, p. 37). O espírito livre de Noguchi faz com que se refira a todos os seus empregos praticamente da mesma forma: "Sou comprado", ou "Comprado de novo!" ou ainda "Novamente comprado!". Ao descrever sua "Idade de Ferro", Noguchi registra o nascimento de seu interesse pela fotografia e o Golpe Militar:

> Demito-me, mudo de cidade. Agora sou *freelancer*. Agora sou ilustrador. Agora sou paulista e no embalo, viro fotógrafo. É *design*? Não sei, mas é outra escola. E não cabe no assunto presente. Quatro anos. Acaba uma ilusão, junto a tantas no país. É abril de 1964. (NOGUCHI, 2001, p. 38)

No período seguinte (que o "biscateiro" chama de "Anos de Chumbo"), Noguchi abre ainda mais sua paleta de interesses e atuação (arquitetura, pintura, exposições). É aqui que trabalha junto com alguns amigos, como Carlos Figueiredo (autor da série *Dico e Alice*), em sua própria agência de publicidade. Suas palavras sobre essa fase são interessantes.

> Reajo novamente. Monto uma agência de propaganda. Muitos obstáculos, alguns bons sócios, outros nem tanto, muito trabalho, muitos amigos, muitas esperanças. É *design*? Uma agência concorrente canta nosso maior cliente com promessas de benesses políticas da ditadura. Desistimos. Vendemos a agência para nosso desafeto. Isto não é propaganda e muito menos *design*. (NOGUCHI, 2001, p. 38-39)

A Idade dita "Moderna" para Noguchi, que envolve sua vinda para o Rio de Janeiro, é justamente o período em que trabalha para as Edições de Ouro como capista (para livros da *Mister Olho*, mas para literalmente centenas mais em outras coleções da editora).

Figura 195 - Arte original de Noguchi para *Goiabinha e a Dança da Guerra*

> Vamos todos para o Rio de Janeiro. Recomeço minha vida de biscateiro: ilustrações, anúncios, *storyboards*, folhetos, cartazes, campanhas, embalagens, marcas, capas de livro, capas de disco, direção de comerciais, aberturas de filmes, programação visual, *stands*, perspectivas, maquetes, arquitetura, móveis, construções. Um dia, estou pintando um presépio de madeira como modelo de produção para um amigo. Penso: não me falta fazer mais nada. Toca o telefone. Outro amigo pede uma programação visual para balões dirigíveis por rádio. É *design*? Passo três anos numa agência de propaganda nacional como diretor de arte. É *design*? Canso. Volto à instável e emocionante vida de biscateiro. (NOGUCHI, 2001, p. 39)

A pós-modernidade (a "Idade" com a qual termina seu depoimento-trajetória no livro *Que trem é esse?*) deste artista absolutamente completo foi a Era da Informática e suas ferramentas: "O computador invade tudo, serve para tudo. O biscateiro entra nessa. Passa três anos dormindo dia sim, dia não. Precisa tirar o atraso" (NOGUCHI, 2001, p. 39). Noguchi, infelizmente, partiria cedo demais, aos 63 anos, sem sequer ver impresso este único livro da UEMG que começava a tentar lhe fazer justiça.

O repúdio ao regime militar (evidente nas menções, que citamos, em seu texto "Do pré ao pós") tinha razões de ordem bem concreta: Noguchi foi preso pela ditadura, em 1968, e ficou detido no DOPS por oito dias (de 28 de outubro a 5 de novembro). Segundo sua esposa Bebel, a violência teria se dado porque "alguém [com envolvimento em organizações clandestinas de esquerda] usava o malote de

Figura 196 - Arte original de Noguchi para *Operação Falsa Baiana*

correspondência da empresa dele para enviar mensagens" (PAULINO, 2016) e o esquema teria sido descoberto e Noguchi, injustamente implicado. Bebel relata que a prisão foi antecedida por uma visita de militares à casa dos dois e que, assustado, o casal teria queimado agendas com endereços e contatos de conhecidos (PAULINO, 2016). No registro correspondente ao episódio, disponível no Arquivo Público Mineiro, pode-se ler a descrição "presos políticos" e de que se trata de "ficha de identificação de indivíduo preso por ações consideradas subversivas". Consta ainda dos autos, como motivo, o crime de "subversão". Segundo sua filha Liza, a prisão teria se dado no Rio de Janeiro e Noguchi teria sido transferido para Belo Horizonte. O nome da pessoa causadora da confusão com o malote seria um empregado, também estudante, de nome Tarcísio (NOGUCHI, 2018).

Entre 1973 e 1979, Noguchi entrega à Ediouro nada menos que 133 capas (considerando-se aqui apenas os livros de autores nacionais), de um universo total de 164: 81,1% do rosto da *Mister Olho* brasileira, portanto, saíram das mãos de Noguchi. O artista mineiro contribui também para a série francesa *Jacques Rogy*, para a qual desenha as capas dos episódios 11 (não creditada) a 15[46] (sendo que este último já não figura como *Mister Olho*), bem como as das reedições para as aventuras 4 a 10[47].

---

46 *O Repórter Jaques Cerca o Espião, O Repórter Jaques Descobre o Ouro, O Repórter Jaques Assume o Comando, O Repórter Jaques Pega o Touro* e *O Repórter Jaques Luta Contra o Relógio*.

47 *O Repórter Jaques até Debaixo D'água, O Repórter Jaques e as Aranhas Negras, O Repórter Jaques Encontra um Osso, O Repórter Jaques Enfrenta o Dragão, O Repórter Jaques Decifra o Enigma, O Repórter Jaques se Lança ao Fogo* e *O Repórter Jaques Solta os Cachorros*.

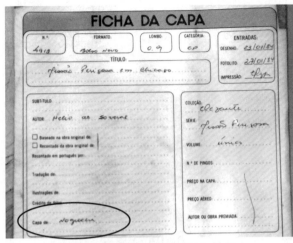

Figura 197 - Ficha de capa de *Missão Perigosa em Chicago* (1984), com crédito para Noguchi

Ficaram inéditas as ilustrações que criou para os livros 16 a 20[48], cuja publicação foi interrompida pela editora (ver no Anexo C todos os desenhos inéditos de Noguchi para a *Mister Olho*).

São de Noguchi as 30 primeiras capas da série *Inspetora* (as três últimas nos anos 1980, já fora da *Mister Olho*), bem como a que ficou inédita juntamente com o livro *O Caso do Rei da Casa Preta*.

É muito possivelmente de Noguchi, também (pelo estilo), a ilustração para o episódio final (Figura 194) *A Inspetora e o Enigma do Faraó* (1988), que não possui créditos nem no livro nem nas fichas de produção que sobreviveram na editora.

Para a série *Goiabinha* (Figura 195), do mesmo Ganymédes José, ele assinou 8 das 10 ilustrações de capa (só as duas primeiras têm arte de Baron). Na *Chereta*, Noguchi assume o leme a partir do episódio 5, produzindo oito capas, entre elas a do livro inédito *Chereta enfrenta os Clóvis*. E até mesmo em *Os Seis*, desde sempre identificada com o estilo de L.C. Cidade, conseguimos descobrir trabalhos seus: são dele as (não creditadas) capas dos últimos livros dos anos 1970, *Os Seis e o Segredo do Sambaqui* e *Os Seis e o Galeão Espanhol*. Nelas, inclusive, o artista parece tentar se aproximar do estilo do capista original da saga. A autoria pôde ser determinada pelo nome manuscrito no verso das respectivas artes.

Dos 29 livros da *Turma do Posto Quatro* (Figura 196) nos anos 1970, 25 tiveram capa de Noguchi (só as quatro primeiras são de Jorge Ivan), sendo que quatro delas não creditadas[49]. Para as outras duas séries restantes de Hélio do Soveral, *Bira e Calunga* e *Missão Perigosa*, Noguchi reinou absoluto, criando para cada uma, respectivamente, 10 (as cinco primeiras, não creditadas[50]) e 13 ilustrações (incluindo 7 fora da *Mister Olho*), entre elas a anônima que aparece em *Missão Perigosa em Chicago* (a ficha de produção, na Figura 197, registra seu nome).

A falta de crédito para vários dos trabalhos de Noguchi (19 no total, se considerarmos como dele a de *A Inspetora e o Enigma do Faraó*) levanta algumas questões de

---

48 *O Repórter Jaques Levanta o Véu* (não publicado), *O Repórter Jaques Arranca a Máscara* (não publicado), *O Repórter Jaques Desafia o Rio Amazonas* (não publicado), *O Repórter Jaques Socorre os Intocáveis* (não publicado) e *O Repórter Jaques na Boca do Lobo* (não publicado).

49 *Operação Mar Ouriçado, Operação Falsa Baiana, Operação Fla-Flu* e *Operação Curió na Gaiola*.

50 *Bira e Calunga na Floresta de Cimento, Bira e Calunga no Solar das Almas, Bira e Calunga no Reino do Mágico Merlíni, Bira e Calunga na Caverna do Curupira* e *Bira e Calunga na Ilha dos Cabeludos*.

interesse quanto à trajetória do profissional junto à Ediouro. É evidente que não faltava trabalho ou prestígio para Noguchi junto à editora carioca: além das mais de 150 capas que produziu para séries nascidas em nosso *corpus*, um levantamento preliminar revela outros 93 livros, durante os anos 1970, com capas de sua autoria.[51] Se a omissão na maior parte dos casos parece se dever a uma falta de cuidado da editora nos primeiros lançamentos da coleção (que não mereceria *tamanho* esmero editorial, como a previsão de crédito de autoria dos seus criadores secundários, isto é, capistas e ilustradores), o mesmo motivo parece não se aplicar a três episódios específicos: *Os Seis e o Segredo do Sambaqui* (1977), *Os Seis e o Galeão Espanhol* (1977) e *Missão Perigosa em Chicago* (1984). Nestes, as artes ou fichas de produção contêm instruções para que o capista (apesar de identificado) **não seja creditado** (Figuras 198 e 200). O processo que Noguchi moveu contra a Ediouro, a que aludiu sua esposa Bebel durante seu depoimento em 2016, faz pensar em represálias/ostracismos que justifiquem essa anonimidade forçada (*jobs* que precisariam permanecer secretos internamente pelo fato de o artista ter-se tornado *persona non grata*). Por outro lado, depois de 1977, Noguchi ainda produziu capas para quase todas as séries da *Mister Olho* (*Inspetora, Gisela e Prisco, Turma do Posto Quatro*, etc.). Sua presença diminuída no cotidia-

Figura 198 - Anotação à margem da arte de *Missão Perigosa em Chicago* orienta para que não se credite o capista

---

51 *Omelete em Bombaim, Viagens de Tom Sawyer, Debret – viagem pitoresca, O retrato de Dorian Gray, Poemas para a juventude, Ikebana, Oscarina, Clara dos Anjos, Triste Fim de Policarpo Quaresma, Os invasores, Diário de Adão e Eva, Bill Bergson e o sequestro da rosa branca, Confissões de um vira-lata, A galinha Nanduca, O gênio do crime, Memórias de um cabo de vassoura, Tiana-Coragem, Uma vitória legal, O amor e as pedras, Depois, o silêncio, O menino que inventou a verdade, O menino que veio para ficar, Miro Maravilha, Chuta o Joãozinho pra cá, Uma história de amor, Júlia Pata, Me dá uma força, gente, A noite dos grandes pedidos, Marina, Marina, Um presente para Cláudia, O jardim secreto, Sem destino, Histórias do tio Remo, Uma menina chamada Rita, Ana Selva e a pescaria, Ana Selva em perigo, Ana Selva, a rebelde em sociedade, Na ilha dos mistérios perdidos, A Cabana do Pai Tomás, O Som da Pesada, Rui Barbosa – Antologia, À beira do corpo, Comba Malina, A Condessa Vésper, Daniela e os invasores, Uma lágrima de mulher, Livro de uma sogra, As mãos de Eurídice, Maria de cada porto, A mata submersa, Memórias de Simão, o caolho, Meus verdes anos, Pelo Sertão, Rua do Siriri, Sinhazinha, Os servos da morte, A sucessora, Três caminhos, Namorada, Turbilhão, Histórias de gente, Fronteira, Além dos marimbus, A estrela sobe, O Brasil na 2ª Guerra, Atletismo – corridas, Judô sem mestre, Curso de Corte e Costura, Áries, Touro, Gêmeos, Câncer, Leão, Virgem, Libra, Escorpião, Sagitário, Capricórnio, Aquário, Peixes, O galinho preto, O ratinho vermelho, Candomblés da Bahia, Vivi Pimenta, Vivi Pimenta Topa o Desafio, Vivi Pimenta Compra um Tesouro, Vivi Pimenta na Vila da Confusão, Vivi Pimenta Salva a Árvore, Vivi Pimenta e o Calhambeque Triste, Vivi Pimenta e a Festa de Aniversário, Vivi Pimenta e o Trabalho Muito Importante, Vivi Pimenta e a Economia de Gasolina, Vivi Pimenta e o Vagônibus Fora de Série e Vivi Pimenta e um Caso Complicado.*

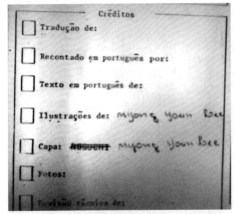

Figura 199 - Ficha de produção de *Operação Tesouro Submarino* (1983), com nome de Noguchi riscado e substituído pelo de Lee

no da editora, nos anos 1980 (Figura 199), e a falta de crédito em *Missão Perigosa em Chicago* (e quem sabe ...*o Enigma do Faraó*), talvez deva-se ao citado processo judicial; já as ordens para a omissão de seu nome nos dois livros da série *Os Seis* permanecem misteriosas.

Três escritores da *Mister Olho* não tiveram outro "tradutor artístico" que não Noguchi para seus trabalhos. Todos os livros publicados de Gladis N. Stumpf González para suas séries *Chico e Faísca* (7), *Gisela e Prisco* (15) e *O Clube do Falcão Dourado* (10, mais uma ilustração para o livro inédito *O Segredo do Berilo Azul*) são do desenhista. O mesmo vale para os 11 volumes das séries *Toquinho e Márcia* (dois deles[52] fora da *Mister Olho*), de Carlos Heitor Cony, e para os 11 livros de *Dico e Alice*, de Carlos Figueiredo. Para esta última, Noguchi produziu ainda outras 10 ilustrações para manuscritos que ficaram inéditos[53] (sendo que duas delas, as correspondentes às obras *Dico e Alice e Mãe Gangana, a Terrível*, e *Dico e Alice e a Planta Maluca*, parecem ter se perdido em definitivo).

Com relação a *Dico e Alice* e seu autor, não faz mal adiantar (como veremos mais à frente, no capítulo dedicado a Carlos Figueiredo e Hélio do Soveral) que foi Noguchi o responsável pela indicação do amigo (e antigo sócio em uma agência de propaganda) aos editores da Ediouro.

Figura 200 - Anotação na arte de *Os Seis e o Galeão Espanhol* para "não colocar crédito do capista"

---

52 *Toquinho contra o monstro da Lagoa de Abaeté* e *Márcia e o Mistério da Galeria Alasca*.

53 *Dico e Alice a cavalo nos Pampas* (inédito), *Dico e Alice e a aventura no Beluchistão* (inédito), *Dico e Alice e Mãe Gangana, a Terrível* (inédito), *Dico e Alice e a Ecoexplosão* (inédito), *Dico e Alice e o Rei do Mundo* (inédito), *Dico e Alice e a Planta Maluca* (inédito), *Dico e Alice e a Floresta Petrificada* (inédito), *Dico e Alice e o Veleiro Negro* (inédito), *Dico e Alice e a Guerra de Nervos* (inédito) e *Dico e Alice e a Viagem ao Futuro* (inédito).

Teixeira Mendes

> Saí pra São Paulo pra procurar escolas melhores. Porque no interior os meios de comunicação e arte não existiam na época. Não existiam escolas de arte, museus. Então procurei as grandes metrópoles. Eu era provinciano e segui pra São Paulo, ainda jovem. Mas um dia meu irmão Gabriel me convidou pra eu ir pro Rio de Janeiro, porque ele ia prestar exames pra Escola de Advocacia. E quando eu desci e vi o Rio de Janeiro, eu não voltei mais. (MENDES, 2007)

O paulista Antônio Sebastião Teixeira Mendes (1940-2008; ver Figura 201), natural de São José do Rio Preto, é a segunda figura de maior importância dentro os artistas da *Mister Olho*. Embora a ele não se atribuam capas (desconfiamos, porém, que possam ser suas duas da série *Os Seis*, nos anos 1980, para os livros *Os Seis e o Circo do Diabo* e *Os Seis e o Pirata de Paquetá*, publicados de todo modo fora de nosso *corpus*, e que continham ambos ilustrações internas de Mendes), não estamos exagerando ao alçar o artista ao posto de grande tradutor imagético das páginas da *Mister Olho*. Dos 95 títulos nacionais que traziam originalmente ilustrações internas em preto e branco (estamos considerando aqui como originais também as reimpressões, contanto que ainda referenciadas como *Mister Olho*, o que exclui as edições dos anos 1980 de séries como *A Inspetora*, *Goiabinha* e *Márcia*, entre outras), Teixeira Mendes responde por nada menos que 80. Ele produziu ainda material para vários dos datiloscritos

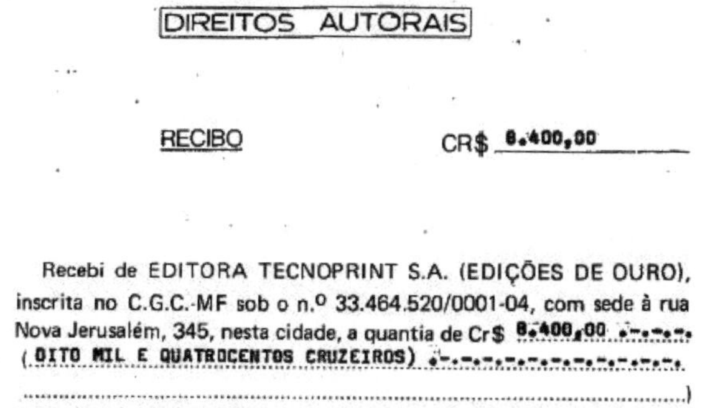

DIREITOS AUTORAIS

RECIBO CR$ 8.400,00

Recebi de EDITORA TECNOPRINT S.A. (EDIÇÕES DE OURO), inscrita no C.G.C.-MF sob o n.º 33.464.520/0001-04, com sede à rua Nova Jerusalém, 345, nesta cidade, a quantia de Cr$ 8.400,00 (OITO MIL E QUATROCENTOS CRUZEIROS) referentes à cessão definitiva de todos os meus direitos autorais, sem exceção, mesmo para outras finalidades, além das descritas a seguir, relativos: As Ilustrações de minha autoria, para as obras: "O SEGREDO DO NAVIO ENCALHADO"; "A FAÍSCA FUNDAMENTAL" e "OS SEIS E O GALEÃO ESPANHOL". (Total de 24 Ilustração à Cr$350,00)

Nada mais tendo a reclamar, dou a presente quitação.

Rio de Janeiro,

Nome: ANTONIO SEBASTIÃO TEIXEIRA MENDES
CPF. n.º
Resid.:

Testemunhas: a)
b)

Figura 201 - Recibo de Teixeira Mendes para ilustrações da *Mister Olho* inéditos (Figura 202) da coleção (como os das séries *Dico e Alice, Chereta* e *O Clube do Falcão Dourado*) e para reedições, nos anos 1980, de alguns títulos da *Fora de Série* e das novas edições (ou sequências fora da *Mister Olho*) de *Toquinho, Márcia, Diana, A Inspetora* e *Goiabinha* (nesse último caso, inclusive substituindo as já existentes ilustrações de Baron...).

Teixeira Mendes é presença quase certa nas páginas da Ediouro em muitas outras coleções (como a *Calouro*), tanto nos anos 1970 quanto 1980. Pintor talentoso, autodidata, chegou a viver alguns anos em Paris no começo da carreira, após ganhar um prêmio (do Salão Anual de Belas Artes). No final da carreira, organizava exposições esporádicas e passava a maior parte do tempo nos Estados Unidos, onde sobrevivia de sua arte, conforme registra em entrevista publicada em 3 de abril de 2007, meses antes de falecer.

> Já faz dez anos que eu vou todo ano pros Estados Unidos, fico lá oito meses e quatro meses aqui. (...) Eu tenho uma galeria, aliás, não é minha, é de uma amiga que fez da casa dela uma galeria e eu trabalho pra ela. Ela é quem vende meus quadros. (...) Lá eu faço mais cenas de cerimônia judaica, tipo Bar Mitzvá e Bat Mitzvá, casamentos, indumentárias, circuncisões, cenas onde aparecem rabinos lendo e meditando... (MENDES, 2007)

Figura 202 - Ilustração inédita de Teixeira Mendes para o também inédito *O Segredo do Berilo Azul*, da série *O Clube do Falcão Dourado*

Baron

A contribuição do desenhista Eduardo de Souza Baron (Figura 203), nome artístico Baron, para os livros da *Mister Olho* é relativamente pequena. Como capista, seu trabalho aparece em apenas três livros: os dois primeiros de *Goiabinha* (Figura 204) e o terceiro episódio das aventuras de *Chereta*, *...o Monstro Marinho*. Já como ilustrador interno, Baron aparece em onze títulos: os volumes 3 a 5 de *Chereta*, os primeiros quatro de *Goiabinha* (Figura 206) e os episódios 7 a 10 da *Inspetora*. Nos anos 1980, nas reedições de *Goiabinha* em formato Bolso Novo, seus desenhos seriam substituídos por capas de Lee e ilustrações internas de Teixeira Mendes.

O *site Guia dos Quadrinhos* registra Baron como autor de cerca de duas dezenas de capas para revistas em quadrinhos da Ebal (Marvel e DC) dedicadas a personagens como Superboy, Aquaman, Thor e Capitão América, entre 1967 e 1970 (EDUARDO, 2018), intervalo de tempo que sugere ser o número verdadeiro total de contribuições bem maior.

Nessa mesma época, Baron é um dos desenhistas a dar forma ao *Judoka* da Ebal, personagem criado na esteira

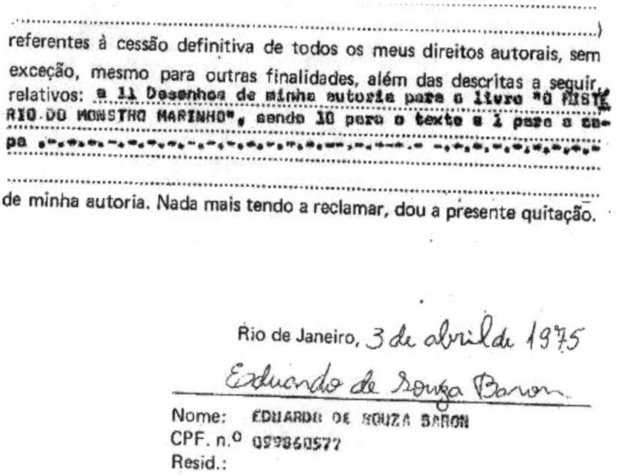
referentes à cessão definitiva de todos os meus direitos autorais, sem exceção, mesmo para outras finalidades, além das descritas a seguir, relativos: a 11 Desenhos de minha autoria para o livro "O MISTÉRIO DO MONSTRO MARINHO", sendo 10 para o texto e 1 para a capa de minha autoria. Nada mais tendo a reclamar, dou a presente quitação.

Rio de Janeiro, 3 de abril de 1975

Eduardo de Souza Baron

Nome: EDUARDO DE SOUZA BARON
CPF. n.º 099860577
Resid.:

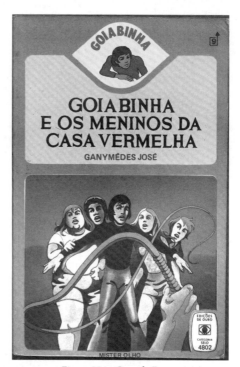

Figura 203 - Detalhe de recibo de Baron para ilustrações de *Chereta e o Monstro Marinho*

Figura 204 - Capa de Baron

Figura 205 - Tira de Baron de 1973

Figura 206 - Arte de Baron para a capa do livro *Goiabinha e os Ladrões da Cooperativa*

Figura 207 - Capa de *O Judoka* #7 (1969), com desenhos de Baron

do cancelamento do original norte-americano da Charlton Comics, por sugestão do editor Adolfo Aizen. Há crédito para Baron em pelo menos quatro números da revista: as de número #7 (out. 1969 – Figura 207), #9 (dez. 1969), #16 (jul. 1970) e #20 (nov. 1970).

Como cartunista, uma das criações de Baron foi a tira *Zefina, a girafa*, publicada no suplemento infantil semanal *JBzinho*, do *Jornal do Brasil*, em 1973 (Figura 205).

Do artista (ainda vivo ou em atividade?), a última pista que encontramos foi sua participação em um processo seletivo oficial de 2008 para preenchimento de vagas para artistas plásticos das Feirartes do município do Rio de Janeiro.

L.C. Cidade

As capas extremamente realistas de Luiz Carlos Cidade (Figura 209) tornaram-se uma espécie de marca registrada da série *Os Seis* e também da série *Diana*, emprestando aos livros uma qualidade costumeiramente só identificada antes em materiais traduzidos/importados. O nome por trás da assinatura L.C. Cidade (Figura 208) forneceu ainda à *Mister Olho*, além das capas citadas (episódios 4 a 12 de *Diana*, sendo que a partir do 8 em coleção diversa de nosso *corpus*, e volumes 1 a 10 dos *Seis*), as ilustrações internas para *Os Seis e o Mistério dos Penhascos*, *Os Seis e o Tesouro Escondido*, *Os Seis e a Pérola Maldita* e *Os Seis e a Ilha Fantasma*.

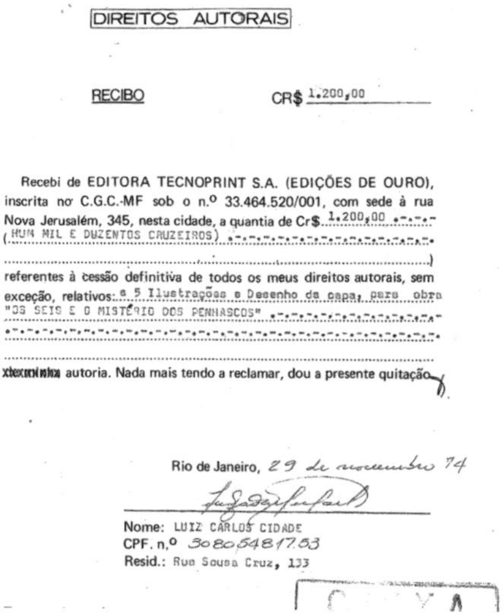

DIREITOS AUTORAIS

RECIBO CR$ 1.200,00

Recebi de EDITORA TECNOPRINT S.A. (EDIÇÕES DE OURO), inscrita no C.G.C.-MF sob o n.º 33.464.520/001, com sede à rua Nova Jerusalém, 345, nesta cidade, a quantia de Cr$ 1.200,00 (HUM MIL E DUZENTOS CRUZEIROS) referentes à cessão definitiva de todos os meus direitos autorais, sem exceção, relativos: a 5 Ilustrações e Desenho da capa, para obra "OS SEIS E O MISTÉRIO DOS PENHASCOS" xlexminha autoria. Nada mais tendo a reclamar, dou a presente quitação.

Rio de Janeiro, 29 de novembro 74

Nome: LUIZ CARLOS CIDADE
CPF. n.º 30805481753
Resid.: Rua Sousa Cruz, 133

Figura 208 - Recibo de L.C. Cidade para ilustrações de *Os Seis e o Mistério dos Penhascos*

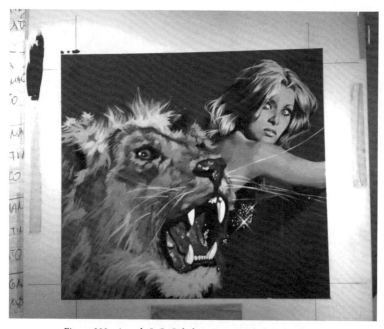

Figura 209 - Arte de L.C. Cidade para a capa do livro *Diana no Circo do Medo* (1976), primeiro da série fora da Coleção *Mister Olho*

Eliardo França

Se para a *Mister Olho* (Figura 210) o mineiro Eliardo França (1944), natural de Santos Dumont, contribuiu com apenas três ilustrações de capa (para *O Mistério do Navio Abandonado*, *O Mistério das Marionetes* e *O Mistério das Motocas*, os três primeiros livros da série *Chereta*), fora dela sua produção é vastíssima: em parceria com a mulher e escritora Mary França, já assinou mais de trezentas obras infanto-juvenis. Além disso, é artista plástico de renome, com exposições e prêmio nacionais e internacionais, resultado de uma carreira que começou em 1966 e continua a todo vapor.

Surpreendente em sua trajetória é sua única experiência como escritor, o livro *O rei de quase tudo*, publicado em 1974 (mesmo ano da não-publicação de *O Caso do Rei da Casa Preta*), ganhador do prêmio "O Melhor para a Criança", da FNLIJ, e que conta a história de

> Um rei ambicioso [que] invade territórios e submete povos. Armazena riquezas conseguidas à força, promove a dominação da natureza (prendendo aves, flores e frutos) e do universo cósmico (prendendo sol, lua e estrelas). Incapaz de prender o perfume da flor, o sabor do fruto e a luz dos astros, o rei começa a reconhecer suas limitações. A ausência da beleza do mundo saqueado leva-o a entristecer-se e a encontrar uma nova forma de ver tudo e ser feliz. (FNLIJ, 1984, p. 47)

Figura 210 - Prova de capa de *O Mistério das Marionetes*, com ilustração de Eliardo França

Figura 211 - *O Rei de Quase-Tudo* (1974)

Ainda segundo a resenha presente na *Bibliografia Analítica da Literatura Infantil e Juvenil Publicada no Brasil (1975-1978)*, "através do rei, personagem-símbolo do ser humano, a história possibilita rever comportamentos, repensar conceitos e redimensionar o velho processo dialético de procurar o saber viver" (FNLIJ, 1984, p. 47).

Muito acertadamente, *O Rei de Quase-Tudo* (Figura 211) é visto hoje como uma espécie de livro infantil insurgente, que procurava denunciar a repressão e a censura de sua época. Ao comentar recentemente os 50 anos da Fundação Nacional do Livro Infantil e Juvenil (que nasce, em 23 de maio de 1968, como braço do *International Board on Books for Young People*, organização mundial à frente de associações que militam pela qualidade do livro para crianças), Elizabeth Serra lembra que

> O livro para a infância não tinha a menor importância. Como, em plena ditadura, se instala um projeto como esse, revolucionário, e ninguém dá atenção? Os livros de qualidade levam, sim, as sementes para uma educação transformadora. Mas eles[, os censores,] não olhavam para isso. E é aí que os artistas começam a produzir literatura como arte, sem preocupação com os fins pedagógicos ou de passar mensagem. Então aparecem livros como *O rei de quase tudo*, de Eliardo França, *Flicts*, de Ziraldo, entre outras coisas. Em plena ditadura, eles conseguem driblar a censura, mas sem essa intenção. Dão voz aos sentimentos da população em um livro voltado para crianças. Então a gente começa a instalar essas bases. E isso se expande, vai acontecendo. (SERRA, 2018)

Jorge Ivan

Jorge Ivan, falecido em 2006, foi pintor, desenhista, diagramador, cartunista e diretor de arte, tendo começado a carreira no Rio Grande do Sul, aos 16 anos, na revista *O Craque*. Trabalhou na *Imprensa Oficial* de seu Estado e no *Última Hora* de Porto Alegre, até o fechamento do jornal em 1964, passando então a compor o time do *Zero Hora*. Já estabelecido no Rio, ajudou a fundar o *Última Hora* carioca, no qual dirigiu o departamento de arte. Como ilustrador, emplacou trabalhos em periódicos como *O Jornal*, *O Cruzeiro* e *Jornal do Comércio*. A partir de 1980, trabalhou como supervisor de produção gráfica na *Gazeta Mercantil*, onde viria a se aposentar. Curiosamente, Jorge Ivan foi diretor de arte da Ediouro, durante parte dos anos 1970 (PAIM, 2007).

Embora fosse já um profissional largamente conhecido e de reputação estabelecida, é possível que a entrada de Jorge Ivan para os colaboradores da Ediouro tenha se dado graças à indicação de Hélio do Soveral, cujas crônicas no *Última Hora* eram ilustradas exclusivamente por Ivan (e foram mais de quatrocentas, como já vimos; na Figura 213, reproduzimos capa inédita do artista para uma das várias versões planejadas por Soveral para reunir em livro as croniquetas citadas). Mas

Figura 212 - Detalhe da arte de *Operação A Vaca vai pro Brejo* com assinatura de Jorge Ivan

Figura 213 - Capa inédita de Jorge Ivan para projeto de livro de Hélio do Soveral

Figura 214 - Arte original de Jorge Ivan para *Operação Macaco Velho*

não é também improvável que, ao mesmo tempo em que atuava no jornal, Ivan já trabalhasse para a Ediouro e tenha sido ele a dar a dica a Soveral sobre a coleção infantojuvenil em vias de lançamento, e não o contrário.

Para a *Mister Olho*, Jorge Ivan emplacou apenas quatro capas, todas em 1973 na série *Turma do Posto Quatro* (Figura 214) de Soveral: *Operação Macaco Velho, Operação Torre de Babel, Operação Fusca Envenenado* e *Operação A Vaca vai pro Brejo* (sendo que, nas reedições dos anos 1980, apenas ...*Fusca Envenenado* não teria sua arte substituída por novo trabalho de Myoung Youn Lee). Destas, infelizmente apenas ...*Fusca* recebeu crédito nos livros, e isso apenas quando de sua reedição (graças às artes originais encontradas nos arquivos da editora, pudemos determinar e confirmar a autoria das demais capas – Figura 212).

Arnaldo Sinatti

O artista plástico Arnaldo Sinatti (1935-1999), natural de Jundiaí, tem a seu crédito uma carreira de produção prolífica, seja como pintor ou ilustrador de livros e histórias em quadrinhos. O *Guia dos Quadrinhos* registra capas e desenhos seus para vários títulos da RGE na década de 1960, como *Robin Hood*, *Águia Negra* (Figura 215), *Flecha Ligeira* e *Texas Kid* (ARNALDO, 2018).

Para a Ediouro, Sinatti produziu na década de 1970 grande quantidade de capas e ilustrações para livros infantis (originais e adaptações) como *O soldadinho de chumbo*, *Joãozinho e Maria*, *Cinderela*, *Rapunzel*, *A Torre de Babel*, *Sansão e Dalila*, *O Segredo Azul*, *Uma Nota de Mil*, *No País das Formigas: Novas Aventuras de João Peralta* e *Pé de Moleque*, entre outros.

Sua contribuição para a *Mister Olho*, porém, foi bastante modesta. Sinatti assina apenas duas capas para a série *Diana*: *Diana contra os Mercadores da Morte* (1975) e *Diana e o Mistério do Pantanal* (1975). Esta última, inclusive, acabou aproveitando muito pouco da ilustração original do artista (Figuras 216 e 217).

Figura 215 - Capa de Sinatti (1964)

Figura 216 - Capa de Sinatti

Figura 217 - Arte original de Arnaldo Sinatti para *Diana e o Mistério do Pantanal*

J. Bezerra

Mero rodapé para a Coleção *Mister Olho*, para a qual produziu aparentemente apenas duas capas (sendo que só uma aproveitada para publicação; ver Figura 218), José Alves Bezerra (1939) é provavelmente, por outro lado, o nome mais canônico e incensado dentre os artistas a contribuírem para o nosso *corpus*. Natural de Carolina, Maranhão, J. Bezerra

> começa a pintar em 1964. A partir de 1957 e durante toda a década de 1960, trabalha como desenhista e ilustrador de diversas obras, entre as quais *Introdução a Dante*, do Padre Salvatore Viglio. Realiza a primeira exposição individual em 1974, em Belo Horizonte. A partir de 1972, começa a executar diversos retratos para personalidades brasileiras e internacionais, como o Rei de Oman, Madre Tereza de Calcutá, Antônio Bento e Roberto Campos. Possui obras em coleções públicas e particulares em diversos países, como Brasil, Estados Unidos e Canadá. (J. BEZERRA, 2018a)

No *site* do próprio artista, a citação acima ganha detalhes de interesse para nossos temas. A estreia em 1957 é em "uma editora de livros infantojuvenil e de histórias em quadrinhos" (J. BEZERRA, 2018b) e a produção entre 1960 e 1973 inclui contos infantojuvenis escritos e ilustrados pelo artista (como *Trapalhadas da Raposa* e *O Duende das Estrelas*, ambos pela editora Vecchi).

Para a Ediouro, Bezerra também produziu capas fora da *Mister Olho*, como por exemplo a de *Meu nome é Esperança* (1975), de Ganymédes José.

Uma curiosidade misteriosa e digna de nota é a outra capa sua (Figura 216) para a série *Diana* que encontramos nos arquivos da editora, substituída por trabalho de Arnaldo Sinatti. Que motivação editorial terá justificado tal mudança, haja vista a diferença gritante na qualidade artística dos trabalhos, ainda que ressalvadas suas particularidades de estilo?

Figura 218 - Único trabalho de J. Bezerra na *Mister Olho*

Figura 219 - Ilustração de capa inédita de J. Bezerra para *Diana e o Mistério do Pantanal* (1975)

Lee

O desenhista Myoung Youn Lee não é propriamente um artista da Coleção *Mister Olho*, mas sua importância no âmbito de várias das séries de nosso *corpus* durante os anos 1980 justifica sua menção nesta seção.

São de Lee, por exemplo, as capas (creditadas) para os episódios 33, 34 e 36 da Inspetora, todos de 1983. Apesar da falta de citação, parecem ser dele igualmente (pelo estilo) as dos episódios 35, 37 e 38. Lee é também o capista original de vários livros da série *Turma do Posto Quatro* (*Operação Vikings da Amazônia, Operação Tarzan do Piauí, Operação Tesouro Submarino, Operação Petróleo Verde, Operação Piratas do Amapá* e *Operação Cidade-Fantasma*) e da série *Os Seis* (*Os Seis e a Granja das Garrafadas, Os Seis e o Trem-Fantasma, Os Seis e o Cemitério Clandestino, Os Seis e a Bomba Atômica* e *Os Seis e o Sequestro de Saci*). Algumas capas dos *Seis*, não creditadas e sem nenhuma indicação de autoria nas respectivas fichas de produção no arquivo da editora, também podem ser suas (ou de Teixeira Mendes, como já aventamos): referimo-nos a *Os Seis e o Pirata de Paquetá* e *Os Seis e o Circo do Diabo*.

Como segundo capista, assinando trabalhos (Figuras 220 e 221) que substituem as capas originais setentistas da *Mister Olho* de artistas como Jorge Ivan e Baron, Lee é o responsável pelos novos rostos anos 1980 dos livros *Goiabinha e os Ladrões da Cooperativa, Goiabinha e os Meninos da Casa Vermelha, Operação Macaco Velho, Operação Torre de Babel* e *Operação A Vaca vai pro Brejo*.

Figura 220 - Nova capa de Lee para *Goiabinha e os Meninos da Casa Vermelha*

Nessa época, Lee é recrutado também para produzir ilustrações internas originais para uma quantidade considerável de livros da antiga *Mister Olho* (inclusive títulos da *Fora de Série*). As reedições ou lançamentos dos anos 1980 (ou seja, fora da *Mister Olho*) com arte interna de Lee são: todos os 13 de *Missão Perigosa*, todos os 35 da *Turma do Posto Quatro*, *Gil no Cosmos* e *Gil regressa à Terra*.

Para a Ediouro, além dos trabalhos em livros tardios (ou reedições) de séries originalmente da *Mister Olho*, Lee criou ilustrações e capas para títulos tão variados quanto *Alice no país do espelho* (a adaptação de Ganymédes José), *O Conde de Monte Cristo*, *O Evangelho segundo São Mateus* e *Como Congelar Alimentos e Pratos Prontos*. Extremamente ativo durante os anos 1980 e 1990, é possível rastrear desenhos seus (coloridos e em preto e branco) em dezenas de obras de editoras como Record, Edições Paulinas, Paulus e Nova Era.

Em seu próprio nome, publicou alguns livros técnicos de desenho, todos pela Ediouro: *Como desenhar cães* (1981), *Como desenhar gatos* (1981), *Como desenhar aves* (1983), *Como desenhar cavalos* (1983), *Como desenhar nus artísticos* (1984), *A arte de desenhar animais selvagens* (1984) e *Como desenhar animais caseiros* (1984), entre outros.

Figura 221 - Capa de Lee para a nova edição de *Operação Macaco Velho*, primeira obra nacional da *Mister Olho*

Aventuras em alemão, espanhol, francês e inglês: eu traduzo, ele reescreve, nós adaptamos

> (...) me parece que traduzir de uma língua para outra, desde que não seja das rainhas das línguas, a grega e a latina, é como olhar os tapetes flamengos pelo avesso: embora se vejam as figuras, estão cheias de fios que as obscurecem, não se podendo ver com a clareza e a cor do lado direito. (...) [Mas os bons tradutores], com felicidade, nos deixam em dúvida sobre qual é a tradução e qual é o original. (CERVANTES *apud* SSÓ, 2012, p. 11)

Em sua introdução à tradução que produziu para a Companhia das Letras do *Dom Quixote* de Cervantes, obra refundadora da tradição romanesca entre nós, Ernani Ssó diz que o ofício "é meio como andar de corda bamba" (SSÓ, 2012, p. 12) e que, ao se verter, qual tecelão das palavras, uma tapeçaria linguística para um outro arranjo diferente de fios textuais, não existem correspondências matemáticas.

> As palavras não têm a consistência dos números. O número sete vale numa conta tanto em Trombudo do Norte como em Cuernavaca ou na Cochinchina. Mas sete não vale sete num texto. A palavra "sete", para nós, evoca sorte, mentira, esoterismo. Vá saber o que evoca na Cochinchina. A cultura e o lugar alteram, ou colorem, o significado de uma palavra. O tempo, então, nem se fala. (SSÓ, 2012, p. 12)

Embora não atribuamos, neste trabalho, a mesma importância ou dediquemos a eles o mesmo interesse que nos desperta a parte genuinamente brasileira da *Mister Olho*, os profissionais responsáveis pela recriação dos livros estrangeiros para o público nacional merecem ter seu trabalho e contribuição registrados e igualmente resgatados do esquecimento. Ao lançarem mãos aos seus teares em forma de máquinas de escrever, dando continuidade a uma tradição que tem, entre nós, como representante máximo (ainda que não fundador) o próprio Monteiro Lobato, os tradutores da Ediouro sabiam que

> não basta dar uma noção da figura e de sua cor, ou, para sermos diretos, não basta dar somente o sentido. Manter o sentido, com todas as ambiguidades do original, não é tarefa fácil, sabe-se, mas o resto é mais difícil. O resto é canto e dança. (SSÓ, 2012, p. 13)

Para fazer as aventuras e mistérios europeus e norte-americanos da *Mister Olho* cantarem e dançarem para seus jovens leitores, estes homens e mulheres dedicaram muitas horas de seu talento em suas próprias cordas bambas, decidindo o que adaptar, onde resumir, o que era prescindível e o que representava violência autoral injustificável em uma nova (infantojuvenil) versão. E isso exercendo tarefa historicamente pouco valorizada, muitas vezes criticada em suas opções e escolhas de caminho, mesmo que tenha lá seus defensores (ainda que no exemplo abaixo este não seja do tipo "isento" ou "desinteressado").

> Para Carlos Heitor Cony, adaptador profissional há quarenta anos, adaptar é uma prática literária absolutamente comum, legítima e saudável (desde que feita com competência e arte). No seu entender, os clássicos, sejam nacionais ou estrangeiros, não só podem como devem ser adaptados, traduzidos para as novas gerações, apresentados aos estudantes com a urgência possível. Pessoalmente, ele acredita que o trabalho pioneiro de Lamb, recontando as peças de Shakespeare como se fossem *short stories* infantis, resgatou e popularizou a obra do bardo dentro da própria Grã-Bretanha. (MONTEIRO, 2006, p. 7)

Autor da *Mister Olho* com as séries *Toquinho* e *Márcia*, Cony, como já vimos, produziu dezenas de adaptações de clássicos para a Ediouro e defendia que a prática servia à preservação, popularização e atualização de uma herança cultural que de outra maneira seria relegada ao esquecimento. Embora em nosso *corpus*, em sua porção estrangeira, a maioria dos livros não fosse de clássicos, mas de novidades de então, a adaptação/tradução/síntese se voltava a objetivos semelhantes: facilitar a disseminação e recepção, o consumo, emprestar aos livros um caráter amigável que os tornasse tão brasileiros e passíveis de uma leitura *entretenedora* (para adotar um termo espanhol que o português não nos oferece) quanto os demais lançamentos da coleção.

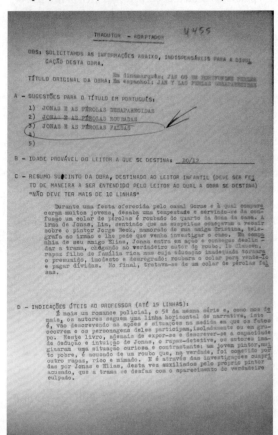

Figura 222 - Ficha de produção para *Jonas e as Pérolas Falsas* preenchida por Paulo Silveira

Como já abordamos nas séries específicas, ao comentar *en passant* as especificidades das versões em vernáculo, houve para o *corpus* gringo da *Mister Olho* tanto um respeito cuidadoso à manutenção da nomenclatura de personagens e logradouros e à integridade dos textos originais quanto uma maior liberalidade nos novos batismos (o Capitão Konny de Rolf Ulrici que vira Capitão Lula, ou a cidade de Quim que se torna Pedra Linda) e nas exclusões/edições/simplificações da obra de partida.

Foram 12 os tradutores da *Mister Olho* – a maioria deles com vários outros títulos pela Ediouro fora da coleção do *corpus* – entre 1972, quando começa o trabalho, e 1977, quando saem os últimos títulos de *Quim, Jonas, Monitor* e *Os Aldenis*: Luiz Fernandes, Paulo Silveira e Maria Madalena Würth são os campeões de produção, com respectivamente 27, 22 e 16 volumes cada, seguidos por Sérgio Augusto Teixeira (7), Ayres Carlos de Souza (6), Herberto Sales (5), Richard Paul Neto (3), José Moacir Batista, José Cândido de Carvalho e Ilse Nadir Schwingel da Costa Reis, com duas obras cada, e finalmente Edmundo Lys e Esdras do Nascimento, com uma tradução cada um.

Vale a nota de que trabalhou-se apenas com o inglês, o francês, o espanhol e o alemão. Ou seja, as séries de origem mais exótica (as dinamarquesas) se valeram de versões já existentes para as línguas de Goethe e de Cervantes (Figura 223). Além disso, os termos técnicos para nomear o tipo do trabalho em questão, no produto final, variavam entre algumas opções: "traduzido", "recontado", "adaptado", "reescrito" ou "com texto em português de". Como acontecia com os autores, aos tradutores também era solicitado o preenchimento de uma ficha técnica (Figura 222), que servia tanto para justificar internamente a escolha editorial quanto para facilitar o trabalho de edição e *design* e de *marketing*, venda e promoção do livro.

Comparativamente, o *corpus* teórico voltado ao estudo e análise das traduções e adaptações no contexto da literatura infantojuvenil canônica é bem maior do que qualquer outro dedicado especificamente à literatura popular (para adultos ou crianças). Os trabalhos de Mario Feijó Borges Monteiro, por exemplo, oferecem um interessantíssimo mergulho nos motivos e motivações por detrás da atualização do discurso de uma obra literária, com um olhar especial para o recorte das adaptações escolares dos clássicos, ao mesmo tempo em que relativiza e desnaturaliza conceitos caros ao cânone e à teoria literária (como o de "texto fixo"). Nosso objetivo aqui, porém, não é um banho nestas águas; quando muito, um tocar de dedos – *este* tocar de dedos – sobre sua superfície.

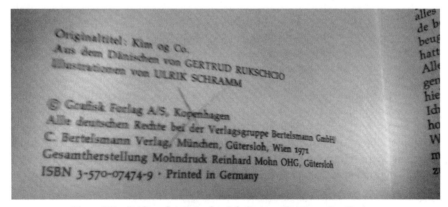

Figura 223 - Créditos da versão alemã de *Quim, o Detetive, e Sua Turma*

Coda

> Se há espécies artísticas incompatíveis com a produção em série, o valor
> dependendo do grau de irrepetibilidade de cada obra, outras apenas são no-
> tadas quando existem em grande quantidade, abdicando da exigência, feita
> aos objetos de arte, de originalidade. (ZILBERMAN, 1984, p. 11)

Dispositivos agambenianos nos quais diferentes enunciados discursivos trom-
beteiam suas ideologias e visões de mundo, descarada ou sub-repticiamente, exercendo maiores ou menores formas de poder, cuja materialidade pode ser conduto
das manifestações "microfísicas" sugeridas por Foucault? Instâncias culturais concretas gumbrechtianos capazes de transmitir um sentido e uma atmosfera (uma
Stimmung) a seus receptores que dependem de mais do que apenas seu texto, incluindo em seu bojo percepções atreladas a cores, texturas, suportes, afetividades?
Produtos indiferenciados, irrelevantes, obras-salsicha, muito acertadamente enca-
minhados ao olvido? Ou possíveis conchas, todos eles, todos os livros editados
dentro da Coleção *Mister Olho*, possíveis conchas nas quais possam se esconder
pérolas literárias artísticas *per se* ou por seu valor de chave para uma época, para
um pensar, para uma dada configuração de nosso tateante existir?

A desierarquização trazida pelos Estudos Culturais ao universo dos textos literários humanos, causadora da ira de não poucos teóricos (referimo-nos ao exemplo de Acízelo de Souza em nossa Introdução) que veem nela um desserviço me-
todológico, tem se prestado a um confronto que é, no fundo, uma atualização do
mesmo antigo embate entre alta e baixa cultura, entre a existência de artistas e de
meros operários ou "realizadores". Os conflitos suscitados pela combinação entre
os conceitos e domínios *cultura, indústria* e *massificação,* portanto, seguem ainda
muito longe de uma pacificação.

> Se a cultura é um fato aristocrático, o cioso cultivo, assíduo e solitário, de
> uma interioridade que se apura e se opõe à vulgaridade da multidão (...),
> então só o pensar numa cultura partilhada por todos, produzida de maneira
> que a todos se adapte, e elaborada na medida de todos, já será um mons-
> truoso contrassenso. A cultura de massa é a anticultura. (ECO, 2008, p. 8)

A democratização do acesso a narrativas, educação e entretenimento não tem
sido, como explica Umberto Eco (e como vimos em Jesualdo Sosa), motivo suficiente para qualquer complacência quanto às suas formas de manifestação (por
exemplo, a literatura popular). E é Eco também que pergunta, provocativa e ironi-
camente, para reforçar o tamanho do problema dos preconceitos que surgem no
âmbito de uma *indústria da cultura,* o que poderá haver

> (...) de mais reprovável que o emparelhamento da ideia de cultura (que implica
> um privado e sutil contato de almas) com a de indústria (que evoca linhas de
> montagem, reprodução em série, pública circulação e comércio concreto de
> objetos tornados mercadorias). (ECO, 2008, p. 12)

A persistência do embate, a que nos referimos (bizantina e que a essa altura já poderia e deveria ter sido dialeticamente superada), pode ser colhida do exemplo de Leyla Perrone-Moisés, para quem a literatura, "inserida na profusão de práticas culturais da atualidade, (...) corre o risco de perder suas características mais valiosas e de abrigar qualquer tipo de texto escrito, impresso ou eletrônico" (PERRONE-MOISÉS, 2016, p. 265). Segundo a autora, "o que define um texto literário não é sua temática ou sua autoria, mas a forma como o tema é tratado" (PERRONE-MOISÉS, 2016, p. 265); e, embora questione se "as funções da linguagem, definidas por Roman Jakobson em 1960, continuam valendo para a literatura contemporânea" (PERRONE-MOISÉS, 2016, p. 264) – para o teórico russo, a *literariedade* estaria mais próxima do caráter poético das línguas, da sua capacidade de estarem "voltada[s] mais para a própria mensagem do que para o emissor ou para o referente" (PERRONE-MOISÉS, 2016, p. 264) –, o que Perrone-Moisés faz é, na verdade, concordar com Jakobson. Refutando antes diversos critérios (caros aos Estudos Culturais) para "considerar um texto como 'literatura'" (PERRONE-MOISÉS, 2016, p. 265), como seu "valor político [ou de procedência, seja ela] (...) de um país emergente, de uma comunidade racial, social ou sexual" (PERRONE-MOISÉS, 2016, p. 265), a autora conclui dizendo que

> um texto merece o qualificativo de literário pela força de sua linguagem, pela capacidade de dizer as coisas de maneira antes insuspeitada, numa forma que, ao ser lida, nos surpreende por sua exatidão, nos emociona por dizer algo do mundo ou de nós mesmos em que não tínhamos pensado ou não conseguíamos expressar tão bem. (PERRONE-MOISÉS, 2016, p. 265)

Terry Eagleton, em seu *Teoria da Literatura: uma introdução* (2003), seguindo por um caminho semelhante, propunha mais ou menos a mesma saída diante do impasse criado pelo *Clube da Literariedade* (isto é, que textos e autores têm direito a entrar nele ou não).

> Talvez nos seja necessária uma abordagem totalmente diferente. Talvez a literatura seja definível não pelo fato de ser ficcional ou "imaginativa", mas porque emprega a linguagem de forma particular. Segundo essa teoria, a literatura é escrita que, nas palavras do crítico Roman Jakobson, representa uma "violência organizada contra a fala comum". A literatura transforma e intensifica a linguagem comum, afastando-se sistematicamente da fala cotidiana. (EAGLETON, 2003, p. 2)

Pois bem. Não seria mais simples, portanto, mantermo-nos tolerantemente alerta para a ocorrência de tais qualidades em quaisquer categorias discursivas? É necessário mesmo insistir nesta pristina produção elitizada e elitizante, que afasta do Olimpo academicista (ou do *status* de qualidade comumente a ele atrelado) as obras "conspurcadas" pelas engrenagens e pelas dinâmicas da indústria cultural? Se é óbvio e quase universal e inescapável que exista (e aqui, claro, se insere a Ediouro) uma "categoria de operadores culturais que produzem para as massas, usando na realidade as massas para fins de lucro, ao invés de oferecer-lhes reais ocasiões de experiência crítica" (ECO, 2008, p. 19) – que ficariam circunscritas às tais *obras de reserva* citadas por Perrotti (falamos delas no item 1.4 do Capítulo 1) –, tal constatação não deve servir para justificar, repetimos, o descaso para com os produtos e obras gerados. Eco já advertia, ao mencionar que as pesquisas sobre os campos da indústria cultural são frequentemente criticadas por seus "objetos vis" (ECO, 2008, p. 29) e por mobilizarem "um aparelhamento cultural [supostamente] exagerado para falarem de coisas de mínima importância, como uma história em quadrinhos do Superman" (ECO, 2008, p. 29) ou, em nosso caso, livros de mistério e de fantasia para crianças, que "a soma dessas mensagens mínimas que acompanham nossa vida cotidiana constitui o mais aparatoso fenômeno cultural da civilização em que somos chamados a atuar" (ECO, 2008, p. 29-30).

O estágio de nosso próprio entendimento quanto a estas "mensagens mínimas", de que a Coleção *Mister Olho* faz parte, é ainda o de quem precisa de óculos. Ou de trocá-los, se existem, por alguns que sejam realmente bons. José Paulo Paes, em *A aventura literária* (2001), verdadeiro libelo por uma literatura brasileira popular, sugere que "a miopia de nossa crítica para questões que fujam ao quadro da literatura erudita" (PAES, 2001, p. 35) talvez explique o fato de "não ter sido feito até agora um levantamento e avaliação de nossa ainda paupérrima, mas nem por isso nula, literatura de entretenimento" (PAES, 2001, p. 35). E a observação de Hélio do Soveral, em carta a Rubens Lucchetti de 9 de outubro de 1992, na qual protestava por seu nome esquecido pelos poucos estudiosos do gênero policial em nosso país, revela ainda outras faces do problema: "Há, realmente, uma injustiça nesses antologistas, que, para elogiar os amigos da elite pretensiosa, fingem não conhecer *os modestos operários da literatura popular*. Dos pernósticos será o reino dos infernos" (SOVERAL, 1992, p. 2. Grifo nosso.).

O parágrafo final da carta do escritor português registra uma interessante reflexão sua sobre o fazer literário e sobre as especificidades de cada gênero, pertinente às nossas considerações. Diz ele que

> A crítica brasileira despreza os autores policiais porque é preconceituosa e ignorante. A maioria dos críticos nem sabe que muitos escritores granfinos também tentaram escrever novelas policiais e quebraram a cara. Há por outro lado literatos considerados "intelectuais de primeira" que também escreveram histórias de mistério e dedução, como Voltaire, Shaw, Hemingway, Fitzgerald, Maupassant, Eça, Kafka, Colette, Baudelaire, Dumas pai, Hawthorne, Irving, Faulkner, Dos Passos, Dickens e Collins, e outros cujo nome não me ocorre no momento. Quanto aos "literati" brasileiros, alguns também tentaram o gênero, mas não tiveram êxito, como Raquel de Queiroz e o próprio Malba Tahan com *O Mistério da Mackensista*. Eu sempre disse: um bom autor policial pode escrever uma novela sobre o cacau da Bahia ou o açúcar da Paraíba, mas nem o Jorge Amado nem o Lins do Rego escreverão um bom romance policial. É mais difícil. (SOVERAL, 1992, p. 2)

Este capítulo de nosso livro, ao trazer à frente o *corpus* da *Mister Olho*, ao enfraquecer sua invisibilidade e ao levantar tantas outras questões passíveis de posterior aprofundar, pretende servir a um maior entendimento de nossa história cultural e da contribuição de autores como Hélio do Soveral, Ganymédes José, Carlos Figueiredo, Gladis González... Mas só se pode estudar, (con)testar e conceber aquilo que é factível, visível, capaz de gravitação e influência. A Coleção *Mister Olho* agora é um corpo (vivo? morto?) no chão da Biblioteca Acadêmica. Parte da missão está, esperamos, cumprida. E felizes estamos porque ela era uma missão necessária; porque, Eco-ecoando (e perdão pelo trocadilho) José Paulo Paes (e Eco), obras como as dos autores da *Mister Olho* são produtos de

> honestos e competentes artesãos que, longe de querer igualar-se aos criadores de Arte com A maiúsculo, não pretendem mais do que suprir as necessidades do "consumidor médio (...) que, no fim de um dia de trabalho [ou de escola], pede a um livro (...) o estímulo de alguns efeitos fundamentais (o arrepio, a risada, o patético) para restabelecer o equilíbrio de sua vida física ou intelectual" (Eco, 2008, p. 87). (PAES, 2001, p. 27)

A missão a que se propunha a Ediouro, naquele longínquo (?) 1973 em que promover o hábito da leitura era um desafio premente (ainda que oitocentista) em um país com analfabetos demais, segue atual. E se continua sendo verdade que "nos debates sobre a literatura, geralmente se deixa de lado, como uma dimensão menor e sem muita importância para o domínio da arte e da cultura, a existência (...) [de] uma forte e rica tradição de literatura popular" (FADUL, 1984, p. 163) que é ela mesma prova de que "a arte de narrar não é privilégio de nenhuma classe ou cultura, ela é universal" (FADUL, 1984, p. 163), tentemos, como pesquisadores e como potenciais fiéis da balança (da defesa ou condenação) de formas de expressão e de arte perseguidas, ser menos *apocalípticos* e mais *integrados*. Recorremos a José Paulo Paes, mais uma vez, para pensar a literatura brasileira de entretenimento, infantil ou não; para tentar fazer possível seu lugar ao sol.

> Num país como o Brasil, de público ledor reduzido (...), a dificuldade de profissionalizar-se ajuda a explicar a quase ausência, entre nós, daquele tipo de artesão despretensioso de cuja competência nasce a boa literatura de entretenimento. As condições brasileiras são propícias mais ao surgimento de literatos que de artesãos. Estes não podem dispensar a profissionalização; aqueles se contentam com o prestígio que sua arte lhes dá. (...) Numa cultura de literatos como a nossa, todos sonham ser Gustave Flaubert ou James Joyce, ninguém se contentaria em ser Alexandre Dumas ou Agatha Christie. Trata-se obviamente de um erro de perspectiva: *da massa de leitores destes últimos autores é que surge a elite dos leitores daqueles, e nenhuma cultura realmente integrada pode se dispensar de ter, ao lado de uma vigorosa literatura de proposta, uma não menos vigorosa literatura de entretenimento.* (PAES, 2001, p. 37. Grifo nosso.)

Cabe-nos agora olhar mais de perto alguns dos autores da *Mister Olho*, algumas de suas obras, examinar mais amiúde suas costuras, suas intenções mais ou menos subterrâneas, suas histórias de vida, suas imbricações com as particularidades históricas do cenário.

PARTE II

Contracultura e resistência, legalismo e (aparente) complacência: aspectos da narratividade e da autoria na literatura infantojuvenil de José M. Lemos e Luiz de Santiago

Eu aderia intimamente (...) à poesia e à arte, em geral, como *forma intuitiva, figural e expressiva de conhecimento*, (...) mas (...) a resistência moral e cultural que marcara a mim e a minha geração ao longo dos anos de chumbo levaram-me a inserir decididamente o texto literário na trama da história ideológica em que fora concebido.

Alfredo Bosi
"Caminhos entre a literatura e a história".
In: *Revista de Estudos Avançados*, **n° 55 (2005)**

CAPÍTULO 3.

Duas cabeças (as dos autores), duas coroas (a da editora e a do leitor), duas moedas ficcionais multifacetadas: uma leitura comparativa de Carlos Figueiredo e Hélio do Soveral

Pode-se dizer que, no âmbito da coleção *Mister Olho*, a série *Dico e Alice*, de Carlos Figueiredo (o nome verdadeiro por detrás do pseudônimo José M. Lemos), represente um corajoso exemplo de reflexão, combatividade e engajamento, enquanto que a série *A Turma do Posto Quatro*, de Hélio do Soveral, sobre a qual nos debruçaremos mais à frente neste mesmo capítulo, seja quase seu contrário: um retrato da sociedade brasileira hegemônica, com preconceitos típicos da época e uma adesão legalista que não deixava margem para críticas maiores ao regime ou ao *status quo*. E ambas as séries sem deixarem de ser literatura de gênero e/ou de entretenimento que atendem com excelência aos objetivos editoriais/ideológicos a que se propõem. Mas quem foi, para começarmos esse dueto, Carlos Figueiredo? E quem são Dico e Alice?

Carlos Figueiredo e a série *Dico e Alice*: aventuras fantásticas como disfarce para uma agenda *beatnik*

Filho de funcionário público, Carlos Figueiredo (depois do nascimento em São Luiz e alguns anos em Teresina) vive a maior parte de sua infância e juventude em Belo Horizonte e Brasília, antes de se mudar para o Rio de Janeiro em 1964 (ano do golpe militar), acompanhado de Claudio Galeano de Magalhães Linhares (na época, companheiro da ex-presidente do Brasil Dilma Roussef), por conta do clima de perseguição política que imperava. Atuando profissionalmente em agências de propaganda, ora como empregado, ora como sócio, Figueiredo se veria forçado a deixar o país, em 1971, depois de alguns militantes antirregime seus conhecidos serem presos. Em depoimento inédito, o autor esclarece o episódio e o autoexílio que se segue até a época em que escreve a série *Dico e Alice*.

> Em 1971, no Rio, colaborava com o militante José Roberto Gonçalves de Rezende, um amigo de ginásio em Belo Horizonte, na elaboração de um plano para sequestrar um ex-ministro do governo militar. Em uma festa na garagem da Rua Montenegro, onde então morava, depois de ter me separado da Célia, na comemoração do aniversário de minha então companheira, Dorinha, apresentei José Roberto a Zaqueu Bento, outro militante, que se conheciam até aquele momento somente por codinomes. Algumas semanas depois Zaqueu foi preso, segundo um amigo comum, o cineasta Guaracy Rodrigues, em razão da delação da irmã de sua companheira, em um surto psicótico. Zaqueu, pelo que constava, tinha um encontro – um ponto, como se dizia então – numa livraria, com José Roberto, onde este "caiu", como se dizia. O fato é que José Roberto foi preso, o que foi determinante para a minha saída do Brasil.

> Saí do Brasil por Foz do Iguaçu, indo então, pela Argentina, indo de trem, no ainda existente Transandino, para Santiago do Chile. (...) Em Santiago, fiquei um período na casa do músico Geraldo Vandré, que era casado com uma chilena chamada Bélgica. Minha ex-mulher, Célia Messias, veio ao meu encontro, com os proventos da venda de um automóvel de minha propriedade, o que nos permitiu viajar pela costa sul-americana do Pacífico, até Lima. Entramos pelo Amazonas, via Pucalpa, Iquitos, viajando pelo correspondente peruano do nosso Correio Aéreo Nacional, daí, de barco, até Letícia (na Venezuela), Benjamim Constant e Manaus, onde consegui com um primo, oficial da Aeronáutica, uma passagem pelo CAN para o Rio.

> Moramos por um tempo no Rio, em Araruama, em uma casa de pescador, (...) mas havia um desencanto muito grande com o País e resolvemos ir para a Europa, o que fizemos, a bordo de um navio, indo para Lisboa.

> Teve início aí um período de viagens que nos levou para a França, Inglaterra, Holanda, Alemanha e daí para a rota até a Índia. Permanecemos *on the road*, indo e vindo da Inglaterra para a Índia e o Nepal até 1974, quando nasceu a minha filha, Luar, com Patricia Furness, uma inglesa que conheci em Delhi, que veio para o Brasil comigo, com quem vivi por quase duas décadas (...) – e tivemos duas filhas. Fomos morar no Rio de Janeiro, no bairro de Santa Tereza. Foi nesse período que escrevi, por indicação do Noguchi, que fazia as capas da coleção *Mister Olho*, a série *Dico e Alice*. (FIGUEIREDO, 2014b, p. 1)

Carlos Figueiredo, a partir de 1977, deixa a literatura infantil e fantástica de lado, mas segue "fazendo a diferença" no cenário político brasileiro, trabalhando com Franco Montoro, importante figura do processo de redemocratização, tanto no senado quanto no governo de São Paulo. A carreira profissional de Figueiredo, a partir de então, ficaria definitivamente associada à consultoria na área de comunicação e *marketing* políticos, ainda que ao longo dos anos o autor tenha oferecido ao público algumas esparsas coletâneas de poemas (*Estranha Desordem*, 1983, Paz & Terra, e *Goliardos*, 1998, Bibla) e tenha se mantido ativo como idealizador de projetos de incentivo à leitura e à poesia.

E de que trata a série *Dico e Alice*, afinal? Publicada entre 1976 e 1977 pela Ediouro, seus 11 livros contam as aventuras dos irmãos gêmeos Dico (o narrador) e Alice, que viajam pelo Brasil e pelo mundo acompanhados do pai, biólogo marinho, e do marinheiro Prata, sempre a bordo do saveiro Fuwalda (homenagem ao navio dos pais de Tarzan). Rica em colorido local (Figueiredo esmera-se em incluir referências às diferentes culturas por onde se passam as histórias), o primeiro elemento fantástico que transparece no conceito da série é o da paranormalidade de Alice, dotada de poderes telepáticos e de extra percepção. Para efeito de registro (como já ressaltamos, a série jamais foi merecedora de estudo ou registro no âmbito da literatura acadêmica brasileira sobre o gênero fantástico ou infantil), seguem-se os títulos dos 11 volumes editados, bem como dos adicionais 10 manuscritos inéditos em poder da editora:

01 − *Dico e Alice e o Último dos Atlantes* (1976)

02 − *Dico e Alice no Triângulo das Bahamas* (1976)

03 − *Dico e Alice − Arecibo chamando...* (1976)

04 − *Dico e Alice e os Fenícios do Piauí* (1976)

05 − *Dico e Alice e o Yeti do Himalaia* (1976)

06 − *Dico e Alice e a Ilha da Diaba* (1977)

07 − *Dico e Alice em Atacama, o Deserto da Morte* (1977)

08 − *Dico e Alice e o Cérebro de Pedra* (1977)

09 − *Dico e Alice e Talassa, a Ilha no Fundo do Mar* (1977)

10 − *Dico e Alice e o Pajé Misterioso* (1977)

11 − *Dico e Alice e a Armadilha no Tempo* (1977)

12 − *Dico e Alice a Cavalo nos Pampas* (1976 − inédito)

13 − *Dico e Alice e a Aventura no Beluchistão* (1976 – inédito)

14 − *Dico e Alice e Mãe Gangana,* a Terrível (1976 − inédito)

15 − *Dico e Alice e a Ecoexplosão* (1976 − inédito)

16 − *Dico e Alice e o Rei do Mundo* (1977 − inédito)

17 − *Dico e Alice e a Planta Maluca* (1977 − inédito)

18 − *Dico e Alice e a Floresta Petrificada* (1977 − inédito)

19 − *Dico e Alice e o Veleiro Negro* (1977 − inédito)

20 − *Dico e Alice e a Guerra de Nervos* (1977 − inédito)

21 − *Dico e Alice e a Viagem ao Futuro* (1977 − inédito)

Sobre a série *Dico e Alice*, Figueiredo é categórico quanto a suas intenções ao tecer as tramas e situações fantásticas onde lança suas personagens. Mais especificamente, quanto à sua agenda dupla de combate à ditadura e ao *status quo* sociocultural.

Aqui, lutávamos contra a ditadura e a caretice ao mesmo tempo. (...) Em *Dico e Alice* começo pela afirmação do andrógino. Dois irmãos gêmeos – foram criados assim por essa razão – tipo univitelinos, sobre os quais o narrador afirma que poderiam passar um pelo outro, o que de fato chega a acontecer, de verdade, em *No Triângulo das Bahamas*. Depois, a vivência por estados alterados de consciência, já presente no primeiro volume, quando os "fenícios", que queriam ir para as estrelas, na realidade terminam vivendo isso em sonho, em uma caverna, e a nossa dupla, ao invés de acordá-los, deixa-os ficarem assim, argumentando que a realidade sonhada é também uma realidade.

Durante todo o tempo tentei falar de coisas sobre as quais não se falava, como a morte, como acontece no final de *No Triângulo das Bahamas*, quando Alice diz para o pai "O que de mais pode acontecer conosco se até morrer já morremos?". (...)

Há em todo o trabalho uma visão *à la* Emília do Lobato, sobre a liberdade de pensamento, sobre a ideia que vai na linha contrária das outras. Em quase todos os aspectos – inclusive na questão ecológica, no direito dos diferentes – segui o que poderíamos chamar de uma "agenda *hippie*" ou "contracultural" ou "*beat*". (FIGUEIREDO, 2014c, p1)

Vale lembrar que, mesmo considerando-se apenas os 11 livros editados, trata-se da mais extensa série infantojuvenil brasileira de ficção científica de que se tem notícia[54]. Com relação aos temas, como seria de se esperar, são numerosas as histórias envolvendo autocratas obcecados por dominar o mundo, sejam eles sobreviventes de Atlântida, computadores malignos, criaturas do centro da terra, alienígenas de outra dimensão ou os conhecidos "cientistas loucos" de costume. Mas a agenda libertária de Figueiredo, como já frisamos, não era apenas política, mas também (contra)cultural e sociológica. E estava atenta a questões que só muitos anos depois entrariam no cardápio temático da produção infantojuvenil do país: a defesa do meio ambiente e dos direitos dos animais (em *Aventura no Beluchistão*, os gêmeos presenciam uma sangrenta tourada espanhola, que condenam com veemência), os males da comida industrializada, os efeitos negativos da globalização e da cultura de massas, a séria questão indígena no Brasil e, finalmente, a ameaça representada pela censura e pelo autoritarismo.

Denúncia ambientalista

No trecho a seguir, colhido no livro *No Triângulo das Bahamas*, as crianças demonstram sua revolta para com a crise ecológica por que passa nosso planeta ao encontrarem cenário semelhante em um reino situado em outra dimensão.

---

54 Obras e textos sobre o gênero no Brasil, de autores como Roberto de Sousa Causo, Rachel Haywood Ferreira, M. Elizabeth Ginway e Braulio Tavares, infelizmente desconsideram, quase que de todo, o corpus voltado para o público infantojuvenil. Mas o exame que fizemos da produção brasileira confirmam a primazia de *Dico e Alice* e colocam a trilogia do personagem Xisto, de Lúcia Machado de Almeida – *Aventuras de Xisto* (1957), *Xisto no espaço* (1975) e *Xisto e o Pássaro Cósmico* (1983) – como distante segundo lugar.

Na minha dimensão também é assim — falei. — O homem está destruindo o planeta, poluindo tudo, matando os animais, quem não morre de fome morre de câncer. Estão acabando com a natureza... (FIGUEIREDO, 1976h, p. 82-83)

Figueiredo também lançava mão do noticiário, ou seja, de tragédias ambientais reais, para fazer poderosas denúncias que extrapolavam a mera preocupação ecológica e alcançavam os (talvez mais importantes) dramas de fundo humano. Graças à narrativa de O Cérebro de Pedra, seus leitores puderam saber de crianças, como eles, condenadas a se alimentarem de peixes contaminados por mercúrio.

> O papai havia recebido um telegrama da Bahia, onde muita gente estava morrendo por causa da poluição na Baía de Todos os Santos. (...) Parece que os peixes estavam sendo envenenados com mercúrio jogado nas águas por uma fábrica que, como se pode ver, não tinha a menor consciência do que estava fazendo. E morria gente por causa disso, principalmente gente pobre, porque tinham de pescar ali na baía mesmo para comer. E comiam aquele peixe envenenado. E morriam. (FIGUEIREDO, 1976n, p. 40)

Da mesma forma, no final de Atacama, o Deserto da Morte, Alice parece não se conformar com a conclusão "feliz" da narrativa, e aproveita para mais uma boca no trombone: a simples leitura de um jornal apresenta ao leitor inúmeras tragédias socioambientais.

> — Olhe aqui, Dico, outra guerra! Olhe aqui, mais segregação racial na África! Olhe aqui, outra bomba atômica que explodiu no Pacífico... Os cientistas dizem que vai faltar comida. Que os rios e lagos estão poluídos...
>
> — Meu Deus! Que jornal mais triste, esse que você está lendo — falei. — (...) Será que a Usina da Maldade ainda está funcionando? Será que ainda existem outras usinas espalhando o mal por aí? (...)
>
> — Outras Usinas da Maldade, Dico? Olhe, eu vou lhe dizer uma coisa... Só se a gente abrir a cabeça de todas as pessoas... Só assim a gente vai acabar com todas as usinas da maldade do mundo... é aí que está a loucura... Dico, é aí... (FIGUEIREDO, 1976m, p. 89)

Contracultura: educação familiar, ioga, alimentação natural

Dico e Alice serviam de porta-vozes para que Figueiredo apresentasse aos seus jovens leitores alguns aspectos da cultura *hippie*, da contracultura e de certas filosofias orientais com que travara contato quando no exílio. É no mínimo curioso ver Dico, algumas vezes, recorrendo à yoga e à meditação para conseguir escapar de alguma enrascada durante as aventuras. Nos dois trechos a seguir, do primeiro volume da série, *O Último dos Atlantes*, Dico fala sobre a rotina de estudos em casa, uma absoluta novidade para a realidade brasileira dos anos 1970, e sobre os hábitos alimentares saudáveis da família.

> De manhã, passamos o tempo todo atarefados com papai, estudando Português e Geografia. Ele nunca se descuidava disso. Sempre tínhamos de ter pelo menos quatro horas de aula por dia. E era puxado. (...) Finalmente, a lição chegou ao fim. Almoçamos, engolindo, o arroz integral. Nossa comida era toda integral. Papai dizia que o arroz branco é porcaria, não tem nenhuma propriedade alimentícia. (FIGUEIREDO, 1976g, p. 32)
>
> – Mandei preparar um bom café da manhã para vocês. Vocês gostam de geléia?
>
> – Não – disse Alice. – Comemos só produtos integrais. Nada desse lixo industrializado, químico. Se o senhor tiver alguma soja... (FIGUEIREDO, 1976g, p. 48-49)

Alice, principalmente, é sempre muito virulenta ao recusar comida industrializada, muitas vezes associando-a a doenças como o câncer, como se pode ver no trecho reproduzido abaixo, de *No Triângulo das Bahamas*.

> Não sei quanto tempo ficamos ali. Aquela tempestade, garanto a você, durou mais de um dia, deixando a gente morto de fome. Tivemos então de comer mesmo comida em lata! Menos Alice, é claro. Ela preferia morrer de fome a comer "esse lixo químico-industrial, cheio de preservativos que dão câncer". Era assim que ela chamava qualquer comida em lata. (FIGUEIREDO, 1976h, p. 26-27)

Críticas à Cultura de Massa e à globalização

Figueiredo se revela, também, anos à frente de seus colegas brasileiros em suas preocupações com os efeitos da cultura de massa e com as ações cada vez mais internacionalizadas do grande capital e da globalização que, em 1976, ainda nem respondia por esse nome... No trecho a seguir, de *No Triângulo das Bahamas*, os gêmeos protagonistas fazem críticas à qualidade dos programas de rádio de então.

> – Ei, o rádio... vamos ver o que diz o rádio... – lembrou minha irmã.
>
> – Claro. Por que será que a gente só pensa nisso depois? – comentei. – Tão fácil ligar o rádio e pronto, a gente mais ou menos pode se localizar.
>
> – A culpa é desses programas horríveis... a gente termina perdendo o hábito de pensar no rádio como uma coisa útil. – falou minha irmã, piscando o olho. (FIGUEIREDO, 1976h, p. 44)

Em *O Yeti do Himalaia*, o vilão da vez é nada menos que uma multinacional cujos interesses escusos parecem não ter limites. A menção aos filmes hollywoodianos (uma denúncia sobre a forma como estratégias de dominação passam também pela esfera da guerrilha cultural) salta aos olhos...

> – Existe uma organização chamada Krypto Multinational que tem interesses em quase todos os ramos de atividade humana. Eles têm companhias de aviação, produtores de cinema em Hollywood, fábricas, uma multinacional gigantesca com sede em Hong-Kong, cujo símbolo é o polvo... (FIGUEIREDO, 1976k, p. 103)

O noticiário volta às páginas da série neste trecho seguinte, no qual o pai dos meninos faz uma crítica velada à forma como os tesouros minerais do país estavam sendo levados para o estrangeiro (crítica um tanto perigosa para a época...) e ainda aproveita para denunciar a Volkswagen do Brasil, por conta de mais um célebre desastre ecológico.

> – O Brasil então deve ter muito ferro e muito aço... não é? – perguntou Alice.

> – Bem, talvez até tenha. Mas do ferro tirado de Minas Gerais, *a maioria, não ficou no Brasil, não. Foi tudo para fora, para o estrangeiro...*

> – E... quando o minério acabar? Como vai ser? – eu perguntei.

> – Aí, a gente faz tudo com madeira... – foi a resposta do Prata.

> – Isso se ainda tiver madeira... – falou o papai. – *Outro dia mesmo a Volkswagen do Brasil fez um incêndio na Amazônia tão grande, que foi detectado pelos satélites artificiais.* (FIGUEIREDO, 1977b, p. 37. Grifos nossos.)

A questão indígena brasileira e os males da civilização

Não poucas vezes, Figueiredo recorre a certa idealização idílica da vida na natureza (e do índio brasileiro), uma espécie de discurso antiurbano e antitecnológico que não raro cria choques curiosos com o pano de fundo temático da série (o fantástico e a ficção científica). É como se o autor dissesse que "a civilização" é o maior problema do homem. Os trechos a seguir são, respectivamente, dos livros *Os Fenícios do Piauí* (excerto 1) e *Arecibo chamando...* (excertos 2 e 3).

> – Acontece que há centenas de anos pressentimos a vinda da invasão do homem branco. E com isso, os crimes, as mortes, as doenças, a poluição, ou como vocês mesmos chamam, a civilização. Os mais velhos se reuniram e decidiram abandonar nossa cidade, que é o lugar que vocês chamam de Sete Cidades. (FIGUEIREDO, 1976j, p. 83).

PARTE II - Capítulo 3 - Uma leitura comparativa de Carlos Figueiredo e Hélio do Soveral

A vida na cidade é mais enlouquecedora, com toda a poluição de ruídos, fumaças, as pessoas morando em pequenos apartamentos fechados, sem parques, sem um contato verdadeiro com a natureza... e isso, eu acho, faz com que as pessoas sejam mais influenciadas pelas alucinações... (FIGUEIREDO, 1976i, p. 66)

Realmente, vivíamos aqui nesse planeta, perdidos em nossas guerrazinhas, nossas brigas. Se a gente olhasse a coisa por esse ponto de vista (...), iríamos compreender que éramos apenas companheiros de viagem, que estávamos todos juntos. Puxa! Que coisa mais bonita! Já pensou se em vez de pessoas sovinas fazendo guerras, essas coisas brutais, a gente tivesse uma maneira... (FIGUEIREDO, 1976i, p. 60)

A glorificação rousseauniana do bom selvagem adotada por Figueiredo e exemplificada nos trechos a seguir, não tem, porém, nada de ingênua e traz mais uma vez o noticiário brasileiro setentista para as páginas da série. Na citação abaixo, tirada de *Os Fenícios do Piauí*, Alice se refere a massacre verdadeiro ocorrido na região centro-oeste do país para fazer contundente denúncia de uma tragédia humanitária que se repete até os dias de hoje.

— Eu me sinto, de uma certa maneira, culpada pelo que aconteceu com eles, espremidos aqui nesta cidade subterrânea, apodrecendo lentamente, só porque queremos tudo organizado, tudo bonitinho... *Porque, como dizia aquele fazendeiro de Goiás que matou não sei quantos índios, aquele monstro: "Índio só é bom morto"*. Por imbecilidades assim eu me sinto culpada. E acho que, de qualquer maneira, o meu dever é ajudar. (FIGUEIREDO, 1976j, p. 92. Grifo nosso.)

Da mesma forma, a discussão entre Alice e um preconceituoso piloto de avião, em *O Pajé Misterioso*, serve tanto para se refletir sobre etnocentrismo e racismo quanto para se criticar a propaganda política estatal da época, empenhada em vender à população uma imagem de nação forte e desenvolvimentista.

— Estou lendo aqui o livro do professor Nunes Pereira, o *Panorama da Alimentação Indígena na Amazônia*, e tem essa frase: "forte e belo é todo homem livre"...(...)

— Os índios são a salvação da humanidade... — respondeu minha irmã.

— Os índios são uns bugres sujos... — falou o piloto [do avião]. (...)

— Quem é sujo é o branco, que mata, corrompe... o índio é legal... *se o Brasil fosse um país realmente como eles vivem dizendo na propaganda* que é, isto é, um país legal mesmo, um país que vai pra frente, então a primeira providência era entender a sabedoria do índio. (FIGUEIREDO, 1977a, p. 26-27. Grifo nosso.)

Alienação e Ativismo

Não poucas vezes, Figueiredo parece fazer uma espécie de "chamado às armas" a seus jovens leitores; que empunhem as espadas da reflexão e da combatividade, que não se deixem entorpecer e que procurem não aceitar verdades dadas. Essa é a tônica dos quatro trechos a seguir, de *No Triângulo das Bahamas* (excertos 1 a 3) e de *Talassa, a Ilha no Fundo do Mar* (excerto 4). Não percamos de vista que, em vários países latinoamericanos, nessa mesma época, tais sugestões, ainda que no âmbito ficcional, poderiam tranquilamente ser enquadradas como subversivas e ensejar censuras e perseguições.

> Eu estava contente. Pelo menos, estava tentando alguma coisa. O que eu não gosto é deixar as coisas acontecerem sem fazer nada. (FIGUEIRE-DO, 1976h, p. 90)

> Esse era um perigo real: tantas coisas estavam acontecendo conosco, tantas coisas extraordinárias, que não nos surpreendíamos mais. Um calo mental. Mas, fazer o quê? (FIGUEIREDO, 1976h, p. 52)

> — E você, Ur — olhei bem nos seus olhos. — Por que nos auxilia?

> — É que acho tudo isso uma tremenda idiotice. Existem problemas mais urgentes que exigem a atenção do rei e ele fica preocupado com esse negócio de cores! E depois, você é da minha idade, da mesma geração. Isso faz a gente mais unido contra a imbecilidade geral. Muita coisa depende de nós, somente de nós... (FIGUEIREDO, 1976h, p. 82)

> — Bem, nós ouvimos o que vocês estavam falando para os velhos. Nós acreditamos que exista vida na superfície. Na realidade, *nosso grupo não concorda com as ideias tradicionais dos velhos talassianos...* Nós queremos subir até a flor d'água e investigar se existe ou não vida... *Queremos ver com nossos próprios olhos e não acreditar numa coisa sem saber se ela é verdadeira ou não...* (FIGUEIREDO, 1976o, p. 68. Grifos nossos.)

Pode-se dizer que Figueiredo, porém, se preocupava também em afastar soluções violentas do ativismo que propunha por meio de suas personagens, como demonstrado no trecho abaixo, de *Arecibo chamando...* E isso não é pouco, ideologicamente falando, já que em 1976 o país ainda não vira o fim dos episódios de luta armada entre governo e facções revolucionárias de esquerda.

> — "A vida é combate que aos fracos abate..."[55] — eu comecei a falar, citando a poesia.

> — Puxa, Dico — Alice me cortou a palavra pelo meio. — eu não sabia que você estava nessa de combate até hoje! Sem essa! Eu sou pela paz e pelo entendimento. Alice, a Pacífica, é assim que eu vou entrar para a História... (...)

> — Espera aí, Alice, um momento, deixa eu te explicar: eu não estava falando de combate assim não — e avancei para ela com o dedo em riste, como se fosse uma espada, enquanto falava: — Eu quero dizer combate da força de vontade, entre o que você acha que é direito e o que é mais fácil de ser feito. É esse o combate. Entre a preguiça e a consciência. (FIGUEIREDO, 1976i, p. 12)

---

55 Trecho do poema "Canção do Tamoio", do livro *Últimos Cantos* (1851), de Gonçalves Dias.

Revoluções e Democracia

Do ponto de vista dos riscos que (pode-se dizer que) sofria por conta de toda essa carga de mensagens contrabandeadas em meio às suas narrativas fantásticas para crianças, Figueiredo talvez tenha ousado mais quando fazia referências claras a disputas políticas e a episódios de tomada de poder, como no caso dos jovens revolucionários de Talassa (trecho abaixo), que falam em conspirações e em sequestros de dirigentes!

> — Bem, você sabe, para nós conseguirmos chegar até a superfície, temos de mudar toda a ideia desse pessoal aqui. E isso só poderia ser feito se tomássemos o poder, se tirássemos os velhos do comando de Talassa...
>
> — Então vocês estão fazendo uma conspiração?
>
> — Sim. Nosso objetivo é raptar o Mais Antigo (...), uma espécie de rei daqui... por isso, temos de ter muito cuidado.
>
> — Senão, voltamos para o zero... — falou o seu companheiro, visivelmente preocupado. (FIGUEIREDO, 1976o, p. 69)

Mas a cereja do bolo fica por conta de todo o livro *No Triângulo das Bahamas* (talvez não por acaso o título que o autor escolheu para uma recente reedição revisada, pela editora Lazuli), no qual Dico e Alice participam ativamente da derrubada de um tirano e da implantação da democracia em um reino no qual as arbitrariedades haviam começado com a proibição de todas as cores exceto o branco (metáfora para os males da censura e do pensamento/discurso oficial único usada *seis anos depois* pelo mais conhecido e canônico livro *Era uma vez um tirano*, de Ana Maria Machado...). Ainda que um pouco longo, vale a leitura do trecho onde os revoltosos logram êxito.

> — UUUUUUUUUUUUUUUUUUUUUU — milhares de pessoas vaiaram a decisão do rei [de manter presos Dico e Alice]. — UUUUUUUUUUUUUU.
>
> O Rá ficou ainda mais possesso.
>
> — SILÊNCIO. SILÊNCIO — ele tentava conter a massa.
>
> — UUUUUUUUUUUUUUUUUUUUU — era a resposta.
>
> E ninguém concordava mesmo com o Rá. Todo mundo expressava o mais profundo desagrado pela injusta decisão do rei. (...)
>
> A populaça começou a jogar repolhos, ovos, tomates, tudo no pobre rei, como se ele fosse um mau ator, como se estivéssemos num teatrinho de segunda categoria. (...)
>
> Num último esforço, escondendo-se detrás do trono, o Rei gritou para os anõezinhos:

– Prendam-nos... prendam-nos...

Mas a multidão gritava, em coro:

– Liberdade, liberdade

"Para as cores da cidade" (...)

O resultado final foi o seguinte:

No outro dia a cidade estava pintada de vermelho, azul, amarelo, verde. Só não se via mesmo era nenhum branco. E nós estávamos livres.

Fora uma tremenda vitória.

O rei, finalmente conformado com o resultado das coisas, abaixara a crista. Agora, ele tinha de consultar o povo antes de tomar qualquer decisão importante.

Todo mundo estava feliz. Parecia a festa das festas. (...)

– Meus amigos... essa tal de... como é mesmo o nome? – ele falou.

– Democracia – respondi.

– Pois é. Essa tal de democracia é coisa lá da sua dimensão... mas, não faz mal experimentar um pouco dela aqui nesta nossa... quem sabe? (FIGUEIREDO, 1976h, p. 99-102, 104)

Indagado sobre a série, Carlos Figueiredo não esconde nem seu orgulho nem suas intenções quanto à concepção dos livros, e afasta quaisquer hipóteses de que a geração de escritores *Mister Olho* tenha sido omissa quanto a tratar dos temas relevantes de sua época (ainda que munidos tão somente de veículos tão desprestigiados quantos os pequenos *pulp books* da coleção carioca).

Acredito que o livro *Dico e Alice no Triângulo das Bahamas*, reeditado agora pela Lazuli com o título *Uma Aventura no Triângulo das Bermudas*, é francamente político. Eles vão para um reino em outra dimensão, onde havia uma ditadura, unem-se ao filho do Rei, derrubam o regime, implantam a democracia, tudo muito explícito, uso as palavras "ditadura" e "democracia". Foi uma maneira que encontrei para me referir ao quadro nacional. Em vários outros momentos Alice e Dico voltam a fazer esse tipo de referência, em outros livros. E ninguém nunca me disse nada. Não sei se os leitores perceberam. Não havia *feedback*. (FIGUEIREDO, 2014a, p. 1)

Autoritarismo, liberdade de expressão, regimes de exceção

E, se a comparação das semelhanças entre *No Triângulo das Bahamas*, de Figueiredo, publicado em 1976, e o igualmente corajoso *Era uma vez um tirano*, de Ana Maria Machado, editado em 1982, lança uma insuspeita luz sobre nosso injustamente esquecido escritor e poeta maranhense, fica mais patente ainda sua importância ao toparmos com trechos como os reproduzidos a seguir, nos quais Dico e Alice criticam o autoritarismo em geral (excerto 2), a obsessão pela disciplina (excerto 3 – uma referência clara à filosofia militar) e a falta de liberdade de expressão (excerto 1). O trecho logo a seguir, de *A Armadilha no Tempo* (último manuscrito que chegou a ser publicado), mostra Dico apresentando aos leitores o que seu autor desejava para o país: a possibilidade de não ser preso por mero crime de opinião.

> Passeamos pelo Hyde Park. Pelo Speakers Corner, que é um lugar muito engraçado, onde qualquer pessoa pode falar o que quer e o que bem entende sem que ninguém lhe perturbe a paz.

> Aliás, esse é um costume inglês que convém falar um pouco mais: no tal de Speakers Corner, *você pode falar mal do governo, da família real, da família dos outros, da política, do que quiser. Pode meter o pau. E ninguém lhe faz nada. Você não vai preso.* Lá no Speakers Corner você tem liberdade total! (FIGUEIREDO, 1977b, p. 76–77. Grifo nosso.)

> – *Você,* como todos os outros que chegaram aqui antes, é uma náufraga de outra dimensão...

> – Outros? – Alice ia de surpresa em surpresa.

> – Sim. Já tivemos vários de vocês aqui. Outro dia mesmo chegaram vinte e nove de uma vez só! E todos com roupas cheias de cores... (...)

> – E o que aconteceu com eles? – perguntou Alice.

> – Mortos. Condenei todos *à morte, por desobediência à Lei do Branco, (...) uma lei que eu mesmo promulguei, com a minha autoridade suprema. Não pode haver nenhuma, nenhuma cor em meu reinado. Somente branco.* Branco. Entendeu? (FIGUEIREDO, 1976h, p. 73-74. Grifo nosso.)

> – Mas antes de tudo, a disciplina. É importante, importantíssima a disciplina. – Damião concordava com a cabeça. – *Todos aqui têm que obedecer. Obedecer. Senão, é o caos. Senão, para quem posso eu dar ordens? Aqui todos me obedecem. É a lei. É a minha vontade. Disciplina. Quero que vocês entendam bem isso: nada de ideias próprias. As únicas ideias próprias aqui são as minhas. Entendem? Minhas. MINHAS...* – Ele estava quase gritando.

> Achei estranho. O que ele queria era nos impressionar, *fazer a gente ceder, colaborar.* Mesmo assim, quando tocava na tal da disciplina, era uma ideia tão encruada na cabeça, que não conseguia mais se fingir de bonzinho e mostrava a pata do lobo.

> – Ordem, disciplina, segurança – o homenzinho gritava. – ORDEM! Entendem? ORDEM! (FIGUEIREDO, 1976g, p. 57. Grifos nossos.)

Considerações finais I

Em uma ficha de produção que acompanhava o manuscrito inédito *Dico e Alice e a Viagem ao Futuro*, Figueiredo faz uma defesa da obra em questão (e da série como um todo) que, sozinha, serviria para afastar qualquer possibilidade de termos aqui "mera" literatura de entretenimento, "mera" diversão alienante ou escapista.

> No fundo, esta história, como quase todas as histórias da série, procura dar um conhecimento científico ao pequeno leitor e, utilizando o charme da aventura, familiarizá-lo com novas ideias. E, colocando-o frente a frente com importantes e difíceis decisões, fazer com que eles pensem mais com suas próprias cabeças... e sofram as consequências disso. (FIGUEIREDO, 1977c, p.1)

A Coleção *Mister Olho*, porém, da qual *Dico e Alice* é apenas uma parte, constitui-se em um *corpus* extenso que, como veremos a seguir, incorporava e expressava diferentes práticas discursivas e posicionamentos ideológicos, todos eles relevantes para aqueles que (como nós) procuram entender seus respectivos momentos e contextos de enunciação.

Hélio do Soveral, o escritor dos (mais de) 19 pseudônimos e heterônimos, e a série *A Turma do Posto Quatro*: a autoria disfarçada a serviço da ficção

Mantendo no retrovisor as realizações de Carlos Figueiredo na série *Dico e Alice*, propomos agora uma análise de seis livros (de uma mesma série da *Mister Olho*) do escritor português Hélio do Soveral, tomando como ponto de partida uma particularidade de sua carreira: a adoção de pseudônimos e heterônimos quase sempre às custas da sua própria instância autoral, de seu próprio eu artístico. Uma espécie de *escritor acusmático* (aproveitando aqui a referência feita por Mladen Dolar ao trabalho de Michel Chion sobre a "voz acusmática") (DOLAR, 2006, p. 60), produtor de textos que são lidos sem se conhecer a autoria ou nos quais esta é falseada/ficcionalizada para servir à maior verossimilhança da criação, Soveral parece desde muito cedo em sua carreira, como redator radialista, ter reconhecido a imperiosidade da *performance* para a melhor composição (para melhor concretude?) de seus trabalhos: a efemeridade dos roteiros encenados pelo rádio, transformados em voz e programas irrecuperáveis (porque não gravados), mesmo que creditados a ele, não importava; o que valia era a obra, a experiência, a *performance-verdade* oferecida. Da mesma forma, anos mais tarde, abraçando a escrita e os impressos que permitiam uma maior

PARTE II - Capítulo 3 - Uma leitura comparativa de Carlos Figueiredo e Hélio do Soveral

perenidade a seus personagens e entrechos, mas que cobravam o anonimato dos falsos nomes e das falsas autorias, Soveral estava pronto a se imolar como criador, como *nome próprio*, em prol de que seus efeitos ganhassem mundo, tomassem corpo e vida nas interfaces com seu público leitor; textos que, mesmo sob autorias falseadas, fossem novas *performances-verdades*.

Além de recorrermos a documentos da época, como entrevistas e cartas inéditas do autor, que formam um acervo no qual o "escritor dos 19 pseudônimos" (como ele ficaria conhecido) já começava a se desenhar (ou a se autoapagar...), buscando nessa arqueologia informações que ajudem a entender as condições históricas e materiais de produção das obras, tomaremos como exemplo desse *modus operandi* soveralístico (essa "escrita acusmática") uma de suas séries infantojuvenis para a *Mister Olho, A Turma do Posto Quatro*, de 35 volumes (1973-1984), assinada por Soveral com o heterônimo Luiz de Santiago (personagem e narrador das histórias). No *corpus* escolhido, a sugestão empática de ambiências juvenis, de tensões e horizontes adolescentes, onde a aniquilação do autor está a serviço de sua voz, de suas obras, de suas planejadas atmosferas, em tempos de ditadura.

Mas quem era esse autor que se escondia sob tantos véus de pseudônimos – mais de 20 –, esse português que veio cedo para o Brasil, que aqui deixou correr sua pena e que tantas vezes permitiu que sua assinatura se apagasse em nome das ilusões-verdades de suas obras. Quem era esse artista que parecia concordar com Mladen Dolar em sua percepção de que mais realística é a voz cuja fonte real não se vê (DOLAR, 2006, p.77)?

✻ ✻ ✻

Todos os rostos barbudos traduziam uma alma subitamente magoada. Thiago vinha com o cadaver de dona Maricota ao collo. O mulato estava com um braço cortado de navalha. João olhou a mãe que parecia dormir embalada por Thiago. Olhou o pae morto. Não sabia se soluçava ou não. U'a mão amiga alisou-lhe a cabeça com suave meiguice.

– Não chore, não. O Thiago lhe toma conta... Sua mãe se machucou coisa átôa, se vae tratar muito longe... Olhe, os seus amigos tão no cercado. Não chore, não...

O menino limpou o rosto na manga da camiseta. Muitas mãos lhe alisaram a guedelha. Muitas bocas lhe consolaram o susto:

– Não chore, não...

João ergueu os olhos para o vôo livre de um pintasilgo. Esquivou-se das mãos carinhosas. Pensou em que o pae não lhe bateria mais. Deu uma fungadela. E disparou para o cercado:

– Vam'pró Bréjo Largo, pessoal![56] (SOVERAL, 1937, p. 63)

---

56 Optamos por manter a grafia da época.

O português Hélio do Soveral Rodrigues de Oliveira Trigo, nascido em Setúbal em 30 de setembro de 1918, parecia estar profetizando, nessa que é considerada por alguns sua estreia literária profissional[57], da qual reproduzimos acima o trecho final, o tema e público com que se ocuparia em etapa já adiantada de sua carreira: a infância, os leitores infantojuvenis. Apesar de uma atuação bem-sucedida de décadas como autor de radionovelas, com incursões por praticamente todos os suportes e meios de comunicação e expressão que o século XX ofereceu (além de escrever para rádio, foi autor teatral, roteirista de cinema, quadrinhos e televisão, ator, pintor e escritor de mais de 230 livros), Soveral talvez tenha experimentado sua mais duradoura popularidade com as histórias infantis que escreveu para a Ediouro, entre 1973 e 1984. Foram nada menos que 88 livros (mais pelo menos um inédito), divididos em cinco séries que renderam tiragens totais de mais de um milhão de exemplares, todas elas assinadas por pseudônimos ou pelo heterônimo que aqui nos interessa: Luiz de Santiago. E parece haver nisso também, nesse desprendimento de Soveral para com sua própria instância autoral – Soveral era conhecido como "o escritor dos 19 pseudônimos" (MARQUEZI, 1981, p. 27) –, uma outra coincidência envolvendo este primeiro conto "Brejo Largo", premiado em um concurso da revista *Carioca* e publicado na edição de 2 de janeiro de 1937[58], quando Soveral (que vivia no Brasil desde os sete anos) inaugurava pra valer tanto a carreira quanto a maioridade: não é que a mesma revista em cujas páginas o português oferece o drama do menino João traz também um artigo intitulado "A victoria dos pseudonymos"? Nele, o autor Martins Castello (além de citar exemplos tanto históricos quanto da época) vai além da questão do mero embaraço causado por "um appellido antipathico ou ridiculo (...) capaz de inutilisar a vida do mais apto dos cidadãos"[59] (CASTELLO, 1937, p. 40) para entrar na seara da persona artística, do *eu* que se sacrifica pela criação, pela própria obra.

> Ramon Gomez de la Serna já fez, com aquella sua subtileza habitual, uma observação aguda e exacta. O escriptor, quando escolhe um pseudônimo, desprende-se do mais pesado de si mesmo, collocando-se aos proprios olhos como mais um producto de sua imaginação. (...) Para a adopção de um pseudonymo, é preciso coragem, pois o acto tem, no primeiro momento, qualquer coisa de um suicidio. É a morte de uma personalidade para o nascimento de outra personalidade.[60] (CASTELLO, 1937, p. 41)

Mesmo que Soveral não tenha lido o texto que dividiu páginas com sua primeira incursão na literatura dita "séria", pode-se dizer que a coragem citada por Cas-

---

57 Embora Soveral registre ter sido publicado pela primeira vez aos 15 anos de idade, ou seja, em 1933, no jornal infantil O *Pica-Pau*, de São Paulo, e tenha em seguida logrado ver no papel vários contos em veículos como os *Suplementos Juvenil* e *Policial* do jornal carioca *A Nação* (1934-1935) e o *Correio Universal* (1936), é com a aparição de "Brejo Largo" na revista *Carioca* que Soveral recebe convite de seu diretor, Raimundo Magalhães Jr., para atuar profissionalmente como repórter, contista e tradutor em três dos impressos da empresa A Noite: as revistas *Vamos Lêr!*, *A Noite Ilustrada* e a própria *Carioca*, a partir de 1937.

58 Ao tomarmos conhecimento do título da obra premiada, citada em biografia de Soveral incluída em reedições da Ediouro, logramos descobrir o exemplar onde se deu a publicação.

59 Optamos por manter a grafia da época.

60 Optamos por manter a grafia da época.

tello não lhe faltou, e que em todas as vezes em que escolheu sacrificar sua autoria em prol de um melhor efeito para suas criações (seu primeiro romance policial, *Mistério em alto-mar*, de 1939, era assinado Allan Doyle tanto para homenagear E.A. Poe e Conan Doyle quanto para conferir mais autenticidade à empreitada: o público ainda não via bem a ideia de brasileiros escrevendo histórias de detetive), o escritor de Setúbal, carioca por opção, demonstrava como amava a própria obra: não importava o nome que assinava as brochuras, nem mesmo que os livros sequer indicassem autor (como no caso dos citados romances de espionagem *K.O. Durban*). O que importava eram os personagens, as histórias, os "brejos largos" onde suas criaturas pudessem ter refúgio, amor, aventura; o que importava era urdir atmosferas que ressoassem no corpo e espírito de seus leitores, pelo tanto de empatia e emoções que evocavam.

Soveral foi Allan Doyle para os ouvintes de seus roteiros na Rádio Tupy do Rio (é dele o primeiro programa seriado do rádio brasileiro, *As aventuras de Lewis Durban*, de 1938) e para os leitores do já citado *Mistério em alto-mar* (Cooperativa Cultural Guanabara, 1939). Pouco depois, em 1941, fez uso do seu segundo *nom de plume*, Loring Brent, ao escrever o conto "A Safira Fatal" para a *Contos Magazine*. Segundo atesta Soveral, este teria sido um dos dois ou três (ou quatro, dependendo da fonte) contos que ele escrevera para a revista, todos "baseados nas capas (norte-americanas) compradas pela editora" (SOVERAL, 198?, p. 4). Não foi possível encontrar ainda confirmação para o(s) outro(s) pseudônimo(s) em questão. Esse episódio particular configura uma verdadeira pirotecnia própria do mercado editorial brasileiro de revistas *pulp* e de emoção das primeiras décadas do séc. XX, uma vez que Loring Brent era na verdade o pseudônimo do autor norte-americano George F. Worts e a capa comprada pela *Contos Magazine* se referia a um conto dele, intitulado "The Sapphire Death", que não foi aproveitado em nada por Soveral ao criar sua "versão" brasileira. Original norte-americano e original luso-brasileiro dividem, tão somente, a arte do ilustrador Paul Stahr, em curiosa ciranda de efeitos: o texto de Worts sugere imagens a Stahr, que por sua vez sugere textos a Soveral.

Na década de 1960, depois de experimentar baixas vendagens com os quatro livros de contos do Inspetor Marques (seu personagem mais popular, protagonista de muitos anos do programa de rádio *Teatro de Mistério*) que publicou pela Vecchi (*3 Casos do Inspetor Marques*, *Departamento de Polícia Judiciária*, *Sangue no Paraíso* e *Morte para quem ama*), e vendo sua renda como radialista diminuir sensivelmente – segundo reportagem de Beatriz Coelho Silva para o *Caderno 2* do *Estado de S. Paulo* de 21 de maio de 1988, isso teria se dado "em 1964, quando o golpe militar desmembrou a Rádio Nacional e Soveral ficou sem seus programas" (SILVA, 1988, p. 1) – o português abraça de vez a carreira de escritor profissional de livros de bolso, começando com as dezenas de volumes que escreve para a editora Monterrey, com os heterônimos Keith Oliver Durban, Brigitte Montfort, Clarence Mason e Alexeya S. Rubenitch, e os pseudônimos Tony Manhattan, Lou Corrigan[61], Sigmund Gunther, John Key, Frank Cody, Stanley Goldwin, W. Tell,

---

61 Na verdade, pseudônimo do escritor espanhol Antonio Vera Ramírez. Alguns livros de Soveral para a Monterrey, com a personagem Brigitte Montfort, acabaram saindo com o nome "Lou Corrigan" por engano da editora, segundo Soveral.

F. Kirkland e Ell Sov (esse último também usado na década de 1970 para assinar algumas histórias em quadrinhos para a Ebal). Há também um volume lançado pela Editora Palirex, de São Paulo, assinado como Frank Rough (o único *western* de sua produção)[62]. Essa obra de quase 150 livros cobre todos os gêneros da literatura de entretenimento: terror, suspense, policial, bangue-bangue, ficção científica, espionagem. O "homem dos 19 pseudônimos", a essa altura, já havia inaugurado 16 deles no papel; em busca de efeitos *no* e *para* seu leitor.

Quando finalmente começou a escrever para a Ediouro, Soveral contava com 55 anos e o citado currículo de mais de centena de *pockets*, além de milhares de roteiros cujo sucesso já o havia inscrito em definitivo na história da radiodramaturgia brasileira. Das cinco séries que produziu para a Ediouro e sua coleção *Mister Olho* – *Chereta*, assinada como Maruí Martins; *Missão Perigosa*, assinada como Yago Avenir, depois Yago Avenir dos Santos; *Bira e Calunga*, assinada como Gedeão Madureira; *Os Seis*, assinada como Irani Castro; e *A Turma do Posto Quatro*, assinada como Luiz de Santiago – as mais populares e bem-sucedidas foram, sem dúvida, as duas últimas da lista. As aventuras de *Os Seis* chegaram a 19 episódios e mereceram algumas reedições em novos formatos, ao longo das décadas de 1970, 1980 e 1990. O mesmo vale para a série que aqui examinaremos, *A Turma do Posto Quatro*, que teve 35 títulos e só perde em longevidade e extensão, no âmbito da Coleção *Mister Olho*, para a *Inspetora*, de Ganymédes José, com seus 38 livros publicados. Aqui cabe um parêntese sobre um aspecto curioso do citado *corpus*, diretamente relacionado aos pseudônimos escolhidos e sua brasilidade facilmente reconhecível. Como a intenção da editora era atender ao público escolar com livros de autores nacionais, com temas nacionais, em conformidade com o que recomendava o MEC, em um momento de certa tinta ufanista cujo incentivador maior era claramente o regime militar, evitava-se a adoção de nomes que pudessem dar a entender que a obra não era da lavra de autor brasileiro. Essa é provavelmente a explicação de os livros de Gladis N. Stumpf González, autora de três séries da *Mister Olho*, receberem na capa apenas o curto "Gladis" (o nome completo aparecia em página de créditos interna): afinal, Stumpf remete a autorias alemãs e González, a hispanas. O mesmo motivo deve estar na "complementação" do pseudônimo Yago Avenir, de Soveral, que ganha um "dos Santos" a partir do quinto episódio da série *Missão Perigosa*: Yago soa a estrangeirismo (um quê de russo, talvez?) e o mesmo vale para Avenir. Com o sobrenome final "abrasileirado", porém, a adoção dos livros não sofreria embaraços. Não nos ocorre outra explicação possível para a alteração... Basta inclusive examinar por alto o repertório anterior de pseudônimos/heterônimos do português: apenas estrangeirismos ali.

Mas por que optar pela *Turma do Posto Quatro* como *corpus*, dentre tantas produções "anônimas" de Soveral para a *Mister Olho*? Além de ter sido a mais popular de todas as séries infantojuvenis que escreveu, Soveral nela vai além do expediente da mera alcunha fictícia: os livros, narrados em primeira pessoa pela

---

62 Na verdade, o único publicado, já que Soveral deixou um livro inédito no gênero, completo, aparentemente vendido para a mesma editora, com o mesmo personagem e universo.

personagem Luiz de Santiago, líder da *Turma do Posto Quatro*, são também assinados pelo rapaz. É o nome dele que aparece na capa dos livros, como se pessoa real fosse. Soveral comete novo suicídio artístico em prol da verossimilhança, em prol de um efeito que favoreça a empatia e identificação de seus leitores com aqueles adolescentes que (para o autor) deveriam servir de modelo e inspiração. Philippe Lejeune, em seu livro *O Pacto Autobiográfico*, ao mapear todas as possíveis recorrências e interrelações envolvendo autoria, personagens e os vários pactos autor-leitor (tendo como foco, obviamente, a biografia), curiosamente deixa vazia em seu quadro esquemático a casa na qual se combinariam os seguintes fatores: pacto romanesco e nome do personagem igual a nome do autor (LEJEUNE, 2014, p. 33). Não é que Lejeune julgue a combinação impossível: como diz o autor,

> O herói de um romance declarado como tal poderia ter o mesmo nome que o autor? Nada impediria que a coisa existisse e seria talvez uma contradição interna *da qual se poderia obter efeitos interessantes*. Mas, na prática, nenhum exemplo me vem à mente. (LEJEUNE, 2014, p. 37. Grifo nosso.)

A escassez desse tipo de livro, espécie de "jogo pirandeliano de ambiguidade" (LEJEUNE, 2014, p. 38), é explicada pelo próprio Lejeune ao comentar uma possibilidade que evoca a renúncia envolvida no uso de pseudônimos e heterônimos.

> Quem me impediria de escrever a autobiografia de um personagem imaginário e de publicá-la usando seu nome? (...) Isso é raro porque há poucos autores capazes de renunciar a *seu próprio nome*. (LEJEUNE, 2014, p. 32)

Como se pode ver, Soveral era uma exceção à regra, um desses poucos artífices que não se importavam com "os elogios que todo artista deve ambicionar" (BALZAC, 2011, p. 391) e que abria mão da própria glória para que seus leitores entrassem mais completamente no jogo atmosférico-ficcional evocado, no caso de nosso *corpus*, pela voz do seu Lula, apelido de Luiz de Santiago na *Turma do Posto Quatro*. Aqui, mais uma vez, Soveral recorreu à autoria apagada (o heterônimo) reforçando-a com a ilusão maior do personagem tornado criatura real: tornado autor.

Aventuras detetivescas "destinadas a concorrer para o bem-estar e a segurança da comunidade" em plenos Anos de Chumbo

Começando suas aventuras com uma excursão à Floresta da Tijuca, narrada em *Operação Macaco Velho*, de 1973, Soveral em pouco tempo levaria sua turma de detetives mirins a viagens por quase todos os Estados e territórios do país (além de uma incursão por Cascais, Portugal), manobra que oportuniza a inclusão de verdadeiras aulas de geografia brasileira, quase sempre oferecidas por Príncipe, filho de um industrial paulista inglês e um dos *enturmados* (termo usado por Lula para se referir aos membros da Turma do Posto Quatro). Se por um lado as histórias são movimentadas e atraentes para o público-alvo, alternando de forma eficaz as digressões pedagógicas da "enciclopédia ambulante" (SOVERAL, 1983b, p. 10) da turma com momentos de ação e mistério temperados de romantismo adolescente (volta e meia, Lula comenta suas tentativas de abraçar ou beijar a namorada), por outro lado fica evidente, ao final da leitura de alguns volumes da série, que Soveral estava muito mais interessado em agradar a um público infantil médio e menos em contestar o regime de exceção vivido à época. Diferentemente do que pudemos ver nas páginas de *Dico e Alice*, a *Turma do Posto Quatro* "só se amarra naquilo que pode render alguma coisa útil para o bairro ou para a sociedade" (SOVERAL, 1973a, p.11) e é a representação de um bom-mocismo que parece de certa forma calculado: sempre dispostos a colaborar com a justiça, os enturmados da Avenida Atlântica nunca colocam o governo ou as autoridades em questão, jamais partem em operações sem pedir o consentimento dos adultos (operações essas que se dão apenas nos finais de semana, para não atrapalhar os estudos), não se envolvem com drogas, são incapazes de roubar ou cometer crimes ou violência, tiram boas notas e são todos religiosos (com espaço para certa diversidade que por vezes não é lá muito respeitosa: Príncipe é protestante e Pavio Apagado, o negro da turma, é umbandista, enquanto os demais são católicos). A *diferença* que Carlos Figueiredo oferece em seus gêmeos *hippies* Dico e Alice parece ter seu maior contraponto, na Coleção *Mister Olho*, na *semelhança* evocada por essa típica patota de classe média carioca criada por Soveral, inspirada provavelmente pelas turmas reais de garotos que este talvez observasse disputar partidas de futebol e namoradas, alheios a maiores disputas políticas ou questões como liberdade de expressão, nas areias de Copacabana.

Embora a composição da Turma do Posto Quatro denote certo subtexto crítico (Carlão é imigrante cearense e Pavio Apagado é negro e pobre) e volta e meia seja aproveitada nas histórias para (leves) críticas a injustiças sociais, o efeito é mais de comicidade que de denúncia. Por exemplo, nas reuniões das sextas-feiras, para se eleger a *operação* da semana, Pavio Apagado (ele mesmo nascido na Favela da Catacumba, removida pelo Estado em 1970) sempre sugere que a turma ajude favelados desta ou daquela comunidade, ameaçados de remoção por ação do governo ou de imobiliárias inescrupulosas. Praticamente todos os livros contêm essa cena: Pavio Apagado é sempre dissuadido, com a desculpa de que "aquilo é responsabilidade das autoridades" ou de que "aquilo pode ser resolvido pelo pai de Príncipe, que é amigo do governador". O que poderia ser denúncia se perde na ridicularização do (negro) denunciador.

O alinhamento do protagonista e seus amigos com o Brasil da situação é evidente e, por vezes, incômodo, beirando o panfletarismo e a propaganda política. Além do já citado respeito absoluto às autoridades, é frequente a menção (por vezes elogiosa) a programas estatais de fomento e a entidades como Mobral e Funai, entre outras. O mesmo ufanismo que faz, em *Vikings da Amazônia* (1983), as crianças adotarem nomes de bandeirantes ao explorarem a floresta transparece na defesa de Príncipe à energia atômica, no já citado *Macaco Velho* (velho projeto

PARTE II - Capítulo 3 - Uma leitura comparativa de Carlos Figueiredo e Hélio do Soveral

do Brasil Grande militar), e transborda no *A Vaca vai pro Brejo* (1973), com o entusiasmo demonstrado pelos garotos para com o "avanço civilizatório brasileiro" das Transamazônicas e das tribos indígenas "pacificadas". Soveral, decididamente, parecia querer agradar tanto a seu público quanto a seus pais e professores (adultos por cujo crivo os livros deveriam passar, antes de integrar a esfera de uma segura e hegemônica educação não-formal). O autor, como veremos mais adiante, parece se soltar um pouco apenas nos livros mais tardios, que vêm a público entre 1983 e 1984, em cenário político já bem diferente. Para iluminar todos estes aspectos da série e de sua *Stimmung*, tomando por base que ela, em sua indivisibilidade, como sugere Inês Gil, "funciona como um todo, [como] um sistema de forças sensíveis ou afectivas" (GIL, 2004, p. 145), convém agora que examinemos da forma mais abrangente possível trechos selecionados, para assim reforçar as hipóteses lançadas sobre as intenções do português. Antes de passarmos a eles, porém, registremos os títulos e datas de publicação original da série, toda ela editada pela Ediouro (cuja tiragem mais recente levantada data de janeiro de 2001 – 3.000 exemplares de *Operação Macaco Velho*, já adotando o nome de Soveral na capa):

1 – *Operação Macaco Velho* (1973)

2 – *Operação Torre de Babel* (1973)

3 – *Operação Fusca Envenenado* (1973)

4 – *Operação A Vaca vai pro Brejo* (1973)

5 – *Operação Mar Ouriçado* (1973)

6 – *Operação Falsa Baiana* (1973)

7 – *Operação Fla-Flu* (1973)

8 – *Operação Curió na Gaiola* (1973)

9 – *Operação Tamanco Voador* (1973)

10 – *Operação Ilha do Besouro* (1973)

11 – *Operação Escravos de Jó* (1974)

12 – *Operação Paulistana* (1974)

13 – *Operação Pampa Mia* (1974)

14 – *Operação Inferno Verde* (1975)

15 – *Operação Eldorado* (1975)

16 – *Operação Mulher Rendeira* (1975)

17 – *Operação Alvorada* (1976)

18 – *Operação Café Roubado* (1976)

19 – *Operação Barriga Verde* (1977)

20 – *Operação Guerra das Amazonas* (1977)

21 – *Operação Jangadeiros* (1977)

22 – *Operação Cangaceiro Negro* (1977)

23 – *Operação Rio das Mortes* (1977)

24 – *Operação Barreira do Inferno* (1977)

25 – *Operação Ladrões do Mar* (1977)

26 – *Operação Bafo da Onça* (1978)

27 – *Operação Seringal dos Afogados* (1979)

28 – *Operação Mistério de Cascais* (1979)

29 – *Operação Poço do Agreste* (1979)

30 – *Operação Vikings da Amazônia* (1983)

31 – *Operação Tarzan do Piauí* (1983)

32 – *Operação Tesouro Submarino* (1983)

33 – *Operação Petróleo Verde* (1983)

34 – *Operação Piratas do Amapá* (1984)

35 – *Operação Cidade-Fantasma* (1984)[63]

Bom-mocismo "chapa-branca"

> Nossa turminha não é igual às outras, que ficam perdendo tempo com jo-guinhos de bola de gude, briguinhas e brincadeiras de mau gosto, ou que ficam à toa na calçada vendo as meninas desfilarem. Nada disso. A Turma do Posto 4 é uma patota legal, barra limpa, avançada. (SOVERAL, 1973a, p. 11)

A Turma do Posto Quatro criada por Hélio do Soveral foi provavelmente uma tentativa muito bem sucedida por parte do autor de plasmar um time de crianças que correspondesse a uma média razoável do seu público leitor. Em sua maioria brancos, cristãos e de classe média, longe de se preocuparem em ajudar a depor ditaduras (como a do livro *No Triângulo das Bahamas*, da série *Dico e Alice*), os protagonistas da série em tela pretendem contribuir com sua sociedade comba-

---

63 Os títulos *Vikings da Amazônia, Tarzan do Piauí, Tesouro Submarino* e *Petróleo Verde*, ao serem publicados na década de 1980, receberam numerações baixas que preenchiam lacunas na catalogação original da série nos anos 1970, o que sugeria que poderiam ter tido sua publicação adiada por 10 anos, em possível episódio de autocensura. O exame dos textos, porém, não favorece esta hipótese, ainda mais prejudicada pela descoberta dos contratos para os livros, todos datados de 1979.

tendo o crime e a injustiça, mas sem perder de vista os anseios próprios de (pré) adolescentes mais ocupados com jogos de futebol de areia e namoradas que com a excepcionalidade do regime tocado por generais. Assim, além das aulas de Geografia quase sempre ofertadas pelas intervenções de Príncipe, as páginas dos livros são também veículo para afirmar uma gama extensa de valores sociais e ideológicos tidos como ideais, desde o de que "os estudos estão em primeiro lugar" (SOVERAL, 1973b, p. 138) até o de que todos devem ser úteis ao corpo social. Como em várias das séries da *Mister Olho*, também, a leitura é louvada como prática desejável. É nesse espírito que Lula em uma das aventuras se lamenta pela Turma não ter "levado uns bons livros para ler" (SOVERAL, 1983a, p. 92).

Recomendações de toda ordem saltam dos parágrafos para os olhos do leitor sem oferecerem, contudo, maiores prejuízos aos entrechos: Soveral é hábil ao inserir noções moralizantes e comportamentais que envolvem desde boa higiene até o respeito aos mais velhos sem deixar que as aventuras percam o ritmo atraente. O respeito absoluto a leis e autoridades (começando pela dos pais e passando às esferas de polícia e governo) perpassa tudo e todos... *A Turma do Posto Quatro*, como poderemos ver nas próximas páginas, é o supra-sumo de um idealizado bom-mocismo carioca exportado a todos os rincões do Brasil dos anos 1970, embalada na vistosa e eficientíssima literatura de massa de Hélio do Soveral. Mas, justiça seja feita ao autor, com certa dose de senso crítico, também.

Educação moral e cívica e não só

Os detetives mirins do Edifício Mattews não são apenas estudantes exemplares que, como Lula, tiram "boas notas (dez em Português e Desenho, nove em Geografia e Inglês, oito em Ciências e Matemática e sete em Latim)" (SOVERAL, 1973d, p. 12). Além de advogarem o trabalho em equipe, "porque a união faz a força" (SOVERAL, 1973a, p. 83), e de lembrarem ao leitor que há certas hierarquias sociais a serem respeitadas e que, por isso, "um garoto educado não ofende os mais velhos" (SOVERAL, 1973b, p. 125), as crianças servem ainda para propagandear certas reflexões e admoestações de cunho comportamental-pedagógico, como a que diz que "até as coisas boas, usadas exageradamente, cansam e aborrecem" (SOVERAL, 1983a, p. 108). Os temas de tais digressões podem ser prosaicos como o exemplo citado abaixo, de lavra do próprio narrador-autor:

> Papai e mamãe já estavam fechados no quarto, conversando em voz baixa, mas não ouvi o que diziam, porque é muito feio escutar atrás das portas, mesmo que o escutador seja um detetive. (SOVERAL, 1973b, p. 115. Grifo nosso.)

Podem ainda ensejar uma dimensão um pouco mais aprofundada das relações parentais, como neste outro trecho retirado do livro *A Vaca vai pro Brejo*:

— Prometemos — respondi. — Como chefe da Turma do Posto Quatro, dou-lhe a minha palavra de que nem eu nem meus companheiros entraremos no mato sem a indispensável proteção de nossos maiores!

Diante desta promessa solene, Mr. Mattews concordou em nos levar, atendendo ao pedido de Príncipe. Aliás, ele sempre satisfaz todos os desejos do filho, o que eu acho um exagero, pois pode prejudicar o futuro do rapaz, além de torná-lo muito cheio de vontades. No meu entender, nossos pais devem nos negar uma coisa ou outra (sem falar nas coisas impossíveis) para que a gente aprenda a passar sem elas. (SOVERAL, 1973d, p. 25-26)

Ou podem ser mais flagrantemente moralistas, ao traçar regras de conduta mais abstratas que se aplicam ao total do mundo e das experiências:

Quando a gente está praticando uma ação nobre e justa, deve lutar até o fim, sem temer coisa alguma, para que os homens maus não tomem conta do mundo! (SOVERAL, 1973b, p. 130)

Leis, polícia, autoridade e caranguejos: o justiçamento sem fronteiras e limites da Turma do Posto Quatro

Os enturmados de Copacabana, ainda que comprometidos com o combate ao crime, não têm a menor pretensão de tomar "o lugar da polícia" (SOVERAL, 1973b, p. 168). Em todos os livros, frisa-se a todo tempo a importância das leis, da justiça e das autoridades; e sua eficácia. Diferentemente do que acontece na série *A Inspetora*, também da *Mister Olho*, na qual a polícia constantemente é desenhada como inepta (não muito longe do que pensavam o Holmes de Doyle e o Dupin de Poe), no universo do Posto Quatro, tudo parece funcionar bem. A Turma de Soveral está sempre do lado da lei, das autoridades (e da situação...), nas quais confia quase que cegamente. É isso o que faz com que digam, ao final da trama de *Operação Tarzan do Piauí* (e que sumariza a tônica da série como um todo), que o "dever [da Turma do Posto Quatro] fora cumprido ao entregá-los[, os nazistas,] às autoridades, e *o resto era com a justiça, que é cega e sempre deve dizer a última palavra*" (SOVERAL, 1983b, p. 145. Grifo nosso). Os quatro excertos a seguir são bom exemplo dessa postura.

A turma sai em campo, para resolver o problema, *com a ajuda das autoridades*, ou de outra maneira qualquer, mas *sempre dentro da lei, da justiça e do bom senso*. (SOVERAL, 1973a, p. 12. Grifos nossos.)

– Não – disse eu. – Não somos detetives de verdade. Só amadores.

– Mas estão ajudando a polícia, não é?

– Isso, é. *Nossa turminha está sempre do lado legal.* (SOVERAL, 1973b, p. 50. Grifo nosso.)

– Lá em Copa, eu tinha que estudar, e tudo era proibido. "Não faça isso, não faça aquilo". Aqui, não. Vocês não viram que a gente pode pisar na grama e fazer tudo o que entender?

– Deixa de dizer bobagens, Pavio – ralhou Cidinha. *– Tem que haver o respeito à lei, senão a vida vira bagunça!* E, se você ficar pisando sempre na grama, acaba por estragar o relvado! A gente deve saber se comportar em sociedade, tá sabendo? (SOVERAL, 1983a, p. 109. Grifo nosso.).

– A Delegacia de Homicídios é um órgão especializado e tem prática dessas coisas. *Eles sempre acabam descobrindo a verdade.* (SOVERAL, 1973b, p. 133. Grifo nosso.)

Uma inserção curiosa feita por Soveral, mas que provavelmente passou despercebida por seus leitores, faz referência ao problema da corrupção policial, ainda que eximindo os agentes de qualquer culpa (que seria do sistema...), e funciona pelo menos como um lembrete de que ainda há coisas a se melhorar no não-tão--cor-de-rosa mundo da Lei e da Ordem:

> Aliás, soubemos depois que o pai daquela mocinha (Daisy) ofereceu uma recompensa ao cabo Pão de Açúcar, pela prisão do assaltante-fantasma, e achamos muito justo, pois *esses policiais ganham pouco*, em relação aos riscos que correm, e mereciam receber uma gratificação extra nesses casos especiais. *Assim, eles estariam a salvo de certas tentações...* (SOVERAL, 1973c, p. 163. Grifos nossos.)

O bom-mocismo das crianças, seu legalismo aguerrido, é tamanho e tão exagerado que por vezes o efeito é o de trazer ao rosto do leitor um sorriso amarelo. Um bom exemplo é quando a patota está investigando assaltos na região de Sepetiba e, ao avistarem outras crianças pescando perto de onde buscam pistas dos criminosos, Lula e companhia ainda se preocupam em registrar que "é proibido tirar caranguejos da lagoa" (SOVERAL, 1973c, p. 49). Esse exagero "micro" tem seu par "macro" no episódio *A Vaca vai pro Brejo*, que mostra que as pretensões das crianças não parecem respeitar limites geográficos e são verdadeiramente planetárias. No começo do livro, a proposta de Lula é de que a patota consiga o que inúmeros presidentes norte-americanos e um bom número de prêmios Nobel ainda não conseguiram: a paz no Oriente Médio! E, apesar da ressalva de que, "em troca, os israelitas estão matando os árabes no Líbano e na Síria [e que o conflito como um todo] é um crime contra a humanidade" (SOVERAL, 1973c, p. 18), Lula mostra-se um tanto parcial em suas colocações (inclusive usando da proximidade religiosa entre judeus e cristãos para sustentar seu ponto de vista):

— A Turma do Posto Quatro não deve se limitar a atuar em Copacabana, no Rio ou no Brasil. Nossas campanhas em favor do bem-estar público devem ser universais, porque povo é sempre povo, aqui ou na China, e todos os homens são irmãos! Leiam os jornais e verão quanta desgraça tem acontecido lá fora, por causa de estúpidos preconceitos políticos ou raciais, para não falar em condenáveis guerras de conquista! Agora mesmo, os terroristas palestinos estão usando meios genocidas para expulsar os judeus do Oriente Médio! (...) Quer dizer: ataques de *comandos* suicidas, sequestros de aviões, bombas pelo correio e essas coisas. *E os judeus também são nossos irmãos, por parte de Adão e Eva!* (SOVERAL, 1973c, p. 18. Grifo nosso.)

Curiosamente, Soveral não deixa o debate no vazio (ou de um lado só do tabuleiro) e coloca na boca de Pavio o necessário contrapeso à fala de Lula.

— Eu também sou contra [sua sugestão, Lula.] — disse Pavio, com voz medrosa. — *Não sei direito quem é que faz os genocídios, se são os árabes querendo botar os judeus pra fora da Paulestina* [sic] *ou se são os judeus querendo tomar a terra dos árabes... Eles que são brancos que se entendam!* (SOVERAL, 1973c, p. 18. Grifo nosso.)

Tais arranjos retóricos, inclusive, se repetem ao longo dos livros, normalmente com Príncipe assumindo posições frias e técnicas, influenciadas por certo cientificismo, enquanto que Cidinha é quem normalmente o rebate, verdadeira humanista de plantão. Lula, como narrador, transparece como moderado (muitas vezes, mudando de opinião por causa dos argumentos da namorada). E Pavio Apagado e Carlão (não por acaso, os representantes de duas minorias, a dos negros e a dos nordestinos) costumam ser usados por Soveral para vocalizar noções populares (e equivocadas) sobre as questões em tela ou mesmo pura ignorância.

Apesar de todo esse legalismo e alinhamento, de todo esse evidente respeito à ordem constituída, cumpre registrar que Soveral por vezes parece querer fazer a defesa da justiça como um bem em si, do devido processo legal como direito e como verdadeira necessidade civilizatória.

— A *Lei de Talião* existiu entre os gregos, os romanos, os indianos e os árabes, e foi praticada comumente na Idade Média, mas desapareceu nas legislações modernas [— explicou Príncipe.] — Hoje em dia, só os selvagens usam esse arremedo de justiça, que não passa de uma vingança. (SOVERAL, 1973d, p. 169)

— Nada de entregar esses gateiros aos índios — falou o homem da Funai. — Eles são nossos prisioneiros e receberão um tratamento humano, apesar de todo o mal que fizeram! Somos pessoas civilizadas e respeitamos a justiça! Eles serão processados e condenados dentro da lei, esses assassinos de mau caráter, que envenenam as nossas relações com os Paracanãs! (SOVERAL, 1973d, p. 163)

Para fechar o tema, porém, ainda na clave da "chapa-branca" dos enturmados, selecionamos um trecho (um dos raros com algum subtexto político), no qual Lula deixa claro que fazer críticas aos mandatários de um país (mesmo que seja o ditador espanhol Franco) é uma coisa negativa e reprovável.

> — Boto, também, o nome do espanhol do 802?

> — Não, esse não. Dom Herrera tem um álibi, conforme Carlão acabou de falar. (...)

> — Inocente! Não se discute mais. Dom José *vive metendo o pau no Generalíssimo Franco, mas todos os espanhóis são fanfarrões...* (SOVERAL, 1973b, p. 72-73. Grifo nosso.)

Tradição, Família e Propriedade: modelos hegemônicos em um tripé com bem mais que apenas três pilares

O caráter arquetípico da *Turma do Posto Quatro* aparece também na defesa e valorização do vestuário de Príncipe (é dado que ternos projetam respeito) e no ideário bacharelista de Lula, que Lima Barreto denunciava já mais de cem anos atrás.

> Não tem um garoto de Copa que não respeite Príncipe, porque ele anda sempre vestido com terninho e gravata. (SOVERAL, 1973b, p. 79)

> — Eu nunca vou me habituar a essa vida chata! — esbravejei. — Não nasci para ser oleiro! *O que eu quero é me formar em Engenharia!* (SOVERAL, 1983a, p. 112. Grifo nosso.)

> Todos nós estávamos calados, presos às palavras do advogado. O Dr. Ezequiel falava tão bonito (apesar de tossir de vez em quando) que eu prometi a mim mesmo que, *quando crescesse, iria me formar em Direito.* (SOVERAL, 1973b, 105-106. Grifo nosso.)

Se Príncipe impressiona pelo trajar, Lula sonha fazer o mesmo com a Engenharia, com o Direito. E é bem provável que Soveral coloque a Medicina também entre as metas do rapaz em alguns dos outros 29 livros da série ainda aguardando nossa leitura.

A família como instituição e valor social máximo, além de instância onde autoridades são devidas e exercidas (em certa analogia evidente com a relação entre governados e governantes), é pauta frequente nas trocas entre os personagens. Nenhuma *operação* dos enturmados começa sem a devida autorização dos pais; da mesma forma que (dentro de uma mentalidade de conformismo com o *status quo*) nenhuma mudança política maior pode vir sem a "autorização" dos "pais/governantes", também?

> – Partiremos amanhã de manhã – decidi eu. – Encontro na porta deste edifício, às oito horas! *Cada um de nós pedirá a indispensável autorização a seus pais*, que já conhecem a força da turma e sabem que podem confiar nela. (SOVERAL, 1973a, p. 19. Grifo nosso.)

Cidinha via de regra (talvez por ser o elemento feminino da turma) é que normalmente defende o núcleo familiar, dizendo que "a gente nunca deve virar as costas para a nossa família, por mais pobre que seja" (SOVERAL, 1983b, p. 83). Não raro, tais defesas implicam também aspectos religiosos e a própria fronteira entre o humano e a animalidade.

> – [Você] deve pensar também na situação de seu pai e sua mãe, que se veem privados de um filho que pode ajudá-los na roça. Eu acho que é mais digno passar privações em família, do que virar as costas aos nossos pais e comer as raízes das árvores, como um animal inconsciente! Deus nos deu a inteligência, Zico, para a gente ser diferente dos bichos! Só os bichos são egoístas e não têm sentimentos! (SOVERAL, 1983b, p. 121)

Como não poderia ser diferente, por fim, o respeito à propriedade alheia e à honestidade está por toda a parte, ainda que episodicamente as histórias tentem as crianças com fantasias de tesouros e alguma cobiça.

> – Dinheiro! – gritou Pavio. – Estamos ricos, turma!

> – Cale a boca – rosnei. – *Este dinheiro não nos pertence e deve ser entregue à polícia.* (SOVERAL, 1973b, p. 44. Grifo nosso.)

> – O senhor está louco! – bronqueou Carlão. – Trate de devolver essas coisas aos seus legítimos donos! Não somos ladrões! (SOVERAL, 1983a, p. 95)

> Lá dentro, os policiais ainda encontraram um bracelete de ouro e alguns anéis de brilhantes. Todas essas preciosidades foram confiscadas pelas autoridades, *para serem devolvidas aos seus legítimos donos.* (SOVERAL, 1973c, p. 163. Grifo nosso.)

Mente sã, corpo são: não ao álcool, ao tabaco e às drogas

> No dia seguinte, só consegui acordar às dez horas da manhã. Tinha me deitado às duas da madrugada e todas as crianças precisam dormir oito horas seguidas, para gozarem boa saúde. (SOVERAL, 1973c, p. 89)

> – Não, obrigado – respondi, enquanto Cidinha também ficava meio invocada. – Nem eu nem minha noiva bebemos álcool. Isso faz mal à saúde. (SOVERAL, 1973a, p. 45)

> Depois, Carlão voltou a imitar o mugido de uma vaca e o *Saci Pererê*, atendendo ao apelo, saiu do mato, vestindo os calções. Era Pavio Apagado, é claro, mas não trazia nenhum cachimbo na boca. Nenhum enturmado seria capaz de fumar, nem mesmo por brincadeira, pois todos conhecem os males que o tabaco faz ao organismo. (SOVERAL, 1973d, p. 159-160)

> E soubemos que o inspetor Mendonça encontrara provas de que "seu" Valdemar era um vendedor de *maconha e outras porcarias*. Ficamos gelados! As acusações contra o bandido eram muito sérias! (SOVERAL, 1973b, p. 77. Grifo nosso)

Como se pode ver pelas citações acima, Soveral é categórico na defesa da saúde dos enturmados e de seus leitores, a quem aconselha tanto boas noites de sono quanto distância dos vícios mais comuns. Mas essa distância por vezes não é cumprida, como se pode ver no trecho de *Tarzan do Piauí* em que Lula admite que "também bebemos um pouco de cerveja, mas não muita, para não nos embebedarmos" (SOVERAL, 1983b, p. 103), e nas passagens onde o relativismo cultural do encontro com os índios Paracanãs faz as crianças tanto fumarem quanto beberem licor:

> O *cigarro* Paracanã media quase um metro de comprimento e todos nós demos uma pitada nele, inclusive o cacique e trinta dos seus guerreiros. Depois dessa prova de amizade, passamos a ser os heróis da festa, que se prolongou até de madrugada. (SOVERAL, 1973d, p. 75-76)

> A alegria era geral. Os Paracanãs não gostavam de bebidas alcoólicas, mas o cacique nos serviu um licor feito com a raiz da mandioca fermentada, que Carlão bebeu como se fosse água. Resultado: lá para as tantas, o nosso lutador de karatê pôs-se de pé, pintado de preto e vermelho e com o coco pelado, arrancou um arco das mãos de um índio e ergueu-o acima da cabeça. (SOVERAL, 1973d, p. 76)

Nem bichos-preguiças nem macacos guaribas: o valor do trabalho e de uma vida útil à sociedade

Por meio dos livros, Soveral também promove a defesa do que considera ser o corpo social ideal, no qual o trabalho é pedra basilar e a indolência e a inutilidade são pecados capitais rapidamente condenados. Não raro, é Pavio quem protagoniza esses rompantes de retorno à natureza, a uma simplicidade de existência que ele considera mais libertária, mas que Cidinha e Lula repudiam com veemência e militância ardorosa, como deixam entrever os trechos a seguir.

> – Poxa! – exclamou Pavio. – Ela nem se incomoda com a vida! Só quer comer e dormir, pendurada no galho! Que vidão, hem? Que vidão!
>
> Olhei para ele severamente.
>
> – Vidão, por quê? Você gostaria de ser assim?
>
> – Assim, como?
>
> – Que nem a preguiça. Viver sem fazer nada, *sem ser útil a ninguém*, levando uma hora pra atravessar a rua. Já pensou? (SOVERAL, 1973a, p. 47. Grifo nosso.)

> – Acho que também vou virar menino-macaco, para viver em liberdade, comendo goiabas e bebendo água geladinha dos igapós! [– disse Pavio Apagado. –] A vida assim é outra coisa! A gente não tem nenhuma obrigação, não tem que ir ao colégio nem...

> – E você acha que isso é vida? – atalhou Cidinha, bronqueada. – É mais digno cumprir os seus deveres em família, do que virar as costas aos nossos velhos e comer as raízes das árvores, como animais inconscientes! Deus nos deu a inteligência, Pavio, para a gente ser diferente dos bichos! Só os bichos são egoístas e não têm sentimentos! (SOVERAL, 1983b, p. 122)

> – E os nossos estudos? – lembrou Cidinha, franzindo o narizinho. – Ainda não estamos de férias, gente! E *os estudos são mais importantes do que tudo! Um moleque que não estuda é uma pestinha, que só pode se transformar num parasita! A cultura ajuda muito a viver e a trabalhar.* Corta essa, Lula! Sou contra a viagem a Israel! (SOVERAL, 1973c, p. 18. Grifo nosso.)

> – Preparar-se! – avisou o arqueólogo. – Vamos à missa e, depois, vocês ter que trabalhar! Não há ociosos, no Valhalá, *todos fazer alguma coisa útil*, para pagar o que comer! Achâf quer que vocês aprender um ofício! Ir trabalhar no olaria! (SOVERAL, 1983a, p. 110. Grifo nosso.)

A síntese do pensamento de Soveral sobre essa sua Turma do Posto Quatro e a geração que ele com ela pretende inspirar talvez esteja neste trecho de *Operação Fusca Envenenado*, no qual o autor sutilmente critica os *hippies*, as experimentações com drogas e todo tipo de não-alinhamento (até mesmo capilar!) e inconformidade para com os modelos dominantes: uma nota de louvor aos enturmados, emitida por nada menos que um Congresso Nacional subserviente, porque ainda acorrentado pelas violências do regime militar.

> Os jornais dessa segunda-feira teceram muitos elogios à Turma do Posto Quatro, lembrando outras operações já levadas a efeito, com êxito, pelos "valentes garotões de Copacabana" e pedindo aos senhores deputados que dessem um voto de louvor aos "jovens e destemidos cidadãos cariocas" que tanto tinham contribuído para a tranquilidade dos namorados da Barra da Tijuca e, consequentemente, para o bem-estar público da Belacap. Uma semana depois a Turma do Posto Quatro foi citada, no Congresso Nacional, como *"paradigma da geração realística de hoje, divorciada das vetustas histórias de fadas, voltada para as soluções práticas dos problemas sociais e avessa aos vícios, às irresponsabilidades e ao cabeludismo de uma parte infeliz dessa mesma geração"*. (SOVERAL, 1973c, p. 164-165. Grifo nosso.)

Religiosidade e alguma (in)tolerância

Um outro aspecto de grande interesse na série, e que está diretamente relacionado ao perfil médio que Soveral procura urdir (e seduzir) com seu autor-narrador, é o da religiosidade. Deus (o "nosso", como diz Príncipe), a cristandade e suas práticas e tradições são constantemente citados por Lula e por seus companheiros como um valor ou uma posição a partir da qual os outros (ateus e não-cristãos) são julgados.

> Pensei logo em Jesus Cristo Menino, trabalhando na carpintaria do Pai. Não sei por que pensei nisso, mas acho que foi porque estávamos a três dias apenas do Natal. (SOVERAL, 1973d, p. 123)

> — Vocês sabem que dia é hoje? — indagou Mr. Mattews, quando os jipes se puseram em movimento. — É o dia 23 de dezembro! Amanhã será véspera do Natal... e temos que estar no Rio antes da meia-noite! Não haverá perdão para nós, se passarmos o Natal longe da família! (SOVERAL, 1973d, p. 168)

> Eu e Cidinha ficamos horrorizados com tanta frieza. Aqueles dois bandidos nem sequer rezavam um *Padre Nosso* pela alma do companheiro! (SOVERAL, 1973d, p. 145)

> — E o que é deus "estrelar"? — insistiu Pavio?

> — Estelar. É um deus ligado às estrelas. Júpiter, por exemplo.

— E "Jová"?

— Jeová é o *nosso* Deus, na linguagem bíblica. E não me pergunte mais nada, senão não vamos sair mais daqui! (SOVERAL, 1973b, p. 24. Grifo nosso.)

— Olhali! — exclamou Cidinha. — Aí vem nosso Senhor, andando sobre as águas.

Que heresia! Era apenas um pescador, de pé, em cima de uma jangada. (SOVERAL, 1983a, p. 144)

Embora a Ciência e a Técnica via de regra sejam louvadas por todos os enturmados, representantes que são do mundo civilizado, e em especial por Príncipe, o ateísmo ou o endeusamento dessa mesma Ciência não é visto com os mesmos bons olhos, como fica claro nestes trechos de *Operação Torre de Babel*:

— Ouvi você interrogar a empregadinha do russo... Sua curiosidade é elogiável, meu filho. Devemos sempre querer saber de tudo, na vida. Os franceses do terceiro andar são surdos, mas eu tenho ótimos ouvidos. Tenho tudo ótimo, graças a Deus... *se é que Deus existe. Para mim, Deus é a Ciência!*

Aquela heresia também me causou horror. Um homem que não acredita em Deus é capaz dos piores crimes. (SOVERAL, 1973b, p. 59. Grifo nosso.)

— Mas a crueldade do prof. Vasconcelos não pode ser justificada — disse eu. — *Além disso, ele é ateu e queria que eu tomasse laranjada sintética! Percebi logo que ele queria me envenenar!* (SOVERAL, 1973b, p. 67. Grifo nosso.)

É interessante que o perfil da Turma do Posto Quatro (com a diversidade religiosa oferecida pelo protestantismo de Príncipe e o umbandismo de Pavio Apagado) permita a Soveral, por meio da voz de Lula, certo exercício de tolerância ecumênica e multiculturalismo. As passagens a seguir ilustram bem esse espírito da série:

— Não foi o professor — insisti. — Ele disse que foi o senhor. Mas nós sabemos que não foi, porque o senhor é médico, muito simpático, amigo dos pobres, e *os espíritas são incapazes de fazer mal aos outros!* (SOVERAL, 1973b, p. 112. Grifo nosso.)

— Deus nos ajude! — murmurei, fervorosamente. — Se Cidinha conseguir afastar as sentinelas, quando chegarmos ao Rio vou acender uma vela para Santa Bárbara! Desta vez acendo mesmo!

— E eu — acrescentou Pavio — vou acender outra para Iansã, o que vem a dar no mesmo. Príncipe falou que Iansã é Santa Bárbara disfarçada... (SOVERAL, 1983a, p. 130)

— Vamos aproveitar e rezar um pouco, nessa igrejinha? Ainda não agradecemos a Deus continuarmos vivos, depois dessa aventura com o balão...

Entramos na capela vazia e nos sentamos num dos bancos de pedra. Príncipe é protestante, Carlão, Cidinha e eu somos católicos, e Pavio diz que é umbandista, mas todos rezamos ao único Deus que existe e que se revelou a Jesus Cristo, Moisés, Buda, Confúcio, Maomé e outros tantos profetas. Depois, nos benzemos e saímos da capela. (SOVERAL, 1983a, p. 72-73)

– Vamos fazer uma oração – propus. – Pode ser que Deus nos ajude a encontrar o Careta. Deus está vendo o sofrimento de Clarice...

Cidinha e Carlão concordaram logo, mas notei que Príncipe e Pavio ficaram meio sem jeito e não demonstravam interesse em entrar na capelinha. Foi então que me lembrei de que eles não eram católicos. Também me senti constrangido, mas tive que seguir Cidinha e Carlão, que já tinham entrado na capela. Aquilo me entristeceu um pouco. (...)

Rezamos em silêncio, pedindo a Deus que nos ajudasse a encontrar o macaco. Nossas preces não saíam de dentro de nós mesmos, mas tínhamos a certeza de que Deus as escutava e já estava se mexendo para nos ajudar.

E, de repente, senti que mais alguém entrara na capelinha e se ajoelhava ao nosso lado. Olhei de esguelha e vi que era Príncipe, de cabeça baixa, com o capacete na mão e a cabeleira loura feito uma juba de leão. Atrás dele estava Pavio Apagado, olhando ao redor com ar de desconfiança. (...)

Então, ele e Pavio também fizeram o sinal da cruz e começaram a rezar em voz baixa, os lábios se mexendo devagar. Aquilo era tão bacana, e eu me senti tão contente, que até fiquei com vontade de chorar. Afinal, somos todos filhos de Deus, embora Ele possa mostrar uma face diferente para cada um. (SOVERAL, 1973a, p. 36-37)

Por outro lado, fica patente também que a tolerância nem sempre se sustenta, e vemos Lula volta e meia escorregar para o mais desbragado preconceito, cujo maior alvo são as religiões de matriz africana "dos ignorantes", representadas pela fé de Pavio, mas que também não poupa os budistas ou, como já vimos, os ateus.

Ao lado da cachoeira vimos uma porção de papéis sujos, garrafas de cachaça, velas, charutos e restos de farofa.

– Ih! – exclamou Cidinha. – Isso é macumba! Não toquem nesse "despacho", que dá azar! É melhor chamar o Pavio, que entende disso! (...)

Quando [Pavio] viu a sujeira na cascatinha, ficou cinzento de susto.

– Sem essa, turma! São presentes para Oxum, Xangô e Beijinho! Mamãe também costuma botar "despachos" perto da água, que é para Oxum descer e ficar satisfeito. Os deuses da umbanda devem se reunir aqui, de noite, para comer e beber!

– Não acredito nisso – retruquei, irritado. – Se eles comessem e bebessem os "despachos", essa sujeira não ficava aqui! Bem que o guarda falou!

– Vamos dar no pé – aconselhou Pavio, fazendo o sinal da cruz. – Com essas coisas não se brinca! Presentes de Oxum devem ser respeitados! (SOVERAL, 1973a, p. 50-51)

– Cuidado! – avisou [Pavio], benzendo-se duas vezes. – Os espíritos atrasados costumam tomar conta das igrejas abandonadas, para fazerem missas negras! E, às vezes, os santos-diabos da umbanda descem para atentar as pessoas! Cuidado com essa capela!

– Tem razão! – disse eu. – Se Deus saiu daqui, o diabo deve ter entrado. O capeta sempre aparece nos lugares que Deus abandona. Mas nós estamos com Deus! (SOVERAL, 1973a, p. 85)

Voltei a pensar nos fantasmas da floresta. Esses não são de carne e osso e só as rezas podem afugentá-los. Mas eu não acreditava nos santos da macumba; os verdadeiros católicos não acreditam nessas superstições que os escravos africanos trouxeram para o Brasil. Não existem bruxas. É tudo imaginação. (SOVERAL, 1973a, p. 102-103)

Eu continuava pensando em Oxum, Xangô e nos outros deuses da umbanda. Tive vontade de acordar Pavio, para discutir com ele, mas refreei os meus impulsos vingativos. Não devemos ter raiva dos outros só porque eles acreditam em coisas de que nós discordamos; devemos ser compreensivos e procurar ensinar aos ignorantes aquilo que eles ainda não conhecem. Ter raiva de Pavio seria o mesmo que bater num analfabeto, ou num aleijado. E, se o negrinho acreditava em Oxum, pior para ele. (SOVERAL, 1973a, p. 103-104)

Interrompi a discussão e pedi a Carlão que fizesse o seu relatório. Ele contou que visitara os dois japoneses do 502 e *nenhum deles tinha álibi ou coartada. Além disso, não eram cristãos, como nós; eram budistas.* (SOVERAL, 1973b, p. 70. Grifo nosso.)

Estereótipos de gênero, racismo e homofobia

É preciso mapear também alguns comportamentos e papéis sociais presentes na série *Turma do Posto Quatro* que poderiam passar despercebidos, pelo tanto de naturalização que a eles está associado, em particular por tratarmos aqui de literatura infantil. Há certo machismo e um bocado de determinismo de gênero na maneira com que a namorada de Lula é retratada, seja em frases soltas como a que menciona que "a nova ameaça fez Cidinha chorar como uma cachoeira" (SOVERAL, 1973c, p. 148) ou a que afirma que "ninguém discute com uma senhorita" (SOVERAL, 1983b, p. 19) ou em trechos um pouco mais longos, nos quais fica bem clara a divisão social de funções (e natureza) de homem e mulher.

— Me admira como Daisy não reconheceu o desenho no peito da malha do crioulo... As mulheres são mais observadoras do que os homens porque estão sempre criticando o modo de vestir dos outros. (SOVERAL, 1973c, p. 38)

Carlão foi o que se revelou o melhor carpinteiro, pois apenas deu uma martelada no dedão, ao passo que eu, Príncipe e Pavio demos várias. Mas *Cidinha estava cuidando da comida, ao lado da fogueira*, e não ouvia os nomes desagradáveis que nós dizíamos, cada vez que errávamos uma martelada. (SOVERAL, 1973d, p. 125. Grifo nosso.)

Se eles não progrediram muito, isolados neste platô da Amazônia, pelo menos atingiram um estágio de civilização em que os homens trabalham no pesado e as mulheres é que administram os bens do povo. *Isso pra mim é um grande progresso, pois as mulheres têm mais jeito para a economia doméstica...* (SOVERAL, 1983c, p. 81. Grifo nosso.)

O registro dessa estereotipação é ainda mais necessário quando se leva em conta a manifesta intenção de autores contemporâneos de Soveral, como Carlos Figueiredo, autor da série *Dico e Alice* (também da *Mister Olho*), que compôs seus personagens como gêmeos idênticos e de certa forma andróginos e intercambiáveis justamente para problematizar (e desnaturalizar) padrões de comportamento deterministas e de certa forma conservadores (FIGUEIREDO, 2014, p. 1). Esse viés (conservador) da *Turma do Posto Quatro* fica mais evidente nos trechos de *Torre de Babel* em que tanto Lula quanto Cidinha emitem certa homofobia e intolerância para com o cabeleireiro que mora no prédio, chegando a considerar sua orientação sexual como indicador de culpa.

— Isso inocenta o cabeleireiro — observei. — Se ele estava conversando com dona Marta, no quarto andar, não podia ter descido à garagem e esfaqueado Severino!

— Mas eu não gosto dele, não gosto e pronto!

— Isso é outra coisa, meu bem. Devemos ser justos e imparciais. (...) Em todo caso, *como o instinto feminino não falha*, podemos botar Jasmim na lista dos suspeitos que ficaram. Mas isso, só para agradar a você.

— Obrigada — disse Cidinha. — Jasmim é muito delicado... mas, por isso mesmo, não vou com a cara dele! *Homem muito delicado não é flor que se cheire!* É ou não é? (SOVERAL, 1973b, p. 68. Grifos nossos.)

— Nenhum dos meus suspeitos usa luvas. Ou, se usa, não confessou. Jasmim é o tipo do homem capaz de usar luvas às escondidas. *Ele se veste com essas roupas unissex e a gente não sabe se ele é homem ou mulher... Ainda mais, com aquele cabelo comprido e cheio de ondinhas... Não gosto dele, Lula! Bota na lista [de suspeitos]!* (SOVERAL, 1973b, p. 69. Grifo nosso.)

— Isso é verdade? Não foi você?

— Eu, hem? — disse Jasmim. — Tenho horror a sangue! Foi por isso que nem olhei direito o cadáver do faxineiro! Deus me livre de empunhar uma faca, para machucar os outros! *Eu não faço guerra, só faço amor!* E acho que todas as pessoas deveriam ser carinhosas umas para as outras, em vez de viverem discutindo e se matando por causa de bobagens. Não, Lula! Imagina! Não tenho nada a ver com a morte de Severino! Já contei tudo para seu amigo. Sabe que ele é uma parada? Garotão bacana está aqui!

E o cabeleireiro apalpou os músculos do braço de Carlão, que logo ficou muito vermelho e encabulado. (SOVERAL, 1973b. p. 100-101. Grifos nossos.)

Não ficamos muito tempo no apartamento perfumado de Jasmim, porque ele começou a dizer que eu era um rapazinho muito bacana e eu não gosto dessas intimidades. (SOVERAL, 1973b, p. 75)

Uma outra questão que aparece com força é a racial, por muito que fique claro que Soveral em boa parte dos episódios retrate uma realidade que ele quer denunciar, e não corroborar. Ainda assim, da mesma forma que Bortolina (neta de escravos na série *A Inspetora*, também da *Mister Olho*), Pavio é sempre o escolhido para receber injúrias, tratamentos depreciativos ou mesmo para ser colocado em risco, no melhor estilo *bucha de canhão*. Ele é o enturmado que "vive fazendo perguntas bobas" (SOVERAL, 1983b, p. 11), o único que é "muito pobre e só usa sacolinha" (SOVERAL, 1983b, p. 26), aquele cujo pai "sempre se sente feliz em ficar livre do filho" (SOVERAL, 1983b, p. 22). Além disso, é possível encontrar nos livros numerosas referências pouco elogiosas à negritude como um todo, referências essas que, se não representam necessariamente um posicionamente ideológico por parte do autor, minimamente denunciam a maior permissividade que havia na sociedade de então para com esse tipo de abuso. Assim, às vezes proferidas pelo próprio negro Pavio, podemos ler frases como "todo crioulo parrudo vende pipocas" (Soveral, 1973c, p. 40), alusões ao "pixaim de Pavio" (SOVERAL, 1973d, p. 70) e às "feições simiescas do crioulo" (SOVERAL, 1973c, p. 52) ou exclamações-xingamento como a que diz que "aquele crioulo [é] xexelento" (SOVERAL, 1973c, p. 94). Os trechos reproduzidos a seguir são particularmente interessantes no retrato desse dissimulado racismo brasileiro, principalmente aqueles nos quais a crueldade contra Pavio fica mais evidenciada:

Todos nós estávamos convencidos da inocência de "seu" Baltazar, que é um ótimo porteiro, muito educado, e uma pessoa de bons sentimentos. É verdade que ele é crioulo e beiçudo, mas quem vê cara não vê coração. (SOVERAL, 1973b, p. 19. Grifo nosso.)

— Nesse bosque de eucaliptos, segundo consta, havia um antigo cemitério de escravos.

— Paz à alma deles — murmurou Pavio, impressionado. — Fizeram bem em plantar esses "calitos" por cima. Assim, não escapa nenhum zumbi. (SOVERAL, 1973a, p. 63)

– Tive uma ideia! – exclamou Cidinha. – Já sei como é que vamos desentocar o menino-macaco!

– Como? Como? Como?

– Muito simples, turma! Pavio vai fazer as vezes de um Tarzan crioulo!

– Qual é a sua? – bronqueou o moleque. – Larga o meu pé, tá legal? Eu não vou fazer as vezes de nada! *Sempre que tem uma operação, a parte mais dura fica pra mim!* (SOVERAL, 1983b, p. 77. Grifo nosso.)

– Eu! Eu! Sempre eu! – lamentou-se o crioulinho. – Nessas horas, eu é que sou o detetive! Não faço questão nenhuma de entrar nesse ninho de cobras! Não, não entro, e pronto! (SOVERAL, 1973c, p. 144)

– O Tarzan anda sempre em companhia de um macaquinho, não anda?

– Uma chimpanzé fêmea – elucidou Príncipe. – O nome dela é Cheeta. Pavio deve saber imitar a Cheeta. Nenhum de nós se presta melhor para esse papel do que ele. (SOVERAL, 1983b, p. 77)

– O Lago das Fadas (...) tem, até, nenúfares e vitórias-régias, que são plantas grandes e largas que bóiam na água e suportam até quinze quilos de peso. Vamos até lá, pra ver se o Pavio não afunda?

A experiência era bacana e todos se interessaram por ela, menos Pavio. (SOVERAL, 1973a, p. 57)

– Vamos, desça! Afinal, você é um menino ou um rato?

– Se vocês me deixam escolher – gaguejou Pavio – eu "perfiro" ser um rato!

– Melhor ainda – rosnou Carlão. – Você é um rato!

E foi assim (como um rato) que o moleque desapareceu pela abertura, ficando apenas com a cabeça de fora. (SOVERAL, 1973a, p. 128)

– Só cabem dois reféns na jangada! Quais de vocês quatro querem vir com a gente? Os outros dois podem ficar! (...)

– Nenhum de nós deseja ter a honra de acompanhá-los – disse Príncipe, com os modos gentis que o caracterizam. – Mas, se é necessário que um enturmado se sacrifique, sugiro que vá Pavio Apagado, pois é o mais leve de todos. Eu, Cidinha e Lula estamos livres, *seu Jibóia*? (SOVERAL, 1973d, p. 135)

O achado mais pungente relacionado à questão racial talvez seja, porém, o encontro imaginado por Soveral entre Pavio Apagado e ninguém menos que Grande Otelo. Transparece aqui todo um discurso de desejo de ascensão social e de superação de obstáculos, mas que ainda assim marca com indeléveis tintas conformistas esse "nascer negro" dividido pelos dois.

Afinal, encontramos Pavio, atrás de um jardim de gesso, deslumbrado, ouvindo o que lhe dizia (...) Grande Otelo! O popular ator negro, que era da mesma altura que Pavio, estava falando com voz séria:

— Sem essa, guri! O talento não tem nada a ver com a cultura (...) [e] a cor da pele também não importa; o que vale são os bons sentimentos e a vontade que a gente tem de ser alguma coisa na vida. (...)

— Eu já sou um cobra no futebol de praia — respondeu Pavio, de boca aberta. — Chuto com as duas! Mas futebol não é cultura... Eu queria ser um sabichão igual ao Príncipe. Mas ele é cheio da *gaita* e tem professores particulares...

Vimos que Grande Otelo estava sorrindo com indulgência.

— Continue a estudar, guri, e talvez você seja maior que os outros. Não desanime! Nem fique com inveja dos que sabem mais. (...) *Não é mole um crioulinho que nem você ser um Príncipe, mas até isso tem acontecido...* Eu sou apenas um artista com alguma *bossa*, mas garanto que tem branco assim querendo estar no meu lugar! (SOVERAL, 1973c, p. 101-102. Grifo nosso.)

Identificação e empatia do cortejo

Quem leu as três histórias que eu escrevi sobre a Turma do Posto Quatro já conhece todos os nossos macetes, inclusive a operação da semana. Mas, se algum de vocês ainda não leu qualquer dos livros anteriores, precisa saber das coisas e eu estou aqui para contar. Nossa patota é essa que o editor botou na abertura do livro: uma turminha barra limpa. (SOVERAL, 1973d, p. 11).

Talvez a particularidade narrativa mais complexa na *Turma do Posto Quatro* seja a já apontada abdicação de autoria de Soveral e a sugestão de realidade de um autor adolescente que estaria, na verdade, relatando ao leitor (com quem ele às vezes conversa, como no trecho acima, no qual inclusive cita a figura do editor da série) suas próprias aventuras. Para que o ilusionismo funcione, não basta a Soveral apenas escrever *para* um público infantojuvenil: ele precisa também escrever *como* esse mesmo público, como um Luiz de Santiago (nome de Lula) de 14 anos. E isso muitas vezes significa, para um melhor efeito, dividir com o leitor as preocupações e anseios típicos de um ser humano em plena ebulição de hormônios e despertar sexual. Vemos então Lula "roçando disfarçadamente o ombro" (SOVERAL 1973d, p. 14) da namorada, tentando "dar um beijo em Cidinha, num cantão escuro" (SOVERAL, 1973c, p. 61) e muitos outros avanços do tipo que, quase invariavelmente, terminam com o garoto sendo rechaçado, e não por meras palavras: "recebi um tapa e mudei de ideia" (SOVERAL, 1973c, p. 61), conta Lula ao seu leitor (que muito certamente protagoniza situações muito semelhantes em seu próprio real). Pelos trechos selecionados a seguir (e que não são poucos), percebe-se que essa tensão sexual entre Lula e Cidinha é um dado relevante na construção do heterônimo Luiz de Santiago por Soveral.

> Mas o que mais me interessou foi o comportamento de Cidinha. Ela bebeu tanto guaraná que ficou mais alegre do que Clarice. E, pela primeira vez (e ao contrário das outras vezes), foi ela quem me deu o beijo da vitória absoluta. É muito sério, esse beijo da vitória absoluta. E gostoso às pampas! (SOVE-RAL, 1973a, p. 173-174)

> Aí, ela retirou a mão do meu braço e mudou de assunto. Mas não encolheu as pernas, encostadas às minhas. É muito gostoso viajar de táxi com Cidinha; só que a gente fica tão feliz que se esquece do resto do mundo... (SOVERAL, 1973c, p. 39)

> Abracei-a, emocionado, e tentei beijá-la (de pura gratidão), mas a garota me acertou um tapa tão violento que acabei de enterrar o nariz no lamaçal. (SOVERAL, 1973d, p. 155)

> Achei que ela estava com a razão e quis homenageá-la com um beijo, mas não deu jeito porque ela fugiu com o rosto e mandou que eu ficasse quieto e não bancasse o selvagem. (SOVERAL, 1973d, p. 98)

> E dei um beijo na bochecha de minha namorada. Nossa alegria era tanta que ela não só retribuiu o meu beijo como também me abraçou, coisa que não faz a toda a hora e é gostosa às pampas. (SOVERAL, 1973c, p. 157)

> A sugestão fez os cabelos louros de Cidinha se arrepiarem ainda mais. Pus a mão no braço dela, para sossegá-la, mas recebi um safanão. Vocês sabem que minha namorada não gosta de confianças, nem mesmo na hora da morte... (SOVERAL, 1983a, p. 50-51)

> — Deus seja louvado! — bradou Cidinha, abraçando-me com força.

> — Louvado seja! — completei, dando-lhe um beijo na bochecha.

> Aquilo, sim, é que era o paraíso! (SOVERAL, 1983a, p. 135).

> Cidinha me deu o braço, o que me deixou muito orgulhoso, principalmente quando os outros olhavam para nós e sorriam. É uma glória ser namorado, quase noivo, de uma garota bonita como Cidinha! (SOVERAL, 1983b, p. 37)

Não é surpresa, portanto, constatar igualmente um puritanismo em várias passagens dos livros que concorre para tornar Cidinha mais desejável, mais idealizada aos olhos de Lula. A menina se envergonha ao ver casais se beijando ou causa o mesmo embaraço em outros personagens por sua condição feminina, como na cena de *Tarzan do Piauí* em que "atrás do caboclinho surgiram os outros dois meninos-macacos, completamente nus, tapando o corpo com as mãos, com vergonha de Cidinha" (SOVERAL, 1983b, p. 98).

> Aproximamo-nos, disfarçadamente, de mãos dadas, fingindo que não estávamos olhando, e vimos que havia um casal dentro do carro. Um rapaz moreno e cabeludo e uma garota loura e nariguda, dando beijos um no outro. *Cidinha virou logo o rosto, ruborizada, e queria ir embora,* mas eu avancei sozinho e espiei para dentro do *carango.* (SOVERAL, 1973c, p. 61. Grifo nosso.)

> Um calor gostoso começou a secar as nossas roupas. Ninguém quis tirar as calças, por causa de Cidinha, e esta também não quis despir a blusa, por nossa causa. Mas nossos corpos estavam apenas úmidos e não tardaram a ficar enxutos. (SOVERAL, 1973a, p. 89)

Cidinha também, dos enturmados, é a única que tem outra dimensão a ser zelada e defendida: a moral. Por isso, a devida autorização de seus pais, antes da turma partir em viagem no livro *A Vaca vai pro Brejo,* implica negociações maiores:

> — Minha mãe deu o contra — disse Cidinha, mordendo o beicinho. — *Ela acha que não pega bem uma menina cair no mato com um bando de rapazes, quanto mais nas florestas virgens do Pará.* E falou que eu só iria na excursão se Mr. Mattews fosse falar com ela e ficasse responsável... (SOVERAL, 1973d, p. 24. Grifo nosso.)

> *Seu* Carvalho[, o pai de Cidinha,] ficou invocado, mas acabou permitindo, pois Mr. Mattews *se responsabilizou pela integridade moral* e física de sua filha. (SOVERAL, 1973d, p. 28. Grifo nosso.)

Ela mesma demonstra estar vigilante para com a sua castidade, como vemos em mais um trecho de *Tarzan do Piauí:*

> — Boa ideia, Lula. Eu tenho medo de ficar sozinha no mato com você. Não é por sua causa, lógico, *porque você é um cavalheiro,* mas...

> — Eu compreendo, meu bem. Também não me sinto seguro, sozinho com você... Vamos andar por aí?

> — Vamos. *Mas nada de saliências, hem?* (SOVERAL, 1983b, p. 109. Grifos nossos.)

Soveral, porém, mesmo com todo esse tratamento moralista que, além de contribuir para a identificação de seu público com o narrador-autor, provavelmente ainda agradava aos vigilantes (e adultos) leitores secundários de seus textos, não perdia a oportunidade de fazer troça de toda essa repressão sexual. E com uma fina ironia que nem tão disfarçada era, como apontam os excertos a seguir de *Operação Fusca Envenenado:*

> — Aí pelas onze horas, comemos e bebemos qualquer coisa, num bar, e fomos para a Praia da Barra. Ricardinho estacionou o *Corcel* à beira-mar, na Avenida Sernambetiba, e ficamos conversando no assento da frente...

– Apenas conversando – acentuou a mãe de Daisy. *– Minha filha não é dessas que dão liberdade aos rapazes! Somos uma família tradicional do bairro e não admitimos essa pouca vergonha dos jovens de hoje!* (SOVERAL, 1973c, p. 32. Grifo nosso.)

– Agora, chega! – disse a gorda dona da casa, irritada. – Minha filha já sofreu muitos vexames! Agradecemos o interesse de vocês, mas chega! Ela não sabe quem é o monstro. Espero que a polícia o apanhe logo, para que ele não ataque mais nenhuma mocinha inocente, que vai à Barra da Tijuca só para apreciar a paisagem e comer cachorro-quente! (SOVERAL, 1973c, p. 37)

Ensaios de ambientalismo

Diferentemente do que se vê na série *Dico e Alice*, os jovens investigadores de Soveral, apesar de tocarem no assunto (que engatinhava como temário na época), são algo comedidos em suas defesas do meio ambiente. Mesmo com várias das aventuras se passando em regiões selvagens brasileiras, como a Amazônia ou o Sertão, é difícil encontrar maiores debates quanto à ação negativa do homem sobre o ecossistema. É verdade que, em dado momento, Príncipe diz aos companheiros que "são os homens que agridem a Natureza, e não a Natureza que agride os homens" (SOVERAL, 1983a, p. 49), mas os trechos onde Soveral trata da questão são por demais pontuais e tímidos, talvez porque um discurso conservacionista não combinasse com um Brasil de progresso e desenvolvimento.

Caçar a fauna da Floresta da Tijuca é um crime, que pode ser punido com multa e prisão. E, além de um crime, é um pecado. (SOVERAL, 1973a, p. 28)

– É proibido caçar – disse o guarda. – (...) Matar os animaizinhos da floresta, concorrendo para a extinção da nossa fauna, é demonstrar mau caráter. Antigamente, havia até jaguatiricas por aqui, mas foram todas extintas pelos caçadores. (SOVERAL, 1973a, p. 28)

As flores são sempre mais bonitas nos jardins do que nos vasos; além disso, duram muito mais, porque estão livres e recebem a vida da terra. Logo me arrependi de ter assassinado aquelas flores para fazer um buquê tão vagabundo! (SOVERAL, 1973a, p. 65)

– Por que vocês não deixam a gente em paz? Aqueles dois homens gordos tocaram fogo no mato! Isso é um crime! A gente tem que viver em paz com o sertão! (SOVERAL, 1983b, p. 82)

– Gateiros – explicou Príncipe, virando-se para nós. – são os caçadores de onças. Eles tiram as peles das *pintadas* para vendê-las aos intermediários, que as revendem em Belém. Pele de onça é um artigo tão procurado que quase não tem mais *pintadas* no sertão... (SOVERAL, 1973d, p. 34)

Ufanismo e Brasil grande

E Soveral parecia mesmo encampar o imaginário desenvolvimentista dos anos militares, ao apresentar de forma positiva a noção de progresso e de avanço civilizatório, inclusive quando isso queria dizer conquistar a Amazônia, "pacificar" os índios ou mesmo relativizar os perigos da bomba atômica. Os quatro trechos a seguir sugerem que ganhos materiais e o crescimento do país (inclusive militarmente – nuclearmente, aliás) se sobrepõem às possíveis questões morais levantadas.

> – Aquilo é o fim do mundo (...), mas as terras estão sendo valorizadas dia a dia, com a construção da estrada Transamazônica, que passa ali perto, e meu velho ainda não quer vender a propriedade. (SOVERAL, 1973d, p. 15)

> – Quando plantaram cafezais por aqui, também houve prejuízo para a beleza da floresta, embora o negócio desse lucro para os proprietários. *Muitas vezes só se ganha dinheiro com o sacrifício das coisas realmente bonitas.* (SOVERAL, 1973a, p. 63. Grifo nosso.)

> Encerrei a sessão e cada um partiu para sua residência, a fim de convencer seus pais da necessidade de pacificar os Paracanãs, uma raça de índios muito pitoresca, que perturbava as obras da Transamazônica e as conquistas admiráveis da nossa civilização. (SOVERAL, 1973d, p. 23)

> – Pois é – completei, embevecido. – Agora, cada bichinho da floresta se movimenta, depois de um sono reparador, e cada um vai à sua vida... Tem os que trabalham e os que tomam conta... Direitinho que nem nós. Quero dizer: direitinho que nem os homens, em sociedade. Aliás, isso não admira, porque os homens também são animais e fazem parte das maravilhas da Natureza. A vida é simples e bela, Carlão, e muitas vezes, somos nós que criamos as coisas feias e complicadas, para depois ficarmos com medo delas. Veja a bomba atômica, por exemplo.

> Nisso, ouvimos uma voz, às nossas costas. Era Príncipe, que também tinha acordado e já botara seu capacete de caçador de feras.

> – A Natureza também tem as suas bombas atômicas – disse ele. – Tem os terremotos, as explosões subterrâneas, as radiações solares... O Sol é uma bomba perigosíssima, que deve ser usada com moderação e sensatez. Por isso, não devemos criticar a ciência, que empurra o progresso e utiliza a Física para criar novas fontes de energia; devemos condenar os homens, que não sabem utilizar essas forças exclusivamente para o Bem. Quero dizer: o defeito não é da ciência, é da ignorância de alguns caretas, que sempre querem ser mais do que os outros. Mas, se Deus quiser, um dia o mundo ainda será tão unido, tão esclarecido, que nenhum país terá inveja do outro! (SOVERAL, 1973a, p. 115-116)

O ufanismo que às vezes *pinga* das páginas da *Turma do Posto Quatro* está também na menção feita a supostamente valorosas figuras nacionais (sejam elas pessoas reais ou categorias). Mais que mera aula de História e muito além de servirem para dar colorido nacional aos entrechos, frases como "quem for brasileiro que me siga" (SOVERAL, 1983b, p. 97) aliadas a brincadeiras onde as crianças fazem as vezes de bandeirantes ou pracinhas da FEB são um modo de se afirmar o nacional. É como se a questão que define as literaturas, no século XIX, vivenciasse, no Brasil do regime militar de 64, uma ressurgência, explicada por uma nova necessidade de identidade (espontânea ou forçada pelo generalato).

> – Faz de conta que eu sou um sargento e você é um tenente da FEB. Este é o nosso Monte Castelo! (...) Você não leu aquele livro sobre os pracinhas, na campanha da Itália? Faz de conta que somos expedicionários! (SOVERAL, 1973c, p. 77)

> – Cada um dos enturmados pode escolher um nome de guerra, para a *Operação A Vaca vai pro Brejo* – sugeriu Príncipe. – Eu quero ser *Antônio Raposo Tavares*! Foi ele que comandou a última bandeira do ciclo indianista!

> – Eu sou *Fernão Dias Paes Leme* – disse eu. – Aquele das Esmeraldas!

> – Eu sou *Bartolomeu Bueno da Silva*! – gritou Carlão. – Sou o famoso *Anhanguera*. Mas quero ser o Pai e não o filho!

> – Eu sou Cidinha *Borba Gato*! – disse Cidinha, na falta de um nome de mulher entre os bandeirantes da nossa História.

> – E eu, o que sou? – perguntou Pavio, encabulado.

> Era um problema, porque não conhecíamos nenhum bandeirante que fosse crioulo; naquele tempo, os negros escravos só pegavam no pesado. Então, Príncipe resolveu batizar Pavio de *Zumbi dos Palmares*. (SOVERAL, 1973d, p. 42)

> – Os caubóis norte-americanos venciam os índios na brutalidade, ao passo que Rondon pacificava-os na diplomacia; portanto, o mérito do nosso sertanista é muito maior do que o de qualquer caubói! Certo? (SOVERAL, 1973d, p. 82)

Assim, busca-se para os leitores de Lula e seus amigos heróis que justifiquem o orgulho de ser brasileiro. Soveral, então, recorre à Segunda Guerra Mundial, a Rondon, às Bandeiras e até mesmo à Guerra do Paraguai, como se constata na frase onde se lê que "a tarefa de dar comida aos prisioneiros era tão chata, que Cidinha desistiu de bancar a [enfermeira de guerra] *Ana Néri*" (SOVERAL, 1983b, p. 131).

Soveral também não poupa as referências a empresas estatais e órgãos do governo, geralmente de maneira elogiosa ou pelo menos de uma forma que não comprometa o poder público, mesmo quando aponta problemas (que, se existem, não são sistêmicos ou do regime, mas meramente de gestão).

– A estrada de Ferro Tocantinópolis – informou Príncipe. – tem oitenta e quatro anos de idade e está caindo aos pedaços. Se o Governo não der um jeito, vai acabar logo. (SOVERAL, 1973d, p. 32)

Um dos suspeitos de *Torre de Babel*, por exemplo, diz que a "mulher é professora e também colabora com o MOBRAL, dando aulas a adultos, depois do jantar" (SOVERAL, 1973b, p. 113), enquanto que em *Fusca Envenenado* louva-se a ação do Ministério da Educação.

> Aquilo era ótimo. Só uma *emissora de televisão oficial* poderia reunir tantos cartazes caríssimos, interessados em *cooperar na obra de alfabetização empreendida pelo Ministério da Educação.* (SOVERAL, 1973c, p. 94. Grifos nossos.)

Soveral mostra-se extremamente comportado nessas inserções, não fazendo nenhuma crítica contundente a tais instâncias estatais – muito pelo contrário. Príncipe, por exemplo, ao explicar que a pecuária no Piauí "tem ritmo lento de crescimento e sofre muito, em virtude das secas" (SOVERAL, 1983b, p. 42), aproveita para citar as iniciativas governamentais para mitigar o problema, contando que "o BOVIPI, isto é, Projeto Piloto de Tecnificação da Bovicultura do Piauí, vem introduzindo técnicas modernas" (SOVERAL, 1983b, p. 42). Ainda que na mesma frase o garoto faça a ressalva de que apenas "quinze municípios [tenham sido] beneficiados" (SOVERAL, 1983b, p. 42) pela ação estatal, o efeito que prevalece é de governo atuante, atento aos problemas nacionais, o que não corresponde a dados absolutos, mas sim a um certo alinhamento político (ou uma dose excessiva de *wishful thinking*). O arranjo se repete, no mesmo livro citado, quando Príncipe discorre aos amigos sobre a "exígua pauta industrial do Piauí" (SOVERAL, 1983b, p. 43). O problema é apontado e nova empresa estatal é mencionada:

> Para que a sua indústria se desenvolva, o Estado tem que encontrar soluções efetivas para os seus problemas de infraestrutura: energia, transporte, comunicação, formação de mão de obra e implantação de distritos industriais. Estão em final de construção os distritos industriais de Teresina e Parnaíba, administrados pela FOMINPI, ou seja, Fomento Industrial do Piauí S.A., e há projetos de instalação de dois outros em Floriano e Picos. (SOVERAL, 1983b, p. 43)

A seca, flagelo conhecido desde os tempos do Brasil Colônia, é reconhecida em sua crueldade, mas de certo modo reduzida a um simples problema ambiental, que o governo, claro, estaria atacando...

> – É um deserto mesmo! – queixou-se ela. – Como é que a Natureza pode ser tão perversa? Bastava apenas fazer subir para o sertão um pouco da água da bacia subterrânea... Será que os homens não conseguem fazer isso, para ajudar seus irmãos?
>
> – O Governo está tratando do problema – assegurou Príncipe. – Em 1970 foi fundada a Hidroelétrica de Boa Esperança, um pouco acima de Floriano, e estão terminando a construção do Açude da Boa Esperança que, junto

com os de Monte Alegre e Boa Vista, vai distribuir água por todo este sertão. Pode ser que, com mais alguns anos, o homem vença a Natureza e a vida dos sertanejos se torne mais humana, mas eu duvido muito. O Piauí possui uma estrutura agrária de latifúndio, em que vinte e cinco por cento dos proprietários de terras detêm oitenta e um por cento das áreas aproveitáveis. (SOVERAL, 1983b, p. 41-42)

Até mesmo a Funai ganha uma análise elogiosa, positiva, com um pequeno histórico das mudanças por que passou e que teriam lhe dado maior eficiência (mas para quê?).

— A Funai deixou de ser um órgão inoperante do Ministério do Trabalho, passou a estar vinculada ao Ministério do Interior e suas tarefas de assistência são preenchidas pelos outros ministérios, o que lhe dá maior produtividade... (SOVERAL, 1973d, p. 33)

Índios, eis a questão

— Minha sugestão, já aprovada extra-oficialmente por Lula e Pavio Apagado, é a seguinte: sugiro que a Turma do Posto Quatro vá saber o motivo da revolta dos selvagens, resolvendo o problema da coexistência pacífica entre brancos e vermelhos, além de dar uma boa surra nos índios! (SOVERAL, 1973d, p. 16)

— A Turma do Posto Quatro também pode dar uma mãozinha aos sertanistas [da Funai], declarando guerra aos bandidos da floresta e levando a paz, a segurança e o bem-estar aos nossos irmãos brancos. Índio é que nem criança malcriada... e precisa levar uns *chega-pra-lá* para não fazer pipi na cama! (SOVERAL, 1973d, p. 18)

Os dois trechos acima dispensam maiores explicações e ilustram bem a disposição dos enturmados de Soveral ao partirem para a região amazônica, em *A Vaca vai pro Brejo*, para supostamente "trazer a paz ao Médio Tocantis" (SOVERAL, 1973d, p. 65), então conflagrado por um conflito envolvendo uma fazenda cujo dono era o pai de Príncipe. Os "vermelhos" em questão, esses "seres primitivos" (SOVERAL, 1973d, p. 100) vistos a princípio como meros elementos perturbadores de um progresso e de um capitalismo que queria fazer o Brasil avançar *transamazonicamente* adentro, precisam ser enquadrados, pacificados, silenciados, punidos, enfim. Não são modelo (inicialmente) para nada, como são os índios de Carlos Figueiredo em obras como *O Pajé Misterioso* e *Fenícios do Piauí*; o tom aqui é mais de fronteira e *western*, onde o debate é mais básico e até mesmo a humanidade (ou animalidade) dos indígenas é questionada.

— Os Paracanãs usam flechas? — insistiu Pavio, que ainda não voltara à cor natural.

— Usam arcos, flechas e tacapes — disse Príncipe. — Mas os brancos usam espingardas e metralhadoras. Os homens civilizados têm melhores armas do que os selvagens e podem matá-los com a maior facilidade. Isso é o que se chama progresso.

— Isso é uma bobagem sua — retrucou Cidinha, fuzilando Príncipe com um olhar feroz. — Se os civilizados usarem os mesmos métodos agressivos e violentos dos selvagens, não passarão de selvagens iguais a eles, ou pior, porque a ciência deve ser usada apenas para o Bem. Dar tiros de metralhadora em índios armados de flechas e tacapes é uma covardia e um genocídio. (...)

— Mas índio é gente ou é bicho? [— perguntou Pavio.]

— Índio é bicho — afirmou Carlão, sem muita segurança.

— Índio é gente — contrapôs Cidinha, irritada. — Se vocês ensinarem um índio a comer com faca e colher, ele aprende logo, porque a faca e a colher facilitam cortar os alimentos sólidos e levar os alimentos líquidos à boca. Logo, o índio só não é civilizado igual a nós, mas é humano e também tem os seus direitos! E deve ser tratado como gente e não como bicho! (...)

— Os selvagens não têm a malícia dos civilizados e só brigam quando são humilhados ou ofendidos. Sou da mesma opinião de Cidinha [— disse eu. —] Todo índio é humano e merece respeito! Em sua guerra contra os selvagens, a Turma do Posto Quatro deve usar apenas palavras, que são as melhores armas para convencer os ignorantes. Se o Marechal Rondon estivesse vivo, diria a mesma coisa. (SOVERAL, 1973d, p. 19-20)

— Mas ninguém vai nos prender, não, senhor! Que é que tem, matar esses selvagens? [— diz Manuel Jibóa. —] Índios não são gente, são bichos! Vocês já sentiram o fedor deles? Quanto menos índios, menos perigos na selva! Eu só lamento que a carne dos índios não seja boa para comer!

— Um dia — acrescentou o caboclo cabeludo. — eu tentei comer a perna de um Paracanã, moqueada na fogueira, mas vomitei tudo! Não presta, mesmo! (SOVERAL, 1973d, p. 119)

Soveral deixa claro que nesse Brasil distante e ermo, onde se busca a integração nacional, mas ela é no mínimo fugidia, a vida do lado mais fraco vale muito pouco. Mas há, defende o autor, alguma ponderação. Às manifestações do administrador da fazenda atacada em *A Vaca vai pro Brejo*, Zeca *Timbó*, que fala abertamente ao patrão que estão todos "preparados para a matança [e para] acabar com a raça desses miseráveis" (SOVERAL, 1973d, p. 37), se referindo aos índios inclusive como "bichos [para os quais já tem reservadas] mais de cem balas no bolso" (SOVERAL, 1973d, p. 38), se contrapõem as mais moderadas ponderações do representante estatal, o Capitão Barbosa, encarregado da Funai. Aos arroubos do funcionário de Mr. Mattews, diz ele que:

PARTE II - Capítulo 3 - Uma leitura comparativa de Carlos Figueiredo e Hélio do Soveral

> — A expedição punitiva deve ficar sob meu comando — disse o Capitão Barbosa, desconfiado das intenções de Zeca *Timbó*. — Não quero vinganças sangrentas, mas apenas o castigo normal nesses casos... (...) Ninguém vai matar ninguém. (...) Nenhum de vocês deve atirar sem receber ordens para isso. Já disse que não quero violências contra os Paracanãs! Quero saber o que houve realmente! (SOVERAL, 1973d, p. 38-39)

Soveral, porém, mesmo não exercitando o romantismo visto em *Dico e Alice* para com a condição indígena, aproveita a aventura infantojuvenil em que mete seus personagens para denunciar maus tratos e até mesmo casos de escravidão (e, para o leitor adulto, a dimensão sexual da violência relatada fica apenas imaginada):

> — Essa índia, por acaso, é Paracanã? — quis saber Cidinha, dirigindo-se ao gordo barbudo, quando o dia amanheceu e todo mundo acordou.
>
> — Não — respondeu o chefe da trinca, que se chama Manuel *Jibóia*. — Esse estrupício é da tribo Urubu! Nós a trouxemos de uma aldeia à beira do Gurupi, para que ela cozinhasse a nossa comida, mas deu sarampo nela e ficou reduzida a isso aí. Se nós não fôssemos gente de bem, teríamos acabado com ela a pau, mas não gostamos de matar índio doente. Também não temos remédios e o jeito é esperar que ela morra sozinha, quando Deus mandar. Agora, já não nos serve para nada. (SOVERAL, 1973d, p. 59)

E, à parte as menções laudatórias à Funai, a Rondon em *Tarzan do Piauí* (SOVERAL, 1983b, p. 25) e no próprio *A Vaca vai pro Brejo*, como veremos a seguir, e à suposta ajuda que se quer prestar às nações indígenas, o público de Lula/Soveral é informado de que por trás da questão indígena maior que motiva a aventura do livro há uma desigual e desleal disputa por terras. Que o diga Mr. Mattews...

> — Funai é a sigla de Fundação Nacional do Índio que, em 1967, substituiu o Serviço de Proteção aos Índios e Localização do Trabalhador Nacional. O Serviço de Proteção aos Índios foi fundado, em 1910, pelo então General Cândido Mariano da Silva Rondon, o maior sertanista que o Brasil já teve, famoso em todo o mundo, e a quem devemos os regulamentos da política indígena brasileira, destinados a respeitar e amparar os selvagens em seus próprios territórios.
>
> — E sem roubar a terra deles — concluí eu. (SOVERAL, 1973d, p. 18)
>
> — A Funai concordou, prazerosamente, em ajudá-lo a resolver a sua diferença com os Paracanãs — disse o Capitão Barbosa a Mr. Mattews, enquanto tomávamos refrescos de maracujá, no galpão. — *Estamos aqui para dar cobertura aos empreiteiros da Transamazônica na área do Médio Tocantins, mas também protegemos os donos das terras e companhias de mineração.* (...) Atualmente, pretendemos criar a Reserva Indígena dos Paracanãs e levar-lhes, também, um serviço efetivo de assistência social. (SOVERAL, 1973d, p. 33. Grifo nosso.)
>
> — Espero chegar a tempo de evitar um conflito, libertando a mulher do *Timbó* e pacificando os índios [— disse o Capitão Barbosa. —] Nós, da Funai, ainda seguimos o lema do Marechal Rondon: *Morrer, se for preciso; matar, nunca!*

– Isso depende – rosnou Mr. Mattews. – Se os selvagens se tornaram agressivos, temos que expulsá-los daquelas paragens! Não sou um posseiro, capitão; comprei aquelas terras e exijo respeito à minha propriedade! Os Paracanãs que atravessem o Bacuri e saiam do meu território! Senão, fogo neles! (SOVERAL, 1973d, p. 34-35)

Os índios acham que todo este território lhes pertence [– disse Maria das Dores, mulher do administrador Zeca *Timbó*. –] Essa situação só acabará quando o Governo criar a Reserva Indígena dos Paracanãs, limitando as suas terras. (SOVERAL, 1973d, p. 79)

Não surpreende, portanto, que a certa hora as crianças desistam de brincar de bandeirantes e resolvam assumir o papel de caubóis...

Ficou decidido que deixaríamos de ser bandeirantes para sermos caubóis. Eu adotei o nome de *Búfalo Bill*, Cidinha passou a ser *Annie do Faroeste* e Carlão (...) escolheu a figura de *Kit Carson*. (SOVERAL, 1973d, p. 81)

O tratamento de Soveral para tão delicado assunto, porém, fica longe do desastre que pode ter sido sugerido pelos trechos selecionados até aqui. Na segunda metade de *A Vaca vai pro Brejo*, os índios são de certa forma redimidos e a vilania, descobre-se, era responsabilidade de alguns (brancos) fora da lei. O mal é pelo menos relativizado e até mesmo os valores do progresso e da civilização são questionados. Dico, Alice e Carlos Figueiredo certamente aprovariam estes trechos seguintes com um sorriso.

Depois de esclarecido o equívoco que levara os Paracanãs à guerra (e os colonos à represália), compreendemos que, naquela área do Médio Tocantins, havia bandidos ainda mais perigosos do que os selvagens: eram os homens brancos! Realmente, esses piratas e aventureiros, que entravam no território de caça dos Paracanãs e assassinavam os nativos para roubá-los, eram duplamente criminosos: primeiro, porque agrediam quem estava quieto; depois, porque dificultavam, com sua ação nefasta, a pacificação dos índios pelos funcionários da Funai. (SOVERAL, 1973d, p. 93)

– Agora, não precisamos mais ter medo dos índios... – dizia a garota. – Eles são nossos amigos... nossos *pachés*, como eles dizem. Não há índios completamente maus, assim como não há homens brancos completamente civilizados. Tem gente da sociedade ainda mais perversa do que os bichos do mato, pois estes são ignorantes e não sabem distinguir o bem do mal, nem o que é certo do que é errado. Ora, uma pessoa que sabe distinguir o bem do mal e, assim mesmo, pratica maldades, é muito mais monstruosa do que um Paracanã! É ou não é? (SOVERAL, 1973d, p. 98)

Os homens brancos e ditos *civilizados* podem ser mais selvagens, ambiciosos, egoístas e perversos do que os índios, com toda a sua grossura. Isso quer dizer que a civilização, o progresso da tecnologia, não influi no caráter das pessoas. Os homens só conseguirão se tornar realmente sociáveis (e amigos uns dos outros), por si mesmos, pelo aperfeiçoamento de seus dotes espirituais, sem a ajuda das armas ou dos computadores eletrônicos. Falei e disse! (SOVERAL, 1973d, p. 171)

E quando finalmente Soveral dá voz aos índios, a denúncia do cacique Opitocavae é ainda mais direta e contundente, além de contar com o brilhante sarcasmo do autor, para quem os "infelizes" dos índios querem apenas ser deixados em paz:

> – Os homens brancos são perversos e selvagens. Eles roubam as nossas mulheres, as nossas terras e a nossa farinha de maniva, e matam os nossos caçadores com tiros de espingarda. (SOVERAL, 1973d, p. 66)

> – Os Apiteravohoa não precisam dos turis para nada. Os turis só chegam para criar confusão. O índio tem sua vida própria, sua família, seu território de caça e sua roça. Por favor, *deixem o índio ser infeliz em paz!*

> – Mas os brancos levam remédios para os índios – lembrou o Capitão Barbosa.

> – Sim. Os brancos trazem o remédio, depois de terem trazido a doença. Por favor, *deixem o índio ser infeliz em paz!* (SOVERAL, 1973d, p. 94. Grifos nossos.)

Democracia, liberdade e dissidência

> – Está legal – disse eu. – Agora que todos já fizeram as suas sugestões, vamos proceder à votação secreta, em cédulas iguais, como num *verdadeiro pleito democrático!* (SOVERAL, 1973a, p. 17. Grifo nosso.)

Não é surpresa – por tudo que já vimos – que os ritos da vida política sejam assunto quase inexistente nas páginas da *Turma do Posto Quatro*, salvo algumas pouquíssimas alusões, como no trecho acima, retirado de uma das primeiras páginas da série (quando Lula explica ao leitor como os enturmados escolhem a operação da semana). Soveral só parece voltar a tratar do tema "democracia" já nos anos 1980, em *Vikings da Amazônia*, onde é possível colher frases como a que fala do "povo (...) governado por mulheres, eleitas por voto popular" (SOVERAL, 1983a, p. 87), observação feita pelo arqueólogo norte-americano que leva as crianças à selva em busca de uma civilização escandinava perdida. E, se a história parece indicar certo arroubo contraufanista, com sua hipótese de piratas *vikings* que teriam sido "os primeiros homens brancos a pisar nas Américas, [e isso] muito antes de Cristóvão Colombo e Pedro Álvares Cabral" (SOVERAL, 1983a, p. 78), a impressão logo se desfaz, como se vê no trecho a seguir, que traz, porém, outra interessante menção a governanças democráticas:

> Encontrei um livro que fala num grupo de colonos transmontanos e minhotos, composto por vinte e dois homens e onze mulheres, que teriam se separado da "entrada" de Pedro Teixeira e afundado no mato, para fugir aos vícios de nossa civilização. Esse grupo era chefiado pelo Padre Henrique Miudinho, *um jesuíta avançado, que sonhava com a criação de uma colônia democrática na Amazônia.* Os nossos "vikings" não passam dos descendentes desses minhotos e transmontanos, que continuam a viver como se estivessem na Idade Média! (SOVERAL, 1983a, p. 152-153. Grifo nosso.)

O mesmo livro traz outros três trechos de interesse, que tocam na questão da alienação (o perigo da cultura como mobilizador das massas), do valor intrínseco da liberdade e do caráter indesejável dos debates e das dissidências.

> — Não ter [escola aqui] — respondeu o norte-americano. — Vocês aprender um ofício e não precisar estudar muito! Só precisar saber aquilo que ser útil à comunidade. (...) *Muita cultura desvia o povo do trabalha e divertimenta! Vocês devem apenas trabalhar e se divertir.* Essa ser a lei de Deus, em Valhalá! (SOVERAL, 1983a, p. 121. Grifo nosso.)

> — *Hello!* — saudou ele, aberto num sorriso. — Então? Estar gostando do Valhalá? Divertir-se muito, no bosco? Não há nada melhor do que o liberdade, não é mesma? Vocês comerem o que quererem, fazerem o que lhes dar no veneta e ninguém dizer nada, não é? (SOVERAL, 1983a, p. 113)

> — Ah, é assim? Seus ingratas? Pois muito bem! Se vocês não estar satisfeitas com o Paraíso, eu arranjar mais trabalha para vocês, para vocês se distrair e não pensar em bobagens! Ninguém vai fugir de Valhalá! Aquele que discutir e não quiser ser feliz será jogada no pântano, para os piranhas comer! *Yes, indeed!* Nós não quer dissidentos no nosso paraíso! (SOVERAL, 1983a, p. 115)

Outra questão interessante também, relacionada aos temas da democracia e da liberdade (de expressão), é que Soveral coloque entre as atividades de seus detetives a produção de um jornal de bairro, chamado *O Quatro*, deixando claro que a publicação "*não tem censura,* mas também não se responsabiliza por conceitos emitidos em artigos assinados. (...) [E que] *jornal é para isso mesmo, para que as verdades sejam ditas sem violência*" (SOVERAL, 1973d, p. 13. Grifos nossos). Ainda que se faça a ressalva de que o periódico mensal se dedique a "reportagens e crônicas de interesse cultural ou esportivo" (SOVERAL, 1973d, p. 13), enumeração que deixa de fora o tema "política", a mera menção a práticas censórias, *ausentes* no jornal infantil, indica ao leitor que elas existem em outras partes do mundo impresso!

Críticas à injustiça social e ao materialismo

> — Minha *operação* também é no Brasil! — protestou Pavio Apagado. — Agora mesmo tem uma pá de famílias que vão ser expulsas de um morro, só porque os bacanas querem construir um conjunto de arranha-céus de luxo, no lugar da favela! Pobre não pode comprar apartamento de luxo. Se a gente descobrisse a identidade do chefe da quadrilha que está ameaçando os favelados e...
>
> — Cala a boca, Pavio! — ralhou Cidinha. — Esses problemas compete ao governo solucionar! Nós não temos força bastante para enfrentar as empresas imobiliárias, que agem à sombra da lei! Vamos ouvir a sugestão de Lula, que deve ser mais bacana do que as nossas! (SOVERAL, 1983b, p. 14)

Soveral, como já frisamos, quase sempre disfarça ou deixa esmaecer o conteúdo de crítica social presente nas histórias ao permitir que certas situações resvalem para o cômico, como no trecho acima. Pavio Apagado, defensor dos favelados e carentes, é sempre preterido por seus colegas enturmados, que preferem outras *operações*... Mas alguma denúncia sobrevive, mesmo em meio ao humor, como nesta passagem divertida de *Operação Macaco Velho*:

> — As crianças devem comer bem, porque estão na idade do crescimento e o corpo da gente necessita de comida, para não ficar doente [— disse Cida. —] É ou não é, Príncipe?
>
> — Calorias, vitaminas, proteínas e sais minerais — enumerou Príncipe. — Quem não come direitinho vira lobisomem!
>
> — Isso mesmo — aprovou Pavio Apagado. — É por isso que tem tanto lobisominho na favela... (SOVERAL, 1973a, p. 17)

Em *Tarzan do Piauí*, o escritor chama a atenção para a péssima remuneração recebida pelos docentes brasileiros, dizendo que "os professores ganham pouco" (SOVERAL, 1983b, p. 22) e citando "dona Odília, que é tão dura como a maioria dos seus alunos" (SOVERAL, 1983b, p. 19). Mas Soveral se solta mais ao denunciar a tragédia da seca, da exploração sofrida pelos pequenos agricultores e de todo o drama dos retirantes.

> A água da chuva também serve para beber, não sabe? Lá no Ceará, a seca é que é braba! Vocês não avaliam como morre gente, por causa da seca! E a morte por sede é uma das mais horríveis do mundo! (SOVERAL, 1973a, p. 80-81)

> — A gente *somos* pobres e não temos *quage* o que comer! Meu pai vende por um, eles revendem por dez e os outros ganham cem! Não paga a pena trabalhar na lavoura, não! Eu prefiro viver no mato, ó xentes! (SOVERAL, 1983b, p. 121)

– T'esconjuro! – respondeu o caboclinho. – Somos bichos, não! Somos gente que nem vocês! Só que vocês não passam as necessidades que as nossas famílias passam, morando nessa caatinga. Vocês são da cidade grande, não são? Os meninos ricos da cidade não podem entender os meninos pobres do sertão. Não dá para entender que a gente tenha fome, numa terra tão boa. Mas tem. Eu me chamo Zico e sou filho de *seu* Bento, que tem uma lavoura na Chapada Grande. Mas a gente não tem recursos, porque vende a produção muito barato. Às vezes, a terra engana a gente, a colheita fracassa e vem a fome. Na seca, tudo fica morto. Então, para a gente não morrer também, a gente se *arretira*. Mas, depois, volta, cheio de esperança, para se *arretirar* outra vez... (SOVERAL, 1983b, p. 82)

É nos livros dos anos 1980 de nosso primeiro *corpus*, *Vikings da Amazônia* e *Tarzan do Piauí*, ou seja, às beiras da redemocratização, que o autor parece se sentir mais à vontade, seja para pintar o Piauí como "um dos Estados mais secos e pobres do Brasil" (SOVERAL, 1983b, p. 31), seja para descrever a Amazônia como um "fim-de-mundo [onde] ninguém toma providências" (SOVERAL, 1983a, p. 148), que sofre com "o atraso proveniente do isolamento da região" (SOVERAL, 1983a, p. 10). Soveral aparenta, enfim, estar mais interessado em dizer das misérias que persistem, e menos dos avanços civilizatórios que a Transamazônica (entre outras miragens dos militares anos 1970) não trouxe.

Taracuá era um povoado igual a centenas de outros que bordejam os rios da Amazônia. Tudo ali era pobre, primitivo e sem o menor conforto. *Só mesmo quem viaja pelo interior do Brasil pode dizer que conhece a miséria!* (SOVERAL, 1983a, p. 24. Grifo nosso.)

Talvez Soveral nunca tenha sido tão político e direto em suas (econômicas, pelo menos no âmbito da série *Turma do Posto Quatro*) denúncias como no trecho final de *Tarzan do Piauí*, que reproduzimos abaixo. É interessante ver também como o autor insere o Brasil em um universo jurídico maior, ao citar uma agência da ONU:

A *Operação Tarzan do Piauí* estava encerrada. No primeiro dia de aula, quando eu e Príncipe nos encontramos para irmos juntos ao ginásio, perguntei ao gordo o que é que ele achava dos meninos-macacos caboclos.

– O problema é mais sério do que você pensa – respondeu ele, com voz grave. – Não se trata, apenas, de garotos peraltas, que fogem de casa para viver com os bichos. O comportamento de Zico, Juca e Tunico reflete a situação calamitosa dos nossos sertanejos, nos Estados mais pobres! É a fome que cria os meninos-macacos, Lula! Na verdade, não há nenhum Tarzan no Piauí; há, apenas, crianças subnutridas, que precisam de comida e assistência médica. Aliás, a FAO sabe disso.

– Quem é essa dona? – indaguei, perplexo.

– A *Food and Agriculture Organization* – concluiu Príncipe, botando a sua banca. – é uma agência da ONU, que ajuda os países a aumentar sua produção de alimentos e coordena a Campanha Mundial Contra a Fome. Recentemente a FAO chegou à conclusão de que a subnutrição está criando, na África e em outras partes do mundo, uma sub-raça de homens-macacos. Isso é horrível, Lula! Se não for combatida imediatamente, a miséria no Nordeste brasileiro também pode criar outra sub-raça de homens-macacos caboclos! Você já viu que vergonha para o nosso eleitorado? O Nordeste é mais rico do que a China; não se compreende que os nordestinos sejam tão pobres. Mas o nosso povo também será rico, no dia em que vencer a seca e as injustiças sociais e puder fazer uso de suas riquezas! Espero que isso aconteça o mais breve possível!

– Assim seja. (SOVERAL, 1983b, p. 147-148)

É nessas mesmas obras tardias que nosso autor faz contundentes críticas ao materialismo e à sociedade do espetáculo e do dinheiro, numa virada surpreendente que parece esquecer os tempos onde criticava a geração da contracultura – a dos "vícios, [das] irresponsabilidades [e do] cabeludismo" (SOVERAL, 1973c, p. 164-165), como já vimos –, uma geração que teria tranquilamente erguido essas novas bandeiras junto com ele.

– Pelo jeito – comentou Carlão – esse pessoal está muito contente com a sua maneira de viver. Vote! Nunca vi ninguém, em nenhuma cidade, andar na rua com tanta alegria! Lá em Copa, o pessoal sai para a rua como quem vai para a guerra! Aqui, eles nem sequer dão cotoveladas uns nos outros...

– *A felicidade está na simplicidade* – disse Príncipe, gravemente. – *A nossa civilização materialista acabou com a alegria das pessoas. Nas grandes cidades modernas, onde reinam a ambição e a inveja, não pode haver felicidade.* (SOVERAL, 1983a, p. 71. Grifos nossos.)

– Eu ser Fritz Unschuldig, diretor de TV, e este ser meu operador Kuntz. Nós trabalhar para Eurovison, onde fazer *programas educativas*. Nós correr o mundo atrás de assuntos sensacionais: guerras, pestes, carnificinos, doenças, aberrações do Natureza, tudo ao vivo! Nós pegar bons assuntos no Vietnam, e filmar o morte de uma criança tuberculoso, no Biafra. Muito interessante o fome no África, pois dar bom programa! *Quanto mais desgraça, mais interesse... e, quanto mais interesse, mais dinheira! Ah, ah, ah!* (SOVERAL, 1983b, p. 72. Grifos nossos).

– Esses cinematografistas são o produto de uma civilização materialista, que põe o dinheiro acima de tudo. Eles são capazes de cometer as maiores barbaridades para terem algum lucro financeiro! Esse tipo de gente sem escrúpulos vive à custa da desgraça alheia! São uns bandidos mais sanguinários do que aqueles que se defendem da polícia, pois agem friamente, pensando apenas no dinheiro! (SOVERAL, 1983b, p. 89-90).

Uma outra (definitiva e derradeira) prova de que o Soveral dos livros publicados em 1983 é bem diferente do que começou as aventuras da turma de Copacabana dez anos antes, em plena Era de Chumbo do regime militar, é esse parágrafo que fecha *Vikings da Amazônia*, no qual o autor se refere ao Brasil de forma jocosa, nada "chapa-branca" e muito menos ufanista, ao chamá-lo de Bruzundanga, termo imortalizado por Lima Barreto em sua ácida sátira sociopolítica de 1922.

> Estava encerrada, e esclarecida, a *Operação Vikings da Amazônia*. Pode ser que os piratas escandinavos tenham visitado a Vineland, mas, com toda a certeza, *não estiveram na Bruzundanga*... (SOVERAL, 1983a, p. 154. Grifo nosso.)

Revanchismo e tortura, não?

Nessa mesma clave, ou seja, entendendo que Soveral em 1979 já não se sentia tão confortável para imprimir a seus livros o alinhamento-sem-questionamento que é visível nas obras de 1973, pode ser importante registrar a referência a "polícia política" (SOVERAL, 1983b, p. 144) em *Tarzan do Piauí* (ainda que ela aconteça sem qualquer aprofundamento ou dimensão) e também à tortura policial, como se pode ver no trecho abaixo, da mesma obra:

> O delegado que nos recebeu era um senhor baixinho, de cabelos brancos, risonho e simpático, que parecia gente fina. Só depois que saímos de Teresina é que soubemos que ele gostava de mandar bater nos presos, na delegacia, talvez porque a mulher batia nele, em casa. (SOVERAL, 1983b, p. 139)

E, para finalizar nosso mapeamento (de seis volumes) da série *Turma do Posto Quatro*, e já concedendo que podemos aqui estar incorrendo em certo exagero hermenêutico (mas que não deixa de representar um exercício interessante), gostaríamos de apontar as passagens do mesmo *Tarzan do Piauí* nas quais Soveral parece aproveitar o tema dos criminosos de guerra (alemães) para tocar (de longe e com a segurança de uma vara bem longa...) na questão do revanchismo e da conciliação na abertura política brasileira. É como se Soveral usasse nazistas e judeus, e seu embate sem fim, mesmo terminada a Segunda Guerra, para sinalizar que o mesmo não deveria acontecer no Brasil pós-ditadura militar. No primeiro trecho, a seguir, Soveral busca relativar o conceito de crimes de guerra para, nos demais, sugerir que o conflito (e o passado) em certo momento deve ser superado e esquecido.

> — Mas todos os nazistas são criminosos de guerra? — quis saber Cidinha.
>
> — Nem todos. Só os que abusaram de seu poder e assassinaram pessoas indefesas. A morte de muitas pessoas ao mesmo tempo chama-se "genocídio". É desse crime que alguns militares nazistas são acusados, pois as vítimas não eram soldados inimigos. (...) Só quando os militares matam outros militares é que os crimes deixam de ser crimes para serem "atos de heroísmo".
>
> — Eu, hem? — rosnou Pavio. — Pra mim, matar os outros é sempre crime! A gente pode brigar mas, matar, só Nosso Senhor! (SOVERAL, 1983b, p. 107)

— Pegamos os criminosos de guerra, hem? — disse Príncipe, desafogado. —
(...) Agora, vamos levar esses atrevidos para Teresina e entregá-los às autoridades, junto com aquele jornal e o retrato de Hitler! É preciso não esquecer
que os navios brasileiros também sofreram ataques dos nazistas e, por isso,
o Brasil entrou na guerra, em 1944! Espero que os nossos tribunais se lem-
brem desse fato!

— A guerra acabou em 1945 — retorquiu *seu* Pedro, conciliador. — Não
devemos transformar a justiça em vingança, meu filho. Estes dois cidadãos
serão acusados, apenas, de terem nos agredido e nos sequestrado. (...) Só
isso. As violências da guerra devem ser esquecidas, depois de tantos anos,
pois os ex-nazistas não podem ser considerados os mesmos homens brutais
que eram na juventude. Essa é a minha opinião.

— Mas não é a minha — acudiu Carlão. — Pra mim, quem cometeu um crime
continua sendo criminoso a vida toda! (SOVERAL, 1983b, p. 118-119)

— Os senhores mataram mesmo aquele agente israelense, em Berlim Ocidental? — quis saber Cidinha.

— Oh, *iá*. Mas ser um fatalidade. Ele querer matar Bernhardt, porque nós
ter executada prisioneiros de guerra em 1943, no Polônia. Mas nós receber
ordens para fazer isso e não poder discutir! Ordens ser ordens! Todos os sol-
dadas têm que cumprir ordens! Mas já se passar muitos anos depois do guerra, e nós trabalhar honestamente, sem fazer mal a ninguém. O que acontecer
em 1943 já dever estar esquecida! Mas os judeus não esquecer nunca!

— Se fosse eu, também não esquecia! — replicou Cidinha. — O que os senhores fizeram foi um genocídio! Pergunte a Príncipe se não foi!

— Mas agora estar arrependida — choramingou o homem gordo. — Agora querer esquecer! Por que ninguém nos ajudar a esquecer? Guerra ser guerra. Mas já
não estar mais em guerra. Já ser hora de esquecer. (SOVERAL, 1983b, p. 130)

Ao final de todos esses temas visitados, resta-nos dizer que, ao esculpir com
estes livros sua voz e persona adolescente Luiz de Santiago, Soveral não necessariamente apoiava os desmandos e excrecências do regime de exceção da época de
publicação da série, mas procurava trabalhar em terreno seguro, como artífice que
sabe bem o que lhe foi encomendado. *A Turma do Posto Quatro* representa, então,
um retrato de certo *way of life* hegemônico que, por isso mesmo, queria quando
muito aparar arestas, mas nunca romper com o que quer que fosse. O apego a esses
valores (ainda que sugerindo certa tolerância ao diferente) está claro na opinião de
Lula nesta passagem de *Tarzan do Piauí*, quando resiste à escolha dos meninos-
-macacos de viverem à margem da sociedade:

— Nós não temos família, não, e vamos continuar vivendo na caatinga.

— De jeito nenhum — disse Príncipe. — Vocês vão voltar conosco para a civilização! *Seu* Pedro quer entregar vocês ao Juizado de Menores em Teresina,
para que vocês cursem uma escola, aprendam um ofício e... Ei! Cadê vocês?

Os dois caboclinhos tinham sumido! (...)

– Não tem jeito – suspirou o gordo. – Eles não querem nada com a civilização... Paciência! Só espero que estejam felizes aqui, no meio do mato, em companhia dos guaribas. Talvez eles não se dessem bem num orfanato... E cada pessoa tem o direito de escolher o seu modo de vida, desde que não perturbe as outras pessoas. Se eles querem viver em liberdade, sem o conforto da civilização, o problema não é nosso. A gente só deve ajudar aqueles que querem ser ajudados.

Concordei vagamente, (...) mas *seu* Pedro lamentou que os (...) caboclinhos não quisessem ir conosco para Teresina. Príncipe repetiu as suas observações, mas o irmão de dona Odília não se convenceu. Ele achava que a gente devia ajudar também os ignorantes, mesmo que não queiram ser ajudados. No fundo, acho que os dois tinham razão. (SOVERAL, 1983b, p. 137-139)

Uma das chaves para (começar a) entender Soveral, pelo menos quanto a alguns de seus posicionamentos políticos em uma época onde a nenhum artista era permitido o alheamento, pode estar nos primeiros parágrafos da última obra que publicou, o livro *Zezinho Sherlock em Dez Mistérios para Resolver* (Ediouro, 1986). Nele, o criador de Lula e Cidinha, K.O. Durban e tantos outros personagens descreve esse derradeiro protagonista, Zezinho Sherlock, como "esperto, indagador, desconfiado, e [que] não vai na onda das aparências. (...) [Alguém] tão *equilibrado* que mora na Tijuca, um bairro carioca que não fica no Centro da Cidade, nem na Zona Norte, nem na Zona Sul – *fica no meio do caminho*" (SOVERAL, 1986, p. 7. Grifos nossos). Alguém, arriscamos, como (se via) o próprio Soveral?

Considerações finais II

Pode-se dizer que Soveral começa a ser descoberto pela imprensa como escritor em meados da década de 1970, mas como *fait divers*, como curiosidade esquecida e de talento questionável, como voz acusmática finalmente revelada – por este ou aquele repórter – por detrás de sua multidão de falsos nomes; como o escritor que era lido por milhões, com vendagem "digna de um Jorge Amado (...), [mas] que, ao contrário do escritor baiano, (...) não chega à velhice coberto de glória e com tranquilidade financeira" (SILVA, 1988, p. 1). Para o jornal *O Globo* de 12 de junho de 1971, por exemplo, ele é o "autor de 60 livros [de bolso que] não tem tempo para escrever romance [sério]" (O GLOBO, 1971, p. 1); para o *Estado de S. Paulo* de 16 de agosto de 1975, ele é o "desconhecido escritor Hélio do Soveral, (...) com este nome, um fracasso editorial, (...) autor de 150 livros, (...) escondido até hoje, muito bem defendido, atrás de seus 18 pseudônimos" (DESCONHECIDO, 1975, p. 1); para o mesmo *Estadão*, agora o de 21 de maio de 1988, "como seus personagens, ele é uma incógnita (...), [um escritor que] não está em nenhuma antologia, nem é

PARTE II - Capítulo 3 - Uma leitura comparativa de Carlos Figueiredo e Hélio do Soveral

lembrado pelos editores [porque] a maior parte do público não conhece seu nome, nem os 19 pseudônimos que usou" (SILVA, 1988, p. 1); para o jornal *O Nacional*, de novembro de 1986, que traz um perfil seu com a chamada "Responda rápido: quem é Hélio do Soveral?", trata-se de "um dos mais lidos escritores do gênero policial do país [e ainda assim] um desconhecido" (GOMES, 1986, p. 19).

O fato é que a adoção de tantas personas, se por um lado roubou-lhe reconhecimento, por outro permitiu ao incansável escritor português experimentar "a vivaz plenitude de contextos da folha branca" (SCHMITT, 1917/18, p. 92-105 *apud* KITTLER, 2017, p. 39), ver suas criações ganharem papel, e não raro com uma verossimilhança paradoxalmente tornada mais forte pelo uso dos nomes falsos. Em um dos diversos fragmentos manuscritos deixados pelo autor a que tivemos acesso, Soveral descreve seus pseudônimos justamente como um artifício necessário para lograr a publicação; via-se de certa forma diminuído e perseguido, pelo pouco que tinha de educação formal (Figura 177). Diz Soveral, em 1982:

> Publiquei mais de 230 livros, com 19 pseudônimos diferentes. Alguns deles foram *best-sellers. Usar pseudônimo foi a melhor maneira que encontrei de evitar a inveja dos medíocres — (que não me deixaria produzir tanto)* — e de ocultar o meu talento ao despeito dos menos talentosos. Aqueles que estudaram, que decoraram os pensamentos e as lições alheias, que se formaram — os bacharéis da burrice — não perdoam a inteligência dos autodidatas, o voo dos homens livres e soberanos, a viagem dos pobres (materialmente) ao Reino da Fantasia. (SOVERAL, 1982, p. 1. Grifo nosso.)

Por muito que décadas tenham se passado desde que parou de publicar e que, em meio a tantas transformações por que esteja passando o mundo, seus livros e personagens tenham sido deixados à margem de maiores considerações por quem de direito (ou dever...), entendemos que resgates como o que tentamos aqui, nestas páginas, podem vir ao encontro das novas propostas de atuação sugeridas para os Estudos Literários por teóricos e professores como Hans Gumbrecht e João Cézar de Castro Rocha. E podem começar a fazer justiça à memória de Soveral. Porque, ainda que sacrificando o próprio nome, como vimos, tanto em favor da publicação – ele sabia que "apenas quando uma obra escrita encontra o outro, o leitor, ela alcança sua intenção secreta" (FLUSSER, 2010, p. 21) – quanto em favor da maior eficácia das ambiências que criava, Soveral temia o esquecimento (Figura 178). Em nota manuscrita sem data, intitulada "Suspeita", o português desabafa:

> Se, em vida, quando podia lutar pelos meus direitos, eu nunca obtive uma compensação justa pelo meu trabalho, o que poderei esperar depois de morto? *Certamente, alguém vai apagar meu nome (ou os meus pseudônimos) e se apresentar como autor da minha obra...* (SOVERAL, s.d., p.1. Grifo nosso.)

Embora seja ingênuo imaginar que parte alguma da produção cultural será jamais esquecida pela sociedade que a forjou, testemunhos como o de Soveral (obras suas como a que examinamos e sua própria vida de escritor profissional) provam que devemos ser extremamente cautelosos quanto aos autores e livros que nos permitimos esquecer (mesmo que "apenas" academicamente falando) e que elegemos (e suportamos) desconhecer. A supressão de Soveral, de seu nome, mais que curiosidade biográfica ou editorial, foi ferramenta fundamental para colocar de pé suas catedrais ficcionais, seu trabalho de artista. Texto, contexto e artifício, imbricados, traziam à vida as ambiências, os quadros de valores e os sentidos planejados pelo autor-fantasma, cuja voz vinha sabe-se lá de onde: não do inexistente adolescente Luiz de Santiago e muito menos de seus outros pseudônimos e heterônimos.

Longe de serem apenas "coisa de criança" ou de "leitores pouco sofisticados", frutos de irrelevantes penas de aluguel, Lula, Cida, Príncipe, Carlão e Pavio Apagado vieram ao mundo sob o signo do pseudônimo e do às vezes necessário subterfúgio, expediente que, como vimos dizer Castello (no artigo companheiro da estreia

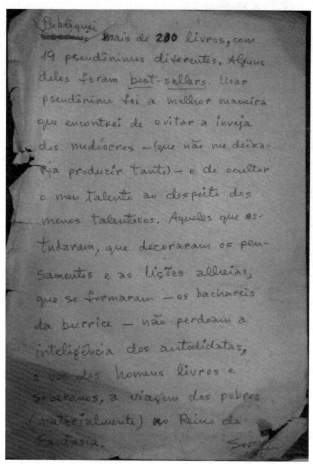

Figura 224 - Manuscrito inédito de Soveral sobre o uso de pseudônimos (pasta *Pensamentos*)

de Soveral na revista *Carioca*), sugere autores de coragem, dispostos a sacrifícios para que venham à vida seus personagens, suas criações. Se conseguirmos não nos esquecer de que "quase sempre esses personagens (...) não vivem senão sob a condição de serem uma imagem do presente (...) e neles se esconde, frequentemente, toda uma filosofia" (BALZAC, 2011, p. 390), talvez tenhamos alguma chance de, seja como estudiosos das Letras, seja como historiadores, seja como brasileiros, entender os tempos que passaram, os efeitos de sentido a eles atrelados, e os tempos que ainda virão.

Soveral precisa de pesquisadores de coragem; ele e muitos outros escritores marginalizados de nossa vasta literatura (popular) brasileira. Em seu livro *Lima Barreto – o elogio da subversão*, Regis de Morais cita Camus e seu famoso ensaio sobre o mito de Sísifo ao falar do trabalho aparentemente inglório e sem reconhecimento de escri-

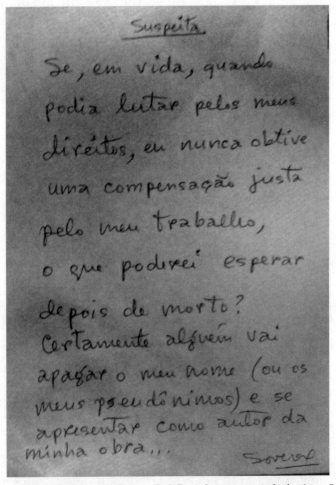

Figura 225 - Manuscrito inédito de Soveral sobre o medo de lhe roubarem a autoria da obra (pasta *Pensamentos*)

tores que, como Lima (e Soveral), não experimentam em vida quase nenhuma vitória (MORAIS, 1983, p. 22, 25). Parafraseando Morais (que por sua vez parafraseava Camus), é preciso colocar a amargura de lado e imaginar que Soveral se realizava ao empurrar todos os dias sua pedra de laudas e laudas encomendadas montanha acima, apenas para ver o desafio renovado na manhã seguinte, manhã sem lustres, fortunas ou galardões. É preciso imaginar Soveral feliz. Esquecê-lo, ou qualquer de seus pseudônimos, jamais.

Coda

Em palestra intitulada A *escrita do eu em poéticas de guerra*, proferida no dia 8 de janeiro de 2016 no Instituto de Letras da UFF, a professora da Sorbonne Olinda Kleiman chamava a atenção da plateia para a importância dos conceitos de "narrativa imperial" e "narrativa idiota", oferecidos por Jean Kaempfer em seu *Poétique du récit de guerre* (1998), para a análise de toda e qualquer literatura produzida sob condições de conflito armado. E concedia, provocada por pergunta nossa, que uma situação como a do Brasil na era militar poderia ser considerada como a de país conflagrado, análoga àquela do Portugal e da Angola de seu Fernando Assis Pacheco, escritor sobre cuja obra ela ali se debruçava. Entendemos que essa abordagem, aliada à já mencionada recrudescência de um discurso ufanista que florescia principalmente no âmbito da literatura infantojuvenil, e que ecoa o par oitocentista "literaturas nacionais" e "identidades nacionais", pode ser o ponto de partida para um entendimento mais aprofundado do mosaico representado pela *Mister Olho*. Se por um lado temos narrativas *imperiais* como a de Soveral, que situam seus polos ideológicos junto ao lado hegemônico e "vencedor", por outro temos narrativas *idiotas* como a de Figueiredo, que procuram representar o olhar das trincheiras, dos pés na lama, dos "vencidos" ou, simplesmente, dos "comandados". Ambas as ferramentas de análise (a dicotomia de Kaempfer e o neoufanismo que identificamos no *corpus*) relacionam-se, como é fácil ver, com a historicidade única dos textos e de seu período de publicação.

Com a palavra, em um país que precisa de menos esquecimento e mais civilização, Carlos Figueiredo, para fechar este breve bailado com seu parceiro de capítulo, Hélio do Soveral:

> No Brasil, naquela época, vivíamos a tensão de duas demandas: a luta pela democracia, que era local, e a luta pela informalização do processo civilizador. (...)
>
> Da minha parte, posso dizer que tudo o que escrevi ou praticamente tudo tinha um objetivo político. Não, obviamente, da política partidária, mas da política como ação pelo bem comum, [pela] (...) diminuição do sofrimento desnecessário, pelo avanço do processo civilizador. (FIGUEIREDO, 2014a, p. 1.)

CONCLUSÃO

O que podemos fazer com o nosso conhecimento sobre o passado quando abandonamos a esperança de "aprender com a História", independente de meios e custos? Esta – hoje perdida – função didática da História (pelo menos um certo conceito desta função didática) parece estar intimamente ligada ao hábito de pensar e representar a História como uma narrativa. (...) [Mas] a verdadeira questão por trás da questão de saber o que fazer com o nosso conhecimento sobre o passado (...) é sobretudo a questão de saber o que nós imaginamos que o passado "seja" (...), antes mesmo de começarmos a pensar sobre formas possíveis de sua representação.

Hans Ulrich Gumbrecht
Em 1926: vivendo no limite do tempo **(1999)**

Infância, experiências pessoais, (des) aprendizados, reiterações, pertinácia e pertinência: daqui para onde, José(zinho)?

Colocar o ponto final em um livro (ou em uma tese, dissertação, monografia ou redação) significa também o abandono, ainda que temporário, de seu tema. Abandono não por completude de tarefa, por exaustão de caminhos ou por satisfação do espírito de questionamento e investigação, mas porque há uma hora de, enfim, silenciar, para que o já dito ecoe, para que a massa sovada por capítulos, páginas e parágrafos cresça, apareça ou soçobre sem muita repercussão. Diz Adorno que todo e qualquer ensaio "começa (...) com aquilo sobre o que deseja falar; diz o que a respeito lhe ocorre e *termina onde sente ter chegado ao fim, não onde nada mais resta a dizer*" (ADORNO, 2003, p. 17. Grifo nosso). Se, ao apontar aqui o fim deste ensaio, abandono, como sugiro, seus objetos e suas reflexões, sinto que devo deixar de lado também a terceira pessoa do plural científica, supostamente mais objetiva, até porque estes últimos registros já me sabem de antemão por demais pessoais, por demais episódicos e particularíssimos.

Escrevo estas linhas, por coincidência absoluta, durante a semana de aniversário dos quarenta anos da edição do Ato Institucional nº 5, datado de 13 de dezembro de 1968. Elas me saem, neste quase Natal de 2018, ano em que decidi iniciar uma segunda graduação (agora em Letras) ao mesmo tempo do término do doutorado de cuja tese nasceu este livro, um pouco assombradas pelo que parece ser um menosprezo de nossa parte, brasileiros, pelas lições que nos pode (ou deveria) dar a História. Um novo curso, uma nova proposta de aprendizado, sempre traz consigo uma oportunidade de re-experimentação das coisas da infância; assim, do alto de 48 anos, uma quantidade muito menor de cabelos na cabeça e uma circunferência abdominal maior do que eu gostaria de ostentar, rememoro, ao aprender sobre sintagmas adverbiais e preposicionados, sobre as últimas teorias linguísticas ou sobre novas formas – à Azeredo ou à Perini – de análise gramatical, o deslumbramento da novidade, do conhecimento novo, da satisfação intelectual quase sensória. Mas o deleite da infância é também o de uma vida sem passado, sem consciência de riscos, sem erros reconhecidos e superados.

A epígrafe que escolhi para abrir esta Conclusão, de Hans Ulrich Gumbrecht, alerta para os perigos de um completo abandono dos fatos históricos como fonte de didática; para as ameaças desta transformação infantilizadora (porque desmemoriada) que nos envolveu como nação. Nos últimos meses de 2018, tempos de profunda polarização política talvez nunca vista em terras brasileiras, vimos todos perderem-se as sutilezas, os entrelugares *salvianos*, as posições intermediárias, os campos de dialética possível e diálogo. Ao cabo e ao final, restou-nos apenas dois perfis para escolher encaixe: entre os 57 milhões de protonazistas, protofascistas e protorracistas (número de eleitores do presidente eleito Jair Bolsonaro) ou entre os 47 milhões de corruptos e vagabundos esquerdopatas (por sua vez, número dos que votaram em Fernando Haddad).

Não por acaso, direi, a literatura infantojuvenil brasileira neste mesmo tempo próximo esteve sob ataque, em episódios que evidenciam um crescente desconforto e rejeição para com o que o texto artístico pode ter de mais desafiador: capacidade de conotação, de sugestões entre a linha A e a linha B, de ir *humanamente* além do papel de ferramenta para o que se quer *exatamente* descrito. Nos dois casos que relatarei *en passant*, falou-se em apologia a crimes, descoberta por pais exageradamente "zelosos", em textos oferecidos a crianças: apologia ao suicídio, no caso de Ana Maria Machado e seu livro *O menino que espiava pra dentro* (1983), e apologia ao comunismo (ainda não tipificada no Código Penal, mas dê-se tempo ao tempo...), no caso do livro *Meninos sem pátria* (1981), de Luiz Puntel.

Em matéria do dia 6 de setembro de 2018, a jornalista Paula Autran resume o caso e o entrecho da obra "perigosa", com menção à passagem alegadamente polêmica (criminosa, aliás) de Machado.

> Trinta e cinco anos depois de publicado pela primeira vez, em 1983, *O menino que espiava pra dentro*, da escritora e imortal da ABL Ana Maria Machado, está gerando polêmica na internet (...).
>
> Nesta quinta-feira, uma mulher do Recife publicou em uma rede social que seu filho perguntou a ela "se era verdade que se engasgasse com uma maçã e ficasse sem respirar, ele conseguiria ir até o encontro do seu mundo da imaginação".
>
> "Ele me disse que o menino do livro que estava lendo tem um amiguinho imaginário que mandou ele fazer isso, ou seja, que se ele engasgasse com uma maçã, ele acabaria com todos os problemas! Faço um apelo aos pais que conversem, monitorem e protejam seus filhos dessas estimulações perigosas que estão por toda parte...", escreveu a mãe, gerando uma avalanche de compartilhamentos e comentários de que a obra incitaria o suicídio entre as crianças. (...)
>
> *O menino que espiava pra dentro* conta a história de Lucas, que gosta de sonhar e que, com a imaginação, aprende a criar um mundo melhor, onde tudo é liberdade. Na página 23, há um trecho em que o menino come uma maçã para ingressar no mundo dos sonhos, "um processo poético para a criança entrar no mundo da imaginação", explica a Global Editora, que nesta sexta-feira, após receber mensagens de pais preocupados e de escolas que adotaram o livro como leitura paradidática em todo o Brasil, emitiu nota em apoio à escritora.
>
> "Esclarecemos que as referências à maçã e ao fuso são alusões às histórias da Branca de Neve ou da Bela Adormecida e constituem parte integrante do universo da história, sustentando o argumento de que imaginar pode ser

muito bom, mas a realidade externa se impõe. Conversar com os outros (como a mãe) é fundamental, e a afetividade que nos faz felizes está ligada a seres vivos e reais", diz a nota. (AUTRAN, 2018)

O caso envolvendo o livro de Luiz Puntel reveste-se de bem menos sutilezas e alinha-se a outros que tendem a considerar, atualmente, a Senhora Ideologia não como ambidestra, mas como apenas canhota. Seu desenrolar, porém, me parece mais grave do que o de Ana Maria Machado, uma vez que o livro foi retirado da lista de leitura da escola em questão. Explica a matéria sem autoria do *site* Lunetas, do início de outubro de 2018, que

> O escritor Luiz Puntel escreveu o romance de ficção infantojuvenil *Meninos sem pátria* em 1981. Não imaginava que, 37 anos depois, a obra seria suspensa de uma escola por conta de um motim familiar. O motivo: um grupo de pais considerou o livro nocivo por considerarem a história uma apologia ao comunismo. O caso ocorreu no Colégio Santo Agostinho, unidade Leblon, no Rio de Janeiro, uma escola católica de ensino privado. *Meninos sem pátria* fazia parte da lista de leitura de estudantes do 6º ano do ensino fundamental.

> Em sua 23ª edição, o livro foi publicado pela editora Ática, e é um dos títulos mais vendidos da clássica Coleção *Vaga-Lume*, que exerceu importante papel na formação de leitores nas décadas de 80 e 90.

> O enredo de *Meninos sem pátria* enfoca a história de uma família que se vê obrigada a deixar o Brasil após a redação do jornal em que o pai trabalha ser invadida. Em exílio no Chile, o pai, a mãe e seus sete filhos vivencia[m] o regime do ditador Augusto Pinochet. Conforme o título sugere, a obra retrata a infância dos personagens longe de casa. (LIVRO, 2018)

Ouvir sobre o passado (Puntel fala com sua voz de 1981, arquivada e preservada nas páginas do seu livro) parece ofender a uma parcela de nós mesmos desejosa de revisionismos amnésicos, que poderão nos fazer novamente colocar o dedo na tomada elétrica, cortar os dedos com o gume da faca surpreendentemente afiada, ralar os joelhos por pedalar nossa bicicleta com pouca cautela e demasiada desatenção. É isso mesmo que queremos? Um frenesi de copidesque *orwelliano* no qual desprezamos com um bater de ombros tanto os erros e crimes do período de governo petista quanto os crimes e monstruosidades do regime militar? No qual fazemos pouco dos enunciados discursivos de nossos pretendentes a governantes, seja quando são negação cínica desprovida de qualquer autocrítica ou estímulo a comportamentos de ódio e discriminação que não deveriam ter lugar sequer no mais informal dos botequins?

Nos últimos meses de redação desta obra, o noticiário parecia querer entrar por estas páginas; se não entrar, minimamente assoprar-me um quê de *relevância* do trabalho feito, palavra que logo rejeitei por me parecer inapropriado como autor atribuir-me a mim ou à criatura alguma importância maiúscula. Mas outra me veio, duas aliás: *pertinência* e *pertinácia*. O resgate sobre a Coleção *Mister Olho*, sobre seu emaranhado de criações e de autores, sobre seus textos e subtextos, seus contextos e pretextos, me parecia muito mais pertinente agora quando, apenas acompanhando-se os jornais, a censura superada em 1988 parecia rediviva e pertinaz; parecia, por exemplo, perigosamente próxima de se restabelecer (haja vista os episódios há pouco elencados), e não faço aqui uma acusação ou denúncia ao novo governo sequer empossado, mas sim às atmosferas ao seu redor (ou do seu momento), aos hálitos de nós mesmos, temerosos uns dos outros e outros dos uns; maus hálitos que desestimulam conversas e qualquer entendimento; maus hálitos (e hábitos) que mantêm em xeque e aceso o conflito dos Reis das Pedras das Casas Pretas e das Casas Brancas deste brasileiro 2018, quase (séc. ?) 19.

A novidade das narrativas que, similar ao que ocorre com o Holocausto judeu, pretendem relativizar ou mesmo negar o período de ditadura militar brasileiro entre 1964 e 1985 – por exemplo, o presidente do Supremo Tribunal Federal, Dias Tóffoli, referindo-se a 1964, em discurso de primeiro de outubro de 2018, como nem golpe nem revolução, mas "movimento", ou a conhecida posição de Bolsonaro, expressa em inúmeras manifestações e entrevistas, de que houve apenas um "governo" militar em uma época de enfrentamento de uma "ameaça comunista" – me surpreendeu, me surpreende e me faz, numa chave positiva, valorizar os livros, os seus possíveis legados e todos os trabalhos que concorram, como esta pesquisa, para que eles não se percam; nem eles nem suas vozes. Porque a lição, ao que parece, nunca está de todo apre(e)ndida; e pode ser necessário retomar, voltar a ler. A declaração do Cardeal Bessarione, que abre essas quase quinhentas páginas sobre a coleção infantojuvenil da Ediouro e seus autores, me preenche a mente deixando a um só tempo sensações de esperança e amargor: sem os livros, nossas lembranças e aprendizados, individuais e coletivos, virarão meras cinzas adjuntivas nas urnas onde escolhermos enterrar/apagar/reescrever nossa História. Não há vida sem memória.

Para fecharmos esta parte com as palavras de mais um religioso, fiquemos com Leonardo Boff, em palestra de 2012 citada por Eric Nepomuceno em seu livro *A memória de todos nós* (2015), sobre as ditaduras militares latinoamericanas da segunda metade do século passado. Ressalvadas as tintas marxistas de sua ênfase nas disputas de classe e nas abstratas elites, trata-se de argumento poderoso pela pertinência da memória ante a pertinácia das violências que seguimos praticando, irmãos contra irmãos.

> Acho importante o resgate da memória, porque a memória é subversiva. E uma das coisas que ocorreram em nosso país com mais peso foi o ato de apagar a memória dos vencidos – dos escravos, dos indígenas.
>
> Quem nos recordou muito isso foi o grande historiador brasileiro José Honório Rodrigues. Ele foi um dos primeiros a contar a história do Brasil a partir das vítimas – dos negros, dos pobres. Em seu livro clássico, *Reforma e conciliação na história do Brasil*, ele faz a lista das violências, das repressões, das várias rebeliões nas quais as pessoas eram passadas a fio de espada. E ele diz uma coisa curiosa: as classes dominantes, primeiro para borrar a memória das suas iniquidades, caluniaram e distorceram os vencidos, o povo. Sempre que o povo tentou levantar a cabeça foi logo esmagado. Negaram seu direito

de serem pessoas. Depois do processo de difamação, essas classes dominantes liquidaram suas vidas, suas memórias. (...)

Portanto, quando falamos em resgatar a memória, estamos falando de uma coisa perigosa para as elites dominantes. Mas nós não podemos deixar de contar essa história, de resgatar essa memória, especialmente essa história mais recente, a da violência da repressão militar que não nasceu de um golpe militar: nasceu de um golpe de classe. Porque é um erro mencionar o que aconteceu em 1964 como uma quartelada. Foi mais, muito mais. (BOFF, 2012, *apud* NEPOMUCENO, 2015, p. 54-56)

Genus homo: o sim e o não da Coleção *Mister Olho* (e da vida) e um último aparte sobre gêneros (e elos) literários

Ao longo da história da popularização da leitura (tomemos como ponto de partida o revolucionário século XIX), na qual a iniciativa representada pelo *Mister Olho* se insere, a literatura estava ainda no centro da formação cultural e psíquica do indivíduo,

> (...) era a pedra de toque da educação na sociedade burguesa, que enobrecia quem quer que contasse com ela, independente de posses, posição ou profissão. "A educação torna-nos livres", assim rezava a divisa com que a publicidade editorial, há 150 anos atrás, impulsionava, através de edições baratas dos clássicos, no século XIX, a democratização das camadas sociais mais amplas. (ISER, 1983, p. 360)

Seguindo meu desejo de contribuir para os Estudos Literários e de fazer frente não só à desvalorização do *texto* em nossos dias, mas da *cultura impressa* como um todo, acredito ter deixado a vocês, colegas e leitores, algumas boas sugestões de caminhos possíveis. Em um mundo em que a narrativa se nos apresenta menos em papel e mais em telas e *bytes*, ela segue sendo central. E, mesmo que, como eu, nos decidamos a estudar o impresso, é **mister** ter um novo **olho** (*pun intended...*); é imperativo treinar novos olhares e buscar com eles novos e originais objetos. Em sua tese de doutorado, a professora e pesquisadora Carla Portilho oferece um ótimo exemplo dessa abordagem inovadora de que falo, desse esforço de buscar corajoso frescor para além dos círculos consensuais, ao se debruçar sobre livros de *crime fiction* produzidos longe das sociedades costumeiramente hegemônicas para o gênero; nas fronteiras e periferias normalmente negligenciadas pelo estudioso ou mesmo pelo mero entusiasta. Uma das conclusões que Portilho retira da trajetória de seu *Detetives ex-cêntricos: um estudo do romance policial produzido nas margens* (2009) é que

(...) a verdadeira investigação que se empreende nessas obras diz respeito ao papel que comunidades marginalizadas desempenham nas sociedades contemporâneas e como se estabelecem as relações de poder em tais sociedades, na modernidade tardia. O verdadeiro crime investigado nessas obras seria, portanto, a tentativa de apagamento e/ou exclusão dessas comunidades pelos centros de poder, e o embate que se dá entre diferentes segmentos da sociedade. (PORTILHO, 2009, p. 4-5)

Há tanto para se ver, pois, que extrapola o mero esquematismo, a mera fórmula, o mero refletir sobre indústrias de dominação. Basta que se eleja (e se ame) um objeto fora dos centros de consenso, às margens do cânone, e, com esforço, determinação e sensibilidade, se chegará a um resultado contributivo e bom. No caso específico da *Mister Olho*, sempre foi meu desejo examiná-la com o máximo espaço para complexidades; sempre entendi que deveria ler e interpretar os pequenos livros procurando neles seu *sim* e seu *não*, como diz Alfredo Bosi, tanto mais pelo período em que foram publicados. Conforme a pesquisa seguia, e eu conseguia dar mais densidade à Coleção e aos seus autores a cada novo texto secundário lido, a cada nova carta descoberta, a cada nova camada de suas personalidades, desejos, frustrações e intenções aposta à matéria bruta de que saiu afinal este volume, eu me vi decididamente menos *estética* e *estrutura* puras e mais *sistema* e *(con)texto*.

Um exemplo (sei que eles já nem cabem aqui, mas não resisto) de que análises e julgamentos podem ser injustos, quando rasos, posso apontar em Soveral. Seria fácil pintar-lhe um perfil reacionário, tomando, digamos, a sensação geral transmitida por sua série *A Turma do Posto Quatro*. E que dizer da carta que escreve à revista *Fatos e Fotos* contestando o texto em que aparece, na edição de 24 de outubro de 1976, respondendo à pergunta do repórter Humberto Vieira sobre qual seria seu próximo livro? Lê-se na página 33:

> É uma história muito interessante, que se passa dentro do corpo humano − *A Revolução dos Leucócitos*. Não tem nada a ver com a *Viagem Fantástica* do Isaac Asimov. No livro dele, são pessoas que viajam pelo corpo humano. No meu, são os glóbulos brancos do sangue que acham que o organismo está no caos e tomam de assalto o cérebro. Eles se consideram as Forças Armadas, os órgãos de segurança do corpo e, para combater a anarquia e a desordem orgânicas, expulsam as células cerebrais. O herói da história é um espermatozóide, que se transforma em guerrilheiro. (SOVERAL, 1976a, p. 33)

Na missiva à redação, de que guardou cópia, o escritor aponta uma série de imprecisões da reportagem e é enfático no reparo do que lhe pareceu perigoso no texto impresso... Soveral não queria aparecer como alguém fazendo troça com os militares...

> Depois da lamentável reportagem da revista *FATOS & FOTOS* datada de 24 do corrente, mas já à venda desde o dia 14, sou forçado a repudiar boa parte das declarações a mim atribuídas, naquela entrevista, pois elas apenas se aproximam da verdade, ora porque estão incompletas, ora porque estão

distorcidas, e, algumas vezes, *as opiniões dos repórteres são apresentadas como saídas da minha boca*. (...) *A Revolução dos Leucócitos* não é o meu próximo livro. Essa obra já foi editada e, agora, estou apenas revendo-a e aumentando-a. *Embora haja semelhanças entre o Serviço de Segurança do Organismo com as Forças Armadas, de um país, os repórteres fazem uma insinuação maldosa.* (SOVERAL, 1976b, p. 2. Grifos nossos.)

Mais "comprometedora" ainda, para esse olhar-apenas-de-superfície a que me refiro, seria a carta-ensaio de seis páginas do autor, datada de outubro de 1970 e dirigida ao Chefe do Serviço de Censura de Diversões Públicas, Wilson A. de Aguiar, de onde se pode pinçar o seguinte trecho:

> A Censura, tão combatida pelos cultores da Democracia Ocidental, é um mal necessário, e deve estar tanto mais presente quanto mais evoluídos sejam os meios de comunicação entre as massas. Isso porque não podemos medir as responsabilidades alheias pelas nossas; e, se nos julgamos com suficiente discernimento para saber o que é útil ou pernicioso ao nosso irmão, grande parte dos nossos irmãos ignora os mais comezinhos deveres de respeito pelo bom gosto e pela moral alheios. A Censura é um mal necessário, em qualquer estágio político ou social da humanidade, quer sob o guante da ditadura, quer sob o anarquismo teórico ou o socialismo prático; e, mais necessária se torna, em nosso imenso país, candinho de raças e espelho de contradições. Aplausos para a Censura. Um país como o Brasil, pela sua extensão territorial, que aliena grandes núcleos de população, e se veste, aqui e ali, de cores próprias e imprevistas, deve ser protegido por uma Censura inteligente e sensata, principalmente nos grandes centros urbanos, de onde emana o poder da palavra escrita e oral, a Inteligência, que tanto pode refinar como aviltar o caráter dos cidadãos. (SOVERAL, 1970, p. 2)

Um conhecedor/pesquisador mais dedicado da trajetória pessoal e profissional do criador da *Turma do Posto Quatro* saberia, porém, relacionar esses dados incompletos e esses momentos parciais a outros que acabam por transformar o aparente reacionário em mero ser humano cauteloso, por vezes dominado por seus medos, mas que aproveitava seus fazeres de artista para também contrabandear em seus escritos pequenas ironias, pequenas subversões, pequenos combates à violência instaurada. Soveral, por exemplo, sempre viveu com medo de sofrer perseguições, durante o regime militar, pelo fato de ser estrangeiro (português nunca naturalizado), diz sua filha Anabeli (TRIGO, 2016). Os pregos, diz o ditado, evitam colocar suas cabeças ao vento para não se tornarem alvo dos martelos... Daí a epístola de reparo à *Fatos & Fotos*...

A carta ao chefe da censura, da mesma forma, ganha outra significação quando lida por inteiro (tema para um futuro artigo?) e quando se considera que ela pode nem mesmo ser fiel reprodução das opiniões do autor. Soveral, ali, escrevia em nome da Editora Vecchi, para quem adaptava as fotonovelas italianas da revista *Jacques Douglas*, e pedia ao censor a indulgência de permitir a publicação do material importado que, vez por outra, tratava do tema do divórcio, assunto proibido no

Brasil de então. O trecho lido, portanto, pode ter sido apenas um mentiroso afago no algoz a quem se pedia favores... E é fato que, no final da vida, Soveral tentou, sem sucesso, publicar/encenar trabalhos declaradamente críticos à ditadura, como o já citado *A Revolução dos Leucócitos* e a peça *Mãe Doida*.

Acerca de meus autores e obras, de meu *corpus* e, em extensão, de toda a literatura de gênero brasileira, popular ou canônica, infantojuvenil ou não, resta-me fazer uma última defesa e alerta. Sobre nossa literatura como um todo (mas o mesmo vale para sua porção de massa), Antonio Candido já disse que "se não lermos as obras que a compõem, ninguém as tomará do esquecimento, descaso ou incompreensão" (CANDIDO, 2006, p. 12). Nos dias de hoje, em que a fragmentação iniciada pelo romance oitocentista parece às vezes fazer com que as narrativas sejam todas tipologicamente mescladas e que, como diz Carlos Nejar, os gêneros literários sequer existam (mais) – não há nenhum limite entre eles e, em última análise, "é a linguagem que determinará os gêneros, não os gêneros a linguagem" (NEJAR, 2011, p. 37) –, haverá sempre os sequiosos por elites e hierarquias. Haverá sempre os partidários das compartimentalizações (literárias?) higiênicas, do *cada-um-no-seu-lugar*.

Suponhamos que eles estejam certos, descansemos as espadas teóricas, acedamos ao brado de portentos como Acízelo, como Sosa, como Perrone-Moisés e, recatados (eu e você), concordemos com um *status* menor para a literatura de massa que modela as obras da *Mister Olho*. A digressão de Candido sobre a crônica, como gênero, me parece aqui oportuna como *coda defensivo* do que quer que se venha a considerar como manifestação artística menor, pelo tanto que ela se alinha a Umberto Eco, quando este diz "que às vezes o Super-homem, oferecido para sonharmos de olhos abertos, estimulou igualmente leituras mais produtivas, e até mesmo tomadas de consciência por parte dos sonhadores" (ECO, 1991, p. 17), quanto a José Paulo Paes e sua Teoria do Degrau:

> É em relação a esse nível superior [da cultura e da literatura] (...) que uma literatura média de entretenimento, estimuladora do gosto e do hábito da leitura, adquire o sentido de degrau de acesso a um patamar mais alto onde o entretenimento não se esgota em si mas traz consigo um alargamento da percepção e um aprofundamento da compreensão das coisas do mundo. (PAES, 2001, p. 28)

Diz Candido sobre a crônica (imaginemos em seu lugar, por um instante, a literatura infantojuvenil de gênero, o romance policial, as fantasias e aventuras da *Mister Olho*), com enorme sensibilidade, equilíbrio e sutileza, que

> A crônica não é um gênero maior. Não se imagina uma literatura feita de grandes cronistas, que lhe dessem o brilho universal dos grandes romancistas, dramaturgos e poetas. Nem se pensaria em atribuir o Prêmio Nobel a um cronista, por melhor que fosse. Portanto, parece mesmo que a crônica é um gênero menor.

Graças a Deus, seria o caso de dizer, porque sendo assim ela fica mais perto de nós. E para muitos pode servir de caminho não apenas para a vida, que ela serve de perto, mas para a literatura. (CANDIDO, 2004, p. 26. Grifo nosso.).

Nenhum Nobel para Hélio do Soveral ou Ganymédes José, nenhum Nobel para Carlos Figueiredo, Gladis N. Stumpf González, Vera Lúcia de Oliveira Sarmento ou mesmo para o imortal Carlos Heitor Cony. Mas eles souberam estar perto de mim, de você, de tantos outros leitores, por meio de seus livros ditos menores, por meio dessa obra que merece ser amada, ainda que siga padecendo de tanto desprezo *high brow*.

Coda

> Vinha-me um desespero íntimo, um aborrecimento de mim mesmo, um sinal de evidência da minha incapacidade para qualquer obra maior, pois — raciocinava — quem teve um ente humano a seu lado, com ele viveu na mais total intimidade em que dois entes humanos podem viver, não o compreendeu, não pode absolutamente compreender mais coisa alguma. (BARRETO, 2010, p. 208)

No começo dessa Conclusão (que já se alonga, eu sei...), disse que mudaria para a primeira pessoa do singular por sentir os assuntos que se avizinhavam de dedos e teclado pessoais demais para terceiras pessoas; marcas minhas, subjetivas, merecedoras, portanto, de maior proximidade. Durante o ano e meio de redação destas páginas, enfrentei inúmeros momentos solitários onde a criação desejava algum retorno, algum contato com o mundo exterior, mais vivo e atual do que eu, imerso em acervos literários de autores esquecidos, mergulhado em torres de livros que muitos desconheciam, afogado em reflexões internas com que pouca gente parecia se importar. Por que se ocupar desses "papéis velhos" (era a pergunta que eu parecia ver nos olhos mudos de colegas de trabalho e familiares)? Esses rascunhos de livros, essas cartas, essas obras não publicadas? A pesquisadora Maria Augusta Fonseca pareceu, num desses dias mais agudos, me indicar uma resposta...

> Reduto da intimidade do artista, os manuscritos de uma obra guardam muitas histórias do fazer, diferentes entre si. De uma perspectiva crítica, o estudo de manuscritos permite registrar caminhos intricados de elaboração do artista, sendo parte substancial de processos de criação (mas não apenas) e lugar de inúmeras incertezas. (FONSECA, 2003, p. 95).

Peter O´Sagae, escritor paulista, doutor em Letras e palestrante na Semana Ganymédes José em 2012, em conversa via *Facebook*, confidenciou-me seu medo de que, infelizmente, "a obra de Ganymédes [José] tende à dissolução" (O'SAGAE, 2018), ou seja, ao desaparecimento. Seja pela disputa judicial que impede a reedição de suas obras, seja pela falta de um tratamento sério e científico para o seu acervo literário, essa é uma ameaça real e concreta (e que espreita igualmente toda a papelada de Hélio do Soveral, ainda encaixotada em uma sala da EBC/Rádio Nacional, e a mais de dúzia de manuscritos inéditos da Coleção *Mister Olho* nos arquivos da Ediouro). Mas que não precisa se tornar realidade.

O que espero deste trabalho é que, agora produzida uma maior *presença* bibliográfica das obras e dos autores em questão, impeça-se uma, duas, três, quatro pequenas catástrofes (mas as haverá pequenas...?) para as letras e cultura brasileiras; impeça-se que o acervo de Hélio do Soveral, Carlos Figueiredo, Ganymédes José e seus colegas de *Mister Olho* se dispersem ainda mais ou que desapareçam aos poucos; impeça-se que permaneçam invisíveis e inacessíveis a pesquisadores e admiradores sérios de suas obras.

No final, o que mais importa em um livro (ou na trilha de papéis por ele deixada) é o ser humano por detrás da pena, por detrás da caneta, do teclado, da máquina de escrever. Bosi diz que "o fundamental, que, aliás, é o mais árduo, é discernir as diferenças no universo das semelhanças depois de reconhecer as semelhanças no universo das diferenças " (BOSI, 2003, p. 238). Tentei fazer isso ao examinar a (à distância) aparentemente homogênea massa de brochuras de entretenimento da Ediouro. E fico feliz em ter esta como uma das convicções a retirar deste trabalho de quatro anos: do outro lado de cada um dos esforços comunicacionais contidos nos 164 livros da Coleção *Mister Olho*, encontrei criações ricas, de ricos seres humanos. Se, como diz Lima Barreto em seu *O cemitério dos vivos*, "cada homem representa a herança de um número infinito de homens, resume uma população" (BARRETO, 2010, p. 244), suas obras de espírito, em particular as mais perenes como os livros, servem como uma âncora, como um esteio inquebrantável e consolador, de forma que todos os que vêm depois "sentissem bem que tinham raízes fortes no tempo e no espaço e não eram só eles a viver um instante, mas o elo de uma cadeia infinita, precedida de outras cadeias de inúmeros infinitos de elos" (BARRETO, 2010, p. 220).

No dia 10 de setembro de 2018, especialmente solitário ao final de um dia de escrituras, enviei ao autor Carlos Figueiredo, da série *Dico e Alice*, a parte do Capítulo 2 onde eu resgatava trechos de interesse nos manuscritos inéditos de sua saga. Uma resposta, igualmente por *e-mail*, não tardou.

> Leonardo,
>
> Já estou próximo (em dezembro) dos 75. Vários problemas de saúde têm exigido minha atenção, mas até agora minha esgrima tem levado a melhor, embora seja um duelo de final conhecido.
>
> Minha memória, que nunca foi boa, está me traindo mais do que as imperatrizes de Bizâncio. Não me lembrava de quase nada do que você recolheu. Fiquei muito emocionado. Pude ver que há uma coerência entre as minhas lutas atuais e aquelas do começo. A diferença é que agora o foco me parece

mais preciso: o inimigo é o fanatismo. E o objetivo é diminuir o sofrimento desnecessário. O lema é não acreditar muito no que se acredita.

Você me fez um bem enorme, com esse resgate. Sou-lhe gratíssimo. Como diz o Drummond, o que você escreveu, para mim, é "puro orvalho da alma". O que posso dizer é que não perdi o ânimo. Continuo a fazer quase exatamente, com os instrumentos que estão ao meu alcance, a mesmíssima coisa que fazia então.

Na verdade, estou um pouco encabulado. Poucas vezes não sei bem o que dizer, esta é uma delas. Sou arisco, como dizia o Rogério Sganzerla a meu respeito. Melhor parar por aqui.

Não sei como lhe agradecer essa dádiva. (FIGUEIREDO, 2018b)

Eu é que agradeço o privilégio desse percurso, Carlos; e de poder ter feito ao final amigos entre autores vivos e autores já transladados para o astral; amigos entre livros inéditos e publicados, entre livros esquecidos e celebrados; amigos de carne e de papel. Hora de parar... e de ler, como repouso, mais um tanto de aventuras da eterna Coleção *Mister Olho*!

*

*   *

REFERÊNCIAS

ABRIL. Texto promocional. In: Dixon, Franklin W. **O tesouro da torre**. São Paulo: Editora Abril, 1972.

ADORNO, Theodor W. **Notas de literatura I**. Editora 34: 2003.

ADORNO, Theodor W.; HORKHEIMER, M. **Dialética do esclarecimento: fragmentos filosóficos**. Tradução de Guido Antonio de Almeida. Rio de Janeiro: Jorge Zahar Ed., 1985.

AGAMBEN, Giorgio. **O que é o contemporâneo? e outros ensaios**. Chapecó: Editora Argos, 2009.

AIZEN, Adolfo. **Entrevista**. Disponível em: <http://tvmemory.blogspot.com/2017/07/adolfo-aizen-entrevista-1972.html>. Acesso em: 22 out. 2018.

ALPERS, Hans Joachim; FUCHS, Werner; HAHN, Ronald M.; JESCHKE, Wolfgang. **Lexikon der Science Fiction Literatur**. Heyne: München, 1991.

ANTÔNIO, João. **Leão–de–Chácara**. São Paulo: Cosac Naify, 2012.

ARNALDO Sinatti. In: **GUIA DOS QUADRINHOS**. Brasil, 2018. Disponível em: <http://www.guiadosquadrinhos.com/artista/trabalhos-de/arnaldo-sinatti/7350>. Acesso em: 23 ago. 2018.

ARNS, Paulo Evaristo (org.). **Brasil: Nunca Mais**. Petrópolis: Vozes, 1985.

ARROYO, Leonardo. **Literatura Infantil Brasileira**. São Paulo: Melhoramentos, 1990.

AUSGABEN von Rolf Ulrici. Disponível em: <http://detlef-heinsohn.de/ki-ulrici.htm>. Acesso em: 24 ago. 2018.

AUTOR de 60 livros não tem tempo para escrever romance. **O Globo**, Rio de Janeiro, 12 jun. 1971. Segundo Caderno, p. 1.

AUTRAN, Paula. **'Foi como uma bigorna na cabeça', diz Ana Maria Machado**. Jornal *O Globo*. 6 set. 2018. Disponível em: <https://oglobo.globo.com/cultura/foi-como-uma-bigorna-na-cabeca-diz-ana-maria-machado-23047123>. Acesso em: 10 dez. 2018.

AVENIR, Yago. (ver SOVERAL, Hélio do)

BALZAC, Honoré de. História, sociedade e romance. In: SOUSA, Roberto Acízelo (org.) **Uma ideia moderna de literatura: textos seminais para os estudos literários**. Chapecó: Argos, 2011.

BARRETO, Lima. **Diário do hospício; O cemitério dos vivos**. São Paulo: Cosac Naify, 2010.

BELTRÃO, Tatiana. **Reforma tornou ensino profissional obrigatório em 1971**. 3 mar. 2017. Disponível em: <https://www12.senado.leg.br/noticias/materias/ 2017/03/03/reforma-do-ensino-medio-fracassou-na-ditadura>. Acesso em: 18/10/2018.

BENGT Janus Nielsen. Disponível em: <http://www.litteraturpriser.dk/aut/JBengtJanusNielsen.htm>. Acesso em: 20 jul. 2018.

BESSARIONE. "Carta a Cristoforo Moro". 31 mai. 1468. In: ORDINE, Nuccio. **A utilidade do inútil**. Rio de Janeiro: Zahar, 2016, p. 135.

BOAVENTURA, Altair. (ver CONY, Carlos Heitor)

BORGES, Adélia. Apresentação. In: Safar, G.; Eleto, H. (orgs.). **Que trem é esse?** Belo Horizonte: Rona Editora, 2001.

BOSI, Alfredo. **Céu, inferno**. São Paulo: Editora 34, 2003.

_____. Caminhos entre a literatura e a história. In: **Revista de Estudos Avançados**, nº 55. São Paulo: USP, 2005.

BRANDÃO, Ignácio de Loyola. Literatura e resistência. In: SOSNOWSKI, S.; SCHWARTZ, J. (Org.). **Brasil: o trânsito da memória**. São Paulo: Edusp, 1994.

BRASIL. Lei Nº 5.692, de 11 de ago. de 1971. Brasília, DF. 11 ago. 1971. Disponível em: <http://www2.camara.leg.br/legin/fed/lei/1970-1979/lei-5692-11-agosto- -1971-357752-publicacaooriginal-1-pl.html>. Acesso em: 18/10/2018.

BRENT, Loring. (ver SOVERAL, Hélio do)

BRITO, F.F.V.; SAMPAIO, M.L.P. O entrecruzar das mídias com os conceitos adornianos de indústria cultural e esclarecimento: um convite à criticidade. In: **Fólio – Revista de Letras, v5., n. 1.** Vitória da Conquista, jan./jun. 2013.

CALABRE, Lia. Rádio e imaginação: no tempo da radionovela. In: CUNHA, Mágda Rodrigues; HAUSSEN, Doris Fagundes (orgs.). **Rádio brasileiro: episódios e personagens**. Porto Alegre: EDIPUCRS, 2003.

CALLADO, Antonio. **Censura e outros problemas dos escritores latino-americanos**. Rio de Janeiro: José Olympio, 2006.

CANDIDO, Antonio. **Literatura e Sociedade**. São Paulo: Publifolha, 2000.

_____. **Recortes**. Rio de Janeiro: Ouro sobre Azul, 2004.

_____. **Formação da Literatura Brasileira: momentos decisivos (1750-1880)**. Rio de Janeiro: Ouro sobre Azul, 2006.

CARLO Andersen. 2018. Disponível em: <https://da.wikipedia.org/wiki/ Carlo_Andersen>. Acesso em: 23 set. 2018.

CARNEIRO, Maria Luiza Tucci. **Livros proibidos, Ideias Malditas - o Deops e as minorias silenciadas**. São Paulo, Estação Liberdade, 1997.

CASTELLO, Martins. A victoria dos pseudonymos. In: **Carioca**. Rio de Janeiro: Editora A Noite. Número 63. 2 de janeiro de 1937. pp. 40, 41, 49.

CASTRO, Irani de. (ver SOVERAL, Hélio do)

CHARTIER, Roger. **A aventura do livro: do leitor ao navegador**. São Paulo: UNESP/Imprensa Oficial do Estado de São Paulo, 1998.

_____. Textos, impressão, leituras. In: HUNT, Lynn (org.). **A nova história cultural.** São Paulo: Martins Fontes, 2001.

_____. O Romance: da redação à leitura. In: **Do palco à página: publicar teatro e ler romances na época moderna (séculos XVI-XVIII)**. Rio de Janeiro: Casa da Palavra, 2002.

_____. **Leituras e leitores na França do Antigo Regime.** São Paulo: Unesp, 2004.

COELHO, Nelly Novaes. **Panorama Histórico da Literatura Infantil/Juvenil.** São Paulo: Ática, 1991.

CONY, Carlos Heitor. Nota. In: MELVILLE, Herman. **Moby Dick.** Rio de Janeiro: Tecnoprint, 1970.

_____ (publicado sob o pseudônimo de Lino Fortuna). **Toquinho banca o detetive.** Rio de Janeiro: Tecnoprint, 1973.

_____ (publicado sob o pseudônimo de Altair Boaventura). **Márcia e o Mistério da Galeria Alasca.** Rio de Janeiro: Tecnoprint, 1976.

_____ (publicado sob o pseudônimo de Lino Fortuna). **Toquinho contra o monstro da Lagoa de Abaeté.** Rio de Janeiro: Tecnoprint, 1977.

_____. **A Revolução dos Caranguejos.** São Paulo: Companhia das Letras, 2004a.

_____. **O Ato e o Fato.** Rio de Janeiro: Objetiva, 2004b.

COUTINHO, Juraci. (ver SARMENTO, Vera Lúcia de Oliveira)

D'ALMEIDA, Neville. Entrevista. In: FRAGA, Pietra. **Neville D'Almeida: da liberdade à estética do deslimite.** Arte Capital [revista eletrônica]. Disponível em: <https://www.artecapital.net/entrevista-155-neville-d-almeida>. Acesso em: 10 set. 2018.

DESCONHECIDO escritor Hélio do Soveral, autor de 150 livros, O. **Estado de S. Paulo**, São Paulo, 16 ago. 1975. Caderno 2, p. 1.

DOLAR, Mladen. **A voice and nothing more.** Cambridge: The MIT Press, 2006.

ECO, Umberto. **O super-homem de massa.** São Paulo: Perspectiva, 1991.

_____. **Apocalípticos e integrados.** São Paulo: Perspectiva, 2008.

EDIOURO. Apresentação. In: WARNER, G. C. **O Mistério do Vagão.** Rio de Janeiro: Tecnoprint, 1973.

_____. Apresentação. Texto promocional. In: **Jornalzinho de Novidades Clube da Baleia Bacana.** Rio de Janeiro: Tecnoprint, 1974a.

_____. Introdução biográfica. In: ULRICI, Rolf. **O Xerife Bill em Ponta do Diabo.** Rio de Janeiro: Tecnoprint, 1974b.

_____. Texto promocional. In: LEFRÈVRE, Virginia. **Ana Selva, a Rebelde em Sociedade.** Rio de Janeiro: Tecnoprint, 1975a.

_____. Carta aos professores da 3ª à 6ª série – 1º grau. In: **Anúncio da Campanha de Incentivo à Leitura do Clube da Baleia Bacana.** Rio de Janeiro: Tecnoprint, 1975b.

_____. Texto de folha de rosto. In: BUCKERIDGE, A. **Nosso amigo Johnny.** Rio de Janeiro: Tecnoprint, 197?.

_____. Texto de folha de rosto. In: SARMENTO, Vera Lúcia de Oliveira (sob o pseudônimo de Juraci Coutinho). **Diana caça os fantasmas (2ª edição).** Rio de Janeiro: Tecnoprint, 1982.

EDUARDO Baron. In: **GUIA DOS QUADRINHOS.** Brasil, 2018. Disponível em: <http://www.guiadosquadrinhos.com/artista/trabalhos-de/eduardo-baron/4124>. Acesso em: 23 ago. 2018.

ELLSWORTH, Mary Ellen. **Gertrude Chandler Warner and The Boxcar Children**. Chicago: Albert Whitman & Co., 2013.

FADUL, Anamaria. Literatura, Rádio e Sociedade: algumas anotações sobre a cultura na América Latina. In: AVERBUCK, Ligia (org). **Literatura em tempo de cultura de massa**. São Paulo: Nobel, 1984.

FERREIRA, E. A. G. R. **A leitura dialógica e a formação do leitor**. Assis: Universidade Estadual Paulista, 2004. Dissertação de mestrado.

FIGUEIREDO, Carlos (sob o pseudônimo de José M. Lemos). **Dico e Alice a Cavalo nos Pampas**. Rio de Janeiro: Tecnoprint, 1976a. Manuscrito inédito.

_____ (sob o pseudônimo de José M. Lemos). **Dico e Alice e a Aventura no Beluchistão**. Rio de Janeiro: Tecnoprint, 1976b. Manuscrito inédito.

_____ (sob o pseudônimo de José M. Lemos). **Dico e Alice e o Rei do Mundo**. Rio de Janeiro: Tecnoprint, 1976c. Manuscrito inédito.

_____ (sob o pseudônimo de José M. Lemos). **Dico e Alice e a Planta Maluca**. Rio de Janeiro: Tecnoprint, 1976d. Manuscrito inédito.

_____ (sob o pseudônimo de José M. Lemos). **Dico e Alice e a Floresta Petrificada**. Rio de Janeiro: Tecnoprint, 1976e. Manuscrito Inédito.

_____ (sob o pseudônimo de José M. Lemos). **Dico e Alice e o Veleiro Negro**. Rio de Janeiro: Tecnoprint, 1976f. Manuscrito inédito.

_____. (sob o pseudônimo de José M. Lemos). **Dico e Alice e o Último dos Atlantes**. Rio de Janeiro: Tecnoprint, 1976g.

_____ (sob o pseudônimo de José M. Lemos). **Dico e Alice no Triângulo das Bahamas**. Rio de Janeiro: Tecnoprint, 1976h.

_____ (sob o pseudônimo de José M. Lemos). **Dico e Alice – Arecibo chamando...** Rio de Janeiro: Tecnoprint, 1976i.

_____ (sob o pseudônimo de José M. Lemos). **Dico e Alice e os Fenícios do Piauí**. Rio de Janeiro: Tecnoprint, 1976j.

_____ (sob o pseudônimo de José M. Lemos). **Dico e Alice e o Yeti do Himalaia**. Rio de Janeiro: Tecnoprint, 1976k.

_____ (sob o pseudônimo de José M. Lemos). **Dico e Alice e a Ilha da Diaba**. Rio de Janeiro: Tecnoprint, 1976l.

_____ (sob o pseudônimo de José M. Lemos). **Dico e Alice em Atacama, o Deserto da Morte**. Rio de Janeiro: Tecnoprint, 1976m.

_____ (sob o pseudônimo de José M. Lemos). **Dico e Alice e o Cérebro de Pedra**. Rio de Janeiro: Tecnoprint, 1976n.

_____ (sob o pseudônimo de José M. Lemos). **Dico e Alice e Talassa, a ilha no fundo do mar**. Rio de Janeiro: Tecnoprint, 1976o.

_____ (sob o pseudônimo de José M. Lemos). **Dico e Alice e o Pajé Misterioso**. Rio de Janeiro: Tecnoprint, 1977a.

_____ (sob o pseudônimo de José M. Lemos). **Dico e Alice e a Armadilha no Tempo**. Rio de Janeiro: Tecnoprint, 1977b.

_____. **Ficha de produção para** *Dico e Alice e a Viagem ao Futuro.* 1977c. Documento inédito. 2 f.

_____. **Contato para entrevista sobre série Dico e Alice.** [*online*] Mensagem pessoal enviada para o autor. 15 de novembro de 2014a.

_____. **Contato para entrevista sobre série Dico e Alice.** [*online*] Mensagem pessoal enviada para o autor. 19 de novembro de 2014b.

_____. **Entrevista.** [e-mail ao autor]. 29 mai. 2018a.

_____. **Agradecimento.** [*online*] Mensagem pessoal enviada para o autor. 10 set. 2018b.

FISH, Stanley. **Is there a text in this class? The authority of interpretative communities.** Massachussetts: Cambridge, 1980.

FLUSSER, Vilém. **A escrita: há futuro para a escrita?** São Paulo: Annablume, 2010.

FNLIJ (Fundação Nacional do Livro Infantil e Juvenil). **Bibliografia analítica da literatura infantil e juvenil publicada no Brasil (1975-1978).** Porto Alegre: Mercado Aberto, 1984.

_____. **Bibliografia analítica da literatura infantil e juvenil publicada no Brasil (1965-1974).** São Paulo: : Melhoramentos; Brasília: INL, 1977.

FONSECA, Maria Augusta. Vertentes e processos da criação literária. In: SOUZA, E. M; MIRANDA, W. M. (org). **Arquivos Literários.** São Paulo: Ateliê Editorial, 2003.

FORTUNA, Lino. (ver CONY, Carlos Heitor)

FOUCAULT, Michel. **O que é um autor?** Portugal: Veja / Passagens, 2002.

FRAGA, Pietra. Neville D'Almeida: da liberdade à estética do deslimite. In: **Arte Capital** [revista eletrônica]. Disponível em: <https://www.artecapital.net/ entrevista-155-neville-d-almeida>. Acesso em: 10 set. 2018.

GASPARI, Elio. A dupla Dilma-Levy. **Jornal O Globo.** Rio de Janeiro: 4 de março de 2015.

GENETTE, Gérard. **Paratextos editoriais.** São Paulo: Ateliê Editorial, 2009.

GERTRUDE Chandler Warner. 2018. Disponível em: <https://en.wikipedia.org/ wiki/Gertrude_Chandler_Warner>. Acesso em 14 set. 2018.

GIL, Inês. **A atmosfera como figura fílmica.** In: ACTAS DO III SOPCOM, VI LUSOCOM e II IBÉRICO – Volume I, Covilhã, Portugal, 2004. Disponível em: <http://www.bocc. ubi.pt/pag/gil-ines-a-atmosfera-como-figura-filmica.pdf.>. Acesso em: 21 set 2016.

GOHN, Maria da Glória. **Educação Não-Formal e Cultura Política: impactos sobre o associativismo do terceiro setor.** São Paulo: Cortez, 2005.

GOMES, José Edson. Responda rápido: quem é Hélio do Soveral?. **O Nacional**, Rio de Janeiro, p. 19, 20-26 nov. 1986.

GONZÁLEZ, Gladis Normélia Stumpf. **Gisela e a Estatueta da Sorte**. Rio de Janeiro: Tecnoprint, 1976a.

_____. **O Segredo do Torreão.** Rio de Janeiro: Tecnoprint, 1976b.

_____. **O Caso das Doze Badaladas da Meia-Noite**. Rio de Janeiro: Tecnoprint, 1977.

GONZÁLEZ, Marco Aurélio Stumpf. **Aplicação de técnicas de descobrimento de conhecimento em bases de dados e de inteligência artificial em avaliação de imóveis**. Porto Alegre: PPGEC/UFRGS, 2002. Tese de Doutorado.

GONZÁLEZ, Rodrigo Stumpf. **Currículo de Gladis Normélia Stumpf González**. 25 mai 1994. 4 f.

_____. **Entrevista por e-mail ao autor**. 6 abril 2015.

HALLEWELL, Laurence. **O Livro no Brasil**. São Paulo: Edusp, 2005.

HJORTSøE, Finn Jul. **Kim & Co**. 2018. Disponível em: <http://www.glamrocker.dk/kimliste.htm>. Acesso em: 23 jul. 2018.

HOLQUIST, Michael. "Whodunit and Other Questions: Metaphysical Detective Stories in Post-WarFiction". In:**New Literary History, v.3, n.1, Modernism and Postmodernism: Inquiries, Reflections, and Speculations** (1971). p.135-156.

HONAN, William H. **Shylock to Sherlock: a study in names**. New York Times, Nova York, 9 fev. 1997. Disponível em: <https://www.nytimes.com/1997/ 02/09/us/shylock-to-sherlock-a-study-in-names.html>. Acesso em: <11/7/2018>.

ISER, Wolfgang. Problemas da teoria da literatura atual: o imaginário e os conceitos chaves da época. In: LIMA, Luiz Costa (org.). **Teoria da literatura e suas fontes**. Rio de Janeiro: Francisco Alves, 1983.

J. BEZERRA. In: **ENCICLOPÉDIA Itaú Cultural de Arte e Cultura Brasileiras. São** Paulo: Itaú Cultural, 2018a. Disponível em: <http://enciclopedia. itaucultural.org.br/pessoa10284/j-bezerra>. Acesso em: 23 de Ago. 2018. Verbete da Enciclopédia.

_____. In: **BIOGRAFIA**. *Site* do artista. 2018b. Disponível em: <http://www.jbezerra.com.br/ biografia.php >. Acesso em: 23 ago. 2018.

JAN-bøgerne. 2018. Disponível em: <https://da.wikipedia.org/wiki/Jan-bøgerne>. Acesso em: 17 ago. 2018.

JÚNIOR, Gonçalo. **A guerra dos gibis – a formação do mercado editorial brasileiro e a censura aos quadrinhos, 1933-64**. São Paulo: Companhia das Letras, 2004.

KIM & Co. 2018. Disponível em: <https://de.wikipedia.org/wiki/Kim_&_Co.>. Acesso em: 6 set. 2018.

KITTLER, Friedrich. **Gramofone, Filme, Typewriter**. Rio de Janeiro: Eduerj, 2017.

KLEIMAN, Olinda (da Universidade Paris 3, Sorbonne Nouvelle). **A escrita do eu em poéticas de guerra** [palestra]. Niterói: Instituto de Letras da UFF, 8 jan. 2016.

KNUD Meister. 2018. Disponível em: <http://www.litteraturpriser.dk/aut/mknudmeister.htm>. Acesso em: 21 set. 2018.

KOCH, Howard. Invasion from inner space. In: POHL, Frederik (org.). **Star Science Fiction Stories nº 6**. Nova York: Ballantine Books, 1972, p. 143.

KOTHE, Flávio. **A narrativa trivial**. Brasília: Editora Universidade de Brasília, 1994.

LABANCA, Gabriel Costa. **Dos anos dourados às Edições de Ouro: a Tecnoprint e o livro de bolso no Brasil (1939-1970)**. Rio de Janeiro: UERJ, 2009. Dissertação de mestrado.

LAJOLO, Marisa. **Um Brasil para crianças: para conhecer a literatura infantil brasileira: história, autores e textos.** São Paulo: Global, 1986

LAJOLO, Marisa e ZILBERMAN, Regina. **Literatura infantil brasileira: história e histórias.** São Paulo: Ática, 2007.

LEITÃO, Miriam. Os dois mitos de Geisel. **O Globo**, 12 mai. 2018. Disponível em: <https://blogs.oglobo.globo.com/miriam-leitao/post/os-dois-mitos-de-geisel.html>. Acesso em: <12/05/2018>.

LEJEUNE, Philippe. **O Pacto Autobiográfico: de Rousseau à Internet.** Belo Horizonte: Editora UFMG, 2014.

LEMOS, José M. (ver FIGUEIREDO, Carlos)

LINS, Álvaro. **No mundo do romance policial.** Rio de Janeiro: Serviço de Documentação do Ministério da Educação e Saúde, 1953.

LIVRO de Luiz Puntel é acusado de apologia ao comunismo. Disponível em: <https://lunetas.com.br/livro-meninos-sem-patria/ >. Acesso em: 10 dez. 2018.

LLOSA, Mario Vargas. In: MARTIN, Tim. **Mario Vargas Llosa: 'the novels we read now are purely entertainment'.** Disponível em: <http://www.telegraph.co.uk/ culture/books/authorinterviews/11483708/Mario-Vargas-Llosa-the-novels-we-read-now-are-purely-entertainment.html>. Acesso em: 16 de maio de 2016.

MACHADO, Ana Maria. **Raul da Ferrugem Azul.** Rio de Janeiro: Salamandra, 1979.

_____. **Era uma vez, um tirano.** Rio de Janeiro: Salamandra, 1982.

MACHADO, Dyonelio. **Um pobre homem.** São Paulo: Ática, 1995.

MADUREIRA, Gedeão. (ver SOVERAL, Hélio do)

MARQUEZI, Dagomir. Este homem vive de mistério. In: **Status**. São Paulo: 1981.

_____. O Ian Fleming de Copacabana. In: **Revista VIP**. São Paulo: Editoral Abril, 1998.

_____. O Segredo de Hélio do Soveral. In: Soveral, Hélio do. **O Segredo de Ahk-Manethon.** Porto Alegre: AVEC Editora, 2018.

MARTÍN-BARBERO, Jesús. **Dos meios às mediações: comunicação, cultura e hegemonia.** Rio de Janeiro: Editora da UFRJ, 2003.

MARTINS, Maruí. (ver SOVERAL, Hélio do)

MAUÉS, Flamarion. o mercado editorial de livros no Brasil no período da abertura (1974-1985). In: **Educação em debate, ano 28 - V. 1 - N°. 51/52.** Fortaleza: Universidade Federal do Ceará, 2006.

_____. **Livros contra a ditadura – editoras de oposição no Brasil, 1974-1984.** São Paulo: Publisher Brasil, 2013.

MEDEIROS E ALBUQUERQUE, Paulo de. **O mundo emocionante do romance policial.** Rio de Janeiro: Francisco Alves, 1979.

MEDRANO, E.M.O.; VALENTIM, L.M.S. **A indústria cultural invade a escola brasileira.** Cadernos Cedes, ano XXI, n° 54, agosto/2001. Disponível em: <http://www.scielo.br/pdf/ccedes/v21n54/5270.pdf>. Acesso em: <14 ago. 2018>.

MENDES, Teixeira. **Entrevista.** Gente em Foco: Teixeira Mendes. 3 abr. 2007. Disponível em: <http://classico.velhosamigos.com.br/Foco/teixeiramendes.html>. Acesso em: <13 de abril de 2016>.

MEYER, Marlyse. **Folhetim: uma história.** São Paulo: Companhia das Letras, 1996.

MOLLIER, Jean-Yves. **A leitura e seu público no mundo contemporâneo: ensaios sobre História Cultural.** Belo Horizonte: Autêntica, 2008.

MONTEIRO, Mário Feijó Borges. **Permanência e mutações: O desafio de escrever adaptações escolares baseadas em clássicos da literatura.** Rio de Janeiro: PUC, 2006. Tese de doutorado.

_____. **Adaptações de clássicos literários brasileiros: Paráfrases para o jovem leitor.** Rio de Janeiro: PUC, 2002. Dissertação de mestrado.

MORAIS, Regis de. **Lima Barreto – o elogio da subversão.** São Paulo: Brasiliense, 1983.

NEJAR, Carlos. **História da literatura brasileira – da Carta de Caminha aos contemporâneos.** São Paulo: Leya, 2011.

NEPOMUCENO, Eric. **A memória de todos nós.** Rio de Janeiro: Record, 2015.

NETO, Godofredo de Oliveira. **A ficcionista.** Rio de Janeiro: Ímã Editorial, 2013.

NOGUCHI, Hélcio. Do pré ao pós. In: Safar, G.; Eleto, H. (orgs.). **Que trem é esse?** Belo Horizonte: Rona Editora, 2001.

NOGUCHI, Liza. **Depoimento ao autor.** 21 set. 2017.

_____. **Depoimento ao autor.** 27 ago. 2018.

OLIVEIRA, Ganymédes José Santos de. **Datiloscrito sem título (primeira versão de** *O Caso da Mula-sem-cabeça).* 36 f. 18 jan. 1973. Fonte: Arquivo Municipal de Casa Branca. Noveleta inédita.

_____. **O Caso da Terça-Feira na Capoeira do Tatu-Bola (versão quase final de** *O Caso da Mula-sem-cabeça).* 1974a. Fonte: Arquivo Municipal de Casa Branca. Datiloscrito inédito.

_____. **O Caso da Mula-sem-cabeça.** Rio de Janeiro: Tecnoprint, 1974b.

_____. **O Caso do Rei da Casa Preta.** Rio de Janeiro: Tecnoprint, 1974c. Livro inédito.

_____. **Goiabinha e os Ladrões da Cooperativa.** Rio de Janeiro: Tecnoprint, 1975a.

_____. **Goiabinha e as Três Gotas de Mel.** Rio de Janeiro: Tecnoprint, 1975b.

_____. **A Inspetora e o Mistério do Concurso.** Rio de Janeiro: Tecnoprint, 1978.

_____. **A Inspetora e o Caso do Broche Desaparecido.** Rio de Janeiro: Tecnoprint, 1979a.

_____. **A Inspetora e o Esqueleto de Fogo.** Rio de Janeiro: Tecnoprint, 1979b.

_____. **A Inspetora e o Caso do Desfile.** Rio de Janeiro: Tecnoprint, 1979c.

_____. **A Inspetora e o "Troféu de Bronze".** Rio de Janeiro: Tecnoprint, 1979d.

_____. **Carta a Maria Gabriela Erbetta.** Casa Branca, 6 nov. 1981. 2 f.

_____. **A Inspetora e o Caso do Cristo Desaparecido.** Rio de Janeiro: Tecnoprint, 1983.

_____. **Carta a Peter O'Sagae.** Casa Branca, 19 nov. 1984. 1f.

_____. Entrevista. In: **Ganymédes José: um best-seller nacional.** Diário do Pará, Belém, PA. Caderno D, p. 2, 19 mai. 1989.

ORSI, Carlos. **Leitura sensível e umas coisinhas mais.** Disponível em: <https://carlosorsi.blogspot.com/2017/07/leitura-sensivel-e-umas-coisinhas-mais.html>. Acesso em: 6 nov. 2018.

O'SAGAE, Peter. **Conversa eletrônica com o autor**. 26 jul. 2017.

OTA. **Os quadrinhos da Vecchi**. Disponível em: <https://www.bigorna.net/ index. php?secao=artigos&id=1298294845>. Acesso em: 7 nov. 2018.

PACHE DE FARIA, Leonardo Nahoum. **Ganymédes José Santos de Oliveira e a série "A Inspetora" (1974-1988): investigando aspectos temáticos, históricos e editoriais da mais extensa obra brasileira de literatura infantojuvenil de gênero policial**. Niterói: Universidade Federal Fluminense, 2015. Dissertação de mestrado.

_____. **Histórias de detetive para crianças: Ganymédes José e a série Inspetora (1974-1988)**. Niterói: Eduff, 2017.

_____. Introdução. In: Soveral, Hélio do. **O Segredo de Ahk-Manethon**. Porto Alegre: AVEC Editora, 2018.

PAIM, Augusto. Jorge **Ivan está de volta!** 2007. Disponível em: < http://cabruuum. blogspot.com/2007/04/jorge-ivan-est-de-volta.html>. Acesso em: 23 ago. 2018.

PAIVA, G. A. G.; BLUM, M. S. R.; YAMANOE, M. C. P. **Literatura infantil na ditadura civil-militar: breve discussão acerca de seus aspectos educativos**. Disponível em <http://cac-php.unioeste.br/eventos/iisimposioeducacao/anais/trabalhos/105. pdf>. Acesso em: 02/09/2014.

PAES, José Paulo. **A aventura literária: ensaios sobre ficção e ficções**. São Paulo: Companhia das Letras, 2001.

PASSOS, J. **Comentários sobre o romance Ecoexplosão - de José M. Lemos**. Parecer datilografado inédito datado de 18 de novembro de 1976. Fonte: Arquivo da Ediouro.

PAULINO, Maria Isabel de Campos (Bebel Noguchi). **Depoimento**. 16 abr. 2016.

PERRIN, Raymond. **Histoire du polar jeunesse : Romans et bandes dessinées**. Paris: L'Harmattan, 2011.

PERRONE-MOISÉS, Leyla. **Mutações da literatura no século XXI**. São Paulo: Companhia das Letras, 2016.

PERROTI, Edmir; PINKSY, Mirna; CRUZ, Márcia; LOPES, Cecília Regiani. Reprodução ideológica e livro infantojuvenil. In: **Revista Brasileira de Biblioteconomia e Documentação, volume 12, números 3/4, jul/dez. 1979**. p. 167-176.

PESCLEVI, Gabriela. **Libros que muerden – Literatura infantil y juvenil censurada durante la última dictadura cívico-militar, 1974-1983**. Buenos Aires: Biblioteca Nacional, 2014.

PONDÉ, Glória. Apresentação. In: FNLIJ (Fundação Nacional do Livro Infantil e Juvenil). **Bibliografia analítica da literatura infantil e juvenil publicada no Brasil (1975-1978)**. Porto Alegre: Mercado Aberto, 1984.

PÖPPEL, Hubert. **Der brasilianische Kriminalroman**. Mettingen: Brasilienkunde--Verlag, 2004.

PORTILHO, Carla. **Detetives ex-cêntricos: um estudo do romance policial produzido nas margens**. Rio de Janeiro: UFF, 2009. Tese de doutorado.

POWERS, Alan. **Era uma vez uma capa**. São Paulo: Cosac Naify, 2008.

REFORMA do Ensino Médio fracassou na Ditadura. 3 mar. 2017. Disponível em: <https://www.correiobraziliense.com.br/app/noticia/eu-estudante/ ensino_educacaobasica/2017/03/03/ensino_educacaobasica_interna,578061/reforma-do-ensino--medio-fracassou-na-ditadura.shtml>. Acesso em: 18/10/2018.

REIMÃO, Sandra. **Fases do ciclo militar e censura a livros - Brasil, 1964-1978**. Texto apresentado no XXVIII Congresso Brasileiro de Ciências da Comunicação – Intercom, disponível em http:sec.adaltec.com.br/intercom/2005/ resumos/RO 771-1.pdf. 2005.

_____. **Repressão e resistência – censura a livros na ditadura militar**. São Paulo: Edusp, 2011.

_____. "Proíbo a publicação e circulação..." – censura a livros na ditadura militar. In: **Estudos avançados vol. 28 n. 80**. São Paulo: USP, 2014.

RUAUD, André-François; MAUMÉJEAN, Xavier. **Le Dico des héros**, Montélimar: Éditions Les Moutons électriques/Bibliothèque rouge, 2009.

SANTIAGO, Luiz de. (ver SOVERAL, Hélio do)

SANTOS, Chico. Irineu Marinho e o jornalismo no século XX são temas de livro. In: **Valor**. 28 nov. 2012. Disponível em: <https://www.valor.com.br/ cultura/2921494/irineu-marinho-e-o-jornalismo-no-seculo-xx-sao-temas-de-livro>. Acesso em 23 out. 2018.

SANTOS, Edimara Ferreira. **Dumas, Montépin e Du Terrail: a circulação dos romances-folhetim franceses no Pará nos anos de 1871 a 1880**. Belém: Universidade Federal do Pará, 2011. Dissertação de mestrado.

SANTOS, Roberto Elísio dos; VERGUEIRO, Waldomiro. A Gazetinha e os suplementos de histórias em quadrinhos no Brasil. In: **Imaginário! n. 11**. João Pessoa: Universidade Federal da Paraíba, 2016. Disponível em: <http://www.marcadefantasia.com/revistas/imaginario/imaginario11-20/ imaginario11/6-A Gazetinha e os suplementos.pdf>. Acesso em: 22/10/2018.

SANTOS, Yago Avenir dos. (ver SOVERAL, Hélio do)

SARMENTO, Vera Lúcia de Oliveira Sarmento (publicado sob o pseudônimo de Juraci Coutinho). **Diana e o segredo das esmeraldas**. Rio de Janeiro: Tecnoprint, 1975.

SERRA, Elisabeth. Entrevista. In: Guimarães, Anna Luiza. **Os 50 anos da Fundação Nacional do Livro Infantil e Juvenil**. 15 mai. 2018. Disponível em:<http://esconderijos.com.br/os-50-anos-da-fundacao-nacional-do-livro-infantil-e-juvenil/>. Acesso em: 27 ago. 2018.

SILVA, Beatriz Coelho. O homem de um milhão de livros. **Estado de S. Paulo**, São Paulo, Caderno 2, p. 1, 21 mai. 1988.

SILVA, Deonísio da. **Nos bastidores da censura – sexualidade, literatura e repressão pós-64**. São Paulo: Estação Liberdade, 1989.

SILVEIRA, Paulo. **Ficha técnica de produção de Jonas e o Caso Netuno**. 2 f. 31 ago. 1975. Fonte: Arquivo da Ediouro.

SODRÉ, Nelson Werneck. **História da literatura brasileira: seus fundamentos econômicos**. Rio de Janeiro: Civilização Brasileira, 1976.

SOSA, Jesualdo. **A literatura infantil: ensaio sobre a ética, a estética e a psicopedagogia da literatura infantil**. São Paulo: Cultrix, 1978.

SOVERAL, Hélio do. Brejo Largo. In: **Carioca**. Rio de Janeiro: Editora A Noite. Número 63. 2 de janeiro de 1937. pp. 7, 8, 63.

_____. **Carta a Livraria José Olympio Editora. Rio de Janeiro, 26 mai. 1969. 5 f.**

_____. **Carta a Wilson A. de Aguiar, chefe do Serviço de Censura de Diversões Públicas.** Rio de Janeiro. Out. 1970. 6 f.

_____ (sob o heterônimo de Luiz de Santiago). **Operação Macaco Velho.** Rio de Janeiro: Tecnoprint, 1973a.

_____ (sob o heterônimo de Luiz de Santiago). **Operação Torre de Babel.** Rio de Janeiro: Tecnoprint, 1973b.

_____ (sob o heterônimo de Luiz de Santiago). **Operação Fusca Envenenado.** Rio de Janeiro: Tecnoprint, 1973c.

_____ (sob o heterônimo de Luiz de Santiago). **Operação A Vaca vai pro Brejo.** Rio de Janeiro: Tecnoprint, 1973d.

_____ (publicado sob o pseudônimo de Gedeão Madureira). **Bira e Calunga na Floresta de Cimento.** Rio de Janeiro: Tecnoprint, 1973e.

_____ (publicado sob o pseudônimo de Luiz de Santiago). **Operação Escravos de Jó.** Rio de Janeiro: Tecnoprint, 1974a.

_____ (publicado sob o pseudônimo de Maruí Martins). **O Mistério do Navio Abandonado.** Rio de Janeiro: Tecnoprint, 1974b.

_____ (publicado sob o pseudônimo de Gedeão Madureira). **Bira e Mariinha no Vale do Silêncio.** Rio de Janeiro: Tecnoprint, 1975a.

_____ (publicado sob o pseudônimo de Yago Avenir). **Missão Perigosa em Paris.** Rio de Janeiro: Tecnoprint, 1975b.

_____ (publicado sob o pseudônimo de Irani de Castro). **Os Seis e o Mistério dos Penhascos.** Rio de Janeiro: Tecnoprint, 1975c.

_____. **Entrevista.** In: O desconhecido escritor Hélio do Soveral, autor de 150 livros. Estado de S. Paulo. 16 ago. 1975d.

_____, Hélio do. Entrevista. In: VIEIRA, Humberto. A arte de se multiplicar por 19 escritores. **Fatos & Fotos** nº 792. Bloch Editores. Brasília. 24 out. 1976a.

_____. **Carta à revista** Fatos & Fotos. Rio de Janeiro. Out. 1976b. 3 f.

_____. **Sinopse de** Operação Caçador Caçado. 197?a. 1 f. Documento manuscrito inédito.

_____. **Sinopse de** Operação Ovo de Colombo. 197?b. 3 f. Documento manuscrito inédito.

_____. **Sinopse para a série** Os Seis. 197?c. 3 f. Documento datiloscrito inédito.

_____. **Sinopse da série** Histórias do Pindorama. 197?d. Documento datiloscrito inédito. 1 f.

_____. **Sinopse da série** O Mistério de.... 197?e. Documento datiloscrito inédito. 1 f.

_____. **Sinopse da série** Histórias do Patropi. 197?f. Documento datiloscrito inédito. 1 f.

_____. **Sinopse da série** O branco e o vermelho. 197?g. Documento datiloscrito inédito. 1 f.

_____. **Anotação manuscrita sobre uso de pseudônimos.** 1982. Fonte: Acervo de Anabeli Trigo, pasta Pensamentos.

_____ (sob o heterônimo de Luiz de Santiago). **Operação Vikings da Amazônia.** Rio de Janeiro: Tecnoprint, 1983a.

_____ (sob o heterônimo de Luiz de Santiago). **Operação Tarzan do Piauí.** Rio de Janeiro: Tecnoprint, 1983b.

_____ (publicado sob o pseudônimo de Luiz de Santiago). **Operação Piratas do Amapá.** Rio de Janeiro: Tecnoprint, 1984.

_____. **Zezinho Sherlock em Dez Mistérios para Resolver.** Rio de Janeiro: Tecnoprint, 1986.

_____. **Carta a Rubens F. Lucchetti.** Rio de Janeiro, 28 nov. 1989. 2 f.

_____. **Currículo.** Documento datilografado. 198?. Fonte: Acervo da Rádio Nacional.

_____. **Carta a Rubens F. Lucchetti.** Rio de Janeiro, 9 out. 1992. 2 f.

_____. **Suspeita.** Anotação manuscrita sobre medo do roubo da autoria das obras, sem data. Fonte: Acervo de Anabeli Trigo, pasta *Pensamentos*.

SSÓ, Ernani. Reflexões de um escudeiro de Cervantes. In: CERVANTES, Miguel de. **Dom Quixote de la Mancha.** São Paulo: Penguin Classics Companhia das Letras, 2012.

SÜSSEKIND, Flora. **Literatura e vida literária – polêmicas, diários & retratos.** Rio de Janeiro: Jorge Zahar Editor, 1985.

TINHORÃO, José Ramos. **Os romances em folhetins no Brasil: 1830 à atualidade.** São Paulo: Duas Cidades, 1994.

TJ. APELAÇÃO CÍVEL : nº 0372110-04.2009.8.19.0001. Relator: Desembargador Alcides da Fonseca Neto. DJ: 05/12/2014. **Jusbrasil**, 2014. Disponível em: <https://www.jusbrasil.com.br/diarios/documentos/156725540/andamento-do-processo-n-0372110-0420098190001-do-dia-10-12-2014-do-djrj>. Acesso em: 13 nov. 2018.

TODOROV, Tzvetan. Tipologia do romance policial. In: _____. **As estruturas narrativas.** São Paulo: Perspectiva, 2003.

TRIGO, Anabeli. **Entrevista concedida ao autor.** 27 jul. 2016.

VERDOLINI, Thaís Helena Affonso. **Tradução de Literatura infantojuvenil contemporânea no Brasil.** 2010. Disponível em: <http://ebooks.pucrs.br/ edipucrs/anais/IIICILLIJ/Trabalhos/Trabalhos/S1/thaisverdolini.pdf>. Acesso em: 30 ago. 2018.

ZILBERMAN, Regina. A literatura e o apelo das massas. In: AVERBUCK, Ligia (org). **Literatura em tempo de cultura de massa.** São Paulo: Nobel, 1984.

_____. Apresentação. In: ZILBERMAN, Regina (org.). **Os preferidos do público - os gêneros da literatura de massa.** Petrópolis: Vozes, 1987.

_____. Leituras brasileiras para crianças e jovens: entre o leitor, a escola e o mercado. In: **Gragoatá n. 37.** Niterói: Eduff, 2014. p. 221-238.

EDITORA